新编经济法学

（第三版）

主　编　吴勇敏

副主编　韩灵丽　罗思荣
王海表　唐炳洪
费锦红

·图书在版编目（CIP）数据

新编经济法学 / 吴勇敏主编. —杭州：浙江大学出版社，2003.8(2014.1 重印)
ISBN 978-7-308-03393-0

Ⅰ.新… Ⅱ.吴… Ⅲ.经济法—法的理论—中国
Ⅳ.D922.290.1

中国版本图书馆 CIP 数据核字（2003）第 062120 号

新编经济法学（第三版）
吴勇敏　主编

责任编辑　徐贤德
装帧设计　刘依群
出版发行　浙江大学出版社
（杭州市天目山路 148 号　邮政编码 310007）
（网址：http://www.zjupress.com）
排　　版　杭州中大图文设计有限公司
印　　刷　德清县第二印刷厂
开　　本　710mm×1000mm　1/16
印　　张　30
字　　数　537 千
版 印 次　2010 年 1 月第 3 版　2014 年 1 月第 8 次印刷
书　　号　ISBN 978-7-308-03393-0
定　　价　50.00 元

浙江大学出版社发行部联系方式：0571—88925591；http://zjdxcbs.tmall.com

前　言

经济法是一个新兴的法律部门。对经济法的研究，无论是理论还是实务，仍处在一个摸索的阶段，有许多问题，特别是一些重要的理论问题的研究仅仅是开始。因此，本书作为一本教材，除了客观地介绍我国经济法的主要内容以外，也参与对经济法若干理论问题的探讨。我们非常希望我们的观点能得到读者的认可，当然也非常欢迎读者的批评和指正。

参加本书编写的作者主要是浙江大学法学院，浙江工业大学法学院，杭州工商大学法学院，杭州师范大学法学院，浙江财经学院法学院，浙江大学城市学院，嘉兴学院法律系等单位的教师和研究人员。这本教材是我们多年从事经济法教学与研究的经验总结。本书编写过程中，我们力求准确、及时反映国家的经济立法、市场经济建设实践和最新学术研究成果，努力做到理论与实际相结合，系统性与实用性相结合，用较少的篇幅阐明经济法的基本原理与操作规则。本书可以作为高等院校法学、经济学、管理学各专业学生的教学用书，也可作为法学爱好者的自学参考书，还可供机关、企业、事业单位管理人员作普法教材。

本书由经济法总论，市场主体法律制度，市场管理法律制度，宏观调控法律制度和社会保障法律制度等五编共22章组成。

具体各章撰稿人分别为(按章节顺序排名)：吴勇敏(前言，第一、二、五、十、十三章)，陈旭峰(第一章第四节)，费锦红(第三、四、六章)，唐炳洪(第七、二十二章)罗思荣(第八章)，王海表(第九、十二章)，汪彩华(第十一章)，夏伟(第十四章)，潘灿君(第十五章)，余羚(第十六章)，韩灵丽(第十七、二十一章)，顾凌云(第十八章)，吴东仙(第十九章)，张红英(第二十章)。

限于作者水平，本书有疏漏之处在所难免，敬请读者指正。

目　录

第一编　经济法总论

第二编　市场主体法律制度

第一编　经济法总论

第一章 经济法概述

第一节 经济法的产生和发展

一、现代经济法的产生

“经济法”一词最早见于1775年法国空想社会主义者摩莱里的著作《自然法典》。在该书中，经济法被看成是一种产品分配法，是“可以从根本上消除社会恶习和祸害的基本的神圣的法律”。显然，摩莱里提出的经济法仅仅是一种法律思想，还不是对现实社会中的法律现象的科学概括。一般认为，现代经济法诞生的标志是1890年美国的《谢尔曼法》，但将“经济法”这一术语首先用到实际立法上的则是第一次世界大战时的德国。

美国是资本主义国家中奉行自由放任经济政策最典型的国家之一，长期以来，人们一直把完全自由的市场经济视为美国经济成功的一个主要原因。19世纪末，美国在西方资本主义国家中率先从自由竞争进入垄断阶段。垄断的形成，抑制了自由竞争，损害了中小企业和消费者利益，并进而威胁到资本主义自由竞争的市场经济体制。为抑制垄断，美国于1890年颁布了历史上第一部反垄断法，即《谢尔曼法》。此后，美国于1914年颁布了《联邦贸易委员会法》、《克来顿法》等反垄断法律。这些法律的最大特点是一反以往美国所奉行的国家不干预经济的传统，明确授予国家对经济活动中的垄断现象进行管制的权力。虽然这些法律中赋予国家干预经济活动的权力仅限于反垄断，但开创了对国家干预经济授权的先例，因而有重要意义。

德国出现经济法的历史背景与美国有所不同。德国是第一次世界大战的发起国和主要参战国。战争开始后，垄断资本家借机垄断市场，哄抬物价，从而给国家征集战时物资造成极大困难。为了适应战争的需要，1914年8月4日，德帝国会议通过了14项战时法规，并授权政府在战争时期“发布对于防止经济损害所必要的措施”，为国家对经济实行严格管制提供了法律依据。之后，围绕战时需要，又陆续颁布了许多直接控制经济的法律，如1915年的《关于限制契约最高价格的通知》、1916年的《确保战时国民粮食措施令》等。战后为了重振经济，德国进一步加强了国家对经济的干预，制定了关于战时经济复兴法令，并产生了以《魏玛宪法》的体制为基础的“社会化法”。1919年颁布的《魏玛宪法》，在奉行经济自由、契约自由的同时，确立了“社会化”原则，并授权政府可以对全国经济生活进行直接干预和管制。在《魏玛宪法》原则下，德国颁布了一系列的“社会化”法律，如1919年颁布的《煤炭经济法》、《钾素经济法》，1923年颁布的《防止滥用经济力法令》等等。虽然这些法律与美国的经济法相比在产生背景和具体内容上都存在诸多区别，但是这些法律同美国的经济法一样，都突破了传统的“公法”、“私法”所涉及的范围，都是作为国家干预经济的工具而产生的，具有明显的对国家干预经济授权的特点。而且，其对国家干预经济的授权较之美国更激进。

综观美国和德国经济法产生的历史，不难发现经济法的产生有两个基本前提：其一，高度发达的社会化大生产和市场经济是经济法产生的经济基础。社会生产经历了由个体生产向社会化大生产发展的历史，与此相适应，自然经济也随之被商品经济所取代。在商品经济初期，主体的人格平等、自由得到普遍尊重，人本主义和人权思想逐渐深入人心，相应地经济上的平等自由要求加强民商立法，从而私法发达；在商品经济的高级阶段，高度的社会化、现代化带来的种种问题，使个人本位的思想向社会性本位思想转移。所谓社会化，是指分散的个体生产转变为日益集中的、由劳动协作和社会分工联系起来的社会生产过程。社会化大生产意味着不断扩大的生产规模和愈显严密的社会分工。社会经济日益成为一个整体，没有一种行为可以避免其外部性，也没有任何一个经济主体可以不受其他主体及经济大环境的影响。正是这种经济现实，使得经济个体的行为既直接或间接地对整体经济运行造成影响，而其本身又未必能认识或避免其行为的负面作用。为了保证整个社会生产的顺利进行，就需要从全局出发进行综合平衡，使之协调发展，既注重个体利益，也注重公共利益；既注重效率，也追求公平，这反映在法律上，就是经济法和社会法的兴起。其二，市场失灵与政府失灵是经济法产生的社会根源。从生产社会化和市场经济的关系来看，市场经济是随着生产社会化程度的不断提高而成熟和完善的，市场机制对资源的配置作用，同样会对生产的社会化进程产生影响。在生产社会化的进程中，市场缺陷和市场失灵不可避免。在市场交易中常会发生的诸如来自外部的影响造成损害的补偿问题、公共物品的生产和供给问题、个体效益和社会效益的冲突问题、分配不公的问题、信息不灵导致微观决策的盲目性问题等等，这些单靠市场本身是不能解决的，单靠市场不能保持国民经济的综合平衡和稳定发展，市场失灵的存在为政府介入经济提供了有力的依据。但是，政府的干预并不意味着矛盾的结束，相反,它意味着新的矛盾的开始。政府的行为未必能实现其期望达到的经济目标,与市场机制的运作失灵一样,政府的干预行为也会失灵。政府失灵的原因在于,强调政府对经济实施高度干预的主张过于夸大了政府的能力。事实上,政府同样面对信息不完备的困难,同样面对发展不均衡的市场。同时,经济生活的未来充满不确定性,缺乏可预测性,也就无法形成绝对先验的计划。因此,政府事实上很难做到在合适的时机,以最优的方式和合适的程度来实现对经济的干预。此外,由于权力本身的扩张性,没有强有力的制约将使得政府对经济的干预超出必要限度,这将给经济发展和市场经济中自由民主的价值观念带来更大的危害。经济法的功能之一在于对国家调节经济的权力进行严格的限定,要求政府在其法定职责范围内依照法定程序协调经济。

总之,经济法的产生有其深刻的经济根源和社会根源。经济法调整的立足点是经济的全局而不是局部或个别;它的功能是协调各个经济环节的关系,实现综合平衡;它的任务是弥补市场缺陷,促进和保障市场经济顺利进行;它的宗旨是以社会为本位,实现社会公正。

二、我国经济法的产生和发展

新中国成立到 1978 年中国共产党十一届三中全会召开以前,我国虽然曾颁布过许多调整经济关系方面的法律、法规,但由于长期实行高度集中的计划经济体制,所以,在那种体制下所施行的经济法规,其性质多属经济行政法。严格地说,科学意义上的经济法产生于经济体制改革时期,其发展大体经历了两个阶段:

第一阶段从 1979 年到 1992 年,这是我国经济法的产生时期。党的十一届三中全会决定把工作重点转移到经济建设上来,并作出了发展社会主义民主、加强社会主义法制的重大决策。经济立法和经济司法得到了党和国家的高度重视。在 1979 年第五届全国人民代表大会第二次会议上,叶剑英委员长说:“随着经济建设的发展,我们还需要有各种经济法。”自此,“经济法”这一概念也就第一次出现在我国的法制建设史上。随着改革开放的深入发展,我国由产品经济转变为有计划的商品经济,我国的经济立法主要围绕着保障改革开放,巩固改革成果,发展有计划的商品经济而进行的,并取得了巨大成就。从 1979 年到 1992 年 6 月,全国人民代表大会及其常务委员会共制定了 117 个法律,其中经济法律 65 个,占了一半以上,国务院也颁布了大量的经济法规。这些法律法规的内容涉及企业管理、国有资产管理、计划、财政、金融、价格、市场、自然资源、环境保护以及工业、农业、交通运输、建筑、商业等各个方面,包括了国民经济的各行业、各部门、各环节。这一时期经济立法的特点是:其一,对经济法的认识较为模糊,将大量的应属于民商法调整范围的社会关系纳入经济立法范围,例如我国第一部以经济法命名的法律——《经济合同法》即为典型的调整民事关系的法律;其二,规范市场主体行为的反垄断法、反不正当竞争法缺位;其三,国家的宏观调控主要依靠计划手段,国有企业立法构成了经济立法的主要组成部分。上述特点反映出,这一时期的经济立法还不是真正意义上的经济法,它不能解决效率与公平、个体营利性与社会公益性的矛盾。

第二阶段从1992年至今,这是中国经济法的迅速发展时期。1992年10月,党的十四大明确提出,我国经济体制改革的目标是建立社会主义的市场经济体制。1993年3月召开的第八届全国人大第一次会议,根据党中央的提议对宪法进行了修改。新修改的《宪法》第15条规定:"国家实行社会主义市场经济。""国家加强经济立法,完善宏观调控。""依法禁止任何组织或者个人扰乱社会经济秩序。"把实行市场经济载入国家的根本大法,标志着我国的经济立法将随着从有计划的商品经济向社会主义市场经济转轨,而进入一个新的发展时期。在这个时期,我国法制建设的重要目标之一,就是在"本世纪末初步建立适应社会主义市场经济的法律体系。"围绕这一目标,1993年以来,我国颁布了大量法律、法规,经济立法也得到了迅速发展。与前一时期的经济立法相比,这一时期的经济立法呈现出了以规范市场主体和进行宏观调控为重点的立法趋向,进入了真正意义上的经济法的阶段。以颁行《反不正当竞争法》、《产品质量法》、《消费者权益保护法》为起点,我国先后出台了有关产业政策、财政、金融等宏观调控的法律法规以及有关市场规制方面的法律法规,例如在产业结构调整方面,国务院先后制定了《90年代国家产业政策纲要》、《90年代中国农业发展纲要》,全国人大常委会制定了《农业法》、《农业技术推广法》、《科技进步法》等;在财政税收方面,颁布了《预算法》、《审计法》、《会计法》等,1994年实现了税制改革,并围绕新税制的施行颁布了各个税种条例,修改了《税收征收管理法》,颁布了《企业所得税法》;在金融方面,颁布了《中国人民银行法》、《商业银行法》;在价格方面,颁布了《价格法》;尤其是2007年8月30日第十届全国人民代表大会常务委员会第二十九会议通过的《反垄断法》,标志着我国的经济立法迈入了一个新的发展阶段。这些法律法规直接以弥补市场缺陷、维护社会公平、促进经济与社会的良性发展为目的,它们与民商法、行政法相互补充,共同发挥着调控市场经济秩序的作用,经济法又一次勃兴,这一进程正在继续中。

三、中国经济法与西方经济法的差异及其发展的趋同化

从上述中西方经济法的产生和发展进程中可以看出,中西方经济法都以国家对经济的干预为规范对象,但是其产生和发展却选择了不同的道路。西方经

济法产生于市场经济高度发达的阶段，在经历了充分自由竞争的商品经济时期以后，为了弥补市场机制的不足，解决市场失灵，于是产生了为国家干预提供依据的经济法。在这一背景下所产生的西方经济法，必然呈现出了以反垄断法为起点，以扩张国家权力为内容的特点。而中国的经济法产生之前，实行的是高度集权的计划经济，计划经济的理论基础是国家可以通过计划组织全部经济活动，消除资本主义市场经济所可能产生的一切弊病。但实践证明，高度集权的计划经济也有其难以消除的缺陷，正是意识到国家直接经营企业的缺陷，中国才开始了经济体制改革。适应对国家高度集权的计划经济进行改革的要求而产生的经济法，必然呈现出其自身的特点，即它主要不是赋予国家干预经济的权力，而是限制国家干预经济的权力。这就使得中西方的经济法在内容和目标上存在着很大的差别。

但是，进入 21 世纪以后，中国和西方经济法在内容和目标方面呈现出了趋同化的趋势。首先，经济法内容的趋同化。西方经济法就其发展阶段而言，大致经历了战时统制经济法、危机对策法、复兴经济法等几个不同的阶段。在不同的发展阶段，经济立法的内容是不同的，但目前西方国家的经济法一般都包括规制市场秩序和宏观调控这两方面的立法，前者如反垄断法、反不正当竞争法、消费者权益保护法等，后者如产业结构法、金融管理法等。中国的经济法，随着社会主义市场经济体制的建立，也必将把产业政策法、反垄断法等规制市场秩序、宏观调控方面的立法作为经济立法的主要内容。其次，经济目标的趋同化。西方经济法是为了解决市场失灵而产生的。市场失灵需要政府干预，但政府干预同样也会失灵，这就使得未来的西方经济法需要在保障政府干预和限制政府干预之间求得平衡。而中国经济法就其产生而言，是以限制政府干预作为其价值取向的，随着社会主义市场经济体制的建立，也必然需要在限制政府干预和保障政府干预之间寻求平衡。中西方经济法规范政府目标将从不同方向达到同样的目的。

为什么中西方经济法会出现趋同化趋势呢？究其原因，主要有两个方面：一是受经济全球化影响。在 21 世纪，经济全球化已成为不可阻挡的趋势。经济的全球化必然要求经济规则的统一；二是经济体制的趋同化。我国正在建立社会主义的市场经济体制，虽然社会主义市场经济体制与资本主义的市场经济体制有着本质的差别，但都属于一种现代市场经济，都要求市场调节和国家的宏观调节相结合。这种趋同的经济体制为中西方经济法趋同化奠定了基础。

第二节　经济法的概念和调整对象

一、　经济法的概念

对于经济法的概念，国内外理论界有着较大的争论。西方国家的学者尤其是德国、日本的学者大多数认为经济法是经济秩序法、经济干预法。例如日本的金泽良雄认为，经济法是“适应经济的即社会调节要求的法，即主要是用社会调节的方式解决经济循环中产生的矛盾、困难的法”。社会调节是通过“国家的手”来实现的，即国家从国民经济的总体立场出发，制定法律对经济进行干涉，以弥补民法调整所不及的空白状况。日本的丹宗昭信认为，经济法是“国家规制市场支配的法”。国家为了调整限制自由竞争的状况，维持竞争秩序而介入市场所颁布的法，就是经济法。前苏联、东欧国家的学者中，大多数曾认为经济法是体现国家意志的，调整国家与社会主义经济组织之间关系的法。例如前苏联的著名经济法学者拉普捷夫认为，经济法是一个独立的法律部门，它调整由计划组织因素和财产因素相结合的经济关系。他认为“横向经济关系和纵向经济关系的统一以及在所有这些关系中计划组织因素和财产因素的结合，是经济法作为部门法的理论基础”。

在我国，经济法学界较为一致的认识是：经济法是调整一定经济关系的法律规范的总称，它是由一系列经济法律、法规按一定的特征构成的一个整体，它所调整的是具有经济内容的物质利益关系。至于“一定经济关系”的具体内涵，学术界一度存在着很大的分歧，有主张经济法综合调整纵向管理和横向协作经济关系的，有主张仅调整纵向或经济行政关系的，还有主张以纵向关系为主兼及横向关系的，等等。但随着以市场为取向的经济体制改革的深入及建立社会主义市场经济目标的提出，对经济法定义的认识正趋向一致。目前，经济法学界对经济法定义的表述虽然存在差异，例如杨紫煊教授在其主编的《经济法》一书中，将经济法的概念表述为“经济法是调整国家经济协调关系的法律规范的总称”。李昌麒教授在其主编的《经济法学》中认为“经济法是国家为了克服市场失灵而制定的调整需要由国家干预的具有全局性和社会公共性的经济关系的法律规范的总称。”刘文华教授在《新编经济法学》中主张“经济法是国家为了保证社会主义市场经济的协调发展而制定的，有关调整经济管理关系和市场运行关系的法律规范的统一体系。”漆多俊教授在其著作《经济法基础理论》中认为经济法是“调整在国家调节社会经济过程中发生的各种社会关系，以保障国家调节，促进社会经济协调、稳定和发展的法律规范的总称，经济法调整的对象是因国家经济调节而引起的一种国家经济管理关系”。但是，其共同点就在于牢牢把握了国家调节市场经济关系这一关键，从不同角度提示了经济法的质的规定性，为经济法的准确定位明确了它的客观依据。

根据经济法伴随市场经济孕育、发展的历史事实和实际作用，根据不同市场经济中经济法的社会公益性、宏观性的共同特征，根据市场经济对经济法的内在要求，我们可以对经济法作如下定义：经济法是调整国家协调、干预经济关系的法律规范的总称。之所以对经济法作如上定义，是因为，就西方经济法的发展史而言，经济法确实是国家协调、干预经济之法，但从中国经济法的发展史来看，将经济法定义为限制国家干预经济之法似乎更为确切，而调整国家干预经济之法可包含中西方经济法的共性，更符合我国的实际情况。

二、我国经济法的调整对象

根据上述对经济法所下的定义，我们可将经济法的调整对象概括为四个方面：市场主体管理关系、市场运行调控关系、宏观经济调控关系和社会保障关系。

（一）市场主体管理关系

市场主体管理关系是国家对各类市场主体，特别是企业的设立、变更、终止及内部管理所进行协调、干预而产生的经济关系。包括：确定市场主体的法律地位；市场主体的市场准入条件；市场主体资格的监督；市场主体退出市场的程序等。国家对于市场主体的设立、变更和终止，市场主体内部的设置及其职权，市场主体的财务、会计管理等，要进行一些必要的干预。经济法对市场主体管理关系进行调整有助于从法律上保证市场主体成为自主经营、自负盈亏的合格主体，促使市场主体内部结构优化、经营机制转变，促进经济的健康发展。

（二）市场运行调控关系

市场运行调控关系是指国家在建立和完善市场体系、规范市场行为、维护市场秩序中产生的经济关系。社会主义市场经济需要形成统一、开放、竞争、有序的大市场，使商品和各种生产要素能自由流动，但市场并不总是处于完全理想的状态，相反，在市场经济发展过程中却越来越经常地出现市场失灵的情况，其典型的状况就是随着社会化大生产的发展，出现了或加剧了市场的不完全竞争。不完全竞争或垄断是对完全竞争的偏离，它导致产品的价格背离价值，造成价值规律的扭曲，使价格上升，消费者的权益受到侵害，为了解决市场机制的这一缺陷，需要由国家进行协调、干预，以便及时制止违法行为，保护合法权益。经济法对市场运行调控关系的调整最集中的表现形式就是国家制定反垄断法和反不正当竞争法，保护和促进自由竞争。除此之外，国家根据各个不同市场的特点，分别制定具体规则和特殊要求，同时加强执法监督，保障市场的健康运行。

(三)宏观经济调控关系

宏观经济调控关系是指国家从长远和社会公共利益出发,对关系国计民生的重大经济因素,实行全局性的管理过程中与其他社会组织所发生的具有隶属性或指导性的社会经济关系。主要有:(1)计划管理关系,即调整国家对国民经济与社会发展实行计划调节发生的经济管理关系。包括:国民经济计划的制订、修改、调整,促进产业的振兴与科技进步的经济管理关系;(2)财政管理关系,即财政、税收关系。包括:财政预算的制定、修改、调整,各种税收的开征、税率的设置与调整,税收征管等经济管理关系;(3)金融管理关系,即调整国家对货币融通中发生的经济关系。包括:金融机构的设置与职能、货币流通的调控、外汇管制等经济管理关系;(4)自然资源和环境管理关系,即调整在自然资源的开发、利用、保护以及环境保护中发生的经济关系。包括:各种自然资源的产权界定与管理,合理开发和利用的责任制,环境污染的防治与保护责任制等经济管理关系。

经济法调整国家在宏观调控中产生的这一特定经济关系,有助于发挥宏观调控的长处,弥补市场调节的缺陷,防止或消除经济中的总量失衡,优化资源配置,并且健全宏观调控制度,使经济管理法制达到较高水平。

(四)社会保障关系

市场经济除了由于市场失效等因素而存在市场的配置功能的缺陷外,还有一个重要的缺陷就是一个完全自由放任的市场经济可能产生社会不可接受的、在收入与消费上极大的不平等。这种收入的不平等,显然无法通过市场机制来自我调整,要消除或降低这种不平等,必须依靠国家的力量,依靠国家来实现整个社会收入的再分配。这就需要国家建立社会保障制度,对老、弱、病、残及其他需要社会帮助的人提供帮助,如建立养老保险制度、失业保障制度、医疗保险制度、最低生活保障制度等等,对竞争中的失败者和缺乏竞争能力的人提供物质保障。

经济法对社会保障关系调整,主要是通过明确劳动者的权利义务,规定并实施劳动就业、社会保险、社会救济、社会互助等制度,保护和合理利用劳动力资源、维护社会安定和劳动者的合法权益。

第三节 经济法的地位

一、经济法是一个独立的法律部门

在我国,经济法学界相当一致地认为经济法是一个独立的法律部门,但仍然存在着不同的认识。为了推动经济法学进一步的发展,我们认为对这一问题仍有必要加强研究。

我们认为，不同的调整对象，即调整对象的特殊性，是划分法律部门的标准。法的独立部门应具备的条件是：具有该法的调整对象，即法律所调整的不同社会关系；具有该法调整的不同方法，即国家在调整社会关系时所采用的各种法律手段和方法；法律规范所体现的法律目的。其中，有明确的调整对象是主要条件，法律的调整方法和法律目的是派生的。经济法具备上述条件，因此经济法作为一个独立的法律部门有其充分的依据。

（一）经济法有特定的调整对象

否定经济法是一个独立的法律部门的学者认为，法律部门的调整对象必须具备同类性和单一性，而经济法所调整的具体经济过程和经济现象往往包含着许多不同种类的社会关系，而这些关系实际上又是行政法、民法和劳动法等基本法所调整的社会关系。这种观点实际上就是说，凡是独立的法律部门其调整对象都必须是单一的，调整对象不单一，就都不能成为一个独立的法律部门。按照这一观点，民法也不能成为一个独立的法律部门，因为民法调整一定范围的财产关系和人身关系，而财产关系和人身关系是两种性质的社会关系，而否定民法为独立的法的部门，将会造成法学理论和法制建设的混乱，显然是错误的。经济法调整的对象是国家协调经济运行过程中发生的经济关系，虽然这些社会关系有很大的广泛性，但这种关系都具有国家协调、干预经济活动的性质，它与其他法的部门的调整对象有本质区别，是可以区分的，因此，经济法有特定的调整对象。

（二）经济法有独特的调整方法

经济法运用经济手段，根据经济的发展状况，及时灵活地对国民经济进行协调和控制，采取惩罚或鼓励的措施，引导和规制经济行为，使国民经济实现良性运行和协调发展。经济法的这种调整方法是其他法律部门所不具备的。

（三）经济法具有独特的法律目的

法律目的是主体在特定的法律理念的指导下，根据其对特定的法律部门和法律规范的功能的需求，从可供选择的法律价值名目体系中，为特定的法律部门和法律规范所选择并设定的价值目标。不同的法律部门有其不同的法律目的。民法的法律目的是经济自由、交易安全、个体经济效益；行政法律部门的法律目的是行政行为正义、行政管理的井然有序、行政相对人的效益、高效行政的社会效益和公共安全；经济法律部门的法律目的则是经济的和谐运转秩序、社会整体经济效益、经济发展和经济制度正义等。经济法独特的法律目的，从另外一个侧面说明了经济法是一个独立的法律部门。

二、经济法与相邻法律部门的关系

经济法作为一个独立的法律部门，它与相邻的法律部门有着一定的联系，又有本质区别，阐明它们的区别，可以表现经济法的特征，进而说明经济法是其他法律部门所不能替代的，从而确立经济法在我国整个社会主义法律体系中的独立地位。

（一）经济法与民法

经济法与民法有着密切的联系，这种联系主要表现在：1. 经济法与民法都有特定的调整对象，它们都调整一定范围的经济关系；2. 它们的作用是紧密相关的，民事权利的行使，在有的情况下要受到经济权力的制约，而经济权力的行使又要充分尊重民事权利；3. 经济法和民法的渊源都包括宪法、法律、法规、规章等规范性文件和判例法等。

经济法与民法的区别主要表现在：1. 调整对象不同。经济法的调整对象是在国家协调、干预经济运行过程中发生的经济关系，而民法调整的对象是作为平等主体的自然人、法人参加的财产关系和人身关系；2. 主体不同。经济法的主体包括国家机关、企事业单位和社会团体、企业的内部组织和有关人员、农户和公民。而民法的主体是自然人和法人；3. 经济法采用了奖励与惩罚相结合的调整方法；就惩罚而言，经济法采取了追究经济责任、行政责任、刑事责任相结合的制裁形式。民法对于应当承担民事责任的自然人和法人，采取了民事制裁的形式；4. 作用不同。经济法作为国家协调、干预经济运行之法，所强调的是国家对全局经济生活的干预，因此，它体现的是社会本位，而民法强调法人和公民权利的自治，因而体现的是个体权利本位。

（二）经济法与行政法

经济法与行政法的联系，主要表现在以下方面：1. 它们所调整的社会关系都具有隶属性质；2. 它们都要采取命令与服从的办法调整社会关系；3. 它们都体现了国家对社会生活的干预或管理。

经济法与行政法的区别主要体现在以下几个方面：1. 调整对象不同。行政法调整的社会关系，它所体现的是一种权力从属关系，这种关系在大多数情况下是不直接具有经济内容的行政关系。经济法所调整的经济关系，具有一定的行政关系性质，但它不同于行政法所调整的行政管理关系。经济法所调整的经济管理关系本质上是一种物质利益关系，是物质利益实体之间发生的具有管理性质的关系。经济管理关系中的经济行为都是追求一定的经济目的，都与一定的经济效益相联系。经济管理关系应当遵循的是客观经济规律的要求，而不是片面地体现行政机关的意志和要求，实现行政机关的意图；2. 主体不同。行政法主体的一方是政府及其非经济主管部门；另一方则是下属的行政机关、企业事业单位、社会团体和公民。经济法主体除包括国家机关、企业事业单位、社会团体和公司之外，还包括企业的内部组织；3.调整方法不同。行政法使用行政命令、行政制裁的方法，而经济法则采用综合的方法，既采用必要的命令禁止等强行性规范，以保证国家经济管理职能的实现，又采用大量提倡性规范，以引导、鼓励和促进国民经济健康发展；4.法律适用的程序不同。属于行政法调整范围内的行政纠纷，只能由行政诉讼程序解决，而由经济法调整范围内的经济和行政纠纷，则视问题的不同，分别由民事诉讼程序和行政诉讼程序解决。

第四节　经济法的基本原则

一、经济法基本原则的含义

经济法基本原则是指规定于或者寓意于经济法律之中的对经济立法、经济守法、经济司法具有指导和适用价值的根本指导思想或规则。它包含如下内容：其一，经济法基本原则是经济法立法、司法、执法和守法全过程的总的指导思想，对整个经济法律制度和经济法律活动具有指导作用；其二，经济法基本原则本身具有规范作用，它从整体上规范人们的经济法律活动，是最根本的法律准则；其三，经济法基本原则是经济法最权威的原则，它统领着各个部门经济法的原则、规则、规范，是经济法制活动最根本的依据；其四，经济法基本原则具有其自身质的规定性，体现经济法的特殊要求。

进一步剖析经济法基本原则的含义，它具有如下特征：

1.经济法基本原则反映着经济法的本质，是统治阶级的意志和经济总政策在法律上的集中反映。在不同社会制度的国家，由于经济法的本质不同，经济法的基本原则也不同。我国是社会主义国家，这就决定了经济法基本原则必然反映社会主义经济法制的性质，从根本上维护广大人民群众的利益和保障社会主义经济建设的顺利进行。

2.经济法基本原则是经济管理对经济法最根本要求的反映。现代市场经济国家发展的历史表明，经济的顺利发展，不仅需要市场机制这只“看不见的手”进行调节，而且还需要国家干预这只“看得见的手”进行调控，二者缺一不可。对我国来说，在目前发展社会主义市场经济条件下，同样既要充分发挥市场优化配置社会资源的功能，又要重视政府对社会经济运行的宏观调控作用。经济法基本原则直接反映着国民经济调控的宗旨，为政府对整体经济运行的有效调控提供最根本的法律保障。

3. 经济法基本原则表现为一种抽象的法律意识。就其根本性质而言，经济法基本原则属法意识范畴，表现为立法者的一种主观性观念，而不属于法规范的范畴。经济法基本原则作为各项经济规范所应共同遵循的准则，无一不渗透于具体的法律条文当中，它对经济生活有指导意义并因而具有行为准则的功能。在通常情况下，只有具体的经济法规范对经济生活事实缺乏明确规定时，才发挥其行为准则的作用。

二、经济法基本原则的意义

法的原则在法律部门中居于主导地位，经济法基本原则在经济法中也起着任何其他法律规范和法律制度所不可代替的作用。

1. 经济追求的实质正义、社会效益、经济自由和经济秩序的和谐，在经济法基本原则中得到具体、直接的体现，通过法律条款规定的内容和法的规范、制度的适用，使无形的经济法价值和宗旨得以有形化或物化。

2. 经济法基本原则是"实践纲领"，在经济法体系中起着基础性规范和高级规范的作用。弗里德曼曾说过，"原则是超级规则，是制造其他规则的规则，换句话说，是规则模式或模型"。经济法基本原则是下级规范得以存在及演绎下级规范的基础，任何下级规范都不应当同其相左或相违背。它是法学家分析、研究经济法规范和制度的基本原理，也是实际工作者在经济法的立法和执法中所应遵循的准则。

3. 经济法基本原则是经济法规范之间相互衔接、协调的基础和依据。当下级规范在具体适用中发生冲突，或者下级规范的适用将会背离经济法的价值或宗旨的时候，经济法基本原则可以对有关冲突和背离起到矫正作用。

4. 由法的滞后性和盲目性所决定，当某种经济法范畴的社会关系在法律调整中出现空白或背离客观要求时，就需要由执法者基于经济法基本原则所表达的理念和抽象规则，在其指导下运用自由裁量权，以杜绝任意造法和怠于执法等违背法治要求的情形发生。

概言之，经济法的基本原则是衔接经济法的各个分支、具体制度的桥梁。经济法的某个分支或具体制度也可能具有某些特殊原则，并有不同的等级，这些法律原则亦须同经济法基本原则保持一致，从而构成经济法之统一、有序、富有活力、适应性强的法律规范体系。

三、经济法基本原则的内容

(一)平衡协调原则

所谓平衡协调原则，是指经济法的立法和执法要从整个国民经济的协调发展和社会整体利益出发，来调整具体经济关系，协调经济利益关系，以促进、引导或强制实现社会整体目标与个体利益目标的统一。

这是由经济法的社会性和公私交融性所决定的一项普遍原则，是不同社会经济制度的经济法所共同遵循的一项主导性原则。作为现代新兴法律部门，经济法对于整个社会经济的调整，不再是国家——私人极端对立之下维护任何一方利益的工具，也不仅是私人组织扩大之后的一种国家单纯用以矫正社会不公、保护经济弱者的手段。在生产社会化条件下，经济法以兼容并蓄之精神，在调整中处处以平衡协调当先，竭力促使个体与个体、个体与组织、地方与地方之间的合作，在我国社会主义制度下按社会化的内在要求促进公有制经济和整个社会经济的协调发展。平衡协调原则作为经济法社会本位的体现和基本要求，无论在宏观抑或微观领域的调整中均发挥着基本指导准则的作用。

平衡协调是一种价值体现，作为以平衡协调为基本原则的法律规范体系，经济法追求自由与经济秩序的统一、社会效益与经济效益的统一、实质公平与社会效益的统一等等。为了实现这些矛盾统一，平衡协调是经济法在其立法和执法中必然要遵循的原则。经济法兼顾公与私，既要保持整个社会范围内的经济秩序，实现整体社会效益的增加和国家对经济运行的调控，又要保证民法中意思自治的纯洁性。尽管通说认为现代民法已是一种社会本位的法，但是我们认为民法的社会本位不过是意思表示的一种外在化趋势，其发展恰是一个自身否定的过程；经济法的社会本位则是内在的，它立足于组织和国家、社会的新发展，实现国家、社会和个人利益的内在平衡协调。因此只有通过经济法的平衡协调，方可创造并维护一个令自由市场机制和民法得以发挥作用的外部环境。

（二）维护公平竞争原则

竞争是市场经济的伴侣。只要有市场经济，就必然存在竞争。竞争有正当竞争和不正当竞争之分；前者有利于推动市场经济的发展，后者则有碍市场经济的发展，因此，维护公平竞争是经济法的基本任务和重要原则。

维护公平竞争是社会化市场经济之内在要求，作为一项法律制度，它是通过国家的“有形之手”来纠正市场“看不见的手”所导致的弊端，同时又力求使“看不见的手”在最大范围内、最大程度上发挥作用的产物。这一原则不仅直接体现在竞争法、反垄断法和反不正当竞争法中，而且也体现在经济法的各项制度诸如计划、产业、财政、金融、企业组织、市场管理等制度和具体执法与司法中。以自由竞争和自由市场排斥政府对市场的管理、调控或“裁判”，或者以计划、管理、调控等为名，行干预、管制之实而抑制乃至否定市场的机制和作用，凡此种理念和做法，均与维护公平竞争原则相悖，最终都不免受客观规律的惩罚。

这一原则应当作为经济法立法和执法的重要依据之一，它是经济法的永恒追求，既是经济法的源头，又是经济法的终点。在此意义上，国外学者把反垄断法称为“经济宪法”、“经济的基石”、“市场经济的大宪章”等，是不无道理的。

但是需要说明的是，在由政府自上而下主导转轨的时期，在从无到有渐次确立市场竞争规则的过程中，加上历史悠久的官本位传统，我国目前尚不具备通过竞争秩序的间接控制来主导经济的法律调整条件，也即竞争法在经济法中还不具备有核心或“龙头法”的地位。这是由我国还处在社会主义初级阶段的国情所决定的。

（三）责权利效相统一原则

责权利效相统一原则，是指在经济法律关系中各管理主体和公有制经营主体所享有承受的权力和责任、权利和义务以及他们的利益与效益必须相一致，不应当有脱节、错位、不平衡等现象存在。其核心是主体的责权利相一致，同时，经济效益和社会效益是我们一切经济工作的基本出发点和终极点，因此，效既是责权利的起点，又是责权利的终点，也是检验责权利的设置和制衡是否正确得当的实践标准。如若效益不高或未达到预期目的，则必是责权利的某个环节上出了问题，就需要予以及时调整。在社会主义市场经济或以公有制为主导的市场经济条件下，这是经济法的一项根本性的原则。

责即责任，责在责权利效相统一原则中具有不同的层次：首先，它是一种角色责任，表明了经济法律关系对于特定角色的权（力）利义务要求。在组织中的不同角色，决定了主体在经济法律关系中享有承受的权利义务和利益。其次，责任表明在主体违反义务时引起法律和国家对其的否定性评价，它是义务和制裁的连接点，执法者和司法者通过责任来确定相应的法律制裁。由此表达出在社会主义公有制条件下依法治理经济及公有财产关系的要求。

权指的是权利和权力。在经济法中，权利和义务、权力和责任一般而言具有一体性，只有区分不同的情形才能将其区分开来。责权利效相统一原则要求权责相当，不能失衡，以免权重责轻诱发专权擅权，或者权轻责重令人畏缩不前。

利指的是利益，这是由经济法的经济性所决定的。将利与权责相联系、统一，不仅因为经济关系都是物质利益关系，经济法律关系往往涉及重大经济利益，更因为经济法要在其法律调整中引入物质利益原则，将作为公有主体成员的自然人或机构本身的利益同其在公有体系中所扮演的角色及其工作成效有机地联系起来。同时，经济法的社会本位要求在经济管理、经济活动、经济法的立法、执法及司法中，在一定的主体角色定位范围内追求社会效益的最优化。需要指出的是，强调责权利效统一，并非将扮演角色者承担的责任同其角色行为造成的不利或损害后果完全等同，譬如责令造成数千万元损失者如数赔偿，这是不必要的，也是不现实的。关键是要做到令角色扮演者的切身利益同其权责的关系明晰，奖罚分明。经济法律关系将利益因素纳入其中，表明经济法一般不应单纯采取"命令——服从"的调整方式，经济管理和公有财产的投资经营应当建立在物质利益基础之上，"赏罚、升降必须同物质利益联系起来"(邓小平语)。

效即效益，包括经济效益和社会效益。经济法的制度和规定都是以效益为出发点，并以获得效益为终点；同时，各个局部效益必须符合社会整体利益的要求。需要指出的是，责权利与每一个具体经济法律关系及其主体直接相关，而"效"则不然，具体经济法律关系的主体依法所追求的效往往是外在于其自身的，可能需要以眼前和局部的低效、无效或效益减损，去换取长远或整体的效益。如果在相当时间内无法达到既定的效益要求的话，就需要调整法律的规定和政府的管理及经济行为的倾向，再通过各种具体的经济法律关系及其主体的行为，以实现经济法所追求和要求的效益。

在公有制的条件下，各种公有主体和作为拟制体的国家不能像私人那样自动地追求利润最大化，而是存在着种种非人格化的行为，容易造成经营管理不当或不善，需要根据责权利效相统一原则来对公有主体及其成员的权利与义务、权力与责任加以科学的设置。公有主体由众多成员组成，如果没有责权利一致之角色定位，适当的权益配置和制约，公有制就根本无法维系和运作。在市场经济条件下，摈弃行政型、家长式的经济体制，每个具体公有主体都要面向市场，发挥主观能动性，积极应变，从事管理及市场经济活动，为此需要在经济法的各项制度中贯彻责权利效相统一原则，将这种要求落实为众多单个人的协调一致行为，建立一种确保所设置的各种公有主体角色不错位的内在机制。只有这样，方可做到公有财产不致流失乃至保值增值，经济管理高效廉洁、稳健有序。

而在以私有制为主导的资本主义条件下，社会财产关系普遍具有自然人的人格化主体，法无须特别关注财产关系中各种角色的责权利配置，依靠人格化主体的天然利害驱动即可合理配置各种责权利关系。私有制财产关系原则对全社会和整个社会经济关系的辐射，决定了资本主义经济法的经济管理主体的责权利配置亦可在经济法之外解决，为行政法所吸收。所以，资本主义经济法天然地不需要责权利效相统一的原则，该原则是社会主义经济法及中国经济法的一项特色。

第五节　经济法的体系和渊源

一、经济法的体系

(一)经济法体系的概念

法律体系是指一国现行法由不同而又相互联系的部门法构成的统一有机整

体。各法律部门则是由性质相同且是具体体现在各种现行法律中的法律规范构成的。但这些部门又都建立在同一立法基础之上，其相互间存在着内在的统一性和协调性，保证着一国法律调整的目的和共同任务。经济法是社会主义市场经济法律体系中的一个独立的、重要的法律部门，经济法体系是由经济法各子部门所组成的统一整体，它们既具备经济法的基本属性，体现国家对经济生活的协调、干预，又具备特定的功能和作用，相互配合相互补充，以保证经济法的独立存在和经济法整体作用的发挥。

经济法体系不同于立法体系。立法体系的构成要素是规范性文件，经济法体系是对现行法律法规的概括，是一个学理概念而非形式意义上的法律。经济法体系也不同于经济法学体系。经济法学体系是指由多层次的、门类齐全的经济法学分支学科组成的有机联系的统一整体。它同经济法体系有区别，有联系。它们的区别表现为：经济法体系的构成要素是经济法部门，而经济法学体系的构成要素则是经济法学分支学科，经济法学分支学科除了与各个经济法部门相对应的经济法学分支学科之外，还包括经济法基本理论、经济法制史学等学科。经济法体系与经济法学体系的联系表现在：经济法学体系总是以经济法体系为研究对象的，经济法学体系的形成和发展又会影响经济法体系的建立和发展。

(二)经济法体系的结构

经济法体系是反映国家协调、干预市场经济的各方面法律规范所组成的有机联系的统一体，其划分往往与经济法调整对象的具体范围相呼应。由于经济法调整的是国家在协调、干预经济运行过程中所发生的经济关系，因此，决定了经济法的体系应该采取如下结构：

1.市场主体管理法。它是调整在企业设立、变更、终止过程中发生的经济管理关系和企业内部管理过程中发生的经济关系的法律规范的总称。如按所有制划分，主要有全民、集体、私营企业法、外商投资企业法；按现代企业形式划分，主要有个人独资企业、合伙企业法、公司法等。

2.市场运行调控法。它是调整在市场管理过程中发生的经济关系的法律规范的总称。主要有反垄断法、反不正当竞争法、消费者权益保护法等。

3.宏观调控法。它是调整在宏观调控过程中发生的经济关系的法律规范的总称。主要有产业法、国有资产管理法、预算、税收、审计、会计等法律制度。

4.社会保障法。它是调整在社会保障过程中发生的经济关系的法律规范的总称。主要有社会保险法、社会救济法等。

二、经济法的渊源

经济法的渊源是指经济法律规范的形式。我国作为成文法国家，由不同层次的国家机关制定的规范性文件构成了不同的渊源,组成了经济法的形式体系。

1.宪法。宪法是我国的根本大法,是经济法的基本渊源,是法律基础,具有最高效力。

2.法律。即由全国人民代表大会及其常委会制定的基本法律和一般法律。这是经济法的主要渊源。

3.行政法规。是国务院根据宪法和法律制定的所有有法律拘束力的规范性文件的总称。它包括条例、暂行规定、实施细则以及决定、命令等。其效力遍及全国。

4.地方性法规。是由省、自治区、直辖市的人民代表大会及其常务委员会颁布的法规。其效力范围仅限于辖区内。

5.国务院各部委的命令、指令、办法、规定、规章等规范性文件,这些一般要经过国务院批准,也是经济法的渊源。

6.地方人民政府的规章和其他一些规范性文件。

7.最高人民法院的司法解释。

8.我国参加签订的或者承认的有关经济方面的国际条约,双边或者多边协定等等。

第二编　市场主体法律制度

第二章　公 司 法

第一节　公司法概述

一、公司的概念和特征

公司是指依法设立并以营利为目的的企业法人。

公司具有以下特征：

1. 公司是一种社团法人。所谓法人，是指具有民事权利能力和民事行为能力，依法独立享有民事权利和承担民事义务的组织。法人因其组织基础的不同，而有社团法人和财团法人之分。财团法人以捐助一定的财产为其成立的基础；而社团法人则以人的结合为其成立基础。公司是由股东订立章程而组织成立，公司即以股东为基础，因此属于以人为结合基础的社团法人。

2. 公司是以营利为目的的社团法人。社团法人有营利社团法人与公益社团法人之分。前者以牟取利润为目的，后者则以公益为归宿。公司的营利性可从两个方面来观察：一方面，公司投资者具有营利性。投资者之所以投资于公司，其目的就是为了获得利益的回报。如果公司的经营业绩无法使投资者获得利益，投资者就会失去向公司投资或继续经营公司的愿望；反之，就会采用扩大投资等积极办法发展其投资的公司。另一方面，公司本身具有营利性。只有在公司取得利润的前提下，投资者才可能获得回报。

3. 公司是依照法定程序设立的社团法人。这里所说的依法，一是指按照《中华人民共和国公司法》(以下简称《公司法》)，这是我国专门调整公司组织及其活动的法律。只有根据该法规定的条件、方式、程序组织起来的经济组织，才能称为公司。二是指依照其他有关法律及行政法规。例如，公司设立登记应符合《中华人民共和国公司登记管理条例》的规定，外商投资企业除应符合《公司法》的规定外，还要符合《中华人民共和国中外合资经营企业法》、《中华人民共和国中外合作经营企业法》以及《中华人民共和国外资企业法》等的规定。

二、公司的种类

(一)公司在法律上的分类

就法律上规定而言,公司的种类有:

1. 无限公司、有限公司、两合公司和股份有限公司

无限公司是全体股东对公司债务负无限连带清偿责任的公司。在这类公司中,一方面,公司股东对公司债务承担无限、连带责任;另一方面,公司股东对公司事务拥有平等的代表权和管理权。无限公司的这两个基本特征使得这种公司比较重视股东之间的信赖和信用关系,在公司法理论上属于典型的"人合公司"。

有限公司是指全体股东仅以其出资额为限对公司债务负清偿责任的公司形式。

两合公司是指由一个以上有限责任股东与一个以上的无限责任股东所组成,无限责任股东对公司的债务负连带无限责任,有限责任股东就其出资额为限对公司负其责任的公司。由于无限责任股东面临公司经营中可能出现的巨大风险,故有限责任股东放弃公司管理权和代表权。

股份有限公司是指由一定数量的股东所组成,全部资本均分为等额的股份,股东就其所认购股份对公司承担责任的公司。

我国《公司法》第2条规定:"本法所称的公司是指依照本法在中国境内设立的有限责任公司和股份有限公司。"据此,在我国,法律所承认的仅是有限责任公司和股份有限公司这两种形式。

2. 母公司和子公司

这是根据控制权关系而对公司所作的分类。

母公司是指持有一定比例的股份或出资而可以控制其他公司的公司。严格地说,母公司和控股公司并非同一概念。控股公司有纯粹控股公司和混合控股公司两种基本形式。纯粹控股公司是仅以掌握子公司的股份或其他有价证券并因此获得权益为目的而设立的公司,而不从事任何其他经营业务活动。混合控股公司则不以掌握子公司的股份或其他有价证券并因此获得权益为目的,而是以从事自己的经营业务为主要目的而设立的公司。显然,纯粹控股公司一般属于投资公司的性质,而混合控股公司则属于母公司的范畴。

子公司是指其一定比例以上的股份为另一公司所控制的公司。尽管母子公司是一种控制与被控制的关系,但在法律地位上子公司和母公司一样都具有独立的法人资格,都能以自己的名义开展生产经营活动,对外发生各种权利义务关系,并能各自独立地承担民事责任。依子公司与母公司之间的投资关系,子公司可分为全资子公司和非全资子公司两种。前者指子公司的全部资产由母公司投入,母

公司独家投资设立的子公司;后者指子公司的资产是由母公司与其他投资主体共同投入的,只是母公司控制的比例达到了控股的地位。根据国家工商行政管理局《关于施行〈中华人民共和国公司登记管理条例〉若干问题的意见》第14条的规定,只有国家授权投资的公司可投资设立全资子公司(即国家独资的子公司),其他公司只能设立有限责任公司或股份有限公司形式的控股子公司。

3.本公司和分公司

以管辖系统为标准,可以将公司分为本公司和分公司。

本公司是指具有独立的法人资格,能够以自己的名义直接从事各种业务活动,并管辖所属分公司或非独立经营机构的公司。我国《企业名称管理条例》曾规定,具有3个以上的分支机构的公司才可以在名称中使用"总"字,但鉴于总公司是从经济角度对公司进行的界定,这种称谓在法律上缺乏科学的依据,故《关于施行〈中华人民共和国公司登记管理条例〉若干问题的意见》第8条规定,"公司不得再称'总公司'",亦即不应简单地用总公司来取代本公司的概念。

分公司是指受本公司管辖的,不具有独立法人资格的各种经营机构,我国《公司法》第14条第1款规定:"公司可以设立分公司。设立分公司,应当向公司登记机关申请登记,领取营业执照。分公司不具有法人资格,其民事责任由公司承担。"

4.本国公司和外国公司

按公司国籍不同,可以把公司划分为本国公司和外国公司。

目前,世界各国判定公司国籍依据的标准主要有三:一是准据法主义,即依公司设立的准据法决定公司的国籍;二是住所地主义,即公司的住所地在哪个国家,公司的国籍就在那个国家;三是股东国籍主义,即以公司多数股东的国籍或以持有公司多数股份的国籍作为判定公司国籍的依据。

我国采用第一种标准认定公司国籍。根据我国公司法的规定,本国公司是指依照中国法律在中国境内登记成立的公司,外国公司是指依照外国法律在中国境外登记成立的公司。

认定公司国籍有较重要的理论意义和实践意义:在国家管制方面,由于各国实际存在着对不同国籍公司的差别待遇,特别是当一国对他国实行特殊管制政策时,判定公司国籍对于确定其行为能力等重大问题有重要意义;从统计角度而言,它涉及一个国家和地区对其生产产值或贸易额的统计,在我国还涉及我国对外投资数量和规模的统计。

(二)公司在学理上的分类

在学理上对公司进行分类,可将公司分为以下几类:

1.人合公司、资合公司和人合兼资合公司

这是以公司信用为标准而对公司所作的学理上的分类。

人合公司是指以股东个人信用作为公司对外信用基础的公司。换言之,公司对外信用的基础是股东个人的信用,无限公司是典型的人合公司。

资合公司是指以股东对公司的出资作为公司对外信用基础的公司。即公司对外信用的基础是股东对公司的出资。有限责任公司和股份有限公司均属于资合公司。这两种公司对外信用的基础在于公司资本的多少,公司债权人在公司资产不足清偿债务时,不得对股东个人主张债权。

人合兼资合公司是指以公司资本和股东个人的信用为公司信用基础的公司。人合兼资合公司的设立和运行既注重股东的个人条件,也注重公司的资产规模和数量,其典型形式是两合公司。由于两合公司中的两类股东在承担责任和利益分配方面存在难以调和的矛盾,因而这类公司已渐趋绝迹。

2.一般法上的公司和特别法上的公司

以公司是否在公司法之外受其他特别法的管辖为标准,可将公司分为一般法上的公司和特别法上的公司。

一般法上的公司是指仅受公司法管辖的公司。绝大多数公司都属于这一类。特别法上的公司是指除公司法外,还受其他特别法管辖的公司。如中外合资经营公司,除受公司法管辖外,还受中外合资经营企业法的管辖。

三、公司法的概念

所谓公司法,是指调整公司的设立、机构、解散的组织关系和公司业务活动的经营关系的法律规范的总称。

公司法主要调整两种关系:一是公司的组织关系。即主要规定公司的法律地位和主体资格,包括公司的设立、变更、终止、内部组织机构、股东的权利和义务等。二是公司的经营关系。主要规定公司的对外活动,如股票的发行、交易、债券的发行和转让等。

公司法具有四大特征:一是公司具有组织法性质;二是公司法具有活动法性质,即规定公司如何活动;三是公司法具有实体法和程序法相结合的性质。公司法除规定权利义务等实质内容以外,还以较大篇幅规定公司设立的程序、公司组织机构的设置、议事及股票、债券的发行等程序;四是公司法主要由强制性法律规范构成,体现了国家对社会经济生活的干预。一方面,要求公司的设立和运作必须严格遵守公司法的规定,对违法者依法追究法律责任;另一方面,国家对依法设立的公司给予认可,并通过公司法的强制性规范保护其合法权益。

第二节 公司章程

一、公司章程的概念和作用

(一)公司章程的概念

公司章程是关于公司的组织、内部关系和开展公司业务活动的基本规则和依据,是以书面形式固定下来的全体股东共同一致的意思表示。

公司章程是公司成立的必备要件之一。《公司法》第 11 条规定:"设立公司必须依照本法制定公司章程。公司章程对公司、股东、董事、监事、高级管理人员具有约束力。"公司章程以外的其他文件无论其合法性如何,均与公司设立及法人资格无关。所以,公司章程是指导公司设立及未来运行的基本行为规范,不仅公司本身要受公司章程的约束,公司的股东或其潜在投资者、董事、监事、高级管理人员均须受到公司章程之约束。事实上,国家有关监督管理机关也需要根据公司章程判断公司行为的合法性。由于公司章程既包含了对未来公司的约束力,又包含了对公司未来股东的约束力,故公司章程就其性质而言,显然不是全体股东或发起人之间的合同,而是依法成立的每一家公司的自治规则。

(二)公司章程的作用

公司章程作为公司组织与行动的基本准则,其主要作用是:

1. 公司章程是公司对内管理的依据。公司的运作必须在章程的原则范围内制定出公司管理的具体办法,在公司法上称作章程细则。章程细则必须以与法律或公司章程不相抵触为原则,否则该内容便无效。

2. 公司章程向公司成员及第三者表明公司的信用。公司章程对股东的自益权都有详尽的规定,表明公司将依照章程的规定,保证股东的权益,这就在公司的内部建立起一种信用关系。同时,公司章程是对外公开的。章程记载的事项充分反映出公司的性质、目的、规模、营业范围、资本额等重要问题,交易相对人可据此了解公司的组织及财产状况,这就能使公司向与其发生经济交往的第三人表明其信用,有利于维护交易活动的安全。

3. 公司章程是对政府做出的书面保证。公司的发起人以公司章程作为公司设立的要件之一,向政府登记主管机关申请登记注册,这就意味着公司向政府做出了书面保证,保证按照章程所确定的准则从事组织和经营活动。政府登记主管机关核准了章程,就等于接受了公司所作的保证。公司违反章程就应当承担相应的责任和接受相应的处罚。

二、公司章程的内容

(一)理论分类

章程的内容即章程记载的事项。世界各国民商法或公司法都对章程内容作了具体规定,这些内容是经过长期的商业实践和立法实践逐步完善而成的。尽管各国在立法体例上差异较大,但对章程的记载内容大体一致。根据这些内容的重要性,从理论上可划分为三类,即“绝对必要记载事项”、“相对必要记载事项”和“任意记载事项”。

1.绝对必要记载事项。这是指根据法律规定必须记载于公司章程的条款,舍此则公司章程无效。在公司法立法和理论上,一般认为公司名称和住所、公司发行股份总额和注册资本、发起人姓名和地址等是公司章程的绝对必要记载事项。

2.相对必要记载事项。这是指虽为公司法所列举,但这些事项是否记载于章程可由当事人自定。如果予以记载则发生效力;如不记载也不影响整个章程的效力;如所记载的事项不合法,则只是该部分无效,并不导致整个章程无效。

3.任意记载事项。这是指除以上两项外,在不违背法律法规和公司性质的前提下,发起人或创办人认为有必要记入章程,作为共同遵守的行为规则的事项。公司章程中的任意记载事项大致包括以下几项:股权的种类、股东会的开会地点、董事的人数、营业年度等等。

在我国,公司章程因公司类型不同而有差异。《公司法》第25条规定了有限责任公司章程应当载明的事项;第82条规定了股份有限公司章程应当载明的事项。此两类条款属于绝对必要记载事项。

(二)有限责任公司章程条款

根据《公司法》第25条规定,有限责任公司章程应当载明下列事项:

1.公司名称和住所;

2.公司经营范围;

3.公司的注册资本;

4.股东的姓名或名称;

5.股东的出资方式、出资额和出资时间;

6.公司的机构及其产生办法、职权、议事规则;

7.公司法定代表人;

8.股东会会议认为需要规定的其他事项。

(三)股份有限公司章程条款

根据《公司法》第82条规定,股份有限公司章程应当载明以下事项:

1.公司名称和住所；

2.公司经营范围；

3.公司设立方式；

4.公司股份总数、每股金额和注册资本；

5.发起人的姓名或者名称、认购的股份数、出资方式和出资时间；

6.董事会的组成、职权和议事规则；

7.公司的法定代表人；

8.监事会的组成、职权和议事规则；

9.公司利润分配办法；

10.公司的解散事由与清算办法；

11.公司的通知和公告办法；

12.股东大会认为需要规定的其他事项。

三、公司章程的变更

公司章程一经制定生效，就不得随意变更。但当社会经济情况或公司本身情况发生重大变化时，在不违反公司设立目的、不违反社会公共利益的前提下，可以依法变更章程。变更公司章程是公司的重大事项，应依法定程序进行。大体分为以下步骤：

1.由董事会提出修改章程的提议。当然，股东也有权向董事会提出修改意见。

2.将提议修改的内容提前通知股东。《公司法》第 42 条规定：有限公司召开股东会会议，应当于会议召开 15 日前通知全体股东；但是公司章程另有规定或全体股东另有约定的除外。《公司法》第 103 条规定：股份有限公司召开股东大会，应当将会议召开的时间、地点和审议的事项于会议召开 20 日前通知各股东；临时股东大会应当于会议召开 15 日前通知各股东；发行无记名股票的，应当于会议召开 30 日前公告会议召开的时间、地点和审议事项。

3.提交股东大会表决。《公司法》第 44 条和第 104 条规定：修改公司章程必须经出席股东会或股东大会的股东所持表决权的 2/3 通过。

4.及时申请变更登记。原公司章程变更以后，公司应及时将原章程和修改本一并报原公司登记机关申请变更登记。

5.公司应将生效的修改条款通知全体股东，并将修改生效的章程置备于公司。

第三节　公司的资本

一、公司资本的概念和意义

公司资本又称股本，是指公司成立时由股东出资构成的财产总额，亦即股东对公司的永久投资。

公司资本与公司的资金是两个不同的概念，公司的资金是指可供公司支配的以货币形式表现出来的公司资产的价值，它主要包括公司股东对公司的永久投资、公司发行的债券以及向银行的贷款等。尽管上述资金都可供公司支配，但在公司资产负债表上，公司发行债券所获得的资金和向银行借得的款项是以“债”来表示的，唯有公司股东的出资才是公司的自有资本。可见，公司资金不论内涵还是外延都比公司资本要宽泛，尤其是在公司的设立阶段，区分资本和资金的概念十分重要。因为绝大多数国家的公司法都要求资合公司的成立必须具备一定的资本，而不是一般意义上的资金。此外，要了解公司资本的含义还须将其与公司的具体类型相联系。在不同类型的公司中，资本的作用和构成有着很大的差别。资合公司较之人合公司更看重资本，无限公司的股东可以用信用、劳务作为出资，而有限公司和股份有限公司的资本构成则无此成分。

总之，公司资本是公司取得法人资格、从事经营活动的基本物质条件，也是公司参与社会经济活动的物质保障和信用基础。公司法规定，公司设立时，必须拥有一定数量的资本，虚假出资或抽逃出资，应承担相应的法律责任。

二、公司资本的原则

在大陆法系国家，资本确定、资本维持、资本不变三原则曾经普遍地适用于股份公司。我国公司法关于股份公司和有限公司的规定均体现了上述原则，而且适用范围更为广泛，要求更为严格。规定公司资本三原则的目的，是为了保护债权和交易安全。

(一)资本确定原则

资本确定原则，是指公司在设立时，公司资本总额应记载于公司章程，并须由股东全部认足，否则，公司不能成立。根据我国公司法的规定，有限公司和股份有限公司的注册资本均不得低于法律规定的最低限额，均须记载于章程，均须由股东认足，因而体现了资本确定原则。

(二)资本维持原则

资本维持原则又称资本充实原则，是指在公司存续过程中应当维持与公司资本总额相应的财产。其目的在于维护公司的偿债能力，保护债权人的利益。

在我国《公司法》中，以下规定体现了资本维持原则：

1.公司在弥补亏损、提取公积金之前，不得向股东分配利润(第 167 条)。因为，无利润分配股利，实质上是吃公司的老本，必然导致公司资本减少，损害了债权人的利益。

2.公司可以向其他企业投资；但是，除法律另有规定外，不得成为所投资企业的债务承担连带责任的出资人(第 15 条)。

3.有限公司成立后，发现作为设立公司出资的非货币财产的实际价额显著低于公司章程所定价额的，应由交付该出资的股东补交其差额；公司设立时的其他股东对其承担连带责任(第 31 条)。

4.股份公司不得以低于股票面额的价格发行股份(第 128 条)。股票是股份有限公司股份的表现形式，股份集合为公司的资本，如果发行价格低于股票面值，则势必使公司在成立之时公司的资本低于应收资本，显然违背了公司资本维持原则，故为各国公司法所禁止。

5.除了符合公司法特别规定的目的和程序以外，公司不得收购本公司的股份(第 143 条)。

6.公司不得接受本公司的股票作为质押权的标的(第 143 条)。

(三)资本不变原则

资本不变原则，是指公司资本总额非依法定程序变更章程，不得改变。其目的是为了防止因公司资本总额的减少而导致公司责任能力的缩小，从而强化对债权人利益和交易安全的保护。根据我国公司法，增加和减少资本须经股东会或股东大会特别决议通过。其中，减少资本还须编制资产负债表、财产清单，并在作出减资决议之日起 10 日内通知债权人，并在 30 日内在报纸上公告，否则，可对公司处 1 万元以上、10 万元以下的罚款。

三、公司资本的构成和要求

公司资本就其具体构成而言，并不以货币或现金为限，股东可以采用法律允许的方式履行其出资义务。《公司法》第 27 条的规定，有限公司的股东可以用货币出资，也可以用实物、知识产权、土地使用权等可以用货币估价并可以依法转让的非货币财产作价出资；但是，法律、行政法规规定不得作为出资的财产除外。《公司法》第 83 条规定，股份有限公司设立中，发起人的出资形式适用于有限责任公司股东出资的规定。股份有限公司向社会公众发行的股份以及公司成立后发行的新股，认购人只能以货币方式进行出资。

(一)货币

货币是资本最基本的构成,任何公司类型都离不开货币出资。《公司法》第27条规定:有限责任公司全体股东的货币出资金额不得低于有限责任公司注册资本的30%。

股东用货币形式出资的,应当将货币出资足额存入准备设立的公司在银行开设的临时账户,如果设立外商投资的公司,境外投资者既可以使用外币形式出资,也可以使用合法取得的人民币履行出资义务,但人民币和外币的折算比例应当符合国家规定。

(二)实物

实物主要包括建筑物、厂房、机器设备或者其他物料。

股东出资的实物,应是公司从事生产经营活动所必需的实物,且股东必须对之拥有所有权。股东缴纳实物出资时,应委托有关评估机构对实物进行评估,将出资实物的购买凭证、会计文件等转交公司,并向公司转移实物的实际占有。有的实物如房屋、车辆和船舶等,应当办理登记和过户手续。

(三)知识产权

知识产权包括专利权、商标权、著作权等。以知识产权出资的股东必须是该知识产权的合法持有者。随着现代科技的发展,知识产权出资已成为公司出资的普遍形式,但因为知识产权的无形性和时限性、地域性特点,对知识产权出资的评估应尤为谨慎。

(四)土地使用权

土地使用权也是股东通常采用的出资方式。股东以土地使用权进行出资的,应遵循以下规定:

1.股东必须对用于出资的土地拥有合法使用权。

2.集体所有制单位不得以其拥有的集体土地所有权作为出资,如果使用集体土地出资的,必须首先办理土地征收手续,将集体土地转为国有土地,再以国有土地使用权形式出资。

3.能够作为出资的国有土地,必须是有偿出让获得的土地。如果将行政划拨的土地使用权作为出资的,必须按照规定向国家土地管理机关补交土地使用权出让金,否则,该土地使用权不得用于出资。

4.以土地使用权出资的,应当到土地登记管理机关办理权属转移手续,将原属于股东名下的土地使用权转移到公司名下。

5.以土地使用权出资的,也必须进行评估作价。土地使用权评估作价,必须由土地管理机关认可的专业评估机构做出,以保证评估标准的科学性和评估结果的合理性。

(五)可依法转让的非货币财产

可依法转让的非货币财产的范围较广,但判断某项非货币财产能否成为出资的标的,应符合以下标准:其一,合法性,即法律、行政法规规定不得作为出资的财产不得用于出资;其二,具有确定的价值;其三,可以自由转让。

第四节　公司的股份、股票与股东

一、公司的股份

(一)股份的概念

股份是股份有限公司的专称,它是一个比较复杂的概念,我们可从不同的角度给其下定义。从公司的角度来看,股份是均分公司全部资本的最基本的计量单位。股份公司的全部资本由等额股份集合而成,股份不可再行细分;从股东的角度看,股份是股东权存在的基础和计算股权比例的最小单位。自然人、法人随股份的持有而成为公司股东,随股份的转让而失去股东资格,股东对公司资产的"所有者权益"也以股份为计算单位;从股票的角度来看,股份是股票的价值内涵,股票是股份的存在形式。

(二)股份的性质

股份具有以下性质:

1.股份具有有限责任性。公司的股东仅就其认购的股份对公司承担责任。股东所有的其他财产与公司债务无关。

2.股份具有平等性。这不仅表现为每一股份的金额是相等的,而且表现为每一股份所代表的股东权利和义务也是相等的。例如每一股份都有一平等的表决权。

3.股份具有证券性。股份有限公司的股份是通过股票的形式表现的,而股票是有价证券,因此股份具有证券性质。

4.股份具有不可分性。所有股东所持有的股份总和便是公司的资本。对股份不能再行分割。

5.股份具有可转让性。公司法规定,除公司发起人、董事、监事、经理等高级管理人员转让其所持有的本公司的股份有特殊要求外,在一般情况下,股份可以自由转让。

6.股份具有权利性。股份是股东权利的象征,股东持有多少股份就意味着其享有多少权利,如表决权、分配盈余权等等。

(三)股份的种类

股份依不同标准可以划分为不同种类:

1. 根据股东权利的不同,股份可分为普通股和特别股。普通股是公司所发行的无特别权利的股份,持有这种股份的股东其权利一律平等。特别股是相对于普通股而言的,是股东享有与普通股不同权利的股份。特别股又分为优先股和后配股。优先股是股东比普通股享有优先权的股份。例如,优先分配红利、分配剩余财产等。后配股是红利分配上后于普通股的股份。从表面上看,特别股制度是平等原则的例外,然而它并不破坏股份金额相等的原则。设立特别股一方面可以吸引保守的投资者;另一方面有利于调动投资者的积极性,促进企业的资金筹集,因此,在社会经济生活中,特别股仍有其存在的基础。我国《公司法》虽对特别股未作具体的规定,但根据该法第 132 条关于"国务院可以对公司发行本法规定以外的其他种类的股票,另行作规定"的规定,也并不排斥特别股发行的可能性。

2. 根据股份是否标明股东姓名,可分为记名股和无记名股。记名股是将股东姓名记载于股东名簿并公示在股票上的股份,而无记名股是指股票上不记载股东姓名的股份,凡是持有股票的人即取得股东资格。可见,无记名股较记名股难以控制。

3. 根据股票上是否标明金额,可分为额面股和无额面股。额面股是指在票面上标明金额的股份,无额面股则是在票面上不标明金额,只标明每股占公司资本总额的比例的股份。按照我国公司法的规定,公司只能发行额面股,不得发行无额面股。

(四)股份的发行

股份的发行是指股份有限公司或者设立中的股份有限公司为了筹集公司资本,出售和分配股份的法律行为。

股份发行就其所处的阶段不同可分为设立发行和新股发行两种。

设立发行是指在设立公司的过程中为了筹集组建股份有限公司所需的资本而发行股票的行为。由于股份有限公司的设立有发起设立和募集设立两种形式,因此设立发行又相应地可分为发起设立发行和募集设立发行两种。

新股发行又称增资发行,是在公司存续中为增加资本而发行股份的行为。新股发行必须具备一定的条件。在满足新股发行条件的情形下,股份有限公司股东大会应当对新股种类及数额、新股发行价格、新股发行的起止日期、向原有股东报告发行新股的种类及数额等事项并做出决议。股东大会做出发行新股的决议以后,公司必须向国务院授权的部门或者省级人民政府申请批准;属于向社会公开募集的,须经国务院证券管理部门批准。公司经批准向社会公开发行新股时，必须公告新股招股说明书和财务会计报告，并制作认股书。招股说明书应当附有公司章程并载明下列事项：1. 发起人认购的股份数；2. 每股的票面金额和发行价格；3. 无记名股票的发行总数；4. 认股人的权利义务；5. 本次募股的起止期限及逾期未募足时认股人可撤回所认股份的说明。公司的财务会计报表包括公司的资产负债表、损益表、财务状况变动表、财务情况说明书以及利润分配表等。认股书应载明招股说明书上所记载的事项，由认股人填写所认股数、金额、住所，并签名、盖章，公司发行新股募足股款后，必须向公司的登记机关办理变更登记并予以公告。

不论是设立发行还是新股发行，都必须实行公平、公开、公正的原则，都必须同股同权、同股同利。同次发行的股票，每股发行的条件和价格应当相同。任何单位或个人所认购的股份，每股应支付相同的价款。

（五）股份的转让

股份的转让是指股份的持有者自愿将自己的股份转让给他人，使他人取得股份成为股东的法律行为。

股份自由转让，是股份有限公司区别于有限责任公司的一大特点。但允许股份自由转让并不等于法律对股份转让没有限制。按照《公司法》的规定，股东转让股份应依法进行。所谓依法，包含了以下内容：

1. 股东转让其股份应当在依法设立的证券交易场所进行。

2. 记名股票由股东以背书方式或者法律、行政法规规定的其他方式转让。转让后由公司将受让人的姓名或者名称及住所记载于股东名册。

3. 公司的发起人、董事、监事和高级管理人员转让股份的，应受到一定的限制，亦即：第一，公司的发起人持有的公司股份，自公司成立之日起1年内不得转让。公司公开发行股份前已发行的股份，自公司股票在证券交易所上市交易之日起1年内不得转让；第二，公司董事、监事、高级管理人员应当向公司申报所持有的本公司的股份及其变动情况，在任职期间每年转让的股份不得超过其所持有本公司股份总数的25%；所持本公司股份自公司股票上市交易之日起1年内不得转让。上述人员离职后半年内，不得转让其所持有的本公司股份。第三，公司章程可以对公司董事、监事、高级管理人员转让其所持有的本公司股份作出其他限制性规定。

二、股份有限公司的股票

（一）股票的概念

股票是指由股份有限公司签发的证明股东所持股份的凭证。

股票具有以下法律特征：

1. 股票是证权证券。股东权并不是由股票创设的,而且有股份就有股东权,股票只不过是已经发生的股东权的一种凭证。

2. 股票是要式证券。之所以说是要式证券是因为:按照《公司法》的规定,股票应当记载公司名称、公司登记成立日期、股票种类、票面金额及代表的股份权、股票的编号等必要事项,并由董事长签名、公司盖章后才能生效,欠缺上述条件,其股票应属无效。

3. 股票是一种能流通的有价证券。股票不论有无面额的记载,均有一定的价值。股票的持有者都能享有与之相应的财产权利,而且股票能在市场上流通转让。

(二)股票发行的要求

股票以其有无记载股东姓名为标准可分为记名股票和无记名股票。我国《公司法》对股票的发行规定了不同的要求,即公司向发起人、法人发行的股票,应为记名股,并应记载该发起人、法人的名称或姓名,不得另立户名或者以代表人姓名记名。对社会公众发行的股票,可以是记名股票,也可以是无记名股票。

(三)股票的抵押和继承

股票既然是一种可流通的有价证券,故可以作为抵押,也可以因继承事实而继承取得。在继承无记名股票时,持有股票的人就是股东。但如果继承记名股票,则应有继承人的背书或向公司提交有继承权的证明文件并将继承人的姓名、住所记载在股东名册上,否则公司不予承认。

(四)股票的丧失

《公司法》第 144 条规定,记名股票被盗、遗失或灭失,股东可以依照《民事诉讼法》规定的公示催告程序请求人民法院宣告该股票失效。人民法院依照公示催告程序宣告该股票失效后,股东可以向公司申请补发股票。

(五)股票和公司债券

1. 公司债券

公司债券是指公司依照法定程序发行的,约定在一定期限内还本付息的有价证券。公司债券就其性质而言,具有三个法律特征:第一,公司债券是一种要式证券。公司发行债券必须在债券上载明公司名称、债券票面金额、利率、偿还期限等事项,并由董事长签名、公司盖章。缺少上述要件,该债券应属无效。第二,公司债券是一种有价证券。它表明了公司债券的持有人对公司拥有债权,其拥有债权的金额为公司债券上载明的金额。第三,公司债券经过一定期限后要还本付息。

按照《公司法》的规定,公司发行公司债券应当符合《证券法》规定的发行条件。发行公司债券的申请经国务院授权的部门核准后,应当公告公司债券募集办法。公司以实物券方式发行公司债券的，必须在债券上载明公司名称、债券票面金额、利率、偿还期限等事项，并由法定代表人签名，公司盖章。公司债券，可以为记名债券，也可以为无记名债券。发行记名债券的，应当在公司债券存根簿上载明债券持有人的姓名或者名称及住所、债券持有人取得债券的日期及债券的编号、债券总额、债券的票面金额、利率、还本付息的期限和方式、债券的发行日期等事项。发行无记名债券的，应当在公司债券存根簿上载明债券总额、利率、偿还期限和方式、发行日期及债券的编号。

公司债券发行以后，可以依法转让。记名债券由债券持有人以背书方式或以法律、法规允许的其他方式转让；转让后由公司将受让人的姓名或者名称及住所记载于公司债券存根簿。无记名债券的转让由债券持有人将该债券交付给受让人后即发生转让的效力。

上市公司经股东大会决议可以发行可转换为股票的公司债券，并在公司债券募集办法中规定具体的转换办法。但上市公司发行可转换为股票的公司债券，应当报国务院证券监督管理机构核准。上市公司发行可转换公司债券以后，应当按照其转换办法向债券持有人换发股票，但债券持有人对转换股票或者不转换股票有选择权。

2.公司债券和股票的区别

公司债券和公司股票虽然都是一种要式有价证券，都代表了持有者对公司享有一定的财产权利，但是它们却是性质迥然不同的两种证券，主要区别表现在：

(1)公司债券是一种债权凭证，公司债券的持有人是公司的债权人，无权参与公司的经营活动，但能依法向公司主张债权；而股票是一种股权凭证，股票的持有者是公司的股东，他有权依照法律的规定参加公司的监督和管理，参与红利的分配。

(2)公司债券持有人所获得的债券利息是在公司债券上明确规定的，与公司的经营状况无关，公司不论有无赢利，都必须在公司债券所注明的到期日向债券持有人支付约定的利息并偿还本金；而股票的股息、红利则是不确定的，股息、红利的高低取决于公司经营的好坏，如果公司经营良好，那么股东可能获得比公司债券持有人高得多的红利、股息，反之，股东可能得不到任何红利。可见，股票持有者比公司债券持有人负有更大的风险。

(3)当公司进行清算时，公司债券持有人优先于股票持有人获得债务的清偿。这是因为：公司债券持有人是公司的债权人，就债券持有人与公司的关系而言，彼此是一种外部关系。而作为股票持有者的股东是公司的成员，股东与公司之间是一种内部关系。因此，当公司进行清算时，只有满足了外部债权人的债务且尚有财产多余时，股东才能按其所持股份的多少按比例分得公司财产。

三、公司的股东

公司的股东是指向公司出资并对公司享有权利和承担义务的人。

公司股东可以是自然人，也可以是法人。

就出资人成为公司股东的动机而言，在理论上可将公司股东分为三类，即投资股东、经营股东和投机股东。但不论股东投资的目的如何，其法律地位一律平等，都依法享有股东权。

(一)股东的权利

股东的权利亦称股东权，是股东基于其资格而对公司享有的权利。股东权既不同于债权，因为股东入股后即成为公司内部构成的分子，这与以和股东的资格分离而对公司独立享有权利为特征的债权显然有别。同时它也不同于物权，因为股东出资或购买了股份以后虽享有各种权利，但对公司的财产不能直接占有、使用和处分。股东权就其性质而言，是一种基于股东资格而取得多种权利的团体财产权。说它是多种权利的财产权，主要包括以下两个方面：

1.共益权

共益权是指专为公司利益而行使的权利，具体有：

(1)股东有表决权。这是因股东出资或取得股份而与之俱来的一种固有权利。如果股东因各种原因不能行使表决权，可以以书面形式委托他人出席股东大会并依法行使表决权；

(2)股东对公司的经营享有建议或质询的权利；

(3)股东有查阅股东大会会议记录的权利；

(4)股东有查阅公司财务会计报表的权利；

(5)股东有查阅公司章程的权利；

(6)股东有对股东大会决议的撤销、起诉权；

(7)股东会召集请求权。

2.自益权

自益权是为股东自己的利益而行使的权能，主要包括：

(1)公司盈余分派请求权；

(2)新股的认购权；

(3)按照公司法及公司章程的规定转让出资或股份；

(4)公司解散时剩余财产分配权。

(二)股东的义务

有限责任公司和股份有限公司的股东负有按所承诺的出资额或所认购的股

份金额向公司缴纳股款的义务。缴纳出资或股款后,股东仅以其出资额或所认购的股份对公司承担有限责任,这就是所谓的股东的有限责任。但股东的有限责任不是绝对的,如果公司成立以后,股东滥用公司的人格使公司丧失应有的人格独立性,仅把公司作为自己牟利的工具,则应否定公司的人格,由股东承担民事责任,这就是股东有限责任的例外。

第五节　公司的组织机构

一、股东会

(一)股东会的概念和职权

1.股东会的概念

股东会又称股东大会和股东会议,是全体股东的组织,是公司的最高权力机构。根据《公司法》第37条和第99条的规定,股东会具有以下法律地位:第一,公司股东会是公司的必设机构,即有限公司和股份有限公司无论其规模及人数存在何种差异,都须设置股东会,股东会是股东表达其意志、利益和要求的主要场所和工具;第二,公司股东会是公司的最高权力机构。作为最高权力机构,股东会行使着对公司的领导权和管理权。股东会对公司的领导和管理是通过"股东拥有公司,但由董事会管理"的方式实现的。股东会通过选举和控制董事会来间接地行使管理权和领导权。

2.股东会的职权

根据我国《公司法》第38条和第100条的规定,有限公司和股份有限公司的股东会行使以下职权:

(1)决定公司的经营方针和投资计划;

(2)选举和更换非由职工代表担任的董事、监事,决定有关董事、监事的报酬事项;

(3)审议批准董事会的报告;

(4)审议批准监事会或者监事的报告;

(5)审议批准公司的年度财务预算方案、决算方案;

(6)审议批准公司的利润分配方案和弥补亏损方案;

(7)对公司增加或减少注册资本作出决议;

(8)对发行公司债券做出决议;

(9)对公司合并、分立、解散、清算或者变更公司形式作出决议;

(10)修改公司章程;

(11)公司章程规定的其他职权。

(二)股东会的种类

公司股东会是以会议形式行使其职权的,根据召集时间的不同,股东会会议可以分为普通年会和特别会议两种。

1.普通年会

普通年会是指依照法律,公司每年必须召集的全体股东的大会。普通会议属于一种例会,故又称股东大会或公司年会。我国《公司法》规定:股份有限公司的股东大会每年召开一次,有限责任公司的定期会议应依章程的规定按时召开。

2.特别会议

特别会议又称临时股东会或特别股东会,是指必要时在两次年会之间不定期召开的全体股东会议。各国公司法对在何种情况下可召开特别会议有着不同的法律规定。我国《公司法》规定:有限责任代表1/10以上表决权的股东,1/3以上的董事,监事会或者不设监事会的公司的监事有权提议召开临时股东会。股份有限公司在董事人数不足法定人数或章程所定人数的2/3时,公司未弥补亏损达实收股本总额1/3时,单独或者合计持有公司10%以上股份的股东请求时,董事会认为必要时,监事会提议召开时,公司章程规定的其他情形时,应当在两个月内召开临时股东大会。

(三)股东会的召集

有限责任公司设立董事会的,股东会会议由董事会召集,董事长主持;董事长不能履行职务或者不履行职务的,由副董事长主持;副董事长不能履行职务或者不履行职务的,由半数以上董事共同推举一名董事主持。有限公司不设董事会的,股东会会议由执行董事召集和主持。董事会或者执行董事不能履行或者不履行召集股东会会议职责的,由监事会或者不设监事会的公司的监事召集和主持;监事会或者监事不召集和主持的,代表1/10以上表决权的股东可以自行召集和主持。

股份有限公司股东大会会议由董事会召集,董事长主持;董事长不能履行职务或者不履行职务的,由副董事长主持;副董事长不能履行职务或者不履行职务的,由半数以上董事共同推举一名董事主持。董事会不能履行或者不履行召集股东大会会议职责的,监事会应当及时召集和主持;监事会不召集和主持的,连续90日以上单独或者合计持有公司10%以上股份的股东可以自行召集。

为了便于股东在股东会上更好地行使权利,我国《公司法》规定,有限责任公司除非公司章程或全体股东另有约定,召开股东会会议,应当于会议召开15日前通知全体股东。股份有限公司召开股东会会议,应当将会议召开的时间、地点和审议的事项于会议召开20日前通知各股东;临时股东大会应当于会议召开

15 日前通知各股东；发行无记名股票的，应于会议召开 30 日前公告会议召开的时间、地点和审议事项。股东大会不得对前述通知中未列明的事项作出决议。

（四）股东会的决议

股东会行使职权，主要以决议形式确定。股东会的决议可分为两种：普通决议和特别决议。普通决议是对公司一般事项所作的决议，只需经代表 1/2 以上表决权股东通过。特别决议是对较之公司一般事项更为重要的事项的决议，须经代表 2/3 以上表决权的股东通过。按照《公司法》规定，有限责任公司股东会必须以特别决议通过的事项包括：(1)公司增加或减少注册资本；(2)公司分立、合并或变更公司形式；(3)公司解散；(4)修改章程。其他事项是否以特别决议通过，由公司章程规定。股份有限公司必须以特别决议通过的事项有：修改公司章程、增加或者减少注册资本、公司合并、分立、解散或者变更公司形式等。

有限责任公司股东会由股东按照出资比例行使表决权，股份有限公司股东会的表决采取一股一票制。

股东会会议应当对所议事项的决定形成会议记录，出席会议的股东应当在会议记录上签名，会议记录应妥善保存。

二、董事会

（一）董事会的性质和职权

1. 董事会的性质

董事会是在股东会领导下的公司业务执行机构。

董事会具有如下特性：

(1)董事会是公司的业务执行机关。股东会做出的各项决议，必须由董事会负责主持实施和执行。

(2)董事会是公司的对外代表机关。在股份有限公司中，董事会的董事长为公司的对外代表；在有限责任公司中，董事长或执行董事为公司的对外代表，依法代表公司从事法律活动。

(3)董事会是公司的常设机关。董事会自公司成立之日起即作为一个机构而存在。董事会的成员可以依法随时被更换，但是作为一个机构，公司的董事会本身不能撤销，也不能停止活动。

2. 董事会的职权

根据《公司法》的规定，股份有限公司和有限责任公司的董事会对股东会负责，行使下列职权：

(1)负责召集股东会会议，并向股东会报告工作；

(2)执行股东会的决议；

(3)决定公司的经营计划和投资方案;

(4)制订公司的利润分配方案和弥补亏损方案;

(5)制订公司的年度财务预算方案、决算方案;

(6)制订公司增加或减少注册资本的方案以及发行公司债券的方案;

(7)制订公司合并、分立、解散或者变更公司形式的方案;

(8)决定公司内部管理机构的设置;

(9)决定聘任或者解聘公司经理及其报酬事项,并根据经理的提名决定聘任或者解聘公司副经理、财务负责人及其报酬事项;

(10)制定公司的基本管理制度。

(二)董事会的产生和组成

1.董事的产生

在我国,董事会成员的产生方式有三种:第一,股东会选举方式。这是董事选任的最一般的方式。按照这种方式,董事会成员由股东会按公司章程的规定,以一定表决权方式选举产生。第二,股东单方委派。这种方式主要适用于中外合资经营企业和国有独资公司。其特点是:董事会由股东依照公司章程、合营合同或法律的规定,根据其单方意志来加以确定。第三,职工民主选举方式。这是根据《公司法》第45条第2款规定采用的董事产生方式,即“两个以上的国有企业或者两个以上的其他国有投资主体投资设立的有限责任公司,其董事成员中应当有公司职工代表;其他有限责任公司董事会成员中可以有公司职工代表。董事会中的职工代表由公司职工通过职工代表大会、职工大会或者其他形式民主选举产生。”

董事依照规定产生后,其任期由公司章程规定,但每届任期不得超过3年。董事任期届满可连选连任,其任期届满前,股东会不得无故解除其职务。

2.董事会的组成

董事会由符合条件的当选董事组成。有限责任公司董事会其成员为3～13人。董事会设董事长1人,可以设副董事长。董事长、副董事长的产生办法由公司章程规定。有限责任公司股东人数较少和规模较小的,可以设一名执行董事,而不设董事会。执行董事可以兼任公司经理。股份有限公司的董事会由5～19名董事组成。董事会设董事长1人,可以设副董事长。董事长和副董事长由董事会以全体董事的过半数选举产生。

股票在证券交易所上市交易的股份有限公司,即上市公司,应设独立董事。独立董事是指未同时兼任公司经营团队职务,具有专业知识,且在执行业务范围内应保持独立性,不得与公司有直接或间接的利害关系的董事。上市公司的审计委员会、薪酬委员会、提名委员会的成员通常由独立董事担任,以便对内部董事进行有效监督，保护公司和中小股东的合法权益。

（三）董事会的议事方式和程序

董事主要是通过参加董事会会议并以形成决议的方式来行使自己的权利的。我国《公司法》规定，公司董事会由董事长负责召集和主持。董事长不能履行职务或者不履行职务的，由副董事长召集和主持；副董事长不能履行职务或者不履行职务的，由半数以上董事共同推举一名董事召集和主持。股份有限公司董事会每年度至少召开两次会议，每次会议应当于会议召开10日前通知全体董事和监事。临时会议可另定通知方式和通知期限。董事会会议应由董事本人出席。董事因故不能出席，可以书面委托其他董事代为出席董事会，委托书中载明授权的范围。

按照《公司法》，股份有限公司的董事会会议应由过半数的董事出席方可举行。董事会做出的决议，必须经全体董事的过半数通过。董事会决议的表决，实行一人一票。

对有限责任公司董事会的议事方式和程序，《公司法》未作具体规定。根据实践中出现的问题，有限公司的章程应对有效董事会会议的参加人员或比例、表决方式、表决权计算方法、有效决议的表决权数、代理人投票的效力等做出明确规定。

董事会会议应制作议事记录，即会议记录。会议记录应记载议事的内容、进程及结果，由董事长和出席的董事签名盖章。会议记录既是作为决议已获通过的证明和贯彻决议、执行业务的依据，也是因董事会的错误决定致使公司受损害时，追究有关董事责任或免除无关董事责任的根据，故应妥善保存以备查阅。

（四）董事对公司的义务

根据我国公司法，董事对公司负有以下义务：

1.董事对公司负有善良管理人的注意义务。即董事处理公司事务，应具有正常人处理本人事务同一程度的谨慎、勤勉，并确信其采取的措施是在当时具体情况下最有利于公司的选择。

2.董事的忠实义务，即董事负有竭尽忠诚地为公司工作并诚实地履行职责的义务。从忠实义务的要求而言，当公司利益与个人利益发生冲突时，董事当以公司利益为优先。一般来说，董事违反忠实的情况主要有两种：其一，董事与公司签订商业合同并从中获取私利；其二，董事篡夺公司机会谋取利润。这里所称的公司机会应当同时考虑以下因素：公司机会是董事在执行职务中获得的，必须是董事有义务向公司披露的；必须是与公司经营活动密切相关的机会。当然，董事忠实义务的内涵不只限于上述两种情形。以下情形也应视为忠实义务的内容：不得擅自收受贿赂或其他非法收入的义务；不得侵占公司财产的义务；不得擅自处分公司财产的义务；不得擅自泄露公司秘密的义务；不得以公司资产为本公司的股东或者其他个人财产提供担保的义务等等。董事违反上述义务而对公司造成损害的，应依法对公司负损害赔偿责任。有限责任公司的股东、股份有限公司连续 180 日以上单独或者合计持有公司 1%以上股份的股东，可以书面请求监事会或者不设监事会的有限责任公司的监事向人民法院提起诉讼；监事会、不设监事会的有限责任公司的监事收到前述股东书面请求后拒绝提起诉讼，或者情况紧急，不立即提起诉讼将会使公司利益受到难以弥补的损害的，则股东有权为了公司利益以自己的名义直接向人民法院提起诉讼。这种诉讼就是通常所说的股东代位诉讼。

3. 董事对公司的竞业禁止义务。竞业禁止义务是董事忠实义务的派生义务。所谓竞业就是对特定营业有竞争性的活动。所谓竞业禁止，是指董事不得将自己置于其职责和个人利益相冲突的地位或从事损害本公司利益的活动，即不得为自己或第三人经营与其办理的同类的事业。董事从事竞业活动是对公司不忠实的表现，因此各国公司对此都予以明令禁止。我国《公司法》第 149 条规定：董事、高级管理人员违反本法规定自营或者为他人经营与其所任职公司同类的营业的，其从事竞业活动所取得的收入应当归公司所有。

三、监事会

（一）监事会的性质和职权

监事会是对公司的业务活动进行监督和检查的常设机构。公司监事会或监事的设置主要为大陆法系国家所采用，其设置目的在于保证董事会运行符合公司及股东利益。英美等国公司组织机构中，没有监事会或监事的设置，我国《公司法》仿效大陆法系传统，规定了监事会为公司的业务活动进行监督和检查的常设机构。

对监事会的职权，各国的规定不尽相同。我国《公司法》对有限公司和股份有限公司监事会的职权规定得比较广泛，具体包括：1. 监事列席董事会议；2. 检查公司财务状况，发现公司经营情况异常，可以进行调查；必要时可以聘请会计师事务所等协助其工作，费用由公司承担；3. 对董事、高级管理人员执行公司职务的行为进行监督，对违反法律、行政法规、公司章程或者股东会决议的董事、高级管理人员提出罢免的建议；4. 当董事、高级管理人员的行为损害公司的利益时，要求董事、高级管理人员予以纠正；5. 提议召开临时股东会，在董事会不履行公司法规定的召集和主持股东会会议职责时召集和主持股东会会议；6. 向股东会会议提出议案；7. 对违法的董事、高级管理人员提起诉讼；8. 章程规定的其他职权。

（二）监事会的产生与组成

在理论上，既然监事会的职责在于监督董事会执行公司事务，故监事是由公司股东会选举产生。但由于各国在看待职工地位上并不相同，监事的产生便存在两种体例：一是规定监事由股东会选举产生；二是充分考虑到公司的社会属性，允许职工代表作为监事会成员，从而形成由股东代表和职工代表共同组成监事会的结构。我国《公司法》采取的正是第二种体例。根据《公司法》的规定，监事会由 3 名或 3 名以上的监事构成。监事会中的股东代表由股东会选举，职工代表由公司职工民主选举。其中职工代表的监事比例不得低于 1/3，具体比例由公司章程规定。无论以何种方式产生监事会成员，都不应选举本公司的董事、高级管理人员为监事，以便使监事能公正行使职权，杜绝流弊。

第六节　公司的设立、合并、分立、形式变更、解散和清算

一、公司的设立

（一）公司的设立概述

公司设立是公司组织依照法定程序取得法人资格的行为过程。

公司的设立，就其方式而言，主要有特许设立、核准设立、准则设立和自由设立等四种形式。公司的这四种设立方式在公司发展的不同历史阶段都被广泛采用过。某一国家究竟采取何种公司设立方式，一方面取决于该国的法制完善程度及经济管理模式；另一方面，也与该国的经济发展水平有着密切的联系。我国《公司法》第 6 条规定：设立公司应当依法向公司登记机关申请设立登记。符合本法规定的设立条件的，由公司登记机关分别登记为有限责任公司或者股份有限公司；不符合本法规定的条件的，不得登记为有限责任公司或者股份有限责任公司。法律、行政法规规定设立公司必须报经批准的，应当在公司登记前依法办理批准手续。根据上述规定，我国的公司设立方法可分为准则设立及准则设立加核准设立两种：一般公司的设立采取准则主义，即只要符合法定设立条件的即可登记设立；凡法律、国家行政法规对设立公司规定必须报经批准的，采取准则加核准主义，即登记前必须经过批准。

（二）设立公司的要件

依照《公司法》的规定，不论是有限责任公司还是股份有限公司，其设立都必须具备以下要件：

1. 设立公司应有创办人。虽然《公司法》对有限责任公司和股份有限公司的

创办人各有不同的人数要求，但其共同点是：创办人都不能低于法定的人数。公司创办人是未来公司的首批股东，认缴或认购一定的出资或股份，并享有公司章程记载的特殊权益。没有创办人，公司就不能设立。

2.设立公司必须拥有独立的公司资本。公司资本是公司取得法人资格，从事经营活动的基本物质条件，也是公司参与社会经济活动的物质保障。《公司法》规定，公司设立时，必须拥有一定数量的资本即注册资本。有限责任公司的注册资本的最低限额为人民币3万元。法律、行政法规对有限责任公司注册资本的最低限额有较高规定的，从其规定。一人有限责任公司的注册资本的最低限额为人民币10万元。股东应当一次足额缴纳公司章程规定的出资额。股份有限公司注册资本的最低限额为人民币500万元。法律、行政法规对股份有限公司注册资本的最低限额有较高规定的，从其规定。

3.设立公司必须有公司章程。公司章程是创办人依法制定的规范公司组织与活动的基本法律文件，是公司对外进行经营交往的基本法律依据。制定公司章程是一种要式行为，公司章程的制定者必须按照法律的规定在章程中记载法定的绝对必要事项，并在公司章程上签名盖章。公司章程依法制定，即对公司、股东、董事、监事、高级管理人员等具有法律约束力，违反公司章程即会产生相应的法律责任。

4.设立公司必须有固定的生产经营场所。没有固定的生产经营场所，公司就难以开展正常的生产经营活动，就无法实现公司章程所规定的宗旨。在公司的生产经营场所中，住所有着极其重要的法律意义。一个公司可以有几个生产经营场所，但只能有一个住所。住所是公司法人机关所在地。确定公司住所，一方面可以决定主管机关监督权的行使及人民法院的审判管辖；另一方面还可以确定司法文书送达地、纳税地及债务清偿地。因此，公司的生产经营场所特别是公司住所，是公司设立的必备条件。

5.设立公司必须有自己的名称。公司名称是公司的称呼，公司有自己的名称，一方面可以与其他公司相区别；另一方面，也有利于确定权利义务的归属，明确法律关系的主体。根据我国《公司法》和其他有关法律、法规的规定，一个公司原则上只准取一个名称。公司名称中应冠以公司所在地的名称。除了全国性公司外，不得在公司名称中冠以"中国"、"中华"等字样。如果使用"中国"、"中华"等字样的，必须经过中华人民共和国国家工商行政管理局的核准。设立有限公司的，必须在公司名称中标明"有限责任公司"字样；设立股份有限公司的，必须在公司名称中标明"股份有限公司"字样。如果公司是由中外投资者联合投资兴办的，那么在给公司取名时，可以取中文名称，也可以同时取一个外文名称，如果公司名称是国家或地区联名简称的外文名称，则只能音译，而不能意译，违反上述规定的，依法追究法律责任。

（三）公司设立的程序

根据我国《公司法》的规定，设立公司要经过以下程序：

1. 制定公司章程。这既是设立公司的条件，也是公司设立的第一个程序。

2. 报有关主管机关批准。这并不是设立所有公司都要经过的程序，只有法律、行政法规规定必须报经批准时，才要经过这一程序。例如，根据《中华人民共和国中外合资经营企业法》及其实施条例的规定，在中国境内设立合营公司，必须经我国外资投资审批机构审查批准才可设立。

3. 向公司登记机关进行设立登记申请。这是公司取得合法经营资格的必经程序，也是国家对公司合法权益给予保护的依据，又为保障公司之间交易安全所必需。公司进行登记申请时，须提交公司登记申请书、公司章程、验资证明、有关主管部门的批准文件、董事会、监事会成员姓名及住址、法定代表人的姓名、住所等文件。

公司经登记主管机关核准登记注册，领取营业执照后，即可进行活动。

二、公司的合并

（一）公司合并的形式

公司的合并是指两个或两个以上公司，订立协议依法定程序而归并为一个公司的法律行为。

公司合并有两种形式：一是吸收合并；二是新设合并。前者是两个以上的公司在合并后，由其中一公司存续，其他公司的法人资格都归于消灭的行为；后者则是两个以上的公司在合并后，其法律资格都归于消灭而另创设一个新公司的行为。不管采取何种形式，因合并而消灭的公司，其权利和义务均由合并后存续或另立的公司承继。

（二）公司合并的程序

依照法律的规定，公司的合并必须经过以下法定程序：

1. 由股东大会做出决议。股东大会对公司合并做出的决议，必须经出席会议的股东所持表决权 2/3 以上通过。股份有限公司的合并，必须经国务院授权的部门或者省级人民政府批准。

2. 由合并各方签订合并协议。

3. 对债权人进行通知或公告。公司在做出合并决议时，即应编制资产负债表及财产清单，并应自做出合并决议之日起 10 日内通知债权人，并于 30 日内至少在报纸上公告。债权人自接到通知书之日起 30 日内，未接到通知书的自第一次公告之日起 45 日内，有权要求公司清偿债务或者提供相应的担保。公司合并时，未按上述要求通知或公告债权人的，责令改正，对公司处以1万元以上10万元以下的罚款。

4.办理合并登记。公司合并以后，登记事项发生变更的，应当依法向公司登记机关办理变更登记。公司解散的，应当办理公司注销登记。设立新公司的，应当办理公司设立登记。

三、公司分立

公司分立是指公司将其营业的全部或一部分由他公司概括承继的一种程序。

公司分立应当编制资产负债表及财产清单。公司应当自作出分立决议之日起10日内通知债权人，并于30日内在报纸上公告。

公司分立后，除被分立公司可能消灭、承受营业的既存公司章程可能变更、可能有新公司产生等效果外，公司分立前的债务由分立后的公司承担连带责任。但是，公司在分立前与债权人就债务清偿达成的书面协议另有约定的除外。

四、公司形式变更

公司形式变更，也称公司组织变更，是指公司在维持其人格的同一性的同时，转化为其他种类的公司。

公司形式变更具有维持公司生命、保持公司营业继续进行和简化程序降低运行成本这三个功能。而上述功能的发挥必须借助于其人格的同一性才能得到较好的体现。因此，公司形式变更时的人格同一性是公司形式变更制度最重要的法律内涵与特征。由于我国公司法承认的公司形式仅为有限责任公司和股份有限责任公司，因而在我国公司实践中可能发生的公司形式变更有两种，一是有限责任公司变更为股份有限公司；二是股份有限公司变更为有限责任公司。

根据《公司法》，有限责任公司变更为股份有限公司，应当符合公司法规定的股份有限公司的条件。股份有限公司变更为有限责任公司的，应当符合公司法规定的有限责任公司的条件。

有限责任公司变更为股份有限公司的，或者股份有限公司变更为有限责任公司的，公司变更前的债权、债务由变更后的公司承继。

五、公司的解散

公司的解散是指公司因法律规定或公司章程规定的事由出现，致使公司的人格发生消灭的原因性行为和程序。公司解散是公司最终走向消灭的必要步骤，但是公司解散不等于公司法人人格的消灭。公司解散意味着该公司已从经营中的公司转变为清算中的公司，公司的权利能力和行为能力受到限制。

根据我国《公司法》的规定，公司因下列原因解散：

1.公司章程规定的营业期限届满或者公司章程规定的其他解散事由出现；

2.股东会或者股东大会决议解散；

3.因公司合并或者分立需要解散；

4.依法被吊销营业执照、责令关闭或者被撤销；

5.司法解散。所谓司法解散，是指在公司出现僵局或其他严重问题时，经相关当事人申请，由司法机关依据适格主体的请求依法裁决对公司予以解散的一种程序。司法解散作为一种公司解散的情形，具有以下特征：其一，是依当事人的申请而启动。在我国只有持有公司全部股东表决权10％以上的股东才有权请求法院解散公司；其二，提起司法解散必须具有法定事由。我国《公司法》第183条所规定的事由为“公司经营管理发生严重困难，继续存续会使股东利益受到重大损失。”其三，司法解散是解决公司僵局的不得已的最后手段，即只有在用尽了其他手段仍不能解决纠纷或无法打破僵局时，才可通过公司司法解散来解决公司的纠纷；其四，司法解散是通过法院判决来实现的。

六、公司的清算

公司的清算是指以终止公司法人资格为目的，自行或者通过公权力的介入，按照法定或者章程规定的程序，依法对公司的财产、债权债务进行清理，终结公司内外一切法律关系的法律行为。

《公司法》规定，解散的公司除因合并、分立而解散外，应当在解散事由出现之日起15日内成立清算组，开始清算。有限责任公司的清算组由股东组成，股份有限公司的清算组由董事或者股东大会确定的人员组成。逾期不成立清算组进行清算的，债权人可以申请人民法院指定有关人员组成清算组进行清算。

清算组应当自成立之日起10日内通知债权人，并于60日内在报纸上公告。债权人应当自接到通知书之日起30日内，未接到通知书的自公告之日起45日内向清算组申报债权。清算组在清理公司财产、编制资产负债表和财产清单后，应当制订清算方案，并报股东会、股东大会或人民法院确认。清算组在清理公司财产、编制资产负债表和财产清单后，发现公司财产不足清偿债务的，应当依法向人民法院申请宣告破产。公司在清算时不按上述要求通知或公告债权人的，责令改正，并对公司处以1万元以上10万元以下的罚款。清算组不按规定向公司登记机关报送清算报告，或者报送清算报告隐瞒重要事实或者有重大遗漏的，责令改正。清算组成员利用职权徇私舞弊，谋取非法收入或侵占公司财产的，除由公司登记机关责令退还公司财产，没收违法所得外，并可处以违法所得1倍以上5倍以下罚款;构成犯罪的,依法追究刑事责任。此外,如果公司在进行清算时,隐匿财产、对资产负债表或财产清单做虚伪记载或者未清偿债务前分配财产的,则对公司处以隐匿财产或者未清偿债务前分配公司财产金额5%以上10%以下的罚款。对直接负责的主管人员和其他责任人员处以1万元以上10万元以下的罚款;构成犯罪的,依法追究刑事责任。

第七节　外国公司及其分支机构

一、外国公司及其分支机构的概念

外国公司是指依照外国法律在中国境外登记成立的公司。由于各国的公司法对公司类型等有诸多不同的规定,因此外国公司所包含的类型也各异:既包括有限责任公司、股份有限公司,也可包含无限公司、两合公司等责任形式的公司。换言之,只要外国法律允许存在何种公司类型,就应当包含什么样的公司。

外国公司的分支机构是指外国公司经中国政府批准在中国境内设立的以开展业务活动为目的的经济组织。外国公司的分支机构具有以下几个法律特征:

1.外国公司的分支机构以外国公司的存在为其设立前提。换言之,如果外国经济组织本身在其所在国未登记成为公司,则无权在中国境内设立分支机构。

2.外国公司的分支机构是一种不具备法人资格的场所或办事机构,它只能领取营业执照,而不能领取公司法人营业执照。

3.外国公司的分支机构是一种以营利为目的的场所或办事机构,不以营利为目的而设立的场所或办事机构不属公司法所称的外国公司的分支机构。

4.外国公司的分支机构与作为其设立主体的外国公司之间存在着民事责任的关联,即当外国公司的分支机构在中国从事经营活动所产生的债务不能清偿时,由所属的外国公司予以清偿。

二、外国公司分支机构的负责人及其责任

我国公司法规定,外国公司在中国境内设立分支机构必须指定代表人或代理人,以其作为分支机构的负责人。代表人或代理人的姓名、住所或居所应在公司登记机关登记。如果需要更换代表人或代理人,则应到公司登记机关进行变更登记。分支机构负责人在履行职务时因违反法律、行政法规致使他人遭受损害的,应与其公司一起对他人负连带赔偿责任。

三、对外国公司分支机构的监督

经批准在中华人民共和国境内设立的外国公司分支机构在从事业务活动时，必须遵守中华人民共和国的法律，不得损害中华人民共和国的社会公共利益，公司主管机关有权对其业务活动进行监督，这种监督主要表现在以下几个方面：

1. 营业资金的监督。外国公司在中国境内设立分支机构，应向该分支机构拨付与其所从事的经营活动相适应的资金，并应受主管机关对其所经营的事业最低资本额规定的限制。

2. 章程置备的监督。外国公司的分支机构在获得批准以后，应在本机构中置备该外国公司的章程，以便监督。

3. 主管机关、部门命令关闭。外国公司违反公司法规定擅自在中国境内设立分支机构的，公司主管机构有权责令其改正或命令其关闭，并可处以 5 万元以上 20 万元以下的罚款。

第三章　合伙企业法

第一节　合伙企业概述

一、合伙企业的概念与法律特征

(一)合伙企业的概念

合伙是起源于家庭共有的一种联合经营方式，有着悠久的历史，它可以追溯到古巴伦的共耕制度。随着合伙的发展，合伙企业获得了相对独立的法律地位。在我国随着社会主义市场经济的发展，合伙企业作为一种相对独立的经济组织也得到了法律上的承认。1988 年 7 月 1 日起实施的《私营企业暂行条例》首次承认了合伙企业，其第 8 条规定："合伙企业是指两个以上按照协议投资，共同经营，共负盈亏的企业。"

目前，我国调整合伙企业关系的基本法律是 1997 年 8 月 1 日起实施的，并于 2006 年 8 月 27 日和 2007 年 6 月 1 日两次修订的《中华人民共和国合伙企业法》(以下简称《合伙企业法》)。该法第 2 条规定"本法所称合伙企业，是指自然人、法人和其他组织依照本法在中国境内设立的普通合伙企业和有限合伙企业。"普通合伙企业由普通合伙人组成，合伙人对合伙企业债务承担无限连带责任。有限合伙企业有一个以上的有限合伙人和一个以上的普通合伙人组成。普通合伙人对合伙企业债务承担无限连带责任，有限合伙人以其认缴的出资额为限对合伙企业债务承担责任。本章内容中提及的合伙企业、合伙人均为普通合伙企业和普通合伙人。

(二)合伙企业的法律特征

合伙企业是指在中国境内依《合伙企业法》设立的由各合伙人订立合伙协议，普通合伙人共同出资、共同经营、共享收益、共担风险，并对合伙企业债务承担无限连带责任的营利性组织，有限合伙人在出资范围内承担有限责任。合伙企业除具备企业的一般特征外，还具有自身不同于其他企业形态的一些法律特征，具体如下：

1. 合伙企业因合伙协议而成立。合伙协议是合伙企业产生和存在的前提和基础。合伙协议应以书面形式订立。合伙协议应当订明合伙企业的名称、住所、合伙人出资、合伙事务执行、入伙、退伙、合伙企业解散、清算以及合伙人的权利义务、责任等。合伙协议经全体合伙人签名、盖章后生效。合伙协议是合伙企业登记必须提供的法定文件。

2. 合伙企业是普通合伙人共同出资、共同经营、共享收益、共担风险，并以营利为目的的利益及责任共同体。

3. 合伙企业是基于合伙人之间的信用关系而建立的。合伙企业是典型的人合企业，因此，合伙人之间的信用是其产生和发展的基础。

4. 合伙人不具有法人资格，合伙企业的普通合伙人对合伙企业的债务承担无限连带责任。合伙人对合伙企业债务承担的无限连带责任是一种全体普通合伙人的共同责任，同时是一种补充责任，即当合伙企业的全部财产不足以清偿其全部债务时，各普通合伙人才承担这种责任，普通合伙人偿还债务数额超过其应承担的数额时，有权向其他普通合伙人追偿。

二、合伙企业法的概念及其适用

合伙企业法是调整合伙企业在设立、入伙、退伙、解散、清算以及合伙人权利义务、责任等方面所产生的社会关系的法律规范的总称。

合伙企业法是我国企业法律体系的重要组成部分。它由我国现行有效的一系列法律、法规构成，主要包括《合伙企业法》、《民法通则》、《中外合作经营企业法》等。

《合伙企业法》适用于按照现行行政管理划分规定应由工商行政管理机关登记管理的合伙企业。采用合伙制的律师事务所、会计师事务所、医生诊所等组织，由于其归其他行政主管部门登记管理，不适用于《合伙企业法》。《合伙企业法》规定的合伙企业，仅限于以自然人为合伙人的企业，不包括企业法人之间的合伙型联营。此外，《合伙企业法》也不适用于不具备企业形态的契约型合伙。

第二节　普通合伙企业

一、合伙企业设立

合伙企业的设立，是指合伙人创立合伙企业所依法实施的法律行为及必须履行的法律程序的总称。合伙企业的设立与合伙企业的成立是两个不同的概念。前者指各合伙人按照《合伙企业法》的规定组建合伙企业的整个过程，包括订立合伙协议、出资、验资、申请登记等法律行为；后者是指登记机关依据《合伙企业法》及有关规定准予登记发给营业执照。

(一)合伙企业设立的条件

根据《合伙企业法》第14条的规定，设立合伙企业应当具备下列条件：

1.有两个以上合伙人。合伙人为自然人的，应当具有完全民事行为能力。法律、法规禁止从事营利性活动的人，不得成为合伙企业的合伙人。

2.合伙人必须订立书面合伙协议。合伙协议应当载明下列事项：(1)合伙企业的名称和主要经营场所的地点；(2)合伙目的和合伙经营范围；(3)合伙人的姓名及其住所；(4)合伙人出资的方式、数额和缴付出资的期限；(5)利润分配和亏损分担办法；(6)合伙企业事务的执行；(7)入伙与退伙；(8)争议解决的办法；(9)合伙企业的解散与清算；(10)违约责任。合伙协议经全体合伙人签名、盖章后生效。合伙人依照合伙协议享有权利，承担责任。合伙协议生效后，全体合伙人可以在协商一致的基础上，对该合伙协议加以修改和补充。

3.合伙人按约定的方式及数额，实际交付出资。合伙人可以以货币、实物、土地使用权、知识产权或其他财产权利出资。合伙人对于自己用于缴纳出资的财产或者财产权，应当拥有合法的处分权，合伙人不得将自己无权处分的财产或者财产权用于缴纳出资。此外，经全体合伙人协商一致，合伙人可以以劳务出资。

4.合伙企业应有自己的名称。合伙企业名称应符合相关法律规定的要求，在其名称中不得使用“有限”或者“有限责任”字样。

5.合伙企业有经营场所和从事经营的必要条件。营业场所是指企业从事生产经营活动的所在地。合伙企业可以有一个经营场所，也可以在一个主营业场所之外有多个营业场所。

6.法律法规规定的其他条件。

(二)合伙企业设立、变更和注销登记

1.合伙企业的设立登记。

合伙企业的设立登记，应按照如下程序进行：(1)向企业登记机关提出设立申请，申请时应提交登记申请书、合伙协议、合伙人身份证明等文件。法律、法规规定须报经有关部门审批的，应提交批准文件。合伙协议约定或者合伙人决定，委托一名或者数名合伙人执行合伙事务的，还应当提交全体合伙人的委托书。(2)企业登记机关应当自收到申请登记文件之日起20日内，决定是否登记。申请人提交的登记材料齐全、符合法定形式，能够当场登记的，应予当场登记，发给营业执照。对不符合条件的，不予登记，并应当书面通知申请人，说明理由。

合伙企业营业执照签发日期为合伙企业成立日期。合伙企业领取营业执照前，合伙人不得以合伙企业名义从事经营活动。合伙企业设立分支机构，应当向分支机构所在地企业登记机关申请登记，领取营业执照。

2.合伙企业的变更登记

合伙企业需要进行变更登记的事由包括：(1)合伙协议中的法定条款内容经合伙人协商一致修改或补充的；(2)退伙、入伙等登记事项发生变更或需要重新登记的，应当在做出变更决定或发生变更事由之日起15日内，向企业登记机关申请办理变更登记手续。合伙企业登记事项发生变更，未按法律规定办理登记手续的，变更事项对第三人无约束力，不得对抗善意第三人；逾期不登记的，可处2000元以下的罚款。

3.合伙企业的注销登记

当合伙企业因经营期限届满、全体合伙人决定解散、合伙协议约定的解散事由出现、合伙人已不具备法定人数、合伙目的已经实现、营业执照被吊销或者法律行政法规规定的其他原因而解散时，首先应完成对合伙企业的财产清算。清算事务完成后，清算人应当编制清算报告，经全体合伙人签名、盖章后，在15日内向企业登记机关报送清算报告，办理合伙企业注销登记。如果没有办理注销登记，原合伙人或清算人仍然以合伙企业名义进行经营活动的，则由实际从事该行为的人承担法律后果。

(三)合伙企业的财产

1.合伙企业财产的构成

合伙企业存续期间，合伙人的出资和所有以合伙企业名义取得的收益均为合伙企业的财产。

合伙人的出资，当合伙人的出资转入合伙企业时，就变成了合伙企业的财产，它是合伙企业财产的最原始的构成部分；合伙企业的收益，即以其名义取得的收益作为合伙企业获得的财产，成为合伙财产的一部分。合伙企业的收益主要包括：合伙企业的营业收入；合伙企业以自己的名义购置的财产；合伙企业接受赠与和捐献的财产；合伙企业取得的赔偿；合伙企业经营过程中形成的无形资产，包括商业信誉、商号、专有技术、非专利技术；以合伙企业名义取得的知识产权等。

2.合伙企业财产管理和使用

合伙人对合伙企业财产享有共有权和共用权；合伙人对合伙企业财产享有共同的支配权，对于合伙企业财产的转让、处分、出质，必须经全体合伙人一致同意，个别合伙人不能单独行使，除合伙协议另有约定外；合伙人在合伙企业清算前，不得请求分割合伙企业的财产，合伙企业法另有规定除外；合伙企业的利润分配和亏损分担，由合伙人在合伙协议约定，合伙协议未约定或约定不明确的，由合伙人协商决定，协商不成的，由合伙人按照实缴出资比例分配、分担，无法确定出资比例的，由合伙人平均分配、分担。

（四）合伙企业事务的执行

1.合伙企业事务执行的形式

合伙企业事务的执行方式有三种：全体合伙人共同执行合伙企业事务；协议约定或经全体合伙人决定，委托一名合伙人执行合伙企业事务；协议约定或经全体合伙人决定，委托数名合伙人执行合伙企业事务。

全体合伙人共同执行合伙企业事务是合伙企业事务执行的基本形式，也是在合伙企业中经常使用的一种形式。在采取这种形式的合伙企业中，按照合伙协议的约定，各个合伙人都直接参与经营，处理合伙企业的事务，对外代表合伙企业。

委托一名或数名合伙人执行合伙事务，即由合伙协议约定或者全体合伙人决定委托的一名或数名合伙人执行合伙事务，对外代表合伙企业。未接受委托执行合伙企业事务的其他合伙人，不再执行合伙企业的事务。除合伙协议另有约定外，合伙企业的下列事项应当经全体合伙人一致同意：(1)改变合伙企业名称；(2)改变合伙企业的经营范围、主要经营场所的地点；(3)处分合伙企业的不动产；(4)转让或者处分合伙企业的知识产权和其他财产权利；(5)以合伙企业名义为他人提供担保；(6)聘任合伙人以外的人担任合伙企业的经营管理人员。

2.合伙人在执行合伙事务中的权利

合伙人在执行合伙事务中的权利主要有以下内容：(1)合伙人平等享有合伙事务执行权；(2)执行合伙事务的合伙人对外代表合伙企业；(3)不参加执行事务的合伙人有权监督执行事务的合伙人执行合伙企业事务的情况；(4)各合伙人有权查阅合伙企业的账簿和其他有关文件；(5)合伙人分别执行合伙企业事务的，执行事务合伙人可以对其他合伙人执行的事务提出异议，提出异议时，应当暂停该项事务的执行，如果发生争议，按照合伙企业约定的表决办法办理，合伙协议未约定或约定不明确的，实行合伙人一人一票并经全体合伙人过半数通过的表决办法。被委托执行合伙事务的合伙人不按照合伙协议的约定或者全体合伙人的决定执行事务的，其他合伙人可以决定撤销该委托。

3.合伙人在执行合伙事务中的义务

合伙人在执行合伙事务中的义务主要有以下内容：(1)合伙事务执行人向不参加执行事务的合伙人报告事务执行情况以及企业经营状况和财务状况；(2)合伙人不得自营或者同他人合作经营与本企业相竞争的业务；(3)合伙人不得同本合伙企业进行交易，合伙协议另有约定或者经全体合伙人同意的除外；(4)合伙人不得从事损害本合伙企业利益的活动。

4.非合伙人参与经营管理

经全体合伙人同意,合伙企业可以聘任合伙人以外的担任合伙企业的经营管理人员。被聘任的合伙企业的经营管理人员应当在合伙企业授权范围内履行职务。超越合伙企业授权范围从事经营活动,或者因故意或者重大过失,给合伙企业造成损失的,依法承担赔偿责任。

(五)合伙企业与第三人关系

合伙企业与第三人关系,实际上是指有关合伙企业的对外关系,涉及合伙企业对外代表权的效力、合伙企业和合伙人的债务清偿等问题。

1.对外代表权的效力

《合伙企业法》规定,执行合伙企业事务的合伙人,对外代表合伙企业。依据这一规定,可以取得合伙企业对外代表权的合伙人,主要有三种情况:(1)由全体合伙人共同执行合伙企业事务的,全体合伙人都有权代表合伙企业,即全体合伙人都取得了合伙企业的对外代表权。(2)由部分合伙人执行合伙企业事务的,只有受委托执行合伙企业事务的那一部分合伙人有权对外代表合伙企业。(3)由于特别授权在单项合伙事务上有执行权的合伙人,依照授权范围可以对外代表合伙企业。执行合伙企业事务的合伙人,在取得对外代表权后,可以以合伙企业名义进行经营活动,在其授权的范围内作出法律行为。

合伙人执行合伙事务的权利和对外代表合伙企业的权利,都会受到一定的内部限制。《合伙企业法》规定,合伙企业对合伙人执行合伙企业事务以及对外代表权利的限制,不得对抗善意第三人。如果第三人与合伙企业事务执行人恶意串通、损害合伙企业利益,则不属于善意的情形。

2.合伙企业和合伙人的债务清偿

(1)合伙企业对其债务,应先以其全部财产进行清偿。合伙企业财产不足清偿到期债务的,各合伙人应当承担无限连带清偿责任。各合伙人所有个人的财产,除去依法不可执行的财产,如合伙人及其家属的生活必需品、已设定抵押权的财产等,均可用于清偿。

(2)合伙人由于承担无限连带责任,清偿数额超过其亏损分担比例的,有权向其他合伙人追偿。

(3)合伙人发生与合伙企业无关的债务,其相关债权人不得以其债权抵消其对合伙企业的债务;也不得代位行使合伙人在合伙企业中的权利。

(4)合伙人的自有财产不足清偿其与合伙企业无关的债务的,该合伙人可以从其合伙企业分取的收益用于清偿;债权人也可以依法请求人民法院强制执行该合伙人在合伙财产中的财产份额用于清偿。人民法院强制执行合伙人的财产份额时,应当通知全体合伙人,其他合伙人有优先购买权;其他合伙人未购买,又不同意将该财产份额转让给他人的，应为该合伙人办理退伙结算，或者办理削减该合伙人相应财产份额的结算。

在以合伙人的财产份额清偿其个人债务的情况下，需要注意：一是这种清偿必须通过民事诉讼法规定的强制执行程序进行，债权人不得自行接管债务人在合伙企业中的财产份额。二是在强制执行个别合伙人在合伙企业中财产份额时其他合伙人有优先受让的权利。也就是说，如果其他合伙人不愿意接受该债权人成为其合伙企业新的合伙人，可以由他们中的任何一人或数人行使优先受让权，取得该债务人的财产份额。受让人支付的价金，用于向该债权人清偿债务。

（六）入伙和退伙

1.入伙

入伙是指合伙企业存续期间，原来的非合伙人加入合伙企业，取得合伙人身份的民事法律行为。新入伙人入伙时，除合伙协议另有约定，应当经全体合伙人同意，并依法订立书面入伙协议。订立入伙协议时，原合伙人应当向新入伙人告知原合伙企业经营状况和财务状况。新入伙人与原合伙人享有同等权利，承担同等责任，入伙协议另有约定的除外；新入伙人对于其入伙前的合伙企业债务承担连带责任。

2.退伙

退伙是指合伙企业存续期间，已取得合伙人身份的合伙人退出合伙企业，丧失合伙人资格，引起合伙企业变更或终止的法律行为。合伙人退伙，一般有两种原因：一是自愿退伙；二是法定退伙。

自愿退伙，是指合伙人基于自愿的意思表示而退伙。自愿退伙可以分为协议退伙和通知退伙两种。合伙协议约定合伙企业的经营期限的，有下列情况之一时，合伙人可以退伙：(1)合伙协议约定的退伙事由出现；(2)经全体合伙人同意退伙；(3)发生合伙人难以继续参加合伙企业的事由；(4)其他合伙人严重违反合伙协议约定的义务。合伙协议未约定合伙企业的经营期限的，合伙人在不给合伙企业事务执行造成不利影响的情况下，可以退伙，但应当提前30日通知其他合伙人。合伙人违反上述规定擅自退伙的，应当赔偿由此给其他合伙人造成的损失。

法定退伙，是指合伙人因出现法律规定的事由而退伙。法定退伙分为当然退伙和除名两类。合伙人有下列情况之一的，当然退伙：(1)作为合伙人的自然人死亡或者被依法宣告死亡；(2)个人丧失偿债能力；(3)作为合伙人的法人或者其他组织依法被吊销营业执照、责令关闭、撤销，或者被宣告破产；(4)法律规定或者合伙协议约定合伙人必须具有相关资格而丧失该资格；(5)合伙人在合伙企业中的全部财产份额被人民法院强制执行。当然退伙以退伙事由实际发生之日为退伙生效日。

合伙人有下列情况之一的，经其他合伙人一致同意，可以决议将其除名：(1)未履行出资义务；(2)因故意或者重大过失给合伙企业造成损失；(3)执行合伙企业事务时有不正当行为；(4)合伙协议约定的其他事由。对合伙人的除名决议应当书面通知被除名人。被除名人自接到除名通知之日起，除名生效，被除名人退伙。被除名人对除名决议有异议的，可以在接到通知之日起 30 日内，向人民法院起诉。

合伙人退伙以后，并不能解除对于合伙企业既往债务的连带清偿责任，退伙的法律效力如下：(1)合伙人退伙时，其他合伙人应当与该退伙人按照退伙时的合伙企业的财产状况进行结算，退还退伙人的财产份额；退伙人给合伙企业造成的损失负有赔偿责任的，应相应扣减其应当赔偿的数额；退伙时有未了结的合伙企业事务的，待了结后进行结算。退还财产份额的办法，按合伙协议约定或全体合伙人决定，可以退还货币，也可以退还实物。(2)退伙人对其退伙前发生的合伙企业的债务，仍同其他合伙人一样承担连带责任。退伙时合伙企业的财产少于合伙企业债务的，退伙人按法律规定分担亏损。(3)合伙人死亡或依法宣告死亡时，对该合伙人在合伙企业中的财产份额享有合法继承权的继承人，按照合伙协议约定或经全体合伙人同意，从继承开始之日起，取得合伙企业的合伙人资格。继承人不愿成为合伙人的，法律规定或者合伙协议约定合伙人必须具有相关资格，而该继承人未取得该资格的或者合伙协议约定不能成为合伙人的其他情形，合伙企业应当退还其依法继承的财产份额。

第三节　有限合伙企业

一、有限合伙企业的设立

1.有限合伙企业的名称及合伙人

有限合伙企业由 2 个以上 50 个以下合伙人设立；但是，法律另有规定的除外。有限合伙企业至少应当有一个普通合伙人。有限合伙企业名称中应当标明“有限合伙”字样。

2.有限合伙协议

有限合伙协议除了普通合伙协议应当载明的内容外，还应当载明下列内容：普通合伙人和有限合伙人的姓名或者名称、住所；执行事务合伙人应具备的条件和选择程序；执行事务合伙人权限与违约处理办法；执行事务合伙人的除名条件和更换程序；有限合伙人入伙、退伙的条件、程序以及相关责任；有限合伙人和普通合伙人相互转变程序。

3.有限合伙的出资

有限合伙人可以用货币、实物、知识产权、土地使用权或者其他财产权利作价出资,但不得以劳务出资。

有限合伙人应当按照合伙协议的约定按期足额缴纳出资;未按期足额缴纳的,应当承担补缴义务,并对其他合伙人承担违约责任。

有限合伙企业登记事项中应当载明有限合伙人的姓名或者名称及认缴的出资数额。

二、有限合伙企业的管理

有限合伙企业由普通合伙人执行合伙事务。执行事务的合伙人可以要求在合伙协议中确定执行事务的报酬及报酬的支付方式。

有限合伙人不执行合伙事务,不得对外代表有限合伙企业。

有限合伙人有下列行为,不视为执行合伙事务:参与决定普通合伙人入伙、退伙;对企业的经营管理提出建议;参与选择承办有限合伙企业审计业务的会计师事务所;获取经审计的有限合伙企业财务会计报告;对涉及自身利益的情况,查阅有限合伙企业财务会计账簿等财务资料;在有限合伙企业中的利益受到侵害时,向有责任的合伙人主张权利提起诉讼;执行事务合伙人怠于行使权利时,督促其行使权利或者为了本企业的利益以自己的名义提起诉讼;依法为本企业提供担保。

有限合伙人可以同本有限合伙企业进行交易;可以自营或同他人合作经营与本有限合伙企业相竞争的业务;但是,合伙协议另有约定的除外。

三、有限合伙人的财产处分及债务清偿

1.有限合伙人的财产处分

有限合伙人可以将其在有限合伙企业中的财产出质;但是,合伙协议另有约定的除外。有限合伙人可以按照合伙协议的约定向合伙人以外的人转让其在有限合伙中的财产份额,但应当提前30日通知其他合伙人。

2.有限合伙人的债务清偿

有限合伙人的自有财产不足清偿其与合伙企业无关的债务的,该合伙人可以以其从有限合伙企业中分取的收益用于清偿;债权人也可以请求人民法院强制执行该合伙人在有限合伙企业中的财产份额用于清偿。人民法院强制执行有限合伙人的财产份额时,应当通知全体合伙人。同等条件下,其他合伙人有优先购买权。

四、有限合伙人与第三人的关系

第三人有理由相信有限合伙人为普通合伙人并与其交易的，该有限合伙人对该笔交易承担与普通合伙人同样的责任。有限合伙人未经授权以有限合伙企业的名义与他人进行交易，给有限合伙企业或者其他合伙人造成损失的，该有限合伙人应当承担赔偿责任。

五、有限合伙人的入伙、退伙及合伙人与合伙的性质变更

1.有限合伙人入伙

新入伙的有限合伙人对入伙前有限合伙企业的债务，以其认缴的出资额为限承担责任。

2.有限合伙人退伙

有限合伙人有下列情形之一的，当然退伙：(1)作为合伙人的自然人死亡或者被依法宣告死亡；(2)作为合伙人的法人或者其他组织依法被吊销营业执照、责令关闭撤销，或者被宣告破产；(3)合伙人在合伙企业中的全部财产份额被人民法院强制执行；(4)法律规定或者合伙协议约定合伙人必须具有相关资格而丧失该资格。

作为有限合伙人的自然人在有限合伙企业存续期间丧失民事行为能力的，其他合伙人不得因此要求其退伙。

作为有限合伙人的自然人死亡、被宣告死亡或者作为有限合伙人的法人及其他组织终止时，其继承人或者权利承受人可以依法取得该有限合伙人在有限合伙企业中的资格。

3.合伙人性质变更

除合伙协议另有约定外，普通合伙人转变为有限合伙人，或者有限合伙转变为普通合伙人，须经全体合伙人一致同意。有限合伙人转变为普通合伙人的，对其作为有限合伙人期间有限合伙企业发生的债务承担无限连带责任。普通合伙人转变为有限合伙人的，对其作为普通合伙人期间合伙企业发生的债务承担无限连带责任。

4.合伙性质变更

有限合伙企业仅剩有限合伙人的，应当解散；有限合伙企业仅剩普通合伙人的，转为普通合伙企业。

第四节　合伙企业的解散和清算

一、合伙企业的解散

合伙企业解散是指合伙企业由于法定或约定的终止事由出现导致合伙人终止合伙协议,使合伙企业归于消灭的法律事实。合伙企业有下列情形之一的,应当解散:(1)合伙人约定的经营期届满,合伙人决定不再经营;(2)合伙协议约定的解散事由已经出现;(3)全体合伙人决定解散;(4)合伙人已不具备法定人数满30天;(5)合伙协议约定的合伙目的已经实现或无法实现;(6)依法被吊销营业执照、责令关闭或者被撤销;(7)法律、法规规定的其他事由。

二、合伙企业清算

合伙企业清算是指合伙企业解散事由发生后,由清算人清理合伙企业财产、债权债务、退还出资及分配剩余财产的法律活动。

1.通知和公告债权人。合伙企业解散的,应当进行清算,并自清算被确定之日起10日内将合伙企业解散事项通知债权人,并于60日内在报纸上公告。债权人应当自接到通知书之日起30日内,未接到通知的自公告之日起45日内,向清算人申报债权。

2.清算人的确定。《合伙企业法》第86条规定,合伙企业清算的确定方式有:(1)清算人由全体合伙人担任;(2)未能由全体合伙人担任清算人的,经全体合伙人过半数同意,可以自合伙企业解散后15日内指定一名或数名合伙人或者委托第三人担任清算人;(3)经全体合伙人过半数同意,在合伙企业解散后15日内委托第三人担任清算人;(4)合伙企业解散后15日内未确定清算人的,合伙人或其他利害关系人可以请求人民法院指定清算人。

3.清算人的职权。清算人依法行使下列职权:清理合伙企业财产并编制资产负债表和财产清单,保证其真实性;处理与清算合伙企业未了结的事务;清缴所欠税款;收取债权、清偿债务;处理分配合伙企业剩余财产;代表合伙企业参与民事活动及诉讼活动;提供清算报告,办理合伙企业注销登记手续。

三、合伙企业债务清偿及剩余财产分配

1.清偿企业债务。合伙企业财产在支付清算费用后,按下列顺序清偿:(1)合伙企业所欠招用的职工工资和社会保险费用、法定补偿金;(2)合伙企业所欠税款;(3)合伙企业债务。

2. 剩余财产分配。合伙企业财产按上述顺序清偿后有剩余的，返还合伙人出资。返还出资时，合伙协议约定比例的，按比例返还；未约定比例的，对每个合伙人平均分配。

3. 合伙企业注销。清算结束，清算人应当编制清算报告，经全体合伙人签名、盖章后，在 15 日内向企业登记机关报送清算报告，申请办理合伙企业注销登记。合伙企业注销后，原普通合伙人仍应承担无限连带责任。合伙企业不能清偿到期债务的，债权人可以依法向人民法院提出破产申请，也可以要求普通合伙人清偿。

第五节 合伙企业法律责任

《合伙企业法》对于合伙人违反合伙企业法行为的法律责任作了较详细的规定，具体如下：

一、违反合伙企业设立、变更、登记的法律责任

1. 违反《合伙企业法》规定，提交虚假文件或者采取其他欺骗手段，取得企业登记的，责令改正，可以处以 5000 元以下的罚款；情况严重的，撤销企业登记，并处 5 万元以上 20 万以下的罚款。违反本法规定，合伙企业未在其名称中标明“普通合伙”、“特殊普通合伙”或者“有限合伙”字样的，责令限期改正，可以处以 2000 元以上至 1 万元以下的罚款。

2. 违反《合伙企业法》规定，未依法领取营业执照，而以合伙企业名义进行经营活动的，责令停止经营活动，可以处以 5000 元以下的罚款。合伙企业登记事项发生变更时，未按法律规定办理登记手续的，责令限期登记；逾期不登记的，处以 2000 元以下的罚款。

二、违反合伙企业事务执行规定的法律责任

1. 违反《合伙企业法》规定，合伙人执行合伙事务中，将应当归企业的利益据为己有的，或者采取其他欺骗手段侵占合伙企业财产的，责令将该利益和财产退还合伙企业；给合伙企业或者其他合伙人造成损失的，依法承担赔偿责任；构成犯罪的，依法追究刑事责任。

2. 违反《合伙企业法》规定，合伙人擅自处理合伙企业法规定或者合伙人协议约定必须经全体合伙人同意始得执行的事务，给合伙企业或者其他合伙人造成损失，依法承担赔偿责任。

3. 违反《合伙企业法》规定，不具有事务执行权的合伙人，擅自执行合伙企业

事务,给合伙企业或者其他合伙人造成损失的,依法承担赔偿责任。

4. 违反《合伙企业法》规定,合伙人从事与本合伙企业相竞争的业务或者与本合伙企业进行交易,给合伙企业或者其他合伙人造成损失的,依法承担赔偿责任。

5. 违反《合伙企业法》规定,合伙企业招用的职工利用职务上的便利,将合伙企业财物非法占为已有或者挪用企业的资金归个人使用的,依法承担民事责任;构成犯罪的,依法追究刑事责任。

三、清算人的法律责任

1. 违反《合伙企业法》规定,清算人未依照法律规定向企业登记机关报送清算报告,或者报送清算报告隐瞒重要事实,或者有重大遗漏的,责令改正。

2. 违反《合伙企业法》规定,合伙人担任清算人在执行清算事务时,谋取非法收入或者侵占合伙企业财产的,责令将该收入和侵占的财产退还合伙企业;构成犯罪的,依法追究刑事责任。合伙人委托的清算人有前述行为的,责令将该收入和侵占的财产退还合伙企业,并依法承担赔偿责任;构成犯罪的,依法追究刑事责任。

3. 违反《合伙企业法》规定,清算违反法律规定,隐匿、转移合伙企业财产,对资产负债表或者财产清单做虚伪记载,或者在未清偿债务前分配企业财产的,责令改正;损害债权人利益的,依法承担赔偿责任;构成犯罪的,依法追究刑事责任。

四、合伙人的法律责任

《合伙企业法》规定,合伙人违反合伙协议的,应当依法承担违约责任。合伙人履行合伙协议发生争议的,合伙人可以通过协商或者调解解决。合伙人不愿通过协商或者调解解决,或者协商、调解不成的,可以依据合伙协议中的仲裁条款或者事后达成的书面仲裁协议,向仲裁机构申请仲裁。当事人没有在合伙协议中订立仲裁条款,事后又没有达成书面仲裁协议的,可以向人民法院起诉。

第四章 个人独资企业法

第一节 个人独资企业法概述

一、个人独资企业的概念

个人独资企业与合伙企业、公司是企业的基本形态。在市场经济时代，以公司为代表的企业形态得到了充分的发展，其规模越来越大，组织体系愈来愈严密，在社会经济生活中起着不可低估的作用。但与此同时，中小企业的发展也不容忽视，其中个人独资企业以其设立方便、经营灵活、纳税简单等特点深受小业主的青睐，是小业主普遍采取的组织形式。

2000 年 1 月 1 日施行的《中华人民共和国个人独资企业法》(以下简称《个人独资企业法》)第 2 条规定:个人独资企业，是指依照本法在中国境内设立，由一个自然人投资，财产为投资人个人所有，投资人以其个人财产对企业债务承担无限责任的经营实体。

二、个人独资企业的法律特征

个人独资企业有以下特征:

1. 个人独资企业是由一个自然人投资的企业。国家机关、国家授权投资的机构或者国家授权的部门、企业、事业单位都不能作为个人独资企业的投资人。此外，外资企业也不能作为个人独资企业的投资人。个人独资企业的投资人只有一个，这是个人独资企业与合伙企业和公司的最明显的区别。

2. 个人独资企业的投资人对企业的债务承担无限责任。个人独资企业财产的所有权属于出资人所有，与投资人的其他财产相互混合，不具有独立性。因此，当企业的资产不足以清偿到期债务时，投资人应以自己个人的全部财产用于清偿，以保护债权人的利益。

3. 个人独资企业的内部机构设置简单，经营管理方式灵活。

4. 个人独资企业是非法人企业。个人独资企业不具有法人资格，无独立承担民事责任的能力。但个人独资企业是独立的民事主体,可以以自己的名义从事民事活动。

个人独资企业以其主要办事机构所在地为住所。

三、个人独资企业法的概念

个人独资企业法是指调整关于独资企业在设立、变更、终止等方面所产生的社会关系的法律规范的总称。个人独资企业法的立法主要有:《中华人民共和国个人独资企业法》、《个人独资企业登记管理办法》等。

第二节　个人独资企业的设立

一、个人独资企业的设立条件

《个人独资企业法》第 8 条规定,设立个人独资企业应当具备下列条件:1. 投资人为一个自然人;2. 有合法的企业名称;3. 有投资人申报的出资;4. 有固定的生产经营场所和必要的生产经营条件;5. 有必要的从业人员。

二、个人独资企业的设立原则

对于企业的设立,各国在不同历史时期采取了不同的原则,概括起来有以下四种:特许主义、核准主义、准则主义、严格准则主义。

特许主义,即设立公司要经过国王或国会的许可。17 世纪的荷兰、英国等国家采取特许原则设立公司。这一时期,设立公司特别是股份有限公司是皇家或立法机构的一项特权,未经许可,任何经营团体或组织都不得设立公司。

核准主义,又称许可主义,即设立公司必须经行政机关审核批准。18 世纪德国、法国等国家采取这一原则。及至现代,鉴于行政机关审批极易滋生腐败、效率低下,因而这一原则在发达国家只对设立银行等行业的企业时才适用。

准则主义,即设立公司只要具备法律规定的要件即可。19 世纪末,各国普遍采用这一原则。

严格准则主义,即在准则主义基础上,采取严格限制。这是到了 19 世纪末,现代国家针对准则原则容易造成公司滥设的后果而采取的一项原则。这项原则实质上是核准原则和准则原则的结合。我国个人独资企业法对个人独资企业设立采取的是严格准则主义。《个人独资企业法》第 9 条第 2 款规定:“个人独资企业不得从事法律、行政法规禁止经营的业务;从事法律、行政法规规定须报有关部门审批的业务,应当在申请登记时提交有关部门的批准文件。”

三、个人独资企业申请设立的程序

1.提出申请。申请设立个人独资企业应当由投资人或者其委托的代理人向个人独资企业所在地的登记机关提出设立申请。投资人申请设立登记，应当向登记机关提交下列文件:(1)投资人签署的个人独资企业设立申请书。设立申请书应当载明下列事项:企业的名称和住所;投资人的姓名和居所;投资人的出资额和出资方式;经营范围。投资人以个人财产出资或者以其家庭共有财产作为个人出资的，应当在设立申请书中予以明确。(2)个人投资人身份证明。(3)企业住所证明和生产经营场所使用证明等文件。(4)委托代理人申请设立登记时，应当出具投资人的委托书和代理人的合法证明。(5)国家工商行政管理总局规定提交的其他文件。

个人独资企业不得从事法律、行政法规禁止经营的业务;从事法律、行政法规规定须报经有关部门审批的业务，应当在申请设立登记时提交有关部门的批准文件。

2.工商登记。登记机关应当在收到设立申请文件之日起15日内，对符合本法规定条件的，予以登记，发给营业执照;对不符合本法规定条件的，不予登记，并应当给予书面答复，说明理由。个人独资企业营业执照的签发日期，为个人独资企业成立日期。在领取个人独资企业营业执照前，投资人不得以个人独资企业名义从事经营活动。

个人独资企业设立分支机构，应当由投资人或者委托的代理人向分支机构所在地的登记机关申请登记，领取营业执照。分支机构经核准登记后，应将登记情况报该分支机构隶属的个人独资企业的登记机关备案。个人独资企业的分支机构是个人独资企业的派出机构，类似公司法上的分公司，并不具备独立的法律人格，其责任由个人独资企业承担。

个人独资企业存续期间登记事项发生变更的，应当在作出变更决定之日起15日依法向登记机关申请办理变更登记。个人独资企业的变更事项主要有个人独资企业名称、住所、生产经营场所、生产经营条件、出资方式、出资额以及经营范围等。

第三节　个人独资企业的投资人及事务管理

一、个人独资企业的投资人

个人独资企业的投资人应当是一个具有中国国籍的自然人，但法律、行政法规禁止从事营利性活动的人,不得作为投资人申请设立个人独资企业。比如,国家机关的工作人员。

个人独资企业投资人对本企业的财产依法享有所有权,其有关权利可以依法进行转让或继承。个人独资企业投资人在申请企业设立登记时明确以家庭共有财产作为个人出资的,应当依法以家庭共有财产对企业债务承担无限责任。

二、个人独资企业事务管理

1.个人独资企业事务管理的方式

个人独资企业投资人可以自行管理企业事务,也可以委托或者聘用其他具有民事行为能力的人负责企业事务管理。投资人委托或者聘用他人管理个人独资企业事务的,应当与受托人或者被聘用的人签订书面合同,明确委托的具体内容和授予的权利范围。

为了保护善意第三人的利益,《个人独资企业法》第 19 条规定,投资人对受托人或者被聘用人员职权的限制,不得对抗善意第三人。个人独资企业的投资人与受托人或者被聘用人员之间有关权利的限制只对受托人或者被聘用人员有约束力,对第三人无约束力,受托人或者被聘用人员超出投资人的限制与善意第三人的有关业务交往应当有效。

受托人或者被聘用的人员应当履行诚信、勤勉义务,按照与投资人签订的合同负责个人独资企业的事务管理。

为了保护投资人的利益,投资人委托或者聘用的人员在管理个人独资企业事务时,不得有下列行为:(1)利用职务上的便利,索取或者收受贿赂;(2)利用职务或者工作上的便利侵占企业财产;(3)挪用企业的资金归个人使用或者借贷他人;(4)擅自将企业资金以个人名义或者他人名义开立账户储存;(5)擅自以企业财产提供担保;(6)未经投资人同意,从事与本企业相竞争的业务;(7)未经投资人同意,同本企业订立合同或者进行交易;(8)未经投资人同意,擅自将企业商标或者其他知识产权转让给他人使用;(9)泄露本企业的商业秘密;(10)法律、行政法规禁止的其他行为。

2.个人独资企业事务管理的内容

个人独资企业应当依法设立会计账簿,进行会计核算。《会计法》规定,国家机关、社会团体、企业事业单位和其他组织必须依法办理会计事务,必须依法设置会计账簿,并保证其真实、完整。

个人独资企业招用职工的,应当依法与职工签订劳动合同,保障职工的劳动安全,按时、足额发放职工工资。职工依法建立工会,工会依法开展活动。按照国家规定参加社会保险,为职工缴纳社会保险费。

个人独资企业可以依法申请贷款，取得土地使用权，并享有法律、行政法规规定的其他权利。任何单位和个人不得违反法律、行政法规的规定，以任何方式强制个人独资企业提供财力、物力、人力；对于违法强制其提供财力、物力、人力的行为，个人独资企业有权拒绝。

个人独资企业中的中国共产党党员有权依照中国共产党章程进行活动。

第四节　个人独资企业的解散和清算

一、个人独资企业的解散

个人独资企业的解散是指个人独资企业终止活动使其民事主体资格消灭的行为。根据《个人独资企业法》的规定，个人独资企业有下列情形之一时，应当解散：(1)投资人决定解散；(2)投资人死亡或者被宣告死亡，无继承人或者继承人决定放弃继承；(3)被依法吊销营业执照；(4)法律、行政法规规定的其他情形，如企业的兼并、判决解散等。

个人独资企业解散，由投资人自行清算或者由债权人申请人民法院指定清算人进行清算。投资人自行清算的，应当在清算前15日内书面通知债权人，无法通知的，应当予以公告。债权人应当在接到通知之日起30日内，未接到通知的应当在公告之日起60日内，向投资人申报其债权。

个人独资企业解散后，原投资人对个人独资企业存续期间的债务仍应承担偿还责任，但债权人在5年内未向债务人提出偿债请求的，该责任消灭。

二、个人独资企业的清算

个人独资企业解散时，应当进行清算。《个人独资企业法》对个人独资企业清算作了如下规定：

1.通知公告债权人。个人独资企业解散时，由投资人自行清算或者由债权人申请人民法院指定清算人进行清算。投资人自行清算的，应当在清算前15日内书面通知债权人，无法通知的，应当予以公告。债权人应当在接到通知之日起30日内，未接到通知的应当在公告之日起60日内，向投资人申报其债权。

2.财产清偿顺序。个人独资企业解散的，财产应当按照下列顺序清偿：(1)所欠职工工资和社会保险费用；(2)所欠税款；(3)其他债务。个人独资企业财产不足以清偿到期债务的，投资人应当以其个人的其他财产予以清偿。

3.清算期间对投资人的要求。清算期间，个人独资企业不得开展与清算目的无关的经营活动。在按前述规定清偿债务前，投资人不得转移、隐匿财产。

4.投资人的持续偿债责任。个人独资企业解散后,原投资人对个人独资企业存续期间的债务仍应承担偿还责任,个人独资企业财产不足以清偿债务的,投资人应当以其个人的其他财产予以清偿。但债权人在5年内未向债务人提出偿债请求的,该责任消灭。

5.注销登记。个人独资企业清算结束后,投资人或者人民法院指定的清算人应当编制清算报告,并于清算结束后15日内到登记机关办理注销登记。经登记机关注销登记,个人独资企业终止。个人独资企业办理注销登记时,应当缴回营业执照。

第五节　违反个人独资企业法的法律责任

一、投资人违法应承担的法律责任

1.违反个人独资企业法的规定,提交虚假文件或采取其他欺骗手段,取得企业登记的,责令改正,处以5000元以下的罚款;情节严重的,并处吊销营业执照。

2.违反个人独资企业法的规定,使用的名称与其在登记机关登记的名称不相符合的,责令限期改正,没收违法所得,处以5000元以下的罚款。构成犯罪的,依法追究刑事责任。

3.违反个人独资企业法的规定,涂改、出租、转让营业执照的,责令限期改正,没收违法所得,处以3000元以下的罚款;情节严重的,吊销营业执照。伪造营业执照的,责令停业,没收违法所得,处以5000元以下的罚款。构成犯罪的,依法追究刑事责任。

4.违反个人独资企业法规定,成立后无正当理由超过6个月未开业的或者开业后自行停业连续6个月以上的,吊销营业执照。

5.违反个人独资企业法的规定,未领取营业执照,以个人独资企业的名义从事经营活动的,责令停止经营活动,处以3000元以下的罚款。个人独资企业登记事项发生变更时,未按照规定办理变更登记的,责令限期办理变更登记;逾期不办理的,处以2000元以下的罚款。

6.违反个人独资企业法的规定,侵犯职工合法权益,未保障职工劳动安全,不缴纳社会保险费的,依照有关法律、行政法规的规定予以处罚,并追究有关人员的刑事责任。

7.违反个人独资企业法的规定,在清算前或清算期间隐匿或转移财产,逃避债务的,依法追回其财产,并按照有关规定予以处罚;构成犯罪的,依法追究刑事责任。

8. 违反个人独资企业法的规定，应当承担民事赔偿责任和缴纳罚款、罚金，其财产不足以支付的，或者被判处没收财产的，应当先承担民事赔偿责任。

二、管理人员对投资人造成损害或侵犯投资人权益的法律责任

1. 投资人委托或者聘用的人员管理个人独资企业事务时违反双方订立的合同，给投资人造成损害的，承担民事赔偿责任。

2. 投资人委托或者聘用的人员违反个人独资企业法的规定，侵犯个人独资企业财产权益的，责令退还侵占的财产；给企业造成损失的，依法承担赔偿责任；有违法所得的，没收违法所得；构成犯罪的，依法追究刑事责任。

三、企业登记机关及其上级部门有关人员的法律责任

1. 登记机关对不符合个人独资企业法规定条件的个人独资企业予以登记，或者对符合条件的个人独资企业不予登记的，对直接责任人员依法给予行政处分；构成犯罪的，依法追究刑事责任。

2. 登记机关的上级部门的有关主管人员强令登记机关对不符合条件的企业予以登记，或者对符合条件的个人独资企业不予登记的，或者对登记机关的违法登记行为进行包庇的，对直接责任人员依法给予行政处分；构成犯罪的，依法追究刑事责任。

第五章　全民所有制工业企业法

第一节　全民所有制工业企业法概述

一、全民所有制工业企业的概念和法律特征

全民所有制企业又称国有企业，是指企业资产属国家所有，实行自主经营的企业法人。它具有下列基本特征：

1.企业资产属于国家所有。实践中一般是由各级有关政府主管机关或其授权的部门代表国家行使投资权。这是全民所有制企业与其他企业的根本性区别，也是全民企业的本质特征。

2.经济上实行自主经营、自负盈亏、独立核算。企业独立自主地进行经营活动，独立地计算其生产经营活动的投入产出，核算盈亏。既不同于传统计划经济下作为政府附属物的"企业"，也不同于企业内部不实行自主经营、自负盈亏、独立核算的分厂车间、科室、班组。

3.法律上具有法人资格，对国家授予其经营管理的财产享有经营权，并独立承担民事责任。

二、全民所有制工业企业法的概念

《全民所有制工业企业法》可从狭义和广义两种意义上来理解。狭义的全民所有制工业企业法是指1988年4月13日第七届全国人民代表大会第一次会议通过的《中华人民共和国全民所有制工业企业法》(以下简称《全民所有制工业企业法》)。该法不仅适用全民所有制工业企业，其原则还适用于全民所有制交通运输、邮电、地质勘探、建筑安装、商业、外贸、物资、农林、水利企业。

广义的全民所有制工业企业法是指调整国家在干预和调控经济过程中发生的经济关系的法律规范的总称。它主要调整以下三种经济关系：(1)全民所有制企业与政府之间的关系。企业与政府的关系有两种：一是经济行政管理关系，二是财产经营关系。前者是属于政府的经济行政管理职能而产生的，政府通过行

政活动与全民所有制企业建立行政管理关系，对企业进行控制、指导和监督，以实现对经济的宏观调控。后者是根据所有权与经营权分离的原则产生的。根据这个原则，国家将经营权交给企业，由企业自主经营，但是国家仍然要以所有权人的身份，对企业的生产经营活动进行有效监督管理，保证国家财产的安全和有效运用，实现资产的保值增值和保障国家对企业财产的所有权。(2)全民所有制工业企业之间，以及与其他企业之间的关系。如经济竞争关系、经济联合关系等等。(3)全民所有制企业内部的关系。企业内部经济管理关系要受有关全民所有制工业企业的法律、法规和规章所规定的基本原则、基本制度的约束，如关于企业内部领导制度及机构设置、企业内部分配约束机制的原则规定等，都对企业内部经济管理关系起着调整作用。但这种经济关系同时还要靠企业根据法律、法规和规章规定的基本原则、基本制度制定的企业内部经营管理的各项规章制度来约束。

第二节　全民所有制工业企业的权利和义务

一、全民所有制工业企业的经营权

根据《全民所有制工业企业法》和《全民所有制工业企业转换经营机制条例》的规定，全民所有制工业企业最重要的权利是经营权。所谓经营权，是指企业对国家授予其经营管理的财产享有占有、使用和依法处分的权利。全民所有制工业企业经营权制度涉及两方面的基本问题：企业经营权的主要内容和企业经营权的行使方式。

(一)全民所有制工业企业经营权的主要内容

1.生产经营决策权。这一权利是企业的首要权利，是企业经营权的核心。其内涵包括：企业根据国家宏观计划指导和市场需要，自主作出生产经营决策，生产产品和为社会提供服务。企业可以自主决定在本行业内或者跨行业调整生产经营范围，凡符合国家产业政策导向的，政府有关部门应当给予支持，登记机关应当办理变更登记手续。企业执行指令性计划，有权要求在政府有关部门的组织下，与需方企业签订合同；也可以根据国家规定，要求与政府指定的单位签订国家订货合同。需方企业或者政府指定的单位不签订合同的，企业可以不安排生产；企业对缺乏应当由国家计划保证的能源、主要物资供应和运输条件的指令性计划，可以根据自身承受能力和市场变化，要求调整。计划下达部门不予调整的，企业可以不执行。除国务院和省级政府计划部门直接下达的，或者授权有关部门下达的指令性计划外，企业有权不执行任何部门下达的指令性计划。

2.产品、劳务定价权。企业生产的日用工业消费品，除国务院物价部门和省级政府物价部门管理价格的个别产品外，由企业自主定价；企业生产的生产资料，除国务院物价部门和省级政府物价部门颁布的价格分工管理目录所列的少数产品外，由企业自主定价；企业提供的劳务，由企业自主定价。

3.产品销售权。除法律另有规定或者国家明令禁止在市场上销售的产品外，企业可以在全国范围内自主销售本企业生产的指令性计划外的产品，对此任何部门和地方政府不得对其采取封锁、限制和其他歧视性措施。

4.物资采购权。企业对指令性计划所需物资，有权依据计划与生产企业或供货方签订合同；对计划外物资，可自主签订订货合同，并可自主进行物资调剂。企业有权拒绝任何部门和地方政府为企业指定指令性计划外的供货单位和供货渠道。

5.进出口权。企业有权在全国范围内自行选择外贸代理企业，并参与同外商的谈判；根据国家外汇管理的有关规定，自主使用外汇留成和进行外汇调剂；根据国家有关规定，可以在境外承揽工程、进行技术合作或者提供劳务；经政府有关部门批准，依法享有进出口经营权，并在获得进出口配额、许可证等方面享有与外贸企业同等待遇；享有进出口经营权的企业，有权根据业务需要确定本企业经常出入境业务人员名额，报政府主管部门批准；企业可根据对外业务的需要，自主使用外汇安排业务人员出境。

6.投资决策权。企业有权依法向其他企事业单位投资，购买和持有其他企业的股份；经批准，企业可以向境外投资或者在境外开办企业；企业遵照国家产业政策和行业、地区发展规划，以留用资金和自行筹措的资金从事生产性建设，能够自行解决建设和生产条件的，由企业自主决定立项，报政府有关部门备案并接受监督。政府有关部门应当根据登记注册的会计师事务所或者审计师事务所的验资证明，出具认可企业自行立项的文件。经土地管理、城市规划、城市建设、环境保护等部门依法办理有关手续后，企业自主决定开工；企业从事生产性建设需要银行贷款或者向社会发行债券的，按照国家有关规定，报政府有关部门会同银行审批。需要使用境外贷款的，报政府有关部门审批。

7.留用资金支配权。企业在保值、增值的前提下，可自主确定税后留用利润中各项留用资金的比例和用途；企业有权拒绝任何部门和单位无偿调拨企业留用资金或者强令企业以折旧费、大修理费补交上缴利润。

8.资产处置权。企业对一般固定资产，可自主决定出租、抵押或者有偿转让；对关键设备、成套设备或者重要建筑物可出租，经政府主管部门批准也可以抵押、有偿转让；企业处置固定资产所得收入，必须全部用于设备更新和技术改造；企业处置固定资产应当依法进行评估。

9.联营、兼并权。企业有权按照法人型联营、合伙型联营、合同型联营的方式，与其他企业、事业单位联营；按照自愿、有偿的原则，可以兼并其他企业，报政府主管部门备案。须说明的是，企业兼并其他企业，是企业的经营权，故由企业自主决定，但企业被兼并，因涉及企业的财产所有权转移等问题，所以须经政府主管部门批准。

10.劳动用工权。企业有权按照面向社会、公开招收、全面考核、择优录用的原则，自主决定招工的时间、条件、方式、数量；有权决定用工形式；有权实现合理劳动组合；有权依照法律、法规和企业规章，解除劳动合同，辞退、开除职工。

11.人事管理权。企业有权按照德才兼备、任人唯贤的原则和责任与权利相统一的要求，自主行使人事管理权。企业对管理人员和技术人员可以实行聘用制、考核制。对被解聘或者未聘用的管理人员和技术人员，可以安排其他工作，包括到工人岗位上工作。企业可以从优秀工人中选拔聘用管理人员和技术人员。经政府有关部门批准，企业可以招聘境外技术人员和管理人员。根据实际需要，企业有权设置在本企业内有效的专业技术职务。企业厂长有权按照国家的规定任免中层行政管理人员，对副厂级行政管理人员，由厂长按照国家的规定提请政府主管部门任免或者政府主管部门授权，由厂长任免，报政府主管部门备案。

12.工资、奖金分配权。这是指企业在根据“工效挂钩”办法确定相应提取的工资总额内，自主使用、自主分配工资和奖金的权利。它包括：企业有权在工资总额范围内自主使用、自主分配工资和奖金，决定工资、奖金的分配档次和工资制度、奖金分配形式；有权制定职工晋级增薪、降级减薪的办法，自主决定晋级增薪、降级减薪的条件和时间；除国务院另有规定外，有权拒绝任何部门和单位提出的，由企业对职工发放奖金和晋级增薪的要求。

13.内部机构设置权。企业有权决定内部机构的确定设立、调整和撤销，决定企业的人员编制；除法律和国务院另有规定外，有权拒绝任何部门和单位提出的设置对口机构、规定人员编制和级别待遇的要求。

14.拒绝摊派权。摊派是指国家机关、企业事业单位及其他社会组织在法律法规的规定之外，以任何方式要求企业提供财力、物力和人力的行为。企业有权拒绝任何部门和单位向企业摊派人力、物力、财力。企业可以向审计部门或者其他政府有关部门控告、检举、揭发摊派行为，要求作出处理。除法律和国务院另有规定外，企业有权抵制任何部门和单位对企业进行检查、评比、评优、达标、升级、鉴定、考试、考核。

（二）全民所有制工业企业行使经营权的主要方式——企业承包经营与企业租赁经营

近年来，我国在经济体制改革中探索总结出了承包和租赁两种经营责任制形式，它们已被1988年2月27日国务院发布并于1990年3月1日修订的《全民所有制工业企业承包经营责任制暂行条例》和1988年5月18日国务院发布并于1990年3月2日修订的《全民所有制小型工业企业租赁经营暂行条例》所确认。

承包经营责任制，是以社会主义公有制为基础，以利益为出发点，以责任为核心，以承包经营合同的形式，确定国家和企业的责、权、利关系，实现两权分离，确立企业商品生产者和经营者法人地位的一种基本的经营制度。租赁经营，则是指在生产资料所有权不变的情况下，实行所有权与经营权的分离，由国家授权单位为出租方，将企业的全部生产资料出租给承租方经营，承租方向出租方交付租金并依照合同约定对企业实行自主经营的方式。

承包经营与租赁经营都是在“两权分离”的理论指导下产生的新事物。它们具有如下共同特点：1.两者都不改变企业全民所有制的性质；2.两者都是为了实现“两权分离”，使企业真正成为自主经营、自负盈亏的商品生产者和经营者。3.两者都是通过合同这种法律形式来确立国家与企业之间的分配关系和其他责、权、利关系。这种合同关系的建立，实质是要把政府对企业主要运用行政手段和指令性计划进行直接管理转变为主要运用法律和经济手段实现对企业的宏观间接管理，以改变企业作为行政机关附属物的不正常现象。

但是，承包经营与承租经营也存在着若干差异，表现在：1.适用范围不尽相同。承包经营责任制不论大、中、小型均可适用，而租赁经营则只适用于小型企业。因为，就“两权分离”的程度而言，租赁经营远比承包经营为高，相应地租赁经营存在着更多的经营风险，为减少全民企业亏损甚至破产的不利因素，故而租赁经营一般只适用于小型企业。2.对经营者制约的机制不同。承包经营主要是以责任对经营者制约的。承包经营责任制的主要内容是：包上交国家利润，包完成技术改造任务，实行工资总额与经济效益挂钩。承包企业完不成上缴利润，先用企业当年留利抵交。不足时，用企业资金抵交。完不成承包经营合同所规定的目标时，应当扣减企业经营者的收入，直至只保留其基本工资的一半。国家对企业经营的后果承担责任，即使是实行资金分账制管理，企业自有资金本质上仍是国家的财产。租赁经营主要是以利益对经营者制约。租赁经营合同目标实现后，承租人交足国家应得利益，可按规定分享其收益；如果承租人未实现租赁合同所规定的经营目标而发生亏损，则其要以自己的财产或以保证人的担保财产抵补赔偿。承租人的利益与经营情况直接挂钩，而不与主管部门的奖惩联系。3.取得经营权的方式不同。承包经营权的取得，无须以承包方提供担保为条件。但在企业租赁的情形下，不论何种形式的租赁，承租人均须出具与租赁企业资产成一定比例的财产作为担保；如果是个人承租的，除财产担保外，并应有不少于两名有相应财产可资担保的保证人。

二、全民所有制工业企业的义务

《全民所有制工业企业法》在赋予企业权利的同时,也规定了必须履行的义务。企业的义务体现在企业生产经营活动的各个环节,主要分为企业对国家的义务,企业对社会的义务和企业对职工的义务。

(一)全民所有制工业企业对国家的义务

1.完成国家下达的指令性计划。在社会主义市场经济条件下,指令性计划在一定程度上仍是国家管理和调控经济的有效手段,因此,《全民所有制工业企业法》第35条规定,“企业必须完成指令性计划”。

2.接受国家监督。国家对企业的监督,主要包括企业主管部门和工商行政、计划、财政、税务、银行、审计、统计、物价、劳动、海关、外汇、技术监督、环境保护等职能管理部门的监督。其监督方法包括审批、登记、备案、发证、检查、检验、考核等。企业必须按国家规定和监督机关的要求,主动配合,如实反映情况,填报有关报表和提供有关资料;对监督机关的监督行为不得阻挠、拒绝、逃避;对监督机关依法作出的处理决定必须执行。

3.依法缴纳税金、费用。企业必须按照税法规定的要求及时纳税,不得漏税、欠税、偷税和抗税。对有关法规明确规定的费用项目,必须按照法定收费标准及时缴纳。

4.努力实现企业财产的保值或增值,保障固定资产的正常维修、改进和更新设备。

5.提高劳动效率,节约能源和原材料,努力降低成本。

6.必须加强保卫工作,维护生产秩序,保护国家财产。

(二)全民所有制工业企业对社会的义务

1.履行合同。在市场经济条件下,企业与外界的联系主要是通过合同来维系的。因此,凡是依法订立的合同,企业必须全面履行合同所规定的义务,不得擅自变更或解除;非因不可抗力的原因造成合同不能履行或不能完全履行时,必须承担违约责任。

2.保护自然资源和环境。企业对自然资源的开发和利用,只能使用国家所允许的方法,并限于国家所规定的范围,不得破坏自然资源和污染环境。企业的选址、设计、建设和生产,都必须防止对环境的污染和破坏;企业的新建、改建和扩建工程中防止污染和其他公害的设施,必须与主体工程同时设计、同时施工、同时投产;企业的各项有害物质的排放,必须遵守国家规定的标准;企业对自己所造成的环境污染和其他公害,必须负责治理。

3.保证产品质量和服务质量，对用户和消费者负责。

4.不得采取不正当的竞争手段。企业在市场上只能采取法律和政策允许的手段进行竞争，其促销和招徕方式必须符合法定要求。在市场竞争中，不得侵犯竞争对手的合法权益，不得向消费者和用户进行欺诈性广告宣传，不得以贿赂、回扣等非法利益帮助推销产品或招揽业务。企业的不正当竞争行为侵犯竞争对手和消费者、用户合法利益的，应依据行为所触犯的法律规范，承担法律责任。

(三)全民所有制工业企业对职工的义务

1.企业必须执行或参照国家规定的工资标准，按照职工劳动的数量和质量支付工资。

2.企业必须为职工提供符合劳动安全标准和劳动卫生标准的劳动条件以及国家规定的劳动保护待遇，做好安全生产和文明生产。必须保障职工的休息权，对职工劳动力的使用时间不得超过法定工作时间，也不得在法定可以加班加点的特殊情况以外组织加班加点；必须对女职工和未成年职工给予特殊劳动保护。

3.企业必须为职工办理社会保险，向社会保险机构缴纳按国家规定应由企业负担的社会保险费用；对尚未办理社会保险的职工，企业必须自行提供国家规定的各项社会保险待遇。企业还必须兴办集体福利事业，建立生活福利制度，不断改善职工的生活福利待遇。

4.企业必须建立职工大会或职工代表大会、民主协商等制度，支持工会组织的活动，保障职工参与民主管理。

5.企业应当加强职工教育和业务培训，提高职工队伍的素质。职工教育包括加强思想政治教育、法制教育、国防教育、科学文化教育和技术业务培训。

6.企业应当支持和奖励职工进行科学技术活动和劳动竞赛活动。对职工在完成本职工作的同时所进行的科学研究、发明创造、技术革新、合理化建议和劳动竞赛等活动，应在人力、物力、财力和时间等方面给予支持，对作出突出贡献的职工应给予奖励。

第三节　全民所有制工业企业内部领导体制

我国现行的全民所有制工业企业内部领导体制是根据1986年9月15日中共中央、国务院颁发的《全民所有制工业企业厂长工作条例》、《中国共产党全民所有制工业企业基层组织工作条例》和《全民所有制工业企业职工代表大会条例》这三个规范性文件正式确立的。根据这三个规范性文件，我国现行全民所有制工业企业内部领导体制的内容可表述为“厂长全面负责，管理委员会协助决策，职工民主管理，党委保证监督”。

一、厂长(经理)负责制

全民所有制工业企业实行厂长(经理)负责制。厂长负责制是指厂长对企业的生产经营管理制定决策、统一领导和全面负责的法律制度。

(一)厂长的法律地位

《全民所有制工业企业法》规定:"厂长是企业的法定代表人。企业建立以厂长为首的生产经营管理系统。厂长在企业中处于中心地位,对企业的物质文明建设和精神文明建设负有全面的责任。"根据法律的上述规定,厂长的法律地位可以从两个方面来加以阐述。其一,在对外关系上,厂长是企业的法定代表人;其二,在企业内部,厂长是企业生产经营的决策人和生产经营的指挥人。作为企业的法定代表人,厂长有权代表企业进行经济交往和民事活动,有权代表企业与政府进行行政活动,有权代表企业到法院或仲裁机关进行各种诉讼和仲裁活动。作为企业生产经营的决策人和指挥人,厂长享有广泛的权力:有权决定或者报请审查批准企业的各项计划;有权决定企业的行政机构的设置;有权提请政府主管部门任免或者聘任、解聘副厂级行政领导干部;有权任免或聘任、解聘企业中层行政领导干部,有权提出工资调整方案、奖金分配方案和重要规章制度提请职工代表大会审查同意;有权依法奖惩职工,提请政府主管部门奖惩副厂级行政领导干部等。

(二)厂长的产生、任期和离任

《全民所有制工业企业法》第44条规定,厂长的产生,除国务院另有规定外,由政府主管部门根据企业的情况决定采取下列一种方式,一是政府主管部门委任或者招聘,二是企业职工代表大会选举。政府主管部门委任或者招聘的厂长人选,须征求职工代表的意见;企业职工代表大会选举的厂长,须报政府主管部门批准。上述两种产生厂长的方式有一个共同点,就是政府主管部门同企业的职工代表相结合,这种结合能够更好地保证所产生的厂长符合厂长应当具备的条件。

厂长实行任期制,每届三至五年,可以连选连任。厂长任期内实行任期目标责任制。厂长应当根据国家要求、社会需要,结合企业实际,提出企业长远发展目标和实现长远发展目标的任期责任目标,经企业管理委员会和职工代表大会讨论并报企业主管机关批准后组织实施,并作为对厂长考核、监督和决定可否连任的主要依据。

厂长的离任的程序因其产生方式的不同而有所不同:政府主管部门委任或招聘的厂长,由政府主管部门免职或解聘,并须征求职工代表的意见;企业职工代表大会选举的厂长,由职工代表大会罢免,并须报政府主管部门批准;厂长在任期内申请辞职，必须向企业主管机关提出书面报告，经原任命或批准机关同意后方可离职。厂长离任前，企业主管部门可以提请审计机关对厂长进行经济责任审计评议。

（三）协助厂长决策的组织形式

《全民所有制工业企业法》第 47 条规定，企业设立管理委员会或者通过其他形式协助厂长决定企业的重大问题。企业管理委员会是协助厂长进行生产经营决策的咨询机构，是企业决策机关的附属机构。

企业管理委员会由厂长、副厂长、总工程师、总经济师、总会计师、党委书记、工会主席、团委书记和职工代表大会选出的职工代表组成。职工代表人数一般为管委会全体成员的 1/3。厂长任管理委员会主任。

企业管理委员会协助厂长决定企业的下列重大问题：(1)经营方针、长远规划和年度计划，基本建设方案和重大技术改造方案，职工培训计划，工资调整方案，留用资金分配和使用方案，承包和租赁经营责任制方案；(2)工资列入企业成本开支的企业人员编制及行政机构的设置和调整；(3)制订、修改和废除重要规章制度的方案。

二、全民所有制工业企业的职工民主管理

实行厂长负责制，是对企业内部领导制度的重大改革，但这并非意味着厂长可以独断专行。实行厂长负责制，职工群众的主人翁地位不能改变，企业的民主管理应当加强。企业民主管理是企业管理的重要组成部分，是保证职工当家作主，建设社会主义民主制度的重要环节。全民所有制企业的社会主义性质决定了在全民所有制企业中必须实行民主管理。实践证明，只有实行民主管理，才能使企业的决策建立在集体智慧的基础之上，才能充分发挥广大职工当家作主的积极性，使企业的经营目标落实到每个职工，使正确的决策变为广大职工的自觉行动。企业实行民主管理形式多样化，职工代表大会是企业民主管理的基本形式。

（一）职工代表大会的性质

关于职工代表大会的性质，《全民所有制工业企业法》从两个方面作了规定：其一，职工代表大会是企业实行民主管理的基本形式；其二，职工代表大会是职工行使民主管理权力的机构。职工代表大会所行使的权力主要是对企业实行民主管理的整体权力，突出表现为审议企业重大决策、监督行政领导干部、维护职工合法权益等方面的权力，并不是企业决策的权力机构。

（二）职工代表大会的职权

根据《全民所有制工业企业法》第 52 条的规定，职工代表大会行使下列职

权:1.听取和审议厂长关于企业的经营方针、长远规划、年度计划、基本建设方案、重大技术改造方案、职工培训计划、留用资金分配和使用方案、承包和租赁经营责任制方案的报告,提出意见和建议。2.审查同意或者否决企业的工资调整方案、奖金分配方案、劳动保护措施、奖惩办法及其他重要的规章制度。3.审议决定职工福利基金使用方案、职工住宅分配方案和其他有关职工生活福利的重大事项。4.评议、监督企业各级行政领导干部,提出奖惩和任免的建议。5.根据政府主管部门的决定选举厂长,报政府主管部门批准。

(三)职工代表大会的组织制度和工作机构

职工代表大会至少每半年召开一次,每次会议必须有 2/3 以上的职工代表出席。遇有重大事项,可以召开临时会议。职工代表选举和作出决议,必须经全体职工代表过半数通过。职工代表大会可根据需要,设立若干临时的或经常性的专门小组。专门小组要完成职工代表大会交办的有关事项。各专门小组对职工代表大会负责。职工代表大会闭会期间,需要临时解决的重要问题,由企业工会委员会召集职工代表团(组)长和专门小组负责人联席会议,协商处理,并报下一次职工代表大会予以确认。

职工代表大会的工作机构是企业的工会委员会,它依法承担下列工作:1.组织职工选举职工代表;2.提出职工代表大会议题的建议,主持职工代表大会的筹备工作和会议的组织工作;3.主持职工代表团(组)长、职工代表大会的专门小组负责人联席会议;4.组织职工代表大会的专门小组进行调查研究,向职工代表大会提出建议,检查、督促大会会议决定的执行情况,发动职工落实职工代表大会的决议。5.对职工进行民主管理的宣传教育,组织职工代表学习政策、业务和管理知识,提高职工代表素质。6.接受和处理职工代表的申诉和建议,维护职工代表的合法权益。7.组织企业民主管理的其他工作。

三、全民所有制工业企业中的党的基层组织

在坚持和完善厂长负责制的同时,必须加强党组织在企业政治思想领域内的核心作用。充分发挥党委的保证与监督作用,监督企业对党和国家的经济政策方针、法律法规以及干部政策的执行,保证企业的社会主义方向。《全民所有制工业企业法》规定:“中国共产党在企业中的基层组织,对党和国家的方针、政策在本企业的贯彻执行实行保证监督。”《中国共产党全民所有制工业企业基层组织工作条例》对此作了全面规定。

根据上述法律法规的规定,企业党委的主要任务是:保证和监督党和国家的各项方针、政策的贯彻实施;搞好企业党的思想建设、组织建设,改进工作作风;支持厂长实现任期目标和生产经营的统一指挥,做好职工思想政治工作。企业

党组织保证监督的主要内容是：1. 企业生产经营的社会主义方向。2. 企业职工能够充分享有民主权利。3. 企业正确处理国家、企业和职工三者利益关系。4. 健全党的组织生活制度，开展批评与自我批评。5. 企业和厂长正确执行党的各项方针、政策。

经济体制改革要求企业要党政分开，企业党委不再直接组织指挥生产经营，主要起保证监督作用，因而其工作方式、方法也应有重大变化。企业党委应主要通过下述方法进行工作、发挥作用：组织党员、干部认真学习党和国家的方针、政策、法律、法规，发挥党员的先锋模范作用；定期听取厂长的工作报告，提出意见和建议；加强纪律检查工作；健全党的组织生活制度，开展批评与自我批评；通过各种形式监督干部。

第四节 全民所有制工业企业与政府关系的法律调整

全民所有制工业与政府之间的关系具有两重性，因此我们探究企业与政府的关系也应分别从两个方面来考察。

一、基于企业财产所有权而形成的所有者和经营者之间的关系

《全民所有制工业企业转换经营机制条例》（以下简称《转制条例》）第 41 条规定："企业的财产属于全民所有，即国家所有，国务院代表国家行使企业财产的所有权。"《全民所有制工业企业法》第 2 条也规定："国家依照所有权和经营权分离的原则授予企业经营管理权。企业对国家授予其经营管理权的财产享有占有、使用和依法处分的权利。"在这层关系下，企业享有自主经营权，其合法权益不受政府的干预；同时，国家作为全民所有制企业财产的所有者，授权有关国家机关管理国有财产。

为确保企业财产的所有权，政府及有关部门应行使下列职责：1. 考核企业财产保值、增值指标，对企业资产负债和损益情况进行审查和审计监督；2. 根据国务院的有关规定，决定国家与企业之间财产收益的分配方式、比例或者定额；3. 根据国务院的有关规定，决定、批准企业生产性建设项目；4. 决定或者批准企业的资产经营形式和企业的设立、合并（不含兼并）、分立、终止、拍卖，批准企业提出的被兼并申请和破产申请；5. 根据国务院的有关规定，审批企业财产的报损、冲减、核销及关键设备、成套设备或者重要建筑物的抵押、有偿转让，组织清算和收缴被撤销、解散企业的财产；6. 依照法定条件和程序，决定或者批准企业厂长的任免（聘任、解聘）和奖惩；7. 拟订企业财产管理法规，并对执行情况进行监督、

检查;8.维护企业依法行使经营权,保障企业的生产经营活动不受干预,协助企业解决实际困难。

为了落实《转制条例》规定的上述任务,确保国有资产保值增值,解决国有企业所有权虚置、国有企业财产流失的问题,1994 年 7 月 24 日国务院发布了《国有企业财产监督管理条例》,再次强调国务院代表国家统一行使对企业财产的所有权。在国务院统一领导下,国有资产实行分级行政管理。国务院授权有关部门或者有关机构对指定的或者其所属的企业财产的经营管理实施监督。监督机构行使监督权的主要形式是向企业派出实施监督的组织——监事会。监事会的职责是:审查经注册会计师验证的或者经厂长(经理)签署的企业财务报告,监督、评价企业经营效益和企业材料,对厂长(经理)和有关人员提出询问;对厂长(经理)的经营业绩进行监督、评价和记录,向派出监事会的监督机构提出对厂长(经理)任免及奖惩的建议;根据厂长(经理)的要求,提供咨询意见。监事会对派出的监督机构负责,并定期向其报告工作。

《国有企业财产监督管理条例》还规定,企业应当建立资产经营责任制,对企业全部法人财产及其净资产承担保值增值的责任。厂长(经理)作为企业的法定代表人,对企业全部法人财产及其净资产的保值状况承担经营责任。国家对企业承担的财产责任以投入企业的资本额为限。

二、基于管理者的政府在建立宏观调控体系方面的职责

政府作为宏观经济活动的组织者和管理者,不仅肩负着管理、监督企业活动的职责,而且对营造适合企业生存的宏观环境(包括建立有序运行的宏观调控体系,培育和完善市场体系等)都具有不可推卸的责任。党的十四大报告指出:"政府的职能主要是统筹规划,掌握政策,信息引导,组织协调,提供服务和检查监督。"《关于建立社会主义市场经济体制若干问题的决定》也指出:"政府管理经济的职能,主要是制订和执行宏观调控政策,搞好基础设施建设,创造良好的经济发展环境。""政府运用经济手段、法律手段和必要的行政手段管理国民经济,不直接干预企业的生产经营活动。"这些规定为我们构筑企业与政府间的新型关系指明了方向。

(一)政府在加强宏观调控和行业管理方面的职责

政府应当采取下列措施,加强宏观调控和行业管理,建立既有利于增强企业活力,又有利于经济有序运行的宏观调控体系:1.制定经济和社会发展战略、方针和产业政策,控制总量平衡,规划和调整产业布局;2.运用利率、税率、汇率等经济杠杆和价格政策,调控和引导企业行为;3.根据产业政策和规模经济要求,引导企业组织结构调整,实现资源合理配置;4.建立和完善适应商品经济发展的

企业劳动人事工资制度、财务制度、成本制度、会计制度、折旧制度、收益分配制度和税收征管制度，制定考核企业的经济指标体系，逐步将企业职工的全部工资性收入纳入成本管理；5. 推动技术进步，开展技术和业务培训，为企业决策和经营活动提供信息、咨询。

(二)政府在培育和完善市场体系方面的职责

政府应当采取下列措施，培育和完善市场体系，发挥市场调节作用：1. 打破地区、部门分割和封锁，建立和完善平等竞争、规则健全的全国统一市场；2. 按照国民经济发展总体规划和布局，统筹规划、协调和建立生产资料市场、劳务市场、金融市场、技术市场、信息市场和企业产权转让市场，促进市场体系的发育和完善；3. 发布市场信息，加强市场管理，制止违法经营和不正当竞争。

(三)政府在建立和完善社会保障体系方面的职责

社会保障体系是指运用国家和社会的力量，通过国家立法、国家行政职能部门的行政活动及有关社会团体的行为，对国民收入进行分配和再分配，为社会成员提供基本生活保障和各种制度的总体结构。建立和完善社会保障体系对于深化经济体制改革具有十分重要的意义。政府应采取下列措施以建立和完善社会保障体系：1. 建立和完善社会养老保险制度，实行基本养老保险、企业补充养老保险、职工个人储蓄养老保险相结合的制度；2. 建立和完善职工的待业保险制度，使职工在待业期间能够得到一定数量和一定期限的待业保险金，保证其基本生活；3. 建立和完善医疗保险、工伤保险和生育保险等保险制度。

(四)政府在为企业提供社会服务方面的职责

政府应采取下列措施为企业提供社会服务：1. 发展和完善与企业有关的公共设施和公益事业，减轻企业的社会负担；2. 建立和发展会计师事务所、审计师事务所、职业介绍所、律师事务所、资产评估机构和信息、咨询服务机构等社会服务组织；3. 完善劳动就业服务体系，培训待业人员，帮助其再就业；4. 健全劳动争议仲裁制度，及时妥善处理劳动纠纷，维护企业和职工的合法权益；5. 协调企业与其他单位的关系，保障企业的正常生产经营秩序。

第五节　违反全民所有制工业企业法的法律责任

法律责任是指当事人违反《全民所有制工业企业法》、《企业转换经营机制条例》及有关法规的规定所承担的法律后果，包括民事责任、行政责任和刑事责任三种。

一、政府有关部门的法律责任

政府有关部门有下列行为之一的，上级机关应当责令其改正；情节严重的，由同级机关或者其他有关上级机关对主管人员和直接责任人员给予行政处分；构成犯罪的，由司法机关依法追究刑事责任：超越、滥用管理权限下达指令性计划并强令企业执行的；干预企业投资决策权或者审批企业基础投资上有重大失误的；以封锁、限制或者其他歧视性措施，侵犯企业物资采购权或者产品销售权的；干预、截留企业的产品、劳务定价权的；限制、截留企业进出口权，或者平调、挤占、挪用企业自主使用的留成外汇的；截留或者无偿调拨企业留用资金，或者干预企业资产处置权的；强令企业对职工进行奖励、晋级增薪，干预企业录用、辞退、开除职工或者解除劳动合同的；未依照法定程序和条件任免厂长、其他厂级领导或者干预厂长行使中层行政管理人员任免权的；强令企业设置对口机构、规定人员编制和级别待遇，以及违反法律和国务院规定，对企业进行检查、评比、评优、达标、升级、鉴定、考试、考核的；非法要求企业提供人力、物力、财力的，以及对拒绝摊派的企业进行打击报复的；未依照法定程序和条件，阻止或者强迫企业进行组织结构调整的；不依法履行对企业监督、检查职责，或者有其他非法干预企业经营权，侵犯企业合法权益的。

二、全民所有制工业企业的法律责任

全民所有制工业企业有下列行为之一的，政府或者政府有关部门应当责令其改正；情节严重的，对厂长、其他厂级领导和直接责任人员，分别追究行政责任、给予经济处罚，并依照有关法律、法规，对企业给予相应的行政处罚；构成犯罪的，由司法机关依法追究刑事责任：未按照规定执行指令性计划，或者不履行依法订立的合同，长期拖欠货款的；对国家直接定价的产品，擅自提价的；未按照规定履行项目审批手续，擅自立项和开工建设的；因决策失误，使建设项目不能按期投产，或者投产后，产品无销路，投资无效益，致使企业财产遭受损失的；不具备偿还能力，盲目贷款，致使企业财产遭受损失的；未经批准擅自处置企业的关键设备、成套设备或者重要建筑物，造成企业财产损失的；滥用劳动用工权、人事管理权和工资、奖金分配权，侵犯职工合法权益的；违反财务制度，不提或者少提折旧费、大修理费，少计成本或者挂账不摊，造成企业利润虚增或者虚盈实亏的；将生产性折旧费、大修理费、新产品开发基金或者处置生产性固定资产所得收入用于发放工资、奖金或者增加集体福利的；在企业变更、终止过程中，因管理不善，或者使用非法手段处置企业财产，造成损失的；因经营管理不善，致使企业财产遭受损失或者企业破产的；其他违反法律规定，滥用经营权的。

三、全民所有制工业企业和政府有关部门领导干部违反企业法的法律责任

《全民所有制工业企业法》第 62 条规定，企业领导干部滥用职权，侵犯职工合法权益，情节严重的，由政府主管部门给予行政处分；滥用职权、假公济私，对职工实行报复陷害的，依照《刑法》追究刑事责任。

《全民所有制工业企业法》第 63 条规定，企业和政府有关部门的领导干部，因工作过失给企业和国家造成较大损失的，由政府主管部门或者有关上级机关给予行政处分。企业和政府部门的领导干部玩忽职守，致使企业财产、国家和人民利益遭受重大损失的，依照《刑法》规定追究刑事责任。

四、全民所有制工业企业职工和其他公民违反企业法的法律责任

企业职工和其他公民阻碍企业领导干部依法执行职务，未使用暴力、威胁方法的，由企业所在地公安机关依照《中华人民共和国治安管理处罚条例》的规定处罚；以暴力、威胁方法阻碍领导干部依法执行职务的，依照《刑法》的规定追究刑事责任。

第六章　外商投资企业法

第一节　外商投资企业法概述

一、外商投资企业概念和特征

外商投资企业，是指依照中华人民共和国法律的规定，在中国境内设立的，由中国投资者和外国投资者共同投资或者由外国投资者独自投资的企业。

外商投资企业有以下法律特征：

1.外商投资企业是外商直接投资举办的企业。直接投资是指投资者将资金投入企业，并不同程度地参与企业的经营决策，通过企业盈利分配获得投资收益的投资方法。相对于间接投资而言，直接投资具有更大的稳定性。

2.外商投资企业是依据中国法律设立的。目前外商投资企业的基本法律形式有：2001 年 3 月 14 日全国人大修订的《中华人民共和国中外合资经营企业法》（以下简称《中外合资经营企业法》）、2001 年 7 月 22 日国务院颁布修订的《中华人民共和国中外合资经营企业法实施条例》（以下简称《中外合资经营企业法实施条例》）、2000 年 10 月 31 日全国人大常委会修订的《中华人民共和国中外合作经营企业法》（以下简称《中外合作经营企业法》）、2000 年 10 月 31 日全国人大常委会修订的《中华人民共和国外资企业法》（以下简称《外资企业法》）、2001 年 4 月 12 日国务院颁布修订的《中华人民共和国外资企业法实施细则》（以下简称《外资企业法实施细则》）。

3.外商投资企业是经中国政府批准，在中国境内设立的企业。按照我国的法律和行政法规，设立外商投资企业必须经中国政府批准，并在中国境内设立。外商投资企业设立后，必须遵守中国的法律；同时，也受中国法律的保护。

4.外商投资企业是在我国工商行政管理部门办理登记、注册手续的中国法人或者非法人经济组织。

二、外商投资企业的种类

外商投资企业分为中外合资经营企业、中外合作经营企业、外资企业三类。

中外合资经营企业(以下简称合营企业),是中外合资各方按照平等互利的原则,依照中国法律设立的,经中国政府批准登记,在中国境内共同投资和经营的"股权式企业"。它实行股权式经营,合资各方的出资额明确记载于合资企业合同、章程上,并由企业以出具出资证明书的方式体现,中外投资者对企业的股权大小取决于合资各方的出资比例。

中外合作经营企业(以下简称合作企业),是中外合作各方按照平等互利的原则,依照中国法律设立的,经中国政府批准,在中国境内设立的,以合同约定各自投资或者合作条件、收益或者产品分配、风险和亏损分担、经营管理方式以及企业终止时财产归属等事项的"契约式企业"。在合作过程中,合作企业合同占主导地位,企业的基本问题均由合作企业合同约定。

外资企业,是依照中国法律在中国境内设立的全部资本由外国投资者投资的企业。外资企业的投资主体可以是一个外国投资者,也可以是几个外国投资者。外资企业是中国法人企业或者非法人经济组织,不同于外国企业,也不同于外国企业在中国设立的分支机构。

三、外商投资企业法的概念

外商投资企业法是调整外商投资企业在设立、变更、终止以及组织管理和经营活动中发生的各种经济关系的法律规范的总称。

外商投资企业法的调整对象主要包括以下四个方面:

1.调整国家对外商投资企业的经济管理关系。外商投资企业在设立、变更、终止及其生产经营活动中,受到工商行政管理部门、财政税务部门、外商投资管理部门和其他有关部门的监督管理,构成了国家与外商投资企业之间的经济管理关系。

2.调整外商投资企业与国内外其他企业、经济组织之间的经济关系。外商投资企业在经营活动中与国内外其他企业、经济组织发生经济交往,在此过程中所形成的经济关系需要外商投资企业法加以调整。

3.调整投资者之间的经济关系。合营企业各方按照合同的约定履行出资义务,并按照其各自股权份额享有权利、承担责任。合作企业各方则依据合同约定各方之间的权利义务。

4.调整外商投资企业内部的经济管理关系。外商投资企业在其生产经营过程中,企业内部形成董事会与总经理、总经理与各部门、企业与职工之间的经济管理关系，这都需要外商投资企业法加以调整。

四、我国外商投资企业法的基本原则

1.维护国家主权原则。主权是国家最重要的属性，是国家固有的在国内的最高权力和在国际上的独立权力。每个国家都有权选择自己的政治制度，独立地处理对内对外事务。主权原则是现代国际法的一项原则，也是国内涉外经济必须遵循的重要准则。

2.平等互利原则。平等互利原则是国际上进行技术合作的基础，也是我国涉外经济法律制度的一项重要原则。

3.鼓励与限制相结合的原则。

4.参照国际惯例的原则。国际惯例是指在国际交往中逐渐形成的一系列的约定俗成的原则、准则和规则。包括国际上通常的做法、习惯、著名的判例和裁决、有影响的原则等等。国际投资中的国际惯例是指在国际投资中形成的一系列普通的习惯做法和准则。长期以来的国际经济交往与合作，形成了不少合理、可行、符合各国共同利益的通行做法和习惯，为世界上许多国家普遍承认和采用。我国外商投资企业法在维护国家主权和国家利益的前提下，规定了适当参照国际惯例的原则。

第二节　中外合资经营企业法

一、中外合资经营企业的概念

中外合资经营企业是指中国合营者与外国合营者依照中华人民共和国法律的规定，在中国境内共同投资、共同经营，并按投资比例分享利润、分担风险及亏损的企业。《中外合资经营企业法》第1条规定："中华人民共和国为了扩大国际经济合作和技术交流，允许外国公司、企业和其他经济组织或者个人(以下简称外国合营者)，按照平等互利的原则，经中国政府批准，在中华人民共和国境内，同中国的公司、企业或其他经济组织(以下简称中国合营者)共同举办合营企业。"

二、合营企业的设立

(一)设立合营企业的条件

申请设立合营企业，必须符合下列一项或数项要求：

1.采用先进技术设备和科学管理方法，能增加产品品种，提高产品质量和产

量，节约能源和原材料；

2.有利于企业技术改造，能做到投资少、见效快、收益大；

3.能扩大产品出口，增加外汇收入；

4.能培训技术人员和经营管理人员。

申请设立合营企业有下列情况之一的，不予批准：有损中国主权的；违反中国法律的；不符合中国国民经济发展要求的；造成环境污染的；签订的协议、合同、章程显属不公平，损害合营一方利益的。

(二)设立合营企业的审批

《中外合资经营企业法实施条例》规定，在中国境内设立合营企业，必须经我国外资审批机构审查批准。批准后，由外资审批机构发给批准证书。

(三)设立合营企业的程序

根据《中外合资经营企业法》及其实施细则的规定，设立合营企业一般要经过以下4个步骤：

1.由中方合营者向企业主管部门呈报拟与外国合营者设立合营企业的项目建议书和初步可行性研究报告。该项目建议书和初步可行性研究报告，经企业主管部门审查同意并转审批机关批准后，合营各方才能进行以可行性研究为中心的各项工作。

2.由中方合营者呈报项目可行性研究报告，经审批机关批准后，合营各方可商签设立企业的合同、章程等法律文件草本。

3.由中方合营者向审批机关呈报设立合营企业的有关文件。审批机关在收到全部文件之日起3个月内决定批准或不批准。合营企业经批准后由审批机关发给批准证书。中方合营者呈报设立合营企业的有关文件主要有：设立合营企业的申请书；合营各方共同编制的可行性研究报告；由合营各方授权代表签署的合营企业协议、合同、章程；由合营各方委派的合营企业董事长、副董事长、董事人选名单；中国合营者的企业主管部门和合营企业所在地的省级人民政府对设立合营企业签署的意见。

4.合营企业应当自收到批准书后1个月内按照《中华人民共和国企业法人登记管理条例》的规定，向合营企业所在地的省、自治区、直辖市工商行政管理部门办理企业法人登记手续，领取营业执照，营业执照发放之日为合营企业成立之日。

三、合资经营企业的注册资本和投资总额

(一)合营企业的注册资本

合营企业的注册资本，是指为设立合营企业在工商行政管理机关登记注册

的资本，应为合营各方认缴的出资额之和。依照我国有关法律、法规的规定，合营企业的注册资本应当符合下列要求：

1. 在合营企业的注册资本中，外国合营者的出资比例一般不得低于25%，这是外国合营者认缴出资的最低限额。

2. 合营企业在合营期限内，不得减少其注册资本。对合营企业在合营期限内增加注册资本，法律没有禁止。但是，合营企业增加注册资本应当经合营各方协商一致，并由董事会会议通过，同时还要对合营企业章程作必要的修改。合营企业增加注册资本，还应当报经原审批机关核准，并办理变更注册资本登记手续。

3. 合营企业的注册资本应符合《公司法》规定的有限责任公司的注册资本的最低限额。

(二)合营企业的投资总额

合营企业的投资总额，是指按照合营企业的合同、章程规定的生产规模需要投入的基本建设资金和生产流动资金的总和。如果合营企业的出资额之和达不到投资总额，可以以合营企业的名义进行借款。合营企业的投资总额由注册资本与借款构成。合营企业的注册资本和投资总额之间应当保持正确、合理的比例关系。1987 年 3 月 1 日经国务院批准国家工商行政管理局发布了《关于中外合资经营企业注册资本与投资总额比例的暂行规定》，明确了合营企业注册资本与投资总额的比例，其主要内容是：

1. 投资总额在 300 万美元以下的(含 300 万)，注册资本至少应占投资总额的 7/10；2. 投资总额在 300 万美元以上至 1000 万(含 1000 万)美元的，注册资本至少应占投资总额的 1/2，其中投资总额在 420 万美元以下的，注册资本不得低于 210 万美元；3. 投资总额在 1000 万美元以上至 3000 万(含 3000 万)美元，注册资本至少应占投资总额的 2/5，其中投资总额在 1250 万美元以下的，注册资本不得低于 500 万美元；4. 投资总额在 3000 万美元以上的，注册资本至少应占投资总额的 1/3，其中投资总额在 3600 万美元以下的，注册资本不得低于 1200 万美元。合营企业如遇特殊情况不能执行此规定的，由外资审批机构会同国家工商行政管理局批准。

四、中外合资经营企业合营各方的出资方式与出资期限

(一)出资方式

1. 合营者可以以现金、实物、工业产权、场地使用权等进行投资。实物出资是指以有形的资产作为投资的出资方式，其可以是建筑物、厂房、机器设备、原材料、零部件或其他物料等等。以工业产权和专有技术出资，工业产权和专有技术

是属于无形资产的范畴。合营各方按照合营合同规定向合营企业认缴的出资，必须是合营各方自己所拥有的，并未设立任何担保物权，同时出资者还应拥有所有权和处置权的有效证明。

2.作为外国合营者出资的机器设备和其他物料，必须符合下列条件：(1)为合营企业生产所必不可少的；(2)中国不能生产，或虽能生产但价格过高或者技术性能和供应时间上不能保证需要的；(3)作价不得高于同类机器设备和其他物料当时国际市场价格。

3.作为外国合营者出资的工业产权或者专有技术，必须符合下列条件：(1)能生产中国急需的新产品或出口适销产品的；(2)能显著改进现有产品的性能、质量，提高生产效率的；(3)能显著节约原材料、燃料、动力的。外国合营者以工业产权或者专有技术作为出资，应当提供该工业产权或者专有技术的有关资料；外国合营者作为出资的机器设备和其他物料、工业产权或者专有技术，应经中国合营者的企业主管部门同意，报审批机关批准。

4.中国合营者可以为合营企业经营期间提供场地使用权作为出资。如果土地使用权未作为中国合营者出资的一部分，合营企业应向中国政府缴纳土地使用费。

5.合营企业任何一方不得用以合营企业名义取得的贷款、租赁的设备或者其他财产以及合营者以外的他人财产作为自己的出资，也不得以合营企业的财产和权益或者合营各方的财产和权益为其出资担保。

(二)出资期限

合营各方应当在合营企业合同中订明出资期限，并且应当按照合营合同规定的期限缴清各自的出资。合营合同规定一次缴清出资的，合营各方应当从营业执照签发之日起6个月内缴清；合营合同规定分期缴付出资的，合营各方第一期出资，不得低于各自认缴出资额的15%，并且应当在营业执照签发之日起3个月内缴清。

合营企业投资者分期出资的总期限为：1.注册资本在50万美元以下(含50万美元)的，自营业执照核发之日起1年内，应将资本全部缴齐；2.注册资本在50万美元以上、100万美元以下(含100万美元)的，自营业执照核发之日起1年半内，应将资本全部缴齐；3.注册资本在100万美元以上、300万美元以下(含300万美元)的，自营业执照核发之日起2年内，应将资本全部缴齐；4.注册资本在300万美元以上、1000万美元以下(含1000万美元)的，自营业执照核发之日起3年内缴齐；5.注册资本在1000万美元以上的，出资期限由审批机关根据实际情况审定。

合营企业合同经审批后，如确因特殊情况需要超过合同规定的缴资期限延期缴资的，应报原审批机关批准和登记机关备案，并办理相应的手续。合营企业的投资者均须按合同规定的比例和期限同步缴付认缴出资额。因特殊情况不能同步缴付的，应报原审批机关批准，并按实际缴付的出资额比例分配收益。对合营企业中控股的投资者，在其实际缴付的投资额未达到其认缴的全部出资额之前，不能取得企业决策权，不得将其在企业中的权益、资产以合并报表的方式纳入该投资者的财务报表。

五、中外合资经营企业的组织形式和组织机构

(一)合营企业的组织形式

合营企业的组织形式为有限责任公司。合营企业合营各方认缴的出资额对企业承担有限责任，合营企业以其全部资产对其债务承担责任。

(二)合营企业的组织机构

1.董事会

合营企业设董事会，董事会是合营企业的最高权力机构，它负责讨论决定合营企业的一切重大问题。《中外合资经营企业法》规定：董事会的职权是按合营企业章程规定，讨论决定合营企业的一切重大问题：企业发展规划、生产经营活动方案、收支预算、利润分配、劳动工资计划等，以及总经理、副总经理、总工程师、总会计师、审计师的任命聘请及其职权和待遇。

董事会由董事长、副董事长、董事组成。董事会的组成人数由合营各方参照出资比例协商，但不得少于3人。董事长是合营企业的法定代表人，董事长不能履行职责时，应授权副董事长或其他董事代表合营企业。董事会会议由董事长召集，董事长不能召集时，由董事长委托副董事长或者其他董事召集。董事会每年至少召开一次董事会议，经2/3以上董事提议，可以召开临时会议。董事会会议应有2/3以上董事出席，其决议方式可以根据合营企业章程载明的议事规则作出，但涉及合营企业章程的修改、终止、解散、注册资本增加或转让、与其他经济合并等事项，必须经全体出席董事会议的董事一致通过。

2.经营管理机构

经营管理机构负责合营企业的日常经营管理工作。经营管理机构设总经理一人，副总经理若干人，其他高级管理人员若干人。副总经理协助总经理工作。正副总经理(厂长)由合营各方分别担任。总经理的职责主要有：执行董事会会议的各项决议；组织领导合营企业的日常经营管理工作；在董事会的授权范围内，代表合营企业对外进行各项经营业务；任免下属人员；行使董事会授予的其他职权。总经理、副总经理不得参与其他经济组织对本企业的商业竞争，总经理、副总经理及其他高级管理人员有营私舞弊或严重失职行为的，经董事会会议

决定可以随时解聘。

六、中外合资经营企业的合营期限、解散与清算

(一)合营企业的期限

合营企业的期限,是指合营各方根据中国的法律、行政法规的规定和合营企业的经营目标的期望,在合同中对合营企业存续期间的规定。可以按不同行业、不同情况,约定合营期限。这些行业包括:1.服务性行业,如饭店、公寓、写字楼、娱乐、饮食、出租汽车、彩扩、洗相、维修、咨询等;2.从事土地开发及经营房地产的;3.从事资源勘查开发的;4.国家规定限制投资项目;5.国家其他法律法规规定需要约定合营期限的。

合营企业的期限,一般项目原则上为10年至30年,投资大、建设周期长、资金利润率低的项目以及由外国合营者提供先进技术或者关键技术生产尖端产品项目;或者在国际上有竞争能力的产品或项目,其合营期限可以延长到50年;经国务院特别批准,可以在50年以上。

对于属于国家规定鼓励投资和允许投资项目的合营企业,除上述行业外,合营各方可以在合同中约定合营期限,也可以不约定合营期限。

约定合营期限的合营企业,合营各方同意延长合营期限的,应当在距合营期限届满6个月前向审批机关提出申请。审批机关应当在收到申请之日起1个月内决定批准或者不批准。合营企业合营各方如一致同意将合营合同中约定合营期限条款修改为不约定合营期限的条款,应提出申请,报原审批机关审查,原审批机关应当自收到上述申请文件之日起90日内决定批准或不批准。

(二)合营企业解散的情形

合营企业有下列情形之一的,应予解散:

1.合营期限届满;

2.企业发生严重亏损,无力继续经营;

3.合营一方不履行合营企业协议、合同、章程规定的义务,致使企业无法继续经营;

4.因自然灾害、战争等不可抗力遭受严重损失,无法继续经营;

5.合营企业未达到其经营目的,同时又无发展前途;

6.合营企业合同、章程所规定的其他解散原因已经出现。

除合营期限届满,其他情形下的合营企业的解散均由董事会提出解散申请,并报审批机关批准。

(三)合营企业的清算

合营企业宣告解散后,应当进行清算。除企业破产清算应当按照有关法律

规定的程序进行清算外，合营企业的清算由企业董事会提出清算的程序、原则和清算委员会人选，报经合营企业主管部门审查并进行监督。

根据《中外合资经营企业法实施条例》有关规定，清算委员会的成员一般应在合营企业的董事中选任。董事不能担任或不适合担任清算委员会成员时，合营企业可以聘请在中国注册的会计师、律师担任。审批机构认为必要时，可以派人进行监督。

清算委员会的任务主要有：1. 对合营企业财产、债权、债务进行全面清查；2. 编制资产负债表和财产目录，提出财产作价依据，制订清算方案；3. 履行企业偿债义务。清算委员会制定的清算方案经董事会通过后，由清算委员会代合营企业履行偿债义务，偿债顺序按照国家有关法律和行政法规执行；4. 清算期间，清算委员会代表该合营企业起诉或者应诉。

合营企业以其全部资产对其债务承担责任。合营企业清偿债务后的剩余财产按照合营各方的出资比例进行分配，但合营企业协议、合同、章程另有约定的除外。合营企业解散时，其资产净额或剩余利润财产超过实交资本的部分为清算所得，应依法缴纳所得税。

合营企业的清算工作结束后，由清算委员会提出清算结束报告，提请董事会会议通过后，报告审批机构，并向原登记管理机构办理注销手续，吊销营业执照。

七、中外合资经营企业争议的解决

（一）解决争议的方式

合营各方如因合营企业协议、合同、章程在解释或履行过程中发生争议，可采取协商、调解、仲裁、诉讼等方式解决。

（二）解决争议适用的法律

解决争议适用的法律是指仲裁机构或法院判断争议是非曲直所依据的实体法规范。法律适用直接关系到案件的处理结果，由于合营企业涉及中外双方的利益，因此适用何国法律，是解决争议的一个关键性问题。中外合资经营企业是在中国境内设立的企业，具有中国法人资格，受中国法律保护和管辖，其协议、合同、章程也是在中国境内签订、批准和履行的，因此，按国际上通行的最密切联系原则，解决合营企业双方的争议自然适用中国的法律。适用的原则是：

1. 因执行中外合资企业合同、中外合作经营企业合同、中外合作勘探开发自然资源合同引起的争议解决，应适用中国法律。

2. 中国法律没有规定的，可以适用国际惯例。

3. 中国法律与参加的国际条约发生冲突时，优先适用国际条约，但中国声明保留的条款除外。

第三节 中外合作经营企业法

一、中外合作经营企业法的概念

中外合作经营企业是指中国合作者与外国合作者依照中华人民共和国法律的规定,在中国境内举办的,按合作企业合同的约定分配收益或者产品、分担风险和亏损的企业。合作企业基本的法律特征,就在于其是契约式合营,合营的基础是合作企业合同。中外合作各方通过协商,就投资或者合作条件、收益或者产品分配、风险和亏损的分担、经营管理的方式和合作企业终止时财产的归属等事项达成一致意见,签订合同,在合作企业合同的基础上设立并经营企业。这一特征使中外合作经营企业与中外合资企业相区别。合作企业与合营企业特点的比较:

(一)合营方式不同

合营企业属于股权式的合营,中外合营各方共同投资、共同经营、按各自的出资比例共担风险、共负盈亏;而合作企业属于契约式的合营,中外合作各方不以投资数额、股权等作为利润分配的依据,而是通过签订合同具体确定各方的权利和义务。

(二)组织形式不同

合营企业必须是依法取得中国法人资格的企业,为有限责任公司,以其拥有的全部财产承担有限责任;而合作企业可以是依法取得中国法人资格的企业,为有限责任公司,并以其投资或者提供的合作条件为限承担有限责任,也可以是不具备中国法人资格的企业,依照中国民事法律的有关规定承担民事责任。

(三)投资回收方式不同

合营企业只有在依法终止时,外国合营者才能收回自己的资本,在合营企业存续期内,外国合营者是不能收回自己的资本的;而合作企业中的外国合作者在一定条件下可以先行回收投资。

(四)经营管理机构不同

合营企业的经营管理机构是董事会及董事会领导下的经营管理机构,董事会为最高权力机关;而合作企业的经营管理机构具有多样性,可以采取董事会制,也可以采取联合管理委员会制,还可以采用委托管理制。

(五)利润分配方式不同

合营企业是在毛利润扣除所得税和按规定提取的基金后,将净利润按各方的股权比例进行分配;而合作企业是按合同约定的方式和比例分配利润,可以采取净利润分成、产品分成或产值分成等分配方式。

（六）企业经营期限届满后财产归属不同

合营企业合营期满，清算后的剩余财产由合营各方按出资比例进行分配。合作企业合作期满，外国合作者已先行收回投资的，企业全部固定资产归中国合作者所有。

二、中外合作经营企业的设立

（一）设立合作企业的条件

设立合作企业须经中国外资审批机构审查批准。

在中国境内设立合作企业，应当符合国家的发展政策和产业政策，遵守国家关于投资方向的规定。

国家鼓励举办的合作企业是：1. 产品出口的生产型合作企业。这是指企业产品主要用于出口创汇的生产型合作企业；2. 技术先进的生产型合作企业。这是指由外国合作者提供先进技术，从事新产品的开发，实现产品升级换代，以增加出口创汇或者替代进口的生产型企业。

（二）设立合作企业的法律程序

1. 由中国合作者向审查批准机关报送有关文件。这些文件包括：(1)设立合作企业的项目建议书，并附送主管部门审查同意的文件；(2)合作各方共同编制的可行性研究报告，并附送主管部门审查同意的文件；(3)合作企业协议、合同、章程；(4)合作各方的营业执照或注册登记证明、资信证明及法定代表人的有效证明文件。外国合作者是自然人的，应当提交有关身份、履历和资信情况的有效证明文件；(5)合作各方协商确定的合作企业董事长、副董事长、董事或者联合管理委员会主任、副主任、委员的人选名单；(6)审查批准机关要求报送的其他文件。

2. 审查批准机关审批。审查批准机关应当自收到规定的全部文件之日起45日内决定批准或者不批准。审查批准机关认为报送的不全或者有不当之处的，有权要求合作各方在指定期间内补正或修正。申请设立合作企业，有下列情形之一的，不予批准：(1)损害国家主权或者社会公共利益的；(2)危害国家安全的；(3)对环境造成污染损害的；(4)有违反法律、行政法规或者国家产业政策的其他情形的。

3. 批准设立的合作企业，应当自接到批准证书之日起30天内，向工商行政管理机关申请登记，领取营业执照，营业执照签发之日为该企业成立之日。

三、中外合作经营企业各方的出资

(一)合作企业的出资方式

中外合作者的投资可以是现金、实物、土地使用权、工业产权或者专有技术和其他等财产权利,与中外合资经营企业的出资方式基本相同,区别在于中外合作者还可以其他财产权利作为投资或者合作条件。

其他财产权利的范围很广。一般包括抵押权、留置权、质权、用益权;公司的股份或者其他形式的权益;金钱的请求权或具有经济价值的任何行为的请求权;工艺流程、商号和商誉;特许权等等。根据《民法通则》,还包括全民所有制企业的经营权;国有自然资源的使用权和经营权;公司或集体组织的承包经营权等财产权利。

中外合作者应当如期履行缴纳投资、承担提供合作条件的义务。逾期不履行的,有关机关有权作出处理决定。

(二)合作企业的收益分配和风险亏损的承担

中外合作者依照合作企业合同的约定,分配收益或者产品。合作企业收益的分配可以采取多种形式。合作企业合作各方约定采用分配产品或者其他方式分配收益的,应当按照中国税法的有关规定,计算应纳税额。

中外合作者依合作合同的约定,承担风险和亏损。法人型合作企业以企业的所有财产对外承担有限责任,中外合作者以各自的投资或者提供的合作条件对外承担责任。非法人型合作企业,以中外合作者各自所有的或者经营管理的财产对外承担责任,合作各方负连带责任。

(三)合作企业外国合作者的投资回收

根据《中外合作经营企业法》及其实施细则的规定,中外合作者在合作企业合同中约定合作期限届满时合作企业的全部固定资产归中国合作者所有,外国合作者在合作期限内可以申请以下方式先行收回其投资:1.在按照投资或者提供合作进行分配的基础上,在合作企业合同中约定扩大外国合作者的收益分配比例;2.经财政税务机关审查批准,外国合作者在合作企业缴纳所得税前回收投资;3.经财政税务机关和审查批准机关批准的其他回收投资方式。

外国合作者在合作期限内先行回收投资,应符合下列法定条件:1.中外合作者在合作企业合同中约定合作期满时,合作企业的全部固定资产归中国合作者所有;2.对于税前回收投资的,必须向财政税务机关提出申请,并由财政税务机关依法审查批准;3.中国合作者应当依照有关法律的规定和合作企业合同的约定,对合作企业的债务承担责任;4.外国合作者提出先行回收投资的申请,应具体说明先行回收投资的总额、期限和方式,经财政税务机关审批同意后,报审批机关审批；5.外国合作者应当在合作企业的亏损弥补之后，才能先行收回投资。

四、中外合作经营企业的组织机构

(一)组织形式

合作企业可以申请为具有法人资格的合作企业，也可以申请为不具有法人资格的合作企业。具有法人资格的合作企业，其组织形式为有限责任公司。合作各方对合作企业的责任以各自认缴的出资额或者提供的合作条件为限。合作企业以其全部资产对其债务承担责任。不具备法人资格的企业，合作各方的关系是一种合伙关系，合作各方依照法律法规规定，承担民事责任。

(二)组织机构

合作企业在组织的设置上有较大的灵活性，同合营企业相比有较大的区别。

具备法人资格的合作企业，一般设立董事会；不具备法人资格的合作企业一般设立联合管理机构。董事会或者联合管理委员会是合作企业的最高权力机构，依照合作企业合同或者章程的规定，决定合作企业的重大问题。

董事会或者联合管理委员会成员不得少于3人，其名额的分配由中外合作者参照其提供的合作条件协商确定。董事会或者联合管理委员会成员由合作方自行委派或者撤换。董事会董事长、副董事长或者联合委员会主任、副主任的产生办法由合作企业章程规定；中外合作者一方担任董事长、主任的，副董事长、副主任由他方担任。董事或者委员的任期由合作企业章程规定，但是每届任期不得超过3年。董事或者委员的任期届满，委派方继续委任的，可以连任。

董事会会议或者联合管理委员会会议每年至少召开1次，由董事长或者主任召集并主持。董事长或者主任因特殊情况不能履行职务时，由董事长或者主任指定副董事长、副主任召集并主持。1/3以上董事或者委员可以提议召开董事会会议或者联合管理委员会会议。董事会会议或者联合管理委员会会议应当有2/3以上董事或者委员出席方可举行。不能出席董事会会议或者联合管理委员会会议的董事或者委员，应当书面委托他人代表其出席和表决。董事会会议或者联合管理委员会会议作出决议，须经全体董事或者委员过半数通过。董事或者委员无正当理由不参加又不委托他人代表其参加董事会会议或者联合管理委员会会议的，视为出席会议并在表决权中弃权。会议的召开应提前10日通知全体董事或者委员。董事会或者联合管理委员会也可以用通讯的方式作出决定。

合作企业的重大事项由出席董事会会议或者联合管理委员会会议的董事或者委员一致通过，方可作出决议，具体事项如下：1.合作企业章程的修改；2.合作企业注册资本的增加或者减少；3.合作企业的资产抵押；4.合作企业的解散；5.

合作企业合并、分立和变更组织形式;6.合作各方约定由董事会会议或者联合管理委员会会议一致通过方可作出决议的其他事项。

合作企业经合作各方一致同意,可以设立统一的经营管理机构,也可以委托合作的一方或者合作者以外的第三人组成经营管理的机构,另一方进行监督。监督一方对经营业务有建议权,对财务管理有检查权和审核权。委托第三人经营管理的,由董事会或者联合管理机构代表合作企业进行委托。委托方与受托方签订委托管理合同,受托方对委托方负责,并受委托方监督。如果合作企业成立后,改为委托第三人经营管理的,必须经董事会或者联合管理机构一致同意,报审查批准机关批准,并向工商行政管理机关办理变更登记手续。

五、中外合作经营企业的期限、终止和清算

(一)合作企业的期限

合作企业的期限由中外合作者协商确定,并在合作企业合同中明确。合作企业期限届满,合作各方协商同意要求延长合作期限的,应当在期限届满的180天前向审查批准机关提出申请,说明原合作企业合同的执行情况,延长合作期限的原因,同时报送合作各方就延长的期限内各方的权利义务等事项所达成的协议。审批机关应当自接到申请之日起30日内,决定批准或不批准。经批准延长合作期限的,合作企业凭批准文件向工商行政管理机关办理变更登记手续,延长的期限从期限届满后第一天计算。

合作企业合同约定外国合作者先行回收投资,并且投资已经回收完毕的,合作企业期限届满不再延长。但是,外国合作者增加投资的,经合作各方协商同意,可以向审查批准机关申请延长合作期限。

(二)合作企业的终止

根据《中外合作经营企业法》及其实施细则的规定,合作企业有下列情形之一的,应予终止:1.合作期限届满;2.合作企业发生严重亏损,或者因不可抗力遭受严重损失,无力继续经营;3.中外合作者一方或者数方不履行合作企业合同、章程规定的义务,致使合作企业无法继续经营;4.合作企业合同、章程中规定的其他解散原因已经出现;5.合作企业违反法律、行政法规,被依法责令关闭。

合作企业期满或者提前终止时,应当按照法定程序对资产和债权、债务进行清算。中外合作者应当按照合作企业合同的约定确定合作企业财产的归属。合作企业终止后,应当向工商管理机关和税务机关办理注销登记手续。

(三)合作企业的清算

合作企业的清算事宜,应依国家有关法律、行政法规及合作企业合同、章程的规定办理。

第四节　外资企业法

一、外资企业的概念

外资企业是指依照中华人民共和国法律的规定，在中国境内设立的，全部资本由外国投资者投资的企业，不包括外国的企业和其他经济组织在中国的分支机构。

外资企业具有以下法律特征：1.外资企业是依照中国法律在中国境内设立的企业。这是外资企业区别于外国企业的基本特征。外资企业的设立必须依据中国法律，符合我国法律规定的条件，并按照法定的程序申请、审查批准，并由工商行政管理机关登记，企业的住所在中国境内。而外国企业则依照外国法律在外国登记，其住所也在外国。2.外资企业是独立的经济实体。外资企业的组织形式一般是有限责任公司，能够独立享有权利，承担责任。《外资企业法》规定，外资企业的组织形式为有限责任公司，经批准也可以为其他责任形式。外资企业为有限责任公司的，外国投资者对企业的责任以其认缴的出资额为限。这就有别于外国企业在中国境内设立的分支机构，外国公司在中国境内的分支机构并不享有法人资格，由其所属的外国公司对外承担责任。

二、外资企业的设立

（一）设立外资企业的条件

设立外资企业必须有利于中国国民经济的发展，能够取得显著的经济效益，并应当至少符合下列一项条件：

1.采用先进技术和设备，从事新产品开发，节约能源和原材料，实现产品升级换代，可以替代进口的；

2.年出口产品的产值达到当年全部产品产值50%以上，实现外汇收支平衡或者节余的。

（二）审批

外资企业须经中国外资审批机构审查批准。

（三）设立外资企业的法律程序

设立外资企业的具体步骤是：

1.外国投资者向拟设立外资企业所在地的县级或者县级以上人民政府提交报告。

2.外国投资者通过外资企业所在地的县级或者县级以上人民政府向审批机

关提出申请,并报送有关文件。

3,审批机关在收到申请文件之日起90天内决定批准或者不批准。

4.外国投资者在收到批准证书之日起30天内向工商行政管理机关申请登记,领取营业执照。外资企业的营业执照签发之日为该企业成立日期。

(四)外国投资者向地方人民政府提交报告

《外资企业法实施细则》规定,外国投资者在提出设立外资企业的申请前,应当就下列事项向拟设立外资企业所在地的县级或者县级以上地方人民政府提交报告。报告内容包括:设立外资企业的宗旨;经营范围、规模;生产产品;使用的技术设备;用地面积及要求;需要用水、电、煤气或者其他能源的条件及数量;对公共设施的要求等。县级或者县级以上地方人民政府应当在收到外国投资者提交的报告之日起30日内以书面形式答复外国投资者。

(五)通过地方人民政府向审批机关提出申请

《外资企业法实施细则》规定,外国投资者设立外资企业,应当通过拟设立外资企业所在地的县级或者县级以上地方人民政府向审批机关提出申请,并报送下列文件:1.设立外资企业申请书;2.可行性研究报告;3.外资企业章程;4.外资企业法定代表人(或者董事会人选)名单;5.外国投资者的法律证明文件和资信证明文件;6.拟设立外资企业所在地的县级或者县级以上地方人民政府的书面答复;7.需要进口的物资清单;8.其他需要报送的文件。

三、外资企业的出资

(一)出资方式

根据《外资企业法实施细则》规定,外国投资者可以用可自由兑换的外币出资,也可以用机器设备、工业产权、专有技术等作价出资。经审批机关批准,外国投资者也可以用其从中国境内举办的其他外商投资企业获得的人民币利润出资。

外国投资以机器设备作价出资的,该机器设备应当是外资企业生产所必需的设备。该机器设备的作价不得高于同类机器设备当时的国际市场正常价格。对作价出资的机器设备,应当列出详细的作价出资清单,包括名称、种类、数量、作价等,作为设立外资企业申请的附件一并报送审批机关。作价出资的机器设备运抵中国口岸时,外资企业应当报请中国的商检机构进行检验,由该商检机构出具检验报告。作价出资的机器设备的品种、质量和数量与外国投资者报送审批机关的作价出资清单所列的机器设备的品种、质量和数量不符的,审批机关有权要求外国投资者限期改正。

外国投资者以工业产权、专有技术作价出资的,该工业产权、专有技术应当为外国投资者所有。该工业产权、专有技术的作价应当与国际上通常的作价原则相一致。对作价出资的工业产权或者专有技术，应当备有详细资料，包括所有权证书的复制件，有效状况及其技术性能、实用价值，作价的计算根据和标准等，作为设立外资企业申请书的附件一并报送审批机关。作价出资的工业产权或者专有技术实施后，审批机关有权进行检查。该工业产权、专有技术与外国投资者原来提供的资料不符的，审批机关有权要求外国投资者限期改正。

（二）缴付出资期限

《外资企业法实施细则》规定，外国投资者缴出资的期限应当在设立外资企业申请书和外资企业章程中载明。外国投资者可以分期缴付出资，但最后一期出资应当在营业执照签发之日起 3 年内缴清。其中第一期出资不得少于外国投资者认缴出资额的 15%，并应当在外资企业营业执照签发之日起 90 天内缴清。

（三）出资违约责任

《外资企业法实施细则》规定，外国投资者未能按规定期限缴付第一期出资的，外资企业批准证书即自动失效。外资企业应当向工商管理机关办理注销登记手续，缴销营业执照；不办理注销登记手续和缴销营业执照的，由工商行政管理机关吊销其营业执照，并予以公告。第一期出资后的其他各期的出资，外国投资者应当如期缴付。无正当理由逾期 30 日不出资的，依照规定处理。外国投资者有正当理由要求延期出资的，应当经审批机关同意，并报工商行政管理机关备案。

（四）投资变更

外资企业依法可以变更注册资本。《外资企业法实施细则》规定，外资企业在经营期内不得减少其注册资本。但是，因投资总额和生产经营规模等发生变化，确需减少的，须经审批机关批准。外资企业注册资本的增加、转让，须经审批机关批准，并向原登记管理机构办理变更手续。

四、外资企业的组织机构和经营管理

（一）外资企业的组织形式

外资企业的组织形式为有限责任公司，经批准也可以为其他责任形式。外资企业为有限责任公司的，外国投资者以其认缴的出资额为限，外资企业以其全部资产对其债务承担责任。外资企业为其他责任形式，外国投资者对企业的责任适用有关法律和法规的规定。

（二）外资企业的组织机构

外资企业的组织机构可以由外国投资者根据企业不同的情况，本着精简、高效、科学合理的原则自行设置，中国政府不加干预。

外资企业根据其组织形式设立董事会并推选董事长，应同时向审批机关申报备案。董事长是企业的法定代表人。

（三）外资企业的经营管理

1.生产经营管理。外资企业在制订生产经营计划、购买物资、销售产品等方面享有与中外合资经营企业大致相同的自主权。

2.劳动管理。外资企业在中国境内雇用职工，应当依照中国的法律、行政法规签订劳动合同。劳动合同应明确雇用、辞退、报酬、福利、劳动保护、劳动保险等事项。外资企业应负责职工的业务、技术培训，建立考核制度，使职工在生产、管理技能方面能够适应企业的生产与发展的需要。外资企业研究决定有关职工奖惩、工资制度、生活福利、劳动保护和保险问题时，工会代表有权列席会议。外资企业应当听取工会的意见，与工会充分合作。

3.财务会计管理。外资企业应当执行国家统一的财务会计制度，并根据中国有关法律和财产会计制度的规定，制定适合本企业的财务会计制度，报当地财政、税务机关备案。

五、外资企业的期限、终止和清算

（一）外资企业的期限

根据《外资企业法》及其实施细则的规定，外资企业的经营期限根据不同行业和企业的具体情况，由外国投资者在设立外资企业的申请书中拟订，经审批机关批准。外资企业的经营期限，从其营业执照签发之日起计算。

（二）外资企业的终止

外资企业有下列情形之一的，应予终止：

1.经营期限届满；

2.经营不善，严重亏损，外国投资者决定解散；

3.因自然灾害、战争等不可抗力而遭受严重损失，无法继续经营；

4.破产；

5.违反中国法律、法规、危害社会公共利益依法解散；

6.外资企业章程规定的其他解散的事由已经出现。

（三）外资企业的清算

外资企业宣告终止时，应当进行清算。除企业破产或者撤销清算，应当按照中国有关法律规定进行清算外，外资企业的清算应由外资企业提出清算程序、原则和清算委员会人选，报审批机关审核后进行清算。清算委员会应当由外资企业的法定代表人、债权人以及有关主管机关的代表组成，并聘请中国的注册会计师、律师等参加。

外资企业清算结束，其资产净额和剩余财产超过注册资本的部分视同利润，应当依照中国税法缴纳所得税。同时，应当向工商行政管理机关办理注销登记手续，吊销营业执照。

第七章　破　产　法

第一节　破产法概述

一、破产的概念

破产是与债务人不能清偿到期债务的财务困境相关联的一个概念。法律意义上的破产是指当企业(债务人)因不能清偿到期债务,通过重整、和解或清算等法定程序,实现债务公平清偿以及在可能情况下实现企业拯救的法律制度。

破产具有以下特点:

1.破产是一种特殊的偿债手段。债务到期后,债务人必须偿还债权人的债务。与一般的偿债不同,破产还债是通过消灭债务人的主体资格实现的,而一般的债务履行行为则不会导致债务人主体资格的消灭。

2.破产适用的前提即破产原因是债务人不能清偿到期债务。

3.破产的主要目的在于使债权人获得公平清偿。债务人不能清偿到期债务,如仅有一个债权人,适用民事诉讼的强制执行程序就可以达到满足债权人债权的目的。但如果有多个债权人,特别是当债务人的资产不足以满足全体债权人的债权要求时,则需要适用破产程序,按一定的顺序和比例将债务人的所有财产公平、合理地分配给债权人。

4.破产是一种概括性执行程序。债务人不能清偿到期债务时,一旦适用破产程序,就必须受人民法院的概括性执行程序的支配。破产的申请、受理、审理和执行都必须在人民法院的介入和主持下进行。

二、破产法律制度的构成

根据我国《企业破产法》的规定,我国企业破产法律制度主要由破产和解、破产重整和破产清算三部分构成。

(一)破产和解程序

破产和解,是指法律受理破产案件后作出破产宣告前,为预防和避免债务人被宣告破产，由债务人和债权人会议，按照多数决规则达成的中止破产程序进行的协议以及围绕该协议的履行而设置的一项程序性制度。

根据我国《企业破产法》第 95 条、第 96 条、第 97 条等的规定，债务人可以直接向人民法院申请和解；也可以在人民法院受理破产申请后、宣告债务人破产前，向人民法院申请和解。债务人申请和解，应当提出和解协议草案。和解协议由出席债权人会议的有表决权的债权人过半数同意，并且其所代表的债权额占无财产担保债权总额的 2/3 以上表决通过；债权人会议通过和解协议的，由人民法院裁定认可。这些规定，体现了破产和解的特点。

（二）破产重整程序

破产重整是指在债务人企业无力偿债的情况下，依照法律规定的程序，保护企业继续经营，实现债务调整和企业整理，使之摆脱困境，走向复兴的再建型债务清理制度。重整程序和和解一样均属于破产预防程序。我国《企业破产法》第 8 章专门规定了重整制度。

（三）破产清算程序

破产清算是指债务人达到破产宣告的界线后，依法宣告其破产，并对其总财产进行变价，而后在债权人之间进行分配的程序性制度。破产清算的最终结果是债权在部分清偿后得以免除，债务人主体的法律人格归于消灭。

三、破产法的概念和性质

破产法是关于债务人出现破产原因时，宣告其破产并对债务人的全部财产进行清算或为避免债务人进入破产清算程序所建立起来的破产预防法律制度的总称。

破产法虽然是规范破产程序的法律，但其内容包含程序性规范和实体性规范两个方面。前者如破产案件的管辖、破产的申请与受理、破产原因、债权申报、债权人会议、破产宣告、和解程序、重整程序、清算分配、程序的终结等制度；后者如债务人的破产能力、破产债权破产财产、破产费用、共益债务、免责制度、破产宣告的效力以及破产法上的撤销权、取回权、别除权、抵消权等制度。其中，程序性规范是破产法的主要内容，实体性规范是为了程序性规范而设定的，是附属于程序性规范而存在的。

从各国破产立法体例来看，有的国家，如美国、德国等，均将破产清算程序、和解程序和重整程序三种程序统一规定于破产法之中。有的国家，如日本等，则将破产法、和解法、公司更生法分别立法。英国和我国台湾地区的破产立法则是将破产程序和和解程序规定于破产法典中，而将重整程序规定于公司法之中。我国采取了将破产清算程序、和解程序和重整程序三种程序统一规定于破产法之中的立法体例。

关于破产法的性质，一般认为，破产法应属于一种独立的程序法。这是因为：首先，破产程序的开始有债务人自行申请，有法院依职权开始的，这种程序的开始方法与民事诉讼程序不同。其次，破产程序可以准用民事诉讼法的有关规定，主要是出于破产立法的技术考虑，一方面可以减少立法上的重复；另一方面可以弥补破产法上的不足，且这种准用并不构成破产法的主要内容。最后，破产法上有许多特有的制度，如破产申请、破产案件的受理、债权申报、债权人自治、破产管理人、破产财产、破产债权、破产分配等，这些都是民事诉讼程序、非诉讼程序和民事执行程序所不能包容的。

第二节　破产申请与受理

一、破产能力

破产能力是指债务人能够适用破产程序解决债务清偿问题的资格。广义的破产能力除包括宣告破产的能力外，还包括和解能力和重整能力。破产能力取决于法律规定，只有法律规定具备破产能力的主体，法院才能宣告其破产。

（一）法人的破产能力

我国《破产法》第2条第1款规定："企业法人不能清偿到期债务，并且资产不足以清偿全部债务或者明显缺乏清偿能力的，依照本法规定清理债务。"第134条第1款规定："商业银行、证券公司、保险公司等金融机构有本法第2条规定情形的，国务院金融监督管理机构可以向人民法院提出对该金融机构进行重整或者破产清算的申请。"说明我国法律承认包括金融机构在内的企业法人具有破产能力，非法人企业则不具有破产能力。但我国《破产法》第134条第2款："金融机构实施破产的，国务院可以依据本法和其他有关法律的规定制定实施办法。"说明我国针对商业银行、证券公司、保险公司等金融机构这种特殊的企业法人，对它们的破产给予了适当的限制，不是简单地完全按照《破产法》的规定进行破产。

（二）非企业法人的破产能力

根据我国《民法通则》关于法人种类的规定，法人包括企业法人、事业单位法人、社会团体法人和国家机关法人，后三种也称为非企业法人。而关于非企业法人的破产能力问题，《破产法》并未明确规定。一般来说，国家机关法人属于公法人，破产法理论一般都认为公法人不具备破产能力，破产立法上也极少有规定公法人破产能力的例子，因此，公法人不具备破产能力。事业单位、社会团体中不少是以公益为目的的法人，这类非企业法人的破产问题，我国《破产法》第 135 条的规定："其他法律规定企业法人以外的组织的清算，属于破产清算的，参照适用本法规定的程序。"该规定实际上是将一些非企业法人的破产也纳入了《破产法》的调整范围。而目前也有一些法律中规定了非企业法人破产的内容。如民办学校在登记时将单位性质定为民办非企业单位，而根据《中华人民共和国民办教育促进法》第 58 条规定，民办学校终止时，应当依法进行财务清算。因资不抵债无法继续办学而被终止的，由人民法院组织清算。结合《破产法》第 135 条规定，民办学校可以参照《破产法》规定的程序进行清算。《中华人民共和国农民专业合作社法》第 45 条第 2 款规定："清算组发现农民专业合作社的财产不足以清偿债务的，应当依法向人民法院申请破产。"这一规定也意味着农民专业合作社的破产也应参照适用《破产法》的规定。

（三）非法人组织和自然的破产能力

我国《合伙企业法》第 92 条规定："合伙企业不能清偿到期债务的，债权人可以依法向人民法院提出破产清算申请，也可以要求普通合伙人清偿。合伙企业依法被宣告破产的，普通合伙人对合伙企业债务仍应承担无限连带责任。"可见，根据《破产法》第 135 条的规定，合伙企业的破产应当参照适用《破产法》规定的程序，可以认为，合伙企业也具有破产能力。当然，由于合伙企业的破产与法人型企业的破产存在一些不同之处，如因普通合伙人对合伙企业债务承担无限连带责任，所以，破产原因不应采用资不抵债的概念；合伙企业与其普通合伙人均丧失清偿能力、不能清偿到期债务时，如何解决彼此债权人之间的清偿顺序问题等等。这些具体问题还需要最高人民法院制定相关的司法解释解决。

关于自然人的破产能力，已有不少国家予以确认，但我国的《破产法》未承认自然人的破产能力。但在实践中，自然人因丧失清偿能力而破产的事实状况早已频频发生，也迫切需要立法调整。此外，因合伙企业、个人独资企业的合伙人或出资人对企业债务承担无限（连带）责任，合伙企业、个人独资企业的破产，难免要涉及其合伙人或出资人的连带破产，更需要立法协调解决。所以，当条件成熟时，应制定对自然人适用的破产立法，以消除法律调整空白，更好地维护社会经济秩序。

二、破产原因

破产原因，也称破产界限，是指认定债务人丧失清偿能力，当事人得以提出破产申请，法院据以启动破产程序、作出宣告破产所依据的法律事实。

《破产法》第 2 条第 1 款规定："企业法人不能清偿到期债务，并且资产不足以清偿全部债务或者明显缺乏清偿能力的，依照本法规定清理债务。"该条对破产原因规定了两种情况，具备其中任何一种情况的企业法人都可以适用破产程序。

(一)企业法人不能清偿到期债务，并且资产不足以清偿全部债务

“不能清偿到期债务”，即无力偿债，国际上也称作“非流动性”，又称现金流标准，其含义是：债务人已全面停止偿付到期债务，而且没有充足的现金流量偿付正常营业过程中到期的现有债务。债务人全面停止付款的标志可以包括债务人未能支付租金、税款、薪金、员工福利、贸易应付款和其他主要业务费用。

“资产不足以清偿全部债务”，又称“资不抵债”，国际上也称作“资产负债表标准”，主要是指企业法人的资产负债表上，全部资产之和小于其对外的全部债务。

在能够证明企业同时存在“不能清偿到期债务”和“资产不足以清偿全部债务”的情况时，企业有充分理由适用破产程序。

(二)企业法人不能清偿到期债务，并且明显缺乏清偿能力

以“明显缺乏清偿能力”替代“资不抵债”作为与“不能清偿到期债务”并列的条件，是对后者的一个限定。根据这一限制，一时不能支付但仍有偿付能力的企业不适用破产程序。

三、破产申请

破产申请，是指破产申请人请求人民法院受理破产案件的意思表示，是启动破产程序的初始步骤。我国破产法实行受理开始主义，即破产程序只能在依具有破产申请资格的当事人提出申请后，经人民法院受理而开始，人民法院不得依职权主动开始破产程序。因此，破产申请是破产程序开始的必要条件。

破产申请的主体即有权向法院提出申请债务人破产的人，通常包括债权人和债务人。但在某些特别法律规定的场合，可能是其他主体。如公司在清算过程中破产申请的主体可能是清算组，在广义的破产程序中，如重整程序中，可能是出资额达到一定比例的股东提出重整申请。我国《破产法》第 7 条规定：“债务人有本法第 2 条规定的情形，可以向人民法院提出重整、和解或者破产清算申请。债务人不能清偿到期债务，债权人可以向人民法院提出对债务人进行重整或者破产清算的申请。企业法人已解散但未清算或者未清算完毕，资产不足以清偿债务的，依法负有清算责任的人应当向人民法院申请破产清算。”

1. 债务人申请。在具备破产原因的情况下，债务人可以向人民法院提出重整、和解和破产清算的申请。

2. 债权人申请。当债务人不能清偿到期债务，债权人可以向人民法院提出对债务人进行重整或破产清算的申请，但不可以提出和解申请。破产法赋予债

权人申请破产的权利是出于保护债权人合法权益的需要。同时,法律赋予债权人提出破产申请的权利,也有利于遏制和追查债务人隐匿财产、不当转让财产等恶意损害债权人利益的行为。债权人提出破产申请,《破产法》没有人数上的限制,可以是一个债权人提出申请,也可以是两个以上的债权人共同提出申请。

根据《破产法》第 7 条规定,债权人提出破产申请的条件与债务人不同。由于债权人无法掌握债务人的财务状况,因此,债权人提出破产申请的条件仅仅是债务人不能清偿到期债务,而无须证明债务人资不抵债或者明显缺乏清偿能力。

3.清算责任人申请

企业法人已经解散但未清算或者未清算完毕的,属于清算法人,即为清算目的存续的法人。在此期间,其法人人格在法律上视为存续,但其营业资格已经丧失。此时,如果该企业存在资不抵债的事实,则依法负有清算责任的人有义务向人民法院申请破产清算。

根据我国《破产法》第 8 条第 1 款的规定,破产申请人提出破产申请应当采用书面形式,即提交破产申请书和有关证据。债务人提出申请的,还应当向人民法院提交财产状况说明、债务清册、债权清册、有关财务会计报告、职工安置预案以及职工工资的支付和社会保险费用的缴纳情况。

根据我国《破产法》第 9 条的规定,申请人请求撤回破产申请,首先受到时间上的限制,即必须在人民法院受理破产申请前提出。由于我国采用法院许可主义,故对于申请人在人民法院受理前提出的撤回破产申请请求,人民法院有权决定是否准许,且人民法院准许申请人撤回破产申请的,在撤回破产申请之前已经发生的程序费用应当由申请人承担。

四、破产案件的管辖

破产案件的管辖分为地域管辖和级别管辖。

(一)地域管辖

《破产法》第 3 条规定,破产案件由债务人住所地人民法院管辖。债务人住所地是指“主要办事机构所在地”。主要办事机构所在地一般指企业的法人机关所在地,对于没有固定办事机构或者主要办事机构无法确定的债务人,应以其注册地为主要办事机构所在地。

(二)级别管辖和移送管辖

根据最高人民法院《关于审理企业破产案件若干问题的规定》第 2 条的规定,基层人民法院一般管辖县、县级市或区的工商行政管理机关核准登记企业的破产案件;中级人民法院一般管辖地区、地级市(含本级)以上工商行政管理机关核准登记企业的破产案件和纳入国家计划调整的企业破产案件。

关于破产案件的移送管辖，根据该《规定》第 3 条的规定，上级人民法院审理下级人民法院管辖的破产案件，或者将本院管辖的破产案件移交下级人民法院审理，以及下级人民法院需要将自己管辖的破产案件交由上级人民法院审理的，依照《民事诉讼法》第 39 条的规定办理。省、自治区、直辖市范围内因特殊情况需对个别企业破产案件的地域管辖作调整的，须经共同上级人民法院批准。

五、破产案件的受理

(一)破产案件受理的审查

破产案件的受理，又称立案，是指人民法院在收到破产案件申请后，认为申请符合法定程序而予以接受，并由此开始破产程序的司法行为。

《破产法》第 10 条第 1 款规定，债权人提出破产申请后，人民法院应当自收到破产申请之日起 5 日内通知债务人。债务人对债权人的申请有异议的，可以自收到人民法院的通知之日起 7 日内向人民法院提出。法院将在异议期满后 10 日内作出受理或者不受理破产申请的裁定。

如果是债务人或者清算责任人提出破产申请的，不存在债务人提出异议的问题。因此，人民法院应当自收到破产申请之日起15 日内裁定是否受理。当出现一些比较特殊的情况时，例如债权人人数众多、债权债务关系复杂、资产状况混乱等，人民法院难以在很短的时间内完成对破产申请的审查。此时，为了保证受理裁定的正确性，保护当事人的合法权益，可以经上一级人民法院批准后，延长15 日的受理审查期限，然后作出是否受理破产申请的裁定。

对破产申请的审查是案件受理程序的必要环节。对破产申请的审查包括形式审查和实质审查两方面。

1. 形式审查。破产案件的形式审查是指法院对于破产申请程序的合法性审查，其目的在于判定破产申请是否具备法律规定的申请形式。形式审查的内容主要包括：(1)申请人是否具备破产申请资格，即是否是《破产法》第 7 条规定的债权人、债务人或者清算责任人；(2)债务人是否为依法可适用企业破产程序的主体，即是否为《破产法》第 2 条规定的企业法人或者第 135 条规定的其他组织；(3)受案法院对本案是否有管辖权；(4)申请文件是否符合《破产法》第 8 条的要求，即申请书内容完整、相关证据齐备、法定文件齐全。

2. 实质审查。破产案件的实质审查是为了判定破产申请是否具备法律规定的破产申请实质条件，即债务人是否存在破产原因。但破产原因的存在是一个事实问题，对这种事实的确定通常需要经过调查和证明的过程，而这些过程只能在破产程序开始以后才能进行。所以，在破产案件受理阶段的实质审查是一种表面事实的审查，即依据申请人提交的材料，对债务人是否具有《破产法》第 2 条或者第7条第2款规定的破产清算、重整或和解的事由进行审查。

人民法院通过在收到破产申请书以及相关的证据材料进行形式审查和实质审查后，认为不符合破产条件的，应该依法作出不受理的裁定。人民法院通过对破产申请的不受理，可以有效地防止债权人滥用破产申请损害债务人的商业信誉等合法权益，也可以防止债务人假借破产之名逃避债务，损害债权人的合法权益。《破产法》第12条第1款规定，不受理破产申请的裁定应当自作出之日起5日内送达申请人，并说明不受理的理由。申请人如果对裁定不服的，可以自裁定送达之日起10日内向上一级人民法院提起上诉。申请人如因相关证据不足被裁定不受理的，可以在补足证据后重新提出破产申请。

(二)破产受理的效力

破产一经受理，产生以下效力：

1.破产受理对债务人的效力

(1)债务人财产处分权的限制。破产案件受理后，债务人处分与管理财产的权利受到限制。根据《破产法》第13条规定，人民法院裁定受理破产申请的，应当同时指定管理人。根据《破产法》第25条规定，管理人的职责中包括了：接管债务人的财产、决定债务人的日常开支和其他必要开支、管理和处分债务人的财产。管理人的这些职权必然导致债务人财产处分权被限制。

(2)个别清偿行为的限制。破产程序开始的目的是公平地清理债权债务关系，或者在破产清算程序中合理分配破产财产。债务人的个别清偿行为实际上就是对个别债权人的优惠清偿，这与破产程序公平清偿、集中清偿的基本价值相违背，对此应加以限制。当然，个别清偿行为的限制不是对个别清偿行为的绝对禁止。为保证破产受理之后债务人营业的继续维持，债务人仍然有可与其他人发生往来而实施清偿行为，但这种个别清偿行为需经过法院同意或管理人的决定。

(3)债务人的人身限制。破产程序开始后，债务人的身份地位受到一定的限制，其法人机关组成人员或者其他经营管理人员的行为便受《破产法》的规制。我国《破产法》第15条对债务人企业的法定代表人、企业的财务管理人员和其他经营管理人员的活动和行为的限制有：妥善保管其占用和管理的财产、印章和账簿、文书等资料；根据人民法院、管理人的要求进行工作，并如实回答询问；列席债权人会议并如实回答债权人的询问；未经人民法院许可，不得离开住所地；不得新任其他企业的董事、监事、高级管理人员。

2.破产受理对债权人的效力

(1)债权到期。破产程序是为全体债权人利益设计的概括执行程序，具有加速债权到期的效力。破产程序开始后，无论债权是否已届清偿期，债权人均有权申报。

(2)破产债权的财产担保权行使的限制：对债务人财产享有抵押权、质权、留置权等担保物权的债权人，享有先于普通债权人的债权在担保物变卖或处理得到的价款中优先受偿的权利。

(3)债权申报。债权申报，是债权人向法院正式提出参加破产程序的申请，表明其参加破产程序获得债权实现的意思表示。债权申报后的债权人成为破产债权人，在破产程序中享有各种破产债权人的权利。《破产法》规定，债权人在破产程序终结以前均可以申报债权。

3.破产受理对已经开始的执行程序的效力

由于破产案件受理前已经发生个别民事执行程序是为了保护个别债权人的利益，破产程序代表的是全体债权人的集体清偿利益，在法律和政策上，这种集体利益的保护相对于个别债权人利益的保护而言，处于优先地位，因此，各国破产法均规定，在法院受理破产申请后，其他民事强制执行程序尚未开始的，不得开始；已经开始的，应当中止。对于已经开始但中止执行的执行程序，由债权人根据生效的法律文书向受理破产案件的法院申报债权。

4.破产受理对第三人的效力

破产案件受理后，债务人财产处分权利的限制包括债权受领。为此，《破产法》第 17 条规定，人民法院受理破产申请后，债务人的债务人或者财产持有人应当向管理人清偿债务或者交付财产。债务人的债务人或者财产持有人故意违反法律规定向债务人清偿债务或者交付财产，使债权人受到损失的，不免除其清偿债务或者交付财产的义务。

第三节　破产管理人

一、破产管理人的概念和性质

所谓管理人，是指法院受理破产案件后，由人民法院指定的，负责接管债务人，负责债务人内部管理，对破产财产进行保管、清理、估价、处理和分配的专门机构。

虽然各国破产管理人制度存在上述差异，但一般都具有以下特征：中立性、相对独立性和专业性。

关于破产管理人的性质，存在不同的学说，主要有“债权人代表说”、“债务人代表说”、“财团代表说”、“受托人说”和“法定机构说”。我国《破产法》在立法过程对管理人的性质也有过激烈的争论，最终《破产法》第 22 条只规定管理人由人民法院指定，并未明确其性质。更多人认为《破产法》的这一规定，将管理人确定为是“法律为实现破产程序的目的而设定的履行法定职能的机构”，也即采取“法定机构说”。但也有人认为《破产法》的规定体现了承认破产财产财团代表说的立法性质。

二、破产管理人的任职资格

对于管理人的资格要求，法律从积极条件和消极条件做了规定。

(一)管理人的积极资格

《破产法》规定的管理人的积极资格是指那些组织或个人有资格担任管理人，根据《破产法》第24条规定，管理人可以由机构担任，也可以由个人担任。

1.由机构担任管理人。管理人可以由有关部门、机构的人员组成的清算组或者依法设立的律师事务所、会计师事务所、破产清算事务所等社会中介机构担任。人民法院受理破产申请时，一般应在管理人名册中的社会中介机构范围内指定管理人。

2.由个人担任管理人。即指定取得了律师执业资格、会计师执业资格以及破产清算师的执业资格的个人担任管理人。

(二)管理人的消极资格

管理人的消极资格是指不得担任管理人的情形。根据《破产法》第24条第3款的规定，有下列情形之一的，不得担任管理人：1.因故意犯罪受过刑事处罚。2.曾被吊销相关专业执业证书。3.与本案有利害关系。4.人民法院认为不宜担任管理人的其他情形。对于消极资格的具体认定，可以依照根据最高人民法院《关于审理企业破产案件指定管理人的规定》第9条、第23条、第24条规定来加以认定。此外，人民法院还可以在具体个案中，根据实际情况确定不宜担任管理人的情形。

三、管理人的指定和更换

在我国，管理人由人民法院指定。具体的管理人指定方式包括：直接指定、随机抽选和竞争择优。

人民法院指定管理人应当制作决定书，并向被指定为管理人的社会中介机构或者个人、破产申请人、债务人、债务人的企业登记机关送达。决定书应与受理破产申请的民事裁定书一并公告。法院选任破产管理人的时间是在法院裁定受理破产申请的同时，破产管理人任职的时间，也是在法院作出裁定受理破产申请的同时。

在管理人被选任后，如果发生法律规定的不宜继续任职的情况，则应当根据法律程序进行必要的变更。我国《破产法》第22条规定，债权人会议认为管理人不能依法、公正执行职务或者有其他不能胜任职务情形的，可以申请人民法院予以更换。

四、管理人的职责与义务

《破产法》第25条第1款对管理人的一般职责规定了以下九个方面：

1.接管债务人的财产、印章和账簿、文书等资料。

2.调查债务人财产状况，制作财产状况报告。

3.决定债务人的内部管理事务。

4.决定债务人的日常开支和其他必要开支。

5.在第一次债权人会议召开之前，决定继续或者停止债务人的营业。

6.管理和处分债务人的财产。

7.代表债务人参加诉讼、仲裁或者其他法律程序。

8.提议召开债权人会议。管理人认为有必要的情况下，可以提议召开债权人会议。

9.人民法院认为应当履行的其他职责。

管理人在履行职责的同时，应履行相应的义务。《破产法》第23条、第27条、第69条对管理人的义务作了规定，具体包括：

1.管理人的勤勉义务。指管理人在接受人民法院的指定后，无论是进行财产管理、营业维持还是对债务人的监督，都应当认真、细致地处理问题，谨慎地防止各种损失风险。

2.管理人的忠实义务。指管理人在执行职务时，应当最大限度地维护债务人财产和全体债权人的利益，做到不欺瞒、不谋私。管理人应当按照其管理职责的要求，最大限度地保护债权人、债务人的合法权益，并尽可能地实现债务人财产价值的最大化。

3.保密义务。管理人在管理债务人财产和事务的过程中，必然接触了企业的重要商业秘密和技术秘密。破产法为了保护利益相关者特别是债权人的利益，要求债务人企业的信息对管理人充分披露，同时也要求管理人切实履行保密义务。

4.向人民法院报告工作义务。根据《破产法》第23条的规定，管理人在依法执行职务时，应当向人民法院报告工作。

5.接受债权人会议和债权人委员会监督的义务。《破产法》第23条、第69条规定，管理人在依法执行职务时接受债权人会议和债权人委员会监督；管理人应当列席债权人会议，向债权人会议报告职务执行情况，并回答询问。

管理人在执行职务的过程中,未依照法律规定勤勉尽责,忠实执行职务的,人民法院可以依法处以罚款;给债权人、债务人或者第三人造成损失的,依法承担赔偿责任。《破产法》第131条规定,如果管理人的行为违反法律规定构成犯罪的,应依法追究刑事责任。

第四节 债务人财产、破产费用和共益债务

一、债务人财产

债务人财产,国际上也称为“破产财产”,是指在破产程序中被纳入破产管理的为债务人所拥有的财产。破产法上的债务人财产主要有以下特征:1.属于债务人所有;2.受破产程序的规制;3.受管理人控制。

我国《破产法》第30条规定:“破产申请受理时属于债务人的全部财产,以及破产申请受理后至破产程序终结前债务人取得的财产,为债务人财产。”根据该条规定,我国破产法上的债务人财产由以下两部分构成。

(一)破产申请受理时属于债务人的财产

这部分财产主要包括:

1.有形财产、无形财产、货币和有价证券、投资权益和债权。其中,有形财产包括厂房、机器设备、运输工具、原材料、产品(或商品)、办公用具等;无形财产包括土地使用权、知识产权、专有技术、特许经营权等;投资权益包括在其他公司中享有的股权或者其他类型企业中享有的出资份额。

2.未成为担保物的财产和已成为担保物的财产。按照《破产法》的再建主义立法宗旨,已设置担保物权的财产也属于债务人财产。在破产宣告前,这些财产不能被债权人处分。其中的尚未转移占有的抵押财产,还可以被用于债务人的继续营业。

3.位于中华人民共和国境内的财产和位于中华人民共和国境外的财产。《破产法》第5条规定,破产程序开始后,对债务人在中华人民共和国领域外的财产发生效力。

(二)破产申请受理后至破产程序终结前债务人取得的财产

这部分财产主要包括:

1.程序开始后债务人财产的增值,包括孳息、经营收益和其他所得。包括租金、利息、销售利润、股票红利、不动产升值、新投资、退税等。

2.程序开始后收回的财产。包括追收的债款、追回的被侵占财产、接受返还的财产、因错误执行而获得执行回转的财产等。

3. 债务人的出资人在尚未完全履行出资义务的情况下补交的出资。

(三)不属于债务人财产的情形

在国际上,这类财产称为“被排除在破产财产范围之外的资产”。根据最高人民法院《关于审理企业破产案件若干问题的规定》第 71 条的规定和《破产法》的有关规定,下列财产不属于债务人财产:(1)债务人基于仓储、保管、加工承揽、委托交易、代销、借用、寄存、租赁等法律关系占有、使用的他人财产;(2)特定物买卖中,尚未转移占有但相对人已完全支付对价的特定物;(3)尚未办理产权证或者产权过户手续但已向买方交付的财产;(4)债务人在所有权保留买卖中尚未取得所有权的财产;(5)所有权专属于国家且不得转让的财产。上列财产中,在破产宣告前,除权利人已经行使权利或者已经交付的外,债务人可以合法占有。

二、破产费用

破产费用,是指人民法院在受理破产申请时收取的案件受理费用,以及在破产程序进行中为全体债权人利益和破产程序的顺利进行而从债务人财产中优先支付的各项费用的总称。

根据《破产法》第 41 条的规定,破产费用包括以下三个方面:

1. 破产案件的诉讼费用。这一费用按照《民事诉讼法》的有关规定,主要包括破产案件受理费、职权调查费、公告费、送达费、法院登记申报债权的费用、法院召集债权人会议的费用、证据保全费用、财产保全费用、鉴定费用、勘验费用,以及法院认为应由债务人财产支付的其他诉讼上的费用。

2. 管理、变价和分配债务人财产的费用。债务人对债务人财产的管理和处分权利,自破产案件受理后而丧失,债务人所有财产由破产管理人接管。破产管理人对债务人财产进行管理、变价和分配,必然要支出相应的费用,这些费用也就是债务人财产的管理费、变价费和分配费。具体包括:

(1)债务人财产的管理费。是指管理人接管、清理和保护债务人财产或者继续债务人的营业而必须支出的费用。主要包括债务人财产的保管费用、仓储费用、运输费用、清理费用、维修保养费用、保险费用、营业税费、公告费用、通知费用等,以及聘请律师、聘请会计师的代理费用,水电费、通讯费、办公费、文书制作费等行政管理费用。

(2)债务人财产的变价费。是指管理人为处理非金钱的债务人财产而将其变现为货币所支出的费用。主要包括债务人财产的估价费用、鉴定费用、公证费用、公告费用、通知费用、拍卖费用、执行费用、登记费用以及变价债务人财产的税费等。

(3)债务人财产的分配费。是指管理人为将债务人财产分配给债权人所发生的费用。主要包括债务人财产分配表的制作费用、公告费用、通知费用、提存分配费用等。

3.管理人执行职务的费用、报酬和聘用工作人员的费用。是指在破产案件进行过程中，管理人为了执行职务和聘用工作人员所产生的一切费用和报酬的总称。主要包括破产管理人履行《破产法》第23条规定的职责所产生的费用、管理人执行职务所需其他费用、破产管理人的报酬以及聘用工作人员所需费用。

三、共益债务

(一)共益债务的概念

共益债务，又称财团债务，是指破产程序中为全体债权人的共同利益而管理、变价和分配财产所负担的债务。

共益债务与破产费用都发生在破产程序中，都是为了保障破产程序的顺利进行以及全体破产债权人的利益而需要随时清偿、优先清偿的。两者的区别主要有：

1.内容不同。破产费用是为破产程序的顺利进行，为管理、变卖和分配债务人财产而必须付出的成本性费用，其发生具有必然性；共益债务是因破产程序中发生的各种行为如合同、侵权、不当得利等而负担的债务，其发生具有或然性。

2.目的不同。破产费用的意义在于保证破产程序的进行，即为了实现全体债权人的公平清偿以及企业拯救；共益债务是为了保护债务人财产的民事相对人的利益，即实现债务人财产对外民事关系中的利益平衡。比较而言，破产费用在地位上相对优越于共益债务，反映在清偿顺序中，破产费用的受偿相对优先于共益债务。

(二)共益债务的范围

根据《破产法》第43条的规定，破产程序中的共益债务包括以下六个方面：

1.履行双务合同所产生的债务。破产程序开始后，很可能存在破产人在此前订立但尚未履行或未履行完毕的双务合同。《破产法》第18条规定，管理人对该种合同有决定继续履行或者予以解除的选择权。若合同的履行有利于债务人财产，管理人可以决定履行，从而最大限度地保护债权人的利益。

2.债务人财产受无因管理所产生的债务。根据《民法通则》关于无因管理的规定，在破产案件中，债务人财产作为无因管理的受益人，负有对管理行为人偿付相关费用的义务。

3.因债务人不当得利所产生的债务。根据《民法通则》关于不当得利的规定，在破产程序中，如果债务人财产取得了不当得利，管理人应当予以返还。

4.为债务人继续营业而应支付的劳动报酬和社会保险费用以及由此产生的

其他债务。人民法院受理破产案件后，管理人为了债务人财产的利益可能会决定继续经营业务，在经营中必然产生劳动者的报酬和保险的支出，这部分债务当然由债务人财产支付。

5.管理人或者相关人员执行职务致人损害所产生的债务。管理人执行职务的行为是为债权人的共同利益，无论其在执行过程中是否因为过错而造成他人人身或者财产损害，所产生的债务均应视为共益债务。但事后可以按照过错程度追究管理人的相关责任。企业法人的法定代表人和工作人员执行职务时致人损害的，适用《民法通则》第43条的规定和侵权法的相关规则，由债务人财产承担民事责任。

6.债务人财产致人损害所发生的债务。财产致人损害适用侵权法上的物件致损责任。例如，债务人所有或者管理下的产品、建筑物、动物、高度危险来源等致人损害的，由债务人财产承担赔偿责任。

四、破产费用和共益债务的支付原则

根据《破产法》第43条的规定，破产费用和共益债务的清偿应当遵循以下三个原则：

1.随时清偿原则。《破产法》第43条第1款规定了破产费用和共益债务偿付的随时清偿原则，亦即“随时发生，随时清偿”的原则。破产费用和共益债务的清偿在顺序上和时间上都优先于其他破产债权。故这些费用和债务的清偿既无须债权申报，也无须等待清算分配的到来。但这里所规定的“由债务人财产随时清偿”，指的是以债务人的无担保财产进行清偿，担保财产以及债务人无处分权的其他财产，不得用于清偿。

2.顺序清偿原则。《破产法》第43条第2款规定了在一定情况下破产费用与共益债务之间的受偿顺序。在债务人财产足够清偿破产费用和共益债务时，不分先后地随时清偿。但如果出现债务人财产不足以清偿所有破产费用和共益债务等情形，则两者之间必须按照本款规定的顺序，即破产费用有限受偿。管理人应随时掌握债务人的财产数额和破产费用、共益债务的数额，一旦发现债务人财产不足以清偿破产费用和共益债务，就应当首先安排破产费用的清偿。

3.比例清偿原则。《破产法》第43条第3款规定的“按照比例清偿”，包括两种情况：(1)债务人财产不足以清偿所有的破产费用的，对未清偿的破产费用按比例清偿；(2)债务人财产可以偿付破产费用，但清偿破产费用以后的余额，不足以清偿所有的共益债务的，对未清偿的共益债务按比例清偿。

五、“无产可破”时的程序终结

根据《破产法》第 43 条第 4 款的规定，当债务人财产不足以偿付破产费用时，便形成了“无产可破”的局面，此时，债务人已经没有财产可用于清算分配，继续破产程序已失去意义，因此，破产程序应予终结。但这里所称的不足以清偿破产费用的财产是指未设定担保的债务人财产。

当出现“无产可破”的局面时，管理人应当向人民法院申请终结破产案件，人民法院在收到终结破产案件的申请后，经核对有关证据，确认债务人已经无法偿付破产费用的，应当自收到请求后 15 日内作出终结破产程序的裁定。

第五节　破产债权的申报与调查

一、破产债权的申报

破产债权的申报是债权人在破产案件受理后依照法定程序主张并证明其债权，以便参加破产程序的法律行为。

债权申报具有以下特征：1. 债权申报是债权人的单方意思表示；2. 债权申报以主张并证明债权为内容；3. 债权申报是债权人参加破产程序的必要条件；4. 申报债权，必须符合本法规定的程序规则。

债权申报的规则是：1. 应当在申报期限内申报。2. 应当以法定方式申报。即应当书面方式说明债权的数额和有无财产担保，并提交有关证据。3. 应当向法定接受人申报。4. 应当符合法定的申报内容。5. 连带关系中债权的特殊申报规则。由于连带关系的复杂性，《破产法》第 50 条规定：“连带债权人可以由其中一人代表全体连带债权人申报债权，也可以共同申报债权。”第 52 条规定：“连带债务人数人被裁定适用本法规定的程序的，其债权人有权就全部债权分别在各破产案件中申报债权。”6. 职工债权申报的特别规定。职工债权是指基于特定身份（职工）和特定法律关系（劳动关系）而享有的债权。其权利基础不是来自劳动合同，而是来自法律和行政法规。《破产法》第 48 条第 2 款规定：“债务人所欠职工的工资和医疗、伤残补助、抚恤费用，所欠的应当划入职工个人账户的基本养老保险、基本医疗保险费用，以及法律、行政法规规定应当支付给职工的补偿金，不必申报，由管理人调查后列出清单并予以公示。职工对清单记载有异议的，可以要求管理人更正；管理人不予更正的，职工可以向人民法院提起诉讼。”

根据《破产法》的规定，可申报的债权应当满足以下条件：

1. 必须是以财产给付为内容的请求权。给付标的为劳务或者不作为的请求权不能申报。

2.必须是以债务人财产为受偿基础的请求权。这里所称的债务人财产是指受破产程序拘束的财产。对于请求权所指向的财产是债务人的一般财产还是特定财产,不影响申报的资格。因此,有财产担保的债权和无财产担保的债权,均属于可申报的债权。

3.必须是在法院受理破产申请前已成立的对债务人享有的债权。至于债权的到期时间,不影响申报资格。根据本法第46条的规定,未到期的债权,在破产案件受理时视为已到期。

4.必须是平等民事主体之间的请求权。对债务人的罚款等财产性行政处罚,因为不属于平等民事主体之间的请求权,不得申报。由于在企业破产清算的情况下,债务人财产最终将归属于债权人,此时如执行对债务人的财产性行政处罚,事实上处罚的是债权人,这样既不能达到行政处罚的目的,又损害了债权人的合法权益。但是,在破产程序终结后,如果债务人因重整或和解而继续存续,处罚机关可以根据情况,决定是否执行原来的处罚决定。

5.必须是合法有效的债权。下列债权因不具备这一条件,故不得申报:(1)存在《合同法》或者其他法律规定的无效原因的债权;(2)诉讼时效已经届满的债权;(3)无证据或者证据为虚假的债权。

不具备上述条件的债权被申报的,管理人有权提出异议。申报人坚持申报的,管理人可以在债权表中另页记载,并载明所发现的问题,以供债权人会议作出决定。必要时,管理人可以请求人民法院裁定不予确认。

二、破产债权的调查

破产债权的调查,是指调查人对申报的债权是否符合申报规则以及作为破产债权性质、数额等进行审查分析的一种程序。债权调查的目的在于对申报的债权进行查证,确认债权有效成立的事实,以便实现对债务人财产的公平分配。它是债权申报到债权确认的必经程序。债权申报之后,并不能表明所申报债权都是有效债权,必须经过调查程序。

在《破产法》上,破产债权调查制度的内容包括确定债权调查日期、调查形式、调查对象以及调查结果等。

1.债权的调查人。债权调查人是指主持调查债权的个人或组织。我国《破产法》第57条、第58条规定,管理人收到债权申报材料后,应当登记造册,对申报的债权进行审查,并编制债权表。编制的债权表,应当提交第一次债权人会议核查。此处所谓“审查”与“核查”,相当于债权的调查。

2.债权的调查内容与调查方式。债权调查的内容,即调查申报债权是否符合法律要求、债权是否有效、是否符合破产债权的条件、债权的性质、数额和发生原因。

关于债权调查方式,我国《破产法》采用了异议调查方式。在管理人编制了债权表后,提交第一次债权人会议核查。债权人、债务人无异议的,由人民法院裁定确认。如果有异议,可以向受理申请的人民法院提起诉讼。

第六节 债权人会议

一、债权人会议的概念和性质

债权人会议是全体债权人参加破产程序并集体行使权利的决议机构。从性质上讲,债权人会议是债权人团体在破产程序中的意思发表机关。也就是说,债权人会议的职能是要使全体债权人能够作为一个整体,对内协调和形成全体债权人的共同意志,对外通过对破产程序的参与和监督来实现全体债权人的破产参与权,并为维护他们的共同利益而采取必要的行动。因此,债权人会议本质上是一个组织体,而不是临时的集会活动。

根据《破产法》第 59 条第 1 款的规定,依法申报债权的债权人为债权人会议的成员,即债权人会议的成员是全体申报了债权的债权人。

二、债权人会议的召集及其职权

(一)债权人会议的召集

根据《破产法》第 62 条的规定,第一次债权人会议由人民法院召集,以后的债权人会议由债权人会议主席召集。即第一次债权人会议的召集通知,以人民法院的名义发出,以后的债权人会议的召集通知以债权人会议主席的名义发出。

召集债权人会议的目的是为了召开债权人会议,债权人会议的召开,分为以下两种情况。

1.第一次债权人会议的召开。第一次债权人会议的召开属于法定召开,为破产程序中不可缺少的环节。根据规定,第一次债权人会议应当自债权申报期限届满之日起 15 日内召开。

2.以后债权人会议的召开。第一次债权人会议结束后,可以通过以下两种情况下召开以后的债权人会议:(1)人民法院认为必要时召开。人民法院是破产案件的审理机构,在破产程序中处于主导地位,当人民法院认为有特定事项需要提交全体债权人讨论表决时,应当召开。(2)管理人、债权人委员会或者占债权总额 1/4 以上的债权人向债权人会议主席提议时召开。

召开债权人会议的通知工作由管理人进行。召开债权人会议需要提前15日通知已知债权人。通知的内容一般应包括会议时间、地点、主要议题、出席人员、列席人员和注意事项。

(二)债权人会议的职权

债权人会议行使下列职权:1.核查债权。2.申请人民法院更换管理人,审查管理人的费用和报酬。3.监督管理人。4.选任和更换债权人委员会成员。5.决定继续或者停止债务人的营业。6.通过重整计划。重整直接关系到债权人利益,因此,债权人有权对重整计划进行审查,并通过表决的方式表达他们对重整计划的集体意愿。7.通过和解协议。8.通过债务人财产管理方案。9.通过破产财产变价方案。10.通过破产财产分配方案。11.人民法院认为应当由债权人会议行使的其他职权。

(三)债权人会议的决议规则

我国《破产法》第64条规定:"债权人会议的决议,由出席会议的有表决权的债权人过半数通过,并且其所代表的债权额占无财产担保债权总额的1/2以上。但是,本法另有规定的除外。"第84条同时规定,重整计划草案的通过,须经出席会议的同一表决组的债权人过半数同意,并且其所代表的债权额占该组债权总额的2/3以上。第97条规定:"债权人会议通过和解协议的决议,由出席会议的有表决权的债权人过半数同意,并且其所代表的债权额占无财产担保债权总额的2/3以上。"

(四)债权人会议决议的效力

债权人会议系债权人借以实现其破产程序参与权的会议机关,债权人会议的决议是债权团体的共同意思表示。因而,债权人会议的任何一项决议,一旦为会议所通过,对所有债权人,不论其出席会议与否、参加表决与否、表决赞成与否,均具有约束力。

三、债权人委员会

债权人委员会是代表债权人会议行使监督权利的机构。破产程序同时兼有清算和执行的特征,因而,破产程序往往有众多利害关系人的参与。即除了一般破产债权人外,还有如别除权人、担保权人、取回权人等,以债务人通常所剩无几的财产来满足参与到破产程序的众多利害关系人的权利请求,其利益关系的冲突与繁杂程度可想而知,加之破产案件的处理本身耗时费资,所以仅靠法院对破产程序的公正与效率的监督难免有所疏忽。为防止各类利害关系人及清算机构滥用权力,从而优化各利害关系人间的利益关系,对破产案件的处理建立一个有效的监督机制应是非常必要的。由于债权人会议不是一个常设机构,一般不能经常性地召集和作出决定。为了保证债权人充分地行使权利，特别是行使对债务财产的管理、处分和破产财产变价、分配过程的监督权，有必要将债权人的集体决定权授予他们的代表机构。至于这种机构的名称，在美国、新西兰、澳大利亚等国家称为检查委员会；在意大利、法国、德国称为债权人委员会，在日本、韩国称为监察委员，在我国台湾地区称为监督人。我国《破产法》采用了债权人委员会的提法。

在债权人委员会的设置上，国际上普遍实行任意设立主义，即根据案件的具体情况考虑是否设立。我国《破产法》第 67 条规定："债权人会议可以决定设立债权人委员会"。根据该条规定，是否设立债权人委员会，由债权人会议根据案件处理的繁简程度、时间长短等决定。原则上，不论是否进行和解和整顿，债权人会议应在第一次会议上决定债权人委员会的设置，但也允许在破产程序进行中随时决定设置。至于债权人委员会的设立方式，国际上有债权人指定和法院指定两种。根据本条的规定，我国的债权人委员会设立方式采用的是债权人指定后法院认可的制度。

按照《破产法》第 67 条第 1 款的规定，债权人委员会的人数应为 2 人以上，9 人以下。由于债权人委员会的工作方式主要是了解和报告情况以及就某些问题发表意见，而不是做出具有法律约束力的决议，因此，并不要求债权人委员会的人数必须为单数。

债权人委员会的成员必须从债权人当中指定，其中包括一名或多名已申报债权的债权人和一名债务人的职工代表或者工会代表。担任代表的人员，可以为该债权人或者债务人的内部职员，也可以为他们聘请的律师等专业人员。

根据《破产法》第 67 条第 2 款的规定，人民法院对债权人委员会设立有一定的决定权。但是，这种决定权主要表现为对委员会成员的审查权。也就是说，对于是否设立债权人委员会的问题，完全由债权人会议决定。但债权人会议成员是否符合法律规定，需要由人民法院审查确认。法院在进行审查时，主要考虑以下几个问题：成员的人数是否符合法律规定；成员中是否有职工债权的代表；成员中的债权人所拥有的债权是否已经得到债权人会议确认；法人或其他组织委派的成员是否提交委派文件和身份证明；担任成员的自然人是否具有胜任职务的必要资质和条件。

《破产法》第 68 条规定："债权人委员会行使下列职权：1. 监督债务人财产的管理和处分；2. 监督破产财产分配；3. 提议召开债权人会议；4. 债权人委员会委托的其他职权。"债权人委员会除行使上列职权外，依照《破产法》第 69 条的规定，还享有获知管理人的报告的权利。按照规定，管理人实施下列行为，应当及时报告债权人委员会：1. 涉及土地、房屋等不动产权益的转让；2. 探矿权、采矿权、知识产权等财产权的转让;3.全部库存或者营业的转让;4.借款;5.设定财产担保;6.债权和有价证券的转让;7.履行债务人和对方当事人均未履行完毕的合同;8.放弃权利;9.担保物的取回;10.对债权人利益有重大影响的其他财产处分行为。

《破产法》就债权人委员会行使职权时,有关机构或人员的协助义务作了明确的规定,按照规定,债权人委员会执行职务时,有权要求管理人、债务人的有关人员对其职权范围内的事务作出说明或者提供有关文件。管理人、债务人的有关人员违反《破产法》的规定拒绝接受监督的,债权人委员会有权就监督事项请求人民法院作出决定,人民法院应当在5日内作出决定。

第七节　破产重整与和解

一、重整申请与审查

破产法中的重整,是指对于已濒于破产又有再生希望的债务人实施的旨在挽救其生存的预防程序。重整程序的目的不在于公平分配债务人的财产,而在于拯救那些值得拯救和能够拯救的债务人,使其摆脱困境,走向复兴,并借以保护债权人、股东及员工的权益,维护社会整体安全,以促进社会经济的发展。重整在各国破产法中的称谓不同,在美国称为"重整",在法国被称为"司法重整",在日本,被称为"会社更生",在英国被称为"管理程序"。

相对于破产清算和消极避免破产的和解程序而言,重整程序作为积极拯救债务人的程序,具有以下特征:

1.重整的对象一般为大型企业。重整虽可积极拯救企业,但其程序比较复杂、费用较高、社会代价较大,因此,多数国家的破产立法均将其对象限制在较小的范围之内,即一般适用于大型企业。我国《破产法》目前还并无此限制。

2.重整的原因较破产清算、和解原因为宽。破产清算与和解的原因都是债务人不能清偿到期债务。而重整的原因并不以此为限,对于那些因经营或财务困难将要成为无力偿债的企业,亦可适用重整程序。

3.重整的措施具有多样性。重整的措施除包括债权人对债务人的妥协让步外,还包括企业的部分或整体出让、合并与分立、追加投资、租赁经营等。

4.参与重整程序的主体具有广泛性。破产清算与和解程序的主体仅限于债权人和债务人。而在重整程序中,其参加者不仅包括债权人和债务人,而且包括股东(出资人)。

5.重整程序优先于破产清算和和解程序。重整程序一旦开始,不但正在进行的一般民事执行程序应当中止，而且正在进行的破产清算程序或和解程序也应当中止。一般认为，当破产申请、和解申请与重整申请同时并存时，法院应当根据破产法再建主义的基本立法政策，基于最大限度地拯救企业的立场，优先受理重整申请。除非有证据表明债务人显然无拯救希望的，或者适用和解程序更有利于企业拯救的，则适用相关程序。

（一）重整申请

1.重整申请的分类。重整申请是重整利害关系人启动重整程序的法定方式，法院审查受理重整申请、做出针对债务人的重整裁定后，债务人进入重整程序。根据重整申请提出的时间，可以将重整申请分为初始申请和后续申请。其中初始重整申请是在人民法院受理破产申请以前提出的对债务人适用重整程序的最初申请，后续重整申请是在人民法院已经受理对债务人适用破产清算程序的申请后、破产宣告前提出的重整申请。在后续申请的情况下，如果人民法院裁定受理重整申请，已经启动的破产程序便转入重整程序。两种申请在具体申请条件、申请主体上有诸多不同。

2.初始重整申请。

（1）初始重整申请的申请权人。根据《破产法》第 70 条第 1 款规定，在债务人具备破产原因或者重整原因时，债权人或者债务人可以依照《破产法》第 2 条、第 7 条的规定，直接向人民法院申请对债务人重整。初始申请的申请权人仅为债权人和债务人。初始申请权的运用，有利于避免当事人在顾虑破产清算的不利后果的情况下消极拖延，最终使企业耗尽生存能力。破产法的政策是鼓励困境企业及其债权人及时提出重整申请以尽可能地拯救企业。

根据《破产法》第 7 条的规定，债权人和债务人都能够以债务人不能清偿到期债务为由提出初始重整申请，而能够以债务人“有明显丧失清偿能力可能”为由提出初始重整申请的，只能是债务人自己。

（2）初始重整申请的方式。当债务人有《破产法》第 2 条规定的情形，债权人或者债务人就可以直接向法院申请重整，申请时应当依照《破产法》第 8 条的规定提交破产申请书和有关证据。

3.后续重整申请。后续重整申请是在人民法院已经受理债权人提出的对债务人适用破产清算程序的申请、但尚未宣告债务人破产的情况下，赋予债务人一方申请转为重整程序以开展企业拯救的最后机会。适用后续重整申请的条件有：（1）人民法院已经受理破产申请；（2）人民法院已经受理的是债权人提出的破产申请；（3）人民法院已经受理的债权人提出的破产申请，是以适用破产清算程序为内容；（4）人民法院尚未对债务人作出宣告破产的裁定。

根据《破产法》第 70 条第 2 款的规定，后续重整申请的申请权人为债务人或者出资额占债务人注册资本1/10以上的出资人。

后续重整申请经过法院审查后受理，并经法院裁定债务人重整，债务人由破产清算程序转入重整程序，破产案件的利害关系人，均应受制于重整程序的有关规定。

4. 法院对重整的审查和裁定。法院对重整申请的审查是保障重整成功的关键，因此，法院受理重整申请后，必须对重整申请进行审查。法院对重整申请的审查主要包括对债务人是否具有重整原因和申请人是否具有申请权的审查。

经审查，如果被申请重整的债务人不具备重整能力和重整原因，法院应驳回重整申请；如具备重整能力和重整原因，人民法院应自收到重整申请之日起15日内作出重整裁定，并予以公告。有特殊情况的经上一级人民法院批准可以延长15日再作出裁定。

(二)重整期间

重整期间，是指法院裁定债务人重整之日起至重整程序终止的时间段。确定重整期间的法律意义在于确定法律为重整设定的有关营业保护的规定的效力时间。《破产法》关于对继续营业机构、担保权的行使和设定、取回权的行使、出资人的投资分配、重整程序的裁定终止等问题的规制，都是以"在重整期间"为适用条件。

1. 重整期间的开始。重整期间的开始时间是人民法院裁定债务人重整之日。人民法院裁定重整并公告后，进入重整期间。

2. 重整期间的结束。重整期间结束于人民法院裁定重整程序终止之日。

根据《破产法》规定，重整程序终止的情形有以下四种：

(1)重整失败。债务人在重整期间出现经营状况和财产状况继续恶化，缺乏挽救的可能性，或者有欺诈、恶意减少债务人财产或者其他显著不利于债权人的行为，或者其行为致使管理人无法执行职务的，经管理人或者利害关系人请求，人民法院应当裁定终止重整程序，并宣告债务人破产。

(2)超过时限。自人民法院裁定债务人重整之日起6个月内，债务人或者管理人未提出重整计划草案的，人民法院应当裁定终止重整程序，并宣告债务人破产。

(3)重整计划被批准。重整计划通过后，人民法院裁定批准的，终止重整程序，债务人转入重整计划执行程序。

(4)重整计划未被批准。重整计划草案未获得通过，也不能按照《破产法》第87条的规定获得批准，或者已通过的重整计划未获得批准的，人民法院应当裁定终止重整程序，并宣告债务人破产；债务人由此转入破产清算程序。

根据重整期间终止后是转入重整计划执行还是转入破产清算程序，可将上述四种终止情形划分为完成性终止和破产性终止两种类型。

(1)完成性终止是指重整计划草案获得通过并被法院批准,或者未通过但被法院强制批准时,人民法院作出重整程序终止裁定的情形。此种裁定的意义在于使重整计划发生法律效力、确定重整期间结束和重整计划执行开始。由此,债务人不再享受重整期间的特殊保护,管理人结束原有的管理职权,同时开始对重整计划执行的监督职责。但是,此时整个破产程序并未结束。

(2)破产性终止是指在重整期间出现《破产法》第 78 条规定的事由,或者重整计划未获通过或最终未获批准时,人民法院作出终止裁定并宣告债务人破产的情形。由此,案件转入破产清算程序,债务人停止营业,管理人的主要职责转为对破产财产进行变价和分配。同时,担保权人可以行使担保权而单独受偿。

二、重整期间的营业

重整是以企业拯救为首要目标的,建立被重整债务人的营业保护机制、维持债务人营业并进行拯救是重整制度的重要内容之一。重整制度的营业保护机制,可以概括为三个基本概念:营业授权、自动冻结和充分保护。

(一)营业授权

营业授权,是指在重整期间对负责企业重整的机构赋予特别的权利。它包括继续营业的机构和有关营业活动的特别授权两方面的内容。

1.重整期间的营业机构。也称继续营业的机构。破产法理论通常把重整期间的营业机构称之为"重整人",是指由法院指定的在重整期间负责债务人财产管理和营业事务以及拟定重整计划的机构。我国《破产法》第 73 条和第 74 条分别规定了重整期间营业授权的两种模式——管理人监督下的债务人自行管理和管理人负责以及聘任企业人员的管理。保护债权人的权益。不同之处,在于前者侧重于继续营业的效率,后者侧重于债权人的保护。在这两种模式的选择上,依照《破产法》的规定,只有在债务人申请并得到人民法院批准的情况下才采用前一种模式,否则,应采用后一种模式。

2.重整期间营业机构的权利。营业机构的权利除包括债务人财产和营业事务管理的一般职权外,亦包括与继续营业有关的特别权利。

(1)一般管理职权。根据《破产法》第 73 条第 2 款的规定,进入重整后,管理人的职权由债务人行使。这些职权具体包括:决定债务人的内部管理事务;决定债务人的日常开支和其他必要开支;在第一次债权人会议召开之前,决定继续或者停止债务人的营业;管理和处分债务人的财产;提议召开债权人会议;人民法院认为管理人应当履行的其他职责。

(2)与继续营业相关的特别权利。在重整期间,营业机构有权为新借款设定担保；有权决定待履行合同的继续履行或解除；有权通过清偿或替代担保取回质物、留置物。

（二）自动冻结

自动冻结又称自动停止，是指在法院受理破产申请后，为进行债权人之间的公平清偿，禁止债权人的个别追讨行为，所有对债务人的诉讼或非诉讼的个别追债行为都必须无条件止息。自动冻结制度主要是从程序上限制债权人，特别是将其范围扩大至担保物权和第三人权利的行使上。自动冻结制度是营业授权制度的保障和补充，它使重整企业得以保持重整开始前的状态，有利于重整程序的进行，并给予重整企业以实质的喘息机会，使其能够将全部精力放在重整事务上，放在重整计划的制订上。

《破产法》关于自动冻结制度的规定，自动冻结的行为分为程序上的行为和实体上的行为两大类：

1. 程序上的行为。自动冻结的程序上的行为，是指重整程序一经开始，对债务人正在进行的破产、和解、强制执行以及因财产关系所产生的诉讼程序等，均产生自动冻结的效力。但对于已经开始尚未终结的有关债务人财产的民事诉讼或者仲裁，在管理人接管债务人的财产后，可以继续进行。

2. 实体上的行为。自动冻结的实体上的行为，是指对债权人及第三人权利行使的限制。对债权人而言，重整程序一经开始即必须依重整程序行使权利，有担保物权的债权人亦不例外，担保物权的行使中止。对第三人而言，其权利行使的限制主要表现为：(1)对于重整程序开始前成立的尚未履行或尚未履行完毕的双务合同，重整人可以决定继续履行或予以解除。(2)对于债务人在重整程序开始前法律规定的期限内实施的有害于重整关系人利益的行为，重整人有权撤销，并使因此转让的财产或权益回归重整债务人。(3)重整程序开始后，股东不得请求投资收益分配。债务人的董事、经理以及其他高级管理人员，非经法院同意，不得向第三人转让其个人对债务人持有的股权。(4)债务人合法占有的他人财产，该财产的权利人在重整期间要求取回的，应当符合事先约定的条件。

（三）充分保护

重整制度以拯救债务人为目的，从表面上看，重整目的的实现与债权人的保护似乎相冲突，债权人希望自己的债权能够早日获得足额清偿，而为实现重整目的则希望延缓、减少债权的清偿。但实质上，债权人的保护与重整目的的达成二者之间是对立统一的关系。只有保护债权人的利益，才能得到其协助，才能促成重整目的的达成。同时，也只有重整目的得以实现，债权人的债权才能得到充分的保障。因此，重整目的的实现绝不能以牺牲债权人的利益为代价。为此，建立债权人的充分保护制度是十分必要的，它有利于维系各方当事人利益与共的关系，有利于重整目的的实现。就重整债权人而言，在依重整程序行使权利的前提下，法律特别加强了对其权益的保护。

1. 对担保债权人担保权益的保护。有物权担保的债权人在破产法上享有别除权，可以不依破产程序行使权利。但在重整程序中，有物权担保的债权人与普通债权人一样都因自动冻结而暂停行使其权利。但是，根据《破产法》第 75 条第 1 款的规定，当担保权的标的物有损坏或者价值明显减少的可能时，足以危害担保权人权利的，担保权人可以向人民法院请求恢复行使担保权。

2. 对重要裁定后发生的债权的保护。对于重整裁定后发生的债权，如果与重整前发生的重整债权同等对待，则第三人将不会和重整企业开展交易行为。为此，各国法律都规定，此类债权具有优先于重整债权的效力。我国《破产法》规定的共益债务可以随时清偿；在重整期间，债务人或者管理人为继续营业而借款的，可以为该借款设定担保。

三、重整计划的制订和批准

(一)重整计划的制订

重整计划是债务人、债权人和其他利害关系人在协商基础上就债务清偿和企业拯救作出的安排。作为重整程序中最重要的法定文件，重整计划是重整制度的核心，既是当事人彼此让步寻求债务解决的和解协议，也是他们同舟共济争取企业复兴的行动纲领。其是否公平合理、切实可行，不仅关系到重整的成败，而且与债权人、股东及劳动者等利害关系人的切身利益紧密相连。因此，重整计划所追求的目标是公正基础上的效率最大化。

1. 重整计划的制订人。在重整计划的制订主体上，我国《破产法》第 79 条第 1 款坚持“谁管理，谁制订重整计划”的原则。按照这一原则，重整期间债务人财产和营业事务由债务人自行管理的，债务人即为重整计划的制订人；如由管理人负责管理财产和营业事务，管理人即为重整计划的制订人。

2. 重整计划制订的时间。根据《破产法》第 79 条的规定，债务人或者管理人应当在人民法院裁定债务人重整之日起的 6 个月内制订出重整计划草案，并同时提交法院和债权人会议审查。有正当理由不能在前述 6 个月内制定的，债务人或管理人可请求法院延期 3 个月。债务人或者管理人不能按期提出重整计划草案的，人民法院应当裁定终止重整程序，并宣告债务人破产。

(二)重整计划的内容

根据《破产法》第 81 条的规定，重整计划草案应当包括下列内容：

1. 债务人的经营方案。债务人的经营方案，是指旨在维持债务人营业，使其摆脱困境，以实现重建复兴目的的重要措施。它是重整计划草案的核心内容，主要包括部分营业或财产的对外转让，业务范围和生产经营计划的调整，企业组织架构的改组，营业事务的委托，管理层人事变更，企业合并或者分立，融资计划，裁减人员等等。

2. 债权分类。根据《破产法》的公平清偿原则，重整计划中的债权受偿方案必须遵循同类债权同等对待的准则，因此，重整计划应当按照实质相似性标准对债权进行分组，以便对涉及该组的事项进行表决。根据《破产法》第 82 条的规定，重整计划草案中的债权分为四类，它们分别是：(1)担保债权；(2)职工债权；(3)税收债权；(4)普通债权。在普通债权中如存在众多小额债权人的情况下，人民法院在必要时可以决定对普通债权组中的小额债权，在重整计划中给予比其他普通债权更高的清偿待遇，并作为单独的债权组参加表决。

3. 债权调整方案。为实现重整企业拯救的目标，在重整计划中，除经营方案的调整外，一个重要内容就是债务清偿的调整，以减轻企业的偿债负担，改善其财务状况和经营状况，实现企业的复兴。这些调整包括延期偿付；减免利息；减免本金清偿额；偿付形式、费用负担的变更；债权转换为股权等。对债权进行调整时，必须对同类债权采取相同的条件。对不同性质及种类的债权，可以有所区别。但是，根据《破产法》第 83 条的规定，重整计划不得规定减免债务人欠缴的除应划入职工个人账户的基本养老保险、基本医疗保险费用以外的社会保险费用。

4. 债权受偿方案。在规定债权调整方案的同时，重整计划还应当规定对调整后的债权清偿办法，包括偿付方式和偿付时间，以及债权清偿期限、债务履行担保、偿还条件等具体事项。

5. 重整计划的执行期限。重幣计划的执行期限是指自法院裁定批准重整计划之日起至重整计划执行完毕止的时间段。没有明确的执行期限，会造成重整进行的不确定性，不利于经济资源的快速合理流动；时间过长，不利于企业的持续发展，也有损于债权人的清偿利益。具体时间多长，我国《破产法》没有明确的规定，实际中应根据个案在重整计划中确定。

6. 重整计划执行的监督期限。重整计划执行的监督期限，是重整计划中确定的管理人监督重整计划执行的期限。重整计划设定的监督期限届满后，经管理人申请，法院可以裁定延长该期限。对重整计划执行进行监督的目的是遏制债务人的道德风险，保护债权人在重整计划中享有的清偿利益。监督期限届满，管理人应当向法院提交监督报告。自监督报告提交之日起，管理人的监督职责终止。

7. 有利于债务人重整的其他方案。重整计划草案除上述各项内容外，还可以包括有利于债务人重整的其他方案，如在引入战略投资者的情况下，重整计划中还可能包括该投资者收购债权及“债转股”、注入资产和取得相应股权等方案。

（三）重整计划的通过

重整计划是否公平合理、切实可行，除直接关系到债务人重整的成败外，其与债权人、股东的关系也甚为密切，因此，债务人或管理人制订重整计划草案后，必须交由债权人会议审查通过。债权人会议审查通过重整计划草案，以表决的方式进行。

1. 表决的分组。债权人会议对重整计划草案的表决不是采取集体表决的方式，而是采取分组表决制的方式。所谓分组表决制，是指按照权利的实质相似性标准，将债权人和股东分为若干表决组，以组为单位分别进行重整计划草案的表决，以各组均表决通过为重整计划草案通过标准的表决制度。重整计划实行按债权分类进行分组表决的制度，是当代破产法的通行做法。

我国《破产法》对债权的分组采用强制性分级标准，而且在制订重整计划草案时不得违反这一规定。根据《破产法》第 109 条和第 113 条的规定，参加重整计划的债权分为担保债权、职工债权、税收债权和普通债权四类，另在普通债权内，可以根据实际情况的需要，分出小额债权作为单独的表决组。对于债务人的出资人，《破产法》并未将其列为单独的有表决权的一组，仅规定重整计划草案涉及出资人权益调整事项的，应当设立出资人组，对该事项进行表决；如果不涉及出资人权益调整事项，债务人的出资人代表可以列席讨论重整计划草案的债权人会议。

2. 重整计划草案的表决。根据《破产法》第 84 条第 1 款规定，人民法院应当自收到管理人或者自行管理的债务人提交的重整计划草案之日起 30 日内，召开债权人会议，进行重整计划草案的审议表决。

我国《破产法》对重整计划的通过实行分组表决制：即以债权分类为基础进行组别划分，以各表决组为单位进行表决，形成通过与否的决议。根据规定，表决组内采用人数和债权额的双重多数决，即出席会议的同一表决组的债权人过半数同意重整计划草案，并且其所代表的债权额占该组债权总额的 2/3 以上的，方为通过。《破产法》对重整计划的通过还采用了整体表决标准，即当每一个表决组对重整计划草案的表决结果均符合《破产法》第 84 条第 2 款规定的分组表决通过所需的人数标准和债权额标准时，重整计划才获得通过。

此外，我国《破产法》第 85 条第 2 款规定，重整计划草案涉及出资人权益调整事项的，应当设出资人组，对该事项进行表决。但出资人的表决权并非涉及于整个重整计划草案，而是仅限于“涉及出资人权益调整的事项”。这是出资人表决权不同于债权人表决权的特点。

（四）重整计划的批准

债权人会议各组对重整计划草案表决后，如果获得各组债权人的通过，债务人或者管理人应当在重整计划草案通过之日起10日内向法院提出批准重整计划的申请，由法院审查后决定是否批准。如果未获得通过，债务人或者管理人可以同未通过重整计划草案的表决组协商后由其再行表决一次。未通过重整计划草案的表决组拒绝再次表决或者再次表决仍未通过重整计划草案，但重整计划草案符合法定条件的，债务人或者管理人可以申请法院批准重整计划草案。前者称为正常批准，后者称为强行批准。我国《破产法》第87条第2款对法院强行批准重整计划的条件作了明确的规定。

（五）重整计划批准的效力

人民法院批准重整计划后，产生以下法律效力：

1.重整计划生效，经法院裁定批准的重整计划，对债务人和全体债权人均具有约束力。

2.重整程序终止，债务人转入重整计划执行阶段。

3.破产程序对债权行使的冻结效力仍然有效。重整计划的执行仍然属于集体清偿程序。在重整计划执行期间，破产程序尚未终结，因此，对债权人个别行使权利的限制措施仍然有效。

4.自重整计划生效时起恢复计息。因受理破产申请而停止计息的附利息的债权，自重整计划执行开始时起，可以计算利息。

四、重整计划的执行

（一）重整计划的执行人

重整计划的执行是重整程序的最后一个环节，直接关系到重整目的的实现。如果重整计划能够顺利执行完毕，则重整程序的使命即宣告完成。因此，由谁来执行重整计划，在重整程序中具有十分重要的作用。重整计划的执行，国际上大体有三种体制：一是债务人在司法程序外无任何监督的执行；二是在司法程序外由管理人监督下的债务人执行；三是在司法程序内由指定的专人负责执行或者由其监督债务人执行。我国《破产法》第89条、第90条的规定，债务人是重整计划的执行人，由管理人监督重整计划的执行。这一规定表明我国重整计划的执行采用第二种体制，即由管理人监督下的债务人执行。

（二）重整计划执行的监督

根据我国《破产法》第90条的规定，重整计划由债务人执行，管理人负责监督。管理人作为重整计划执行的监督人应履行以下职责：在重整计划规定的监督期限内，有权要求执行人报告重整计划的执行情况和企业财务状况；发现执行人有违法或不当情形时,应及时加以纠正;如认为需要延长重整计划执行的监督期限,可申请法院裁定予以延长;监督期限届满时,应当向法院提交监督报告。管理人的监督职能是为防止以及制止债务人在执行重整计划过程中违反重整计划的不当行为。

(三)重整计划执行的终止

重整计划执行的终止,是指当债务人不能执行或者不执行重整计划时,经利害关系人申请,法院裁定不再执行重整计划。根据我国《破产法》第 93 条的规定,重整计划终止的原因主要有二:一是债务人不能执行重整计划,即债务人本身缺乏执行重整计划的能力。如因债务人自身的经济状况不佳,或因为第三人违约而导致财务困境等客观的障碍。二是债务人不执行重整计划,即债务人有能力执行而拒不执行或者拖延执行重整计划。当出现上述原因时,为保护利害关系人的利益,法院应当裁定终止重整计划的执行,同时宣告债务人破产。破产案件也由重整程序转入破产清算程序。

重整计划被法院裁定终止执行后,债权人因重整计划实施所受的清偿仍然有效,未受清偿的部分应作为破产债权行使权利,但只有当其他债权人所受的清偿达到同一比例时,该债权人才能继续接受分配。此外,债权人在重整计划中所作出的让步,如减免的利息、本金或放弃的担保,虽因重整计划的执行终止而失去效力,但为重整计划提供的担保,在重整计划规定的担保范围内继续有效。

(四)重整计划的执行完毕

1.重整计划执行完毕的认定标准。由于我国《破产法》对重整计划的执行,采用了司法程序之外由债务人执行,管理人监督的体制。因此,重整计划执行完毕时,也不需要对执行情况作出专门的报告,也无须由人民法院加以审查和作出终结裁定。因此,《破产法》规定的"重整计划执行完毕",是指债务人已经完全按照重整计划规定的方案执行债务清偿,即所有的债权人均已按照重整计划规定的数额、时间和方式获得清偿。

2.重整计划执行完毕的免责效力。重整计划中建立在债权人让步基础上的债务清偿方案,具有和解协议的性质。根据和解协议的法理,一旦和解协议执行完毕,则债权人的债权在和解协议中作出让步的部分,即失去对债务人的约束力。因此,重整计划执行完毕后,按照重整计划减免的债务,免除债务人的清偿责任。

五、和解

(一)和解的概念和特征

和解是指具备破产原因的债务人,为避免破产清算而与债权人会议达成以让步方法了结债务的协议，协议经法院认可后生效的法律程序。

破产法上的和解可以分为法院和解和法院外的和解。法院和解属强制性和解，它不需要每一个债权人同意，只要由债权人会议以多数表决制度通过即可，一旦生效即对所有债权人产生效力。法院外的和解，是指破产案件受理后，当事人在法院外自行和解的，经法院认可后具有相当于法院和解的效力。但是，法院外的和解必须经全体债权人一致同意，并不得损害有担保债权人的权益。

和解制度有如下特征：

1. 债务人已具备破产原因。设立和解制度的目的，是为债务人提供避免破产清算的机会。如果债务人不具备破产原因，那么破产清算程序无从适用，也没有适用和解制度的必要。

2. 由债务人提出和解的请求。一般认为，适用和解制度以避免破产清算，因此，和解是出于债务人的利益需要。和解可以在债权人让步的基础上，使债务人免于破产清算，故债务人具有和解的动机。但是，由于和解以后债务人仍将继续承担债务清偿责任，故破产清算有时也不失为破产企业的出资人甩掉包袱、另谋发展的一种选择。因此，是否请求和解应由债务人自行决定。

3. 和解请求以避免破产清算为目的。破产法设立和解制度的目的是尽可能地减少破产清算事件的发生，以避免破产清算可能带来的一系列消极后果。因此，在符合法律程序的情况下，债务人为避免破产清算而提出减少、延缓债务、第三人承担清偿等请求，与债权人进行和解是为法律所认可的。

4. 和解协议采用让步方法了结债务。和解不仅以债务人的现有财产，而且以其将来财产，作为债权人实现债权的基础，所以，债权人通过和解协议的执行，往往能够获得比在破产清算情况下更多的清偿。为了达到这一目的，债权人通常需要作出减少本金、放弃或减少利息、延长偿债期限以及同意第三人承担债务等方面的让步，以利于债务人保持继续经营的能力，并避免债务人选择适用破产清算程序。

5. 债务人与债权人团体之间达成协议。以让步方法了结债务属于当事人对自己权利的处分，必须在平等自愿的基础上达成协议，而不能由政府加以强制。法律设立和解程序，为当事人提供一种平等协商的缔约机制。和解协议草案经债权人会议表决通过，便成为债务人与债权人团体之间有关债务清偿的具有法律约束力的合同。

6. 和解程序受法定机关监督。和解程序为债务人无力偿债状态下实现债务公平清偿的一种法律程序。为保证程序公正，应将和解程序置于审判机关或其他特别机关的监督职权之下，法院享有对和解申请的认可、债权人会议的召集、对已达成的和解协议的认可、执行和解协议的监督等权利。

(二)我国和解程序的特点

我国《破产法》规定的和解程序具有以下特点:

1. 和解申请的主体单一,即只能由债务人提出。

2. 适用和解程序的条件较单纯,即具备破产原因。

3. 和解制度的结构简单,即仅规定和解协议的成立、生效和履行。

4. 和解协议的内容单纯,即仅涉及债务清偿关系。

5. 参加和解协议的债权人单一,即仅为无财产担保的债权人。

6. 和解协议未获债权人会议通过时,法院不加干涉。

7. 和解协议一经法院认可,破产程序即告终结。

六、和解的程序

(一)和解申请

和解程序基于债务人向法院提出申请而开始,这是各国破产立法的一致做法。

1. 和解申请人。根据《破产法》第 95 条的规定,提出和解的申请人必须是已经具备破产原因的债务人。如果是债权人希望和解的,可以与债务人协商,由债务人提出和解申请。

2. 和解申请的分类。根据和解申请提出时,法院是否已经受理针对债务人的破产申请,可将和解申请分为初始和解申请和后续和解申请:

(1)初始和解申请,是指债务人在申请人民法院受理破产案件时提出和解申请。这类申请被审理的,破产案件在启动的同时进入和解程序。

(2)后续和解申请,是指债权人或者债务人提出的破产清算申请被人民法院受理后,人民法院宣告债务人破产前,债务人向人民法院提出的和解申请。这类申请经法院审查受理后,破产案件转入和解程序。

(二)法院对和解申请的审查

不论是破产宣告前的和解还是破产宣告后的和解,债务人提出和解申请后,和解程序并不当然开始,还必须经过法院对和解申请的审查并裁定,和解程序才得以开始。法院对和解申请的审查主要包括以下几个方面:

1. 提出和解申请的债务人是否具备和解能力。和解能力是民事主体依法申请破产和解的资格。一般来说,有破产能力的主体即具有和解能力,我国《破产法》规定只有企业法人才有和解能力。

2. 提出和解申请的债务人是否具备破产原因。在破产程序外的和解,只有当债务人已经具备破产原因时,债务人才可以申请和解。在破产程序中的和解,既然破产程序已经开始,债务人则必然已经具备破产原因。

3. 是否存在和解的障碍。和解的障碍主要包括：(1)重整申请或重整程序。由于重整程序的效力优于和解程序，因此，如果同时存在和解申请和重整申请时，法院应受理重整申请，而不得开始和解程序。如果重整程序已经开始，和解程序也不得开始。(2)债务人被认定不具有履行和解协议的诚意。如果存在债务人有欺诈破产行为，或债务人只是为了回避破产而提出和解申请等，可以认定债务人不具有履行和解协议的诚意。在此种情况下，法院应当驳回和解申请，不得开始和解程序。(3)债权人会议已经否决和解或法院已经作出和解撤销裁定时，债务人再次提出和解申请，法院应驳回其申请。

4. 和解协议草案的内容是否存在违反法律规定或债权人的一般利益，或者明显不可能履行的情形。

法院经过审查，如认为债务人提出的和解申请符合和解程序开始的条件，应当裁定许可进行和解，和解程序正式开始。

(三)和解协议的成立

和解协议的成立，是指债务人与全体债权人之间正式达成和解协议。法院裁定许可进行和解后，应将和解协议草案交由债权人会议讨论。根据我国《破产法》第 97 条的规定，债权人会议通过和解协议的决议，由出席会议的有表决权的债权人过半数同意，并且其所代表的债权额占无财产担保债权总额的 2/3 以上。同时根据《破产法》第 59 条第 3 款规定，对债务人的特定财产享有担保权的债权人，未放弃优先受偿权利的，对通过和解协议不享有表决权。如果和解协议草案经债权人会议表决没有通过，法院应当裁定宣告债务人破产。

(四)和解协议的生效

债权人会议通过和解协议草案，和解协议成立。已成立的和解协议，须经人民法院审查后裁定认可，方为生效。人民法院对债权人会议表决通过的和解协议审查包括内容和程序两个方面。在内容方面，主要看协议内容是否存在违法或者不正当地损害债权人、债务人或者第三人的合法权益的情形；在程序方面，主要看债权人会议的表决程序操作是否合法，计票是否正确。在个别债权人依据本法第 64 条第 2 款的规定请求人民法院裁定撤销决议的情况下，人民法院还应当对该请求进行专门审理。经审查，如果认定和解协议内容合法，程序正当，无当事人异议或者异议不成立的，人民法院应当裁定认可和解协议，同时终止和解程序，并予以公告。

七、和解协议的效力

和解协议一经法院裁定认可，即发生法律效力。和解协议的效力主要表现在：

1.终止和解程序的效力。和解协议经人民法院裁定认可生效后，债务人步出破产程序，转入对和解协议的执行，亦即合同的履行。但是，和解协议作为一种特殊的合同，其履行仍受到破产法的规制。

2.管理人的职务终止。当和解协议被债权人会议通过并获得人民法院的裁定认可后，由于破产程序终结的缘故，管理人应当结束其职务履行，向债务人移交财产和营业事务，并向人民法院提交执行职务的报告。

3.对全体和解债权人有约束力。和解协议生效后，其约束力及于全体和解债权人。这里的“全体和解债权人”，包括符合《破产法》第44条规定的所有债权人，无论其是否申报债权，也无论其是否参加和解程序以及是否在表决中表示同意。和解协议对和解债权人的约束力主要表现为：不得超出和解协议规定的数额、时间和方式对债务人进行追索；不得超出和解协议规定的范围向债务人获取有损其他债权人利益的额外清偿。

4.对债务人的效力。和解协议生效后，债务人必须严格履行和解协议的偿债条款，不得拒绝履行或迟延履行，不得实施任何有损债权人清偿利益的欺诈性财产处分行为，不得超出和解协议规定的范围对个别债权人实施有损其他债权人利益的额外清偿。和解协议生效使债务人依和解获得相对免责的效力。由于和解协议以债权人作出让步为成立之基础，协议一般均对债务人所负债务作出了延缓清偿期或部分免除之约定，因而债务人依和解协议，可以免除其即时清偿全部债务的责任，或者，只要和解或和解让步未被撤销，债务人对依和解协议免于清偿的部分债务不再负有清偿责任。

5.对保证人、连带债务人的效力。为保护债权人的利益，和解协议给予债务人的债务减免，并不影响其保证人和其他连带债务人的清偿责任；和解债权人仍享有请求他们全额清偿的权利。但是，和解债权人已经依照和解协议获得部分清偿的，仅可就尚未清偿的部分请求连带债务人偿还。

八、和解协议执行不能及其法律后果

（一）和解协议执行不能的情形

和解协议执行不能分为两种情形：

1.债务人不能执行和解协议。这属于客观的执行不能，指债务人因自身的经济状况，如营业额达不到预期目标，或者原材料涨价造成成本增加，或者因产品责任而承担巨额赔偿；或因为客观的障碍，如债务人因自然灾害或者政府管制而无法正常营业等，致使其缺乏执行和解协议的能力。

2.债务人不执行和解协议。这属于主观的执行不能，即债务人拒不执行或者拖延执行。

（二）和解协议执行不能的法律后果

1. 债务人被宣告破产。和解协议因债务人执行不能被裁定终止的，应同时宣告债务人破产。由此，债务人进入破产清算程序。

2. 和解债权人在和解协议中承诺的债权调整失去效力。债务人因违反和解协议而被宣告破产，债权人以拯救债务人为目的所做出的债权让步失去意义。

3. 因执行和解协议所受清偿的处理。和解协议的终止不影响和解协议的已履行部分的效力。债权人依据和解协议已经受领的清偿仍然有效，债权人有权保留其获得的清偿额，而和解债权未受清偿的部分，则作为破产债权参加破产清算程序。因此，债权人实际参加破产清算的债权额，应为已经申报并获得确认的债权额减去已受领清偿额以后的余额。

4. 对已受清偿的债权人继续接受分配的限制。获得部分清偿的债权人，其未受清偿部分作为破产债权参与破产分配，但是根据破产法的公平清偿原则，同一类别的债权应获得同等受偿。为避免各债权人实际受偿比例不相一致的情形，《破产法》第 104 条第 3 款规定，已受清偿的债权人，只有在其他债权人同自己所受的清偿达到同一比例时，才能继续接受分配。

5. 为和解协议执行提供的担保继续有效。为和解协议执行提供的担保，是指第三人对债务人履行和解协议提供的担保，包括抵押、质押和保证。根据《破产法》第 104 条第 4 款的规定，当债务人不执行或者不能执行和解协议而被法院裁定终止执行的，享有担保权的债权人有权请求担保人履行担保责任。

第八节　破产宣告和破产清算

一、破产宣告

（一）破产宣告的概念

破产宣告，是指受理破产案件的法院经依法审理、裁定、宣告债务人破产并予以公告的司法行为。

债权人或者债务人向人民法院提出破产申请，仅仅是其行使权利保护其债权的行为，并不必然引起破产宣告。而人民法院依法作出的破产宣告裁定，才是具有主导性作用的或者实质意义的。破产宣告是进入破产清算程序的前提。破产宣告作为一种司法行为，是破产案件不可逆转地进入破产清算程序，债务人不可挽回地陷入破产倒闭的标志。

（二）破产宣告的条件

债务人具备破产原因，是破产宣告的必要条件。没有破产原因的事实存在，则不得进行破产宣告。《破产法》第2条规定的"企业法人不能清偿到期债务，并且资产不足以清偿全部债务或者明显缺乏清偿能力"便是破产原因。但由于破产法实行再建主义和受理开始主义，破产程序的启动并不以破产宣告为必要。因此，破产原因只是宣告破产的必要条件，而不是充分条件。也就是说，具备破产原因的，不一定宣告破产；不具备破产原因的，不得宣告破产。

根据《破产法》的规定，在下列情况下，不得宣告债务人破产：

1. 第三人为债务人提供足额担保或者为债务人清偿全部到期债务的。

2. 债务人已清偿全部到期债务的。

3. 破产案件初始申请为重整或和解，人民法院裁定受理后，或者破产案件后续申请为重整或和解，人民法院裁定许可后，在程序进行期间，尚未出现《破产法》规定的裁定宣告破产的事由的。

二、破产宣告的裁定

破产宣告的裁定，是法院对债务人具备破产原因的事实作出认定的法定方式。根据《破产法》第107条第1款规定："人民法院依照本法规定宣告债务人破产的，应当自裁定作出之日起5日内送达债务人和管理人，自裁定作出之日10日内通知已知债权人，并予以公告。"宣告债务人破产的裁定，以民事裁定书的形式作出。

破产宣告后，债权人或者债务人对破产宣告有异议的，可以在人民法院宣告企业破产之日起10日内，向上一级人民法院申诉。上一级人民法院应当组成合议庭进行审理，并在30日内作出裁定。

三、破产宣告的效力

破产宣告的效力，是指人民法院作出的宣告债务人破产的法律文书生效之后，该裁定对破产人的人身、财产、行为以及对破产程序本身、债权人、其他利害关系人所产生的法律后果。我国《破产法》第107条第2款规定："债务人被宣告破产后，债务人称为破产人，债务人财产称为破产财产，人民法院受理破产申请时对债务人享有的债权称为破产债权。"

（一）对破产案件的效力

破产宣告对于破产案件的效力，就是破产案件不可逆转地进入清算程序。

（二）对债务人的效力

破产宣告对债务人产生身份上、财产上的一系列法律后果。具体有以下几项：

1. 债务人成为破产人。在我国，被申请破产的企业，在破产宣告前称为债务人,在破产宣告后称为破产人。所谓破产人,就是法律人格及民事权利受到破产程序拘束的人。这种拘束主要表现为:丧失信用;丧失对自己财产和事务的控制能力;丧失独立对外为民事行为和进行民事诉讼的能力。

2.债务人财产成为破产财产。破产宣告后,债务人的财产成为破产财产,即成为由管理人占有、处分并用于破产分配的财产。破产财产在归属、用途和处置方法上都服从于清算分配的目的。破产财产作为一个财产组合体,受到破产法有关规则的保护。

3.债务人丧失对财产和事务的管理权。破产宣告后,债务人的财产和事务必须全部置于管理人的控制之下。因此,由债务人自行管理的重整程序经破产宣告转为清算程序的,或者和解协议生效后经破产宣告转为破产清算的,债务人应当及时向管理人办理财产和事务的移交。破产宣告后,原则上应当停止破产人的业务活动。但是,继续经营有助于破产财产的保值增值,符合债权人利益的,人民法院可以许可,由管理人管理。

(三)对债权人的效力

对债权人来说,破产宣告使他们获得了行使权利的特别许可。在破产宣告前,所有的债权请求都处于冻结状态。破产宣告后,因破产宣告以前的原因而发生的请求权,可以依照破产程序的规定接受清偿。破产法对破产宣告后的债权行使作出了一些特别规定。

1.有财产担保的债权人,即别除权人可以由担保物获得清偿。根据本法第109条的规定,自破产宣告之日起,别除权人可以随时由担保物获得优先清偿。

2.无财产担保的债权人依破产分配方案获得清偿。无财产担保的债权人不享有由特定财产优先受偿的权利,而只能依照法律规定的清偿顺序,通过法定程序集体确定分配方案,由破产财产获得清偿。

(四)对第三人的效力

破产宣告对与破产人或者破产财产有利害关系的第三人也产生法律效力,主要包括以下两个方面:1.破产人的债务人和财产持有人只能向管理人清偿债务或者交付财产;2.第三人对破产财产的权利主张,只能向管理人提出。

四、破产清算

(一)破产债权

破产债权,是指破产程序开始前成立的,依法申报并获得确认的,债务人进入破产清算程序之后有权参与分配的债权。破产债权是破产程序中最普遍而且是最主要的债权,破产制度也主要是为满足破产债权人的公平分配而设。

根据我国《破产法》和司法解释的规定,破产债权的范围包括:

1. 无财产担保的债权、放弃优先权的有财产担保的债权以及债权数额超过担保标的物的价值而不能受清偿的那部分债权；

2. 附条件、附期限但破产程序开始时尚未到期的债权；

3. 被保证人破产时保证人享有的债权；

4. 保证人破产时债权人享有的债权；

5. 保证人与被保证人同时破产时债权人享有的债权；

6. 破产管理人解除未履行的双务合同以及收回投资给他人造成损害的，其损害赔偿额作为破产债权；

7. 因票据关系而产生的破产债权。

（二）破产财产的变价

1. 破产财产的变价的概念。破产财产变价，简称破产变价，是指管理人将非货币的破产财产，通过合法方式加以出让，使之转化为货币形态，以便于清算分配的过程。破产宣告后，管理人未接管破产财产的，应当立即接管并进行破产变价工作；已经接管的，则应迅速着手进行破产变价工作。

破产清算以货币分配为原则，实物分配为例外，是各国破产法的通常做法。我国破产法也贯彻这一原则。作为货币分配原则的例外，破产法允许采用实物分配，但由于实物的市场价值存在着一定的变动性，加上实物估价过程存在着一定的随意性，实物分配通常难以保持较高程度的公平。所以，破产清算应当尽可能地采用货币分配。《破产法》第 111 条规定，破产清算程序开始后，“管理人应当及时拟订破产财产变价方案，提交债权人会议讨论”。这一规定也要求破产管理人及时对破产财产进行应对价。

2. 破产财产变价方案的拟订。根据规定，管理人进行破产财产变价，应当拟订破产变价方案，提交债权人会议讨论和表决。破产财产变价方案的拟订，应当遵循及时原则。破产宣告以后，管理人及时拟定破产变价方案，有利于把握时机，实现破产财产价值的最大化，也有利于节省时间和减少费用，尽可能提高破产债权的清偿率，保护破产债权人的利益。

3. 破产财产变价方案的生效。破产财产变价方案经过管理人拟订之后要发生法律效力，有两种途径：(1)由债权人会议表决通过。破产财产变价方案拟订后，管理人应当根据本法第 62 条第 2 款的规定，及时向债权人会议主席提议召开债权人会议。未放弃优先受偿权的别除权人，对变价方案也享有表决权。经过债权人会议通过的变价方案，直接发生效力，无须经过人民法院的裁定批准。(2)由人民法院裁定通过。如果债权人会议一次表决没有通过，则由人民法院裁定。

4. 变价的方式。破产财产变价的方式以拍卖为原则。采取拍卖方式，可以通过竞买者之间的竞争，抬高拟出售财产的价格，提高变现率和变现值，有利于保护债权人的整体利益。因此，拍卖是破产财产处置的最主要方式。由于拍卖存在程序较复杂，操作成本较高等不足之处。所以，《破产法》第 112 条第 1 款规定，债权人会议可以做出不同的处理决定，采取非拍卖的其他变价形式，但也应当遵循公开变价的原则。实务中主要有以下形式：(1)招标出售。管理人可以发出标书，征求投标者出价购买破产财产。(2)标价出售。对于零散财产，可以直接提出价格，寻求买主。(3)协议出售。对于一些难于定价或难以出售的财产，可以采取非公开寻找买主，双方通过磋商来确定价格。但根据《破产法》第 112 条第 3 款的规定，国家规定不能拍卖或者限制转让的财产，应当按照国家规定的方式处理。

5.变价的方法。管理人处理破产财产时，在破产财产变现价值最大化的原则下，应当赋予其一定的灵活处置权。因此，在执行变价方案时，管理人可以采取整体变价、部分变价和单独变价等方法。(1)整体变价。根据《破产法》第 112 条第 2 款规定，整体变价包括不动产或成套设备的整体变价和企业的整体变价。(2)组合变价。管理人可以根据市场行情，或者某个购买者的特定需求，将破产财产的一部分进行资产组合，然后用于变价。(3)单独变价。根据需要，破产财产可以单独变价。即使是在整体变价或者组合变价的情况下，有些无形财产或者不动产、动产也可以脱离整体财产或组合财产单独变价，以获得更高的变价收入。

(三)破产财产的分配

1.破产财产分配的概念。破产财产的分配，又称破产分配。是指破产管理人将变价后的破产财产，根据符合法定顺序并经合法程序确定的分配方案，对全体破产债权人进行公平清偿的程序。破产分配标志着破产清算的完成，破产分配结束是破产程序终结的原因。

2.破产分配方案的制备。破产分配方案是载明破产财产如何用于破产分配和各破产债权人如何获得破产分配的书面文件。破产分配方案的制备由管理人负责进行。管理人在接管破产财产后，应当尽快完成破产财产的清理和估价，并于破产宣告后从速制备破产分配方案，以便债权人会议及时讨论通过和付诸执行。破产分配方案应当载明下列事项：(1)参加破产分配的债权人名称或者姓名、住所；(2)参加破产分配的债权额；(3)可供分配的破产财产数额；(4)破产分配的顺序、比例及数额；(5)实施破产分配的方法。

管理人拟订破产财产分配方案后应提交债权人会议讨论。债权人会议通过破产财产分配方案应由出席会议的有表决权的债权人过半数通过，并且其所代表的债权额占无财产担保债权总额的 1/2 以上。债权人会议第一次投票没有通过破产分配方案的，可以经过修改后再行表决一次，如果再次表决还未通过，则应当由人民法院裁定。债权人会议通过的破产分配方案，须经人民法院裁定认可方能生效。

法院裁定认可或者直接裁定后的破产财产分配方案，由管理人执行。

3.破产分配的基本规则。破产分配实行按顺序清偿的规则。即依据一定的法律政策确定不同类别的债权人的受偿顺序，使顺序在先的债权人能够优先于顺序在后的债权人获得清偿。按顺序清偿的规则主要表现在：(1)首先清偿在先顺序的债权。(2)在先顺序清偿完毕后，有剩余财产的，进行下一顺序的清偿。(3)对每一顺序的债权，破产财产足够清偿的，予以足额清偿；不足清偿的，按比例清偿。(4)按比例分配后，无论是否有未获分配的下一顺序债权，破产分配即告结束。

4.破产分配的法定顺序。根据《破产法》第113条的规定，我国破产法上的破产分配顺序为：破产财产在优先清偿破产费用和共益债务后，依照下列顺序清偿：

第一顺序：职工债权。职工对债务人企业享有的债权在所有破产债权中处于第一清偿顺位。具体包括破产人所欠职工的工资和医疗、伤残补助、抚恤费用，所欠的应当划入职工个人账户的基本养老保险、基本医疗保险费用，以及法律、行政法规规定应当支付给职工的补偿金。

第二顺序：其他社会保险费用和税款。包括未列入第一顺序的其他社会保险费用，如失业保险费用、工伤保险费用和生育保险费用等，以及欠交的税款。

第三顺序：普通破产债权。即除上述各项以外的其他所有破产债权。在破产实践中，破产财产一般都不足以清偿这一顺序的债权。因此，这一顺序的债权通常是按照比例分配原则清偿的。

(四)破产企业对高级管理层所欠工资的分配限制

根据《破产法》第113条第3款规定，破产企业的董事、监事和高级管理人员的工资按照该企业职工的平均工资计算。这一规定的目的在于加强债务人的董事、监事和高级管理人员的责任意识，促使他们切实履行对企业的忠实义务和勤勉义务，防止他们在企业、出资人或广大职工蒙受损失的情况下只顾保全个人利益。

五、破产程序的终结

(一)破产程序的终结概述

破产程序的终结，是指破产程序不可逆转地归于结束。破产程序的终结，可能意味着破产程序预期目标已经实现，也可能意味着预期目标未实现。

根据《破产法》规定，破产程序的终结事由有：(1)重整计划执行完毕；(2)人民法院裁定认可和解协议；(3)债务人有不予宣告破产的法定事由；(4)债务人财产不足以清偿破产费用；(5)破产人无财产可供分配；(6)破产财产分配完毕。

破产程序终结按债务人的法律人格是否消灭分为两类：维持债务人法律人格的程序终结和消灭债务人法律人格的程序终结。

(二)破产程序终结的法律效力

破产程序终结会产生以下法律效力：

1.债务人的有关人员在破产程序中承担的各种义务终止。

2.诉讼或仲裁未决债权之提存分配额的存续期间开始起算。根据《破产法》第119条的规定，破产财产分配时，对于诉讼或者仲裁未决的债权，管理人应当将其分配额提存。自破产程序终结之日起满2年仍不能受领分配的，人民法院应当将提存的分配额分配给其他债权人。

3.管理人办理注销登记的期间开始起算。《破产法》第121条规定，管理人应当自破产程序终结之日起10日内，向破产人的原登记机关办理注销登记。

4.法院追加分配财产的期间开始起算。根据《破产法》第123条规定，自破产程序依照《破产法》第43条第4款或者第120条的规定终结之日起2年内，债权人可以请求人民法院按照破产财产分配方案进行追加分配。

5.破产人董事、监事和高级管理人员资格限制期间开始起算。根据《破产法》第125条规定，企业董事、监事或者高级管理人员违反忠实义务、勤勉义务，致使所在企业破产的，自破产程序终结之日起3年内不得担任任何企业的董事、监事、高级管理人员。

第九节　破产法律责任

破产责任制度是维护破产程序正常运行的重要保障。《破产法》第十一章在破产法律责任的责任主体、适用范围、责任形式等方面作了较全面的规定。

一、破产债务人及其有关人员的法律责任

1.导致企业破产的法律责任。导致债务人企业破产的原因可能多种多样，但经营者的经营技能、管理能力、具体决策在其中往往扮演重要角色。债务人有关人员如对破产存在过失，依法当然应承担相应的责任。《破产法》第125条规定，企业董事、监事或者高级管理人员违反忠实义务、勤勉义务，致使所在企业破产的，依法承担民事责任。有前款规定情形的人员，自破产程序终结之日起3年内不得担任任何企业的董事、监事、高级管理人员。

2.侵害破产财产的法律责任。债务人及其有关人员在发生破产原因或有发生破产原因之危险时,极易从事转移、隐匿财产等行为,对此必须设置责任制度以防止此类行为的发生。《破产法》将债务人及其有关人员侵害破产财产的行为区分为可撤销行为与无效行为,并对其法律责任予以进一步明确。债务人有《破产法》第31条、第32条、第33条规定的行为,损害债权人利益的,债务人的法定代表人和其他直接责任人员依法承担赔偿责任。另外,2006年6月29日我国《刑法修正案》增加第162条之二规定:"公司、企业通过隐匿财产、承担虚构的债务或者以其他方法转移、处分财产,实施虚假破产,严重损害债权人或者其他人利益的,对其直接负责的主管人员和其他直接责任人员,处5年以下有期徒刑或者拘役,并处或者单处2万元以上20万元以下罚金。"

3.妨害破产程序的法律责任。破产程序的顺利进行,离不开债务人及其有关人员的配合,因此,破产立法规定债务人及其有关人员负有财产及资料的移交、财务状况的说明等义务。债务人及有关人员违反义务,应当承担相应的法律责任。《破产法》第126条规定:"有义务列席债权人会议的债务人的有关人员,经人民法院传唤,无正当理由拒不列席债权人会议的,人民法院可以拘传,并依法处以罚款。债务人的有关人员违反本法规定,拒不陈述、回答,或者作虚假陈述、回答的,人民法院可以依法处以罚款。"第127条规定:"债务人违反本法规定,拒不向人民法院提交或者提交不真实的财产状况说明、债务清册、债权清册、有关财务会计报告以及职工工资的支付情况和社会保险费用的缴纳情况的,人民法院可以对直接责任人员依法处以罚款。债务人违反本法规定,拒不向管理人移交财产、印章和账簿、文书等资料的,或者伪造、销毁有关财产证据材料而使财产状况不明的,人民法院可以对直接责任人员依法处以罚款。"第129条规定:"债务人的有关人员违反本法规定,擅自离开住所地的,人民法院可以予以训诫、拘留,可以依法并处罚款。"

二、破产管理人及债权人委员会成员的法律责任

破产管理人在破产程序中扮演重要角色,其行为对债权人、债务人及第三人利益有重大影响,因此,破产管理人在执行职权时应履行相应的义务,并在违犯义务时应承担相应的法律责任。根据我国《破产法》的有关规定,管理人未依照本法规定勤勉尽责,忠实执行职务的,人民法院可以依法处以罚款;给债权人、债务人或者第三人造成损失的,依法承担赔偿责任;构成犯罪的,依法追究刑事责任。《破产法》虽然对债权人委员会成员的义务与责任未作明确规定,但债权人委员会属于破产程序中受选任而成立的行使独立监督职权的机构,其成员的义务与责任应与破产管理人相同。

三、破产债权人及第三人的法律责任

在破产程序中，债权人和第三人为了自身利益，一方面可能与人及其相关人员、破产管理人或债权人委员会成员勾结共同从事违法行为；另一方面也可能独立从事违法行为，如为获得非法利益假冒破产债权人行使虚假权利，在破产程序中向破产管理人、债权人委员会成员进行贿赂等。债权人及第三人如果实施了此类违法行为，应依法承担法律责任。

第三编　市场管理法律制度

第八章 竞 争 法

第一节 竞争法概述

一、竞争的概念和作用

(一)竞争的概念

竞争是不同的经营者之间进行的一种较量。众多经营者的存在以及经营者之间的相互独立和各自不同的经济利益,是竞争赖以存在的客观基础。因此,从主体上看,竞争必须是也只能是独立的商品生产经营者之间进行的竞争,竞争主体一般并不代表基于某种共同利益而联合起来的社会力量,而是代表一种各有不同利益的、相当分散的社会力量,具有个体性、分散性的特点。

竞争是经营者所进行的有意识、有目的的行为。竞争目的就是取得有利的产销条件,获取最大的经济利益。有利的产销条件主要包括两方面的内容,即有利的市场地位和众多的消费者(顾客)。市场地位是指经营者的市场控制能力,它反映并决定着生产经营者对市场的影响程度,也决定着市场的导向;而消费者是经营者所提供的商品或服务的购买、使用或接受者,决定着市场购买力,消费者的多寡,直接影响到生产经营者的产品销售数量和实现利润的多少。在竞争中,生产经营者势必通过各种手段,尽其所能,来摆脱自己在市场中所处的不利地位和遇到的各种不利因素,以增加自身及其商品的知名度,吸引消费者,提高商品的市场占有份额,扩大产品销路,最终实现最大的经济利益。

竞争是既互相对立又互相促进的一种关系。市场竞争具有强烈的排他性。竞争的排他性从其根本上看,源于社会资源的有限性和需求的无限性。按照经济学的观点,凡是价格大于零的资源都是稀缺的,也是有限的。任何竞争主体总是在有限资源的约束下进行生产经营,尽可能多地获取生产经营所必需的资源,以满足自己无限的需求。由于竞争的主体是有着自己独立经济利益的单个经济实体,因此,在生产经营活动中,竞争者总是从自己的经济利益出发从事各项活动,这样,不可避免地将导致竞争者之间的利益冲突。为了自身的生存发展利益,不同的竞争主体总是要在各个方面进行较量和抗衡,以期取得压倒其他竞争对手的市场优势,从这个意义上说,竞争关系是一种相互对立的关系。但同时,竞争也是一种相互促进的关系,因为对经营者来说,一切墨守成规、停滞不前,都将导致失败。为了能在市场中站稳脚跟并取得优势,竞争者就会在完善内部的经营管理制度、改进生产技术、提高产品质量和加速产品的更新换代等方面狠下工夫,其结果就使竞争成为经营者之间相互促进的重要手段。

(二)竞争的作用

竞争在市场经济中的积极作用主要体现在以下几个方面:

一是竞争有助于价值规律的实现。价值规律告诉我们,商品的价值是由社会必要劳动时间决定的。商品的价格取决于商品的价值并受市场上商品供求关系变化的影响。商品生产者为了使自己在生产和销售中处于有利的地位,取得最大的经济利益,总会想尽一切办法使凝聚在自己商品上的个别劳动时间低于生产同类商品的其他企业所耗费的劳动时间,这必然会引起各个商品生产者之间的激烈竞争,竞争的结果,就自然地形成了某一商品的社会必要劳动时间,可见,商品的价值是通过竞争决定的,价值规律的作用正是通过竞争并最终通过商品价格的波动来实现的。

二是竞争有助于社会资源的合理配置。对经营者来说,竞争只不过是一种取得经济利益的手段,要想在市场中占据优势,获取最大的经济利益,经营者总是愿意将资源配置到效益最好的环节中去,有目的地开展竞争活动。盲目的竞争非但不能达到经营者预期的效果,相反极有可能使经营者陷于困境,甚至最终被淘汰。竞争必须与价值规律和供求规律相联系,必须遵守价值规律,适应供求关系的要求。因此,通过竞争,可以有效地、合理地配置社会资源,使整个社会的产业结构、产品结构、地区结构等更加合理。

三是竞争有助于经营者改善经营管理,提高劳动生产率,提高产品和服务质量。优胜劣汰是竞争的必然结果,竞争给经营者带来的既是动力,也是压力。经营者要在市场上求得生存和发展,就不能墨守成规、举步不前,而必须不断地开拓创新,不断地改善经营管理,提高劳动生产率,以产品和服务的质量来占领市场,争得消费者,适应市场的变化。

从性质上来看,竞争是市场主体的独立行为,属于竞争者的一种自我调节,因此带有一定的盲目性、事后性和短期性,在没有外在力量控制和外来压力的情况下,由于最大利益的驱动,竞争的消极作用也会暴露无遗:一是竞争的同时可能造成垄断。竞争的结果是优胜劣汰,一些经营管理不善,缺乏竞争能力的经营者往往会在竞争中被淘汰,而另一些经营者通过竞争,效益会越来越好,经济实力越来越强,企业规模也越来越大,从而使生产和资本趋于集中,这种集中在带来规模经济效益的同时，在很大程度上也会造成垄断。而垄断的最大特点就是排除竞争，使竞争机制的作用难以得到发挥，从而使经济缺乏活力。二是竞争会导致不正当竞争行为的出现。市场经济的发展使得利益主体多元化，多元的市场主体有不同的利益导向目标，在追求利益最大化的过程中，存在着个人利益、企业利益和社会利益的矛盾。在激烈的市场竞争中，由于受利益最大化动机的驱动，有的经营者不可避免地会通过与商业道德相悖的手段，为自己争取竞争优势，损害国家和竞争对手的利益，侵害消费者的利益。三是有可能导致竞争过度。竞争要发挥其积极的作用，必须有科学的竞争机制和健全的法律制度加以保障。无限制的自由竞争必将造成竞争过度，浪费有限的社会资源。我国长期以来存在的重复生产、重复建设的局面，在很大程度上，就是由于竞争的无序和过度造成的。竞争中出现的这些消极因素，需要我们通过法律的手段来加以克服。

二、竞争法的概念和特点

竞争法是指为维护正常的竞争秩序而对市场主体的竞争行为进行规制的法律规范的总称。或者按照传统的以调整对象作为法律部门划分标准的方式来定义：竞争法是调整市场活动中经营者之间的竞争关系以及管理者与经营者之间的竞争管理关系的法律规范的总称。

与其他法律相比较，竞争法具有以下特点：

1.政府的干预性。有市场就有竞争，有竞争就会有竞争的“副产品”。竞争的“副产品”所导致的对市场秩序的破坏作用，不可能由市场本身自动加以消除，它需要有市场以外的国家（政府）的力量进行干预，并通过这种干预为竞争者创造一个公平竞争的环境。从竞争法的历史发展情况看，反不正当竞争法正是从社会利益本位出发而产生和发展起来的，是国家（政府）为维护社会竞争秩序而干预竞争过程的体现。竞争法的政府干预性在各国的立法中都规定得相当明确。如美国的联邦贸易委员会，日本的公正交易委员会，根据法律，都有权对该国的不正当竞争行为进行查处；即便是 TRIPS 这样的国际公约，也规定了反不正当竞争中有关行政保护的内容。我国《反不正当竞争法》的规定则更加具体，不仅明确规定“各级人民政府应当采取措施，制止不正当竞争行为，为公平竞争创造良好的环境和条件”，而且还具体规定了行政机关对不正当竞争行为的监督检查制度和处罚措施。

2.适用对象的多样性。竞争法的适用对象，主要是经营者。但同时，竞争法也适用于竞争管理机关，因为，经营者之间的竞争行为，是一种自发的行为，需要通过“有形的手”来加以制约，以避免无序的竞争所带来的社会资源的浪费。规定竞争管理机关的权利义务,是竞争法的一项重要内容。

3.调整方法的复杂性。调整方法是特殊法律部门特殊原则的集中体现。民事法律关系中,民事主体的法律地位是平等的,不允许任何一方享有凌驾于他方之上的特权,因此,民法的调整方法只能是自愿和平等;行政法是规制行政管理活动的法律规范,其调整方法是当事人的命令与服从。竞争法调整的对象包括了竞争关系和竞争管理关系两个方面,而这两种关系中,前者属于平等主体之间的关系,后者属于不平等主体之间的关系,如果用简单的一种方法来调整这两种完全不同的关系,显然是不可能的。竞争法既用自愿平等的方法调整着横向的竞争关系,又用命令和服从的方法调整着纵向的竞争管理关系。

4.法律内容的交叉性。竞争法有其特定的调整对象,它决定了竞争法的内容有它自身的特点和相对的独立性。然而,竞争关系作为一种经济关系,其涉及面相当广泛,与其他经济关系有着十分密切的联系,这就导致了竞争法在内容上相对独立的同时,又形成了与其他法律的相互交叉与相互渗透。例如,不正当竞争行为典型表现形式之一的假冒他人注册商标行为,既为竞争法所禁止,也为商标法所禁止。又如,竞争法所禁止的虚假广告宣传,它同时也是广告法的重要内容。从世界各国的竞争立法的内容上看,一般都会出现与民法、商标法、专利法、广告法、价格法、产品质量法、公司法等相关法律的交叉性。

5.法律责任的综合性。违反竞争法应承担的法律责任是一种综合性的责任,包括民事责任、行政责任和刑事责任。民事责任是行为人对因其违法竞争行为造成特定的竞争对手损失时,对特定竞争对手所承担的责任。由于责任双方当事人的法律地位平等,这种责任所体现的主要是补偿性。行政责任是国家竞争管理机关对违反竞争法的行为人依法采取的制裁措施,是行为人对国家所承担的责任,责任的特点主要表现为惩罚性。刑事责任是国家审判机关对于严重违反竞争法律制度构成犯罪的行为人给予的刑事制裁措施,是行为人所应承担的一种最为严厉的法律责任。

三、竞争法的调整对象

法律是社会关系的调节器,任何法律都调整着一定的社会关系。竞争法的调整对象就是竞争关系和竞争管理关系。

竞争关系是平等的竞争主体之间形成的一种社会关系,它是竞争法所调整的基础性的社会关系,不仅具有广泛性,而且也是竞争管理关系发生的前提和基础,没有竞争关系,就不可能有竞争管理关系。竞争关系包括合法的竞争关系和违法的竞争关系,两者都是竞争法的调整内容。

竞争管理关系是国家竞争管理机关在依照职权监督、管理市场竞争的过程中所形成的社会关系，也即国家竞争管理机关与市场竞争主体之间形成的一种管理与被管理的关系。与竞争关系不同，竞争管理关系在本质上属于国家行政管理的范畴，其特点是：1.竞争管理关系必须以具有管理职权的竞争管理机关作为一方当事人，即管理者必须是具有管理职权的管理机关，被管理者只能是市场竞争主体；2.管理关系中双方当事人的地位不平等，一方依法享有管理权，另一方则依法承担接受管理的义务，被管理者必须服从于管理者的权威；3.管理的目的不是为了直接参与竞争，而是为了保护公平竞争以及限制或制裁已经发生的不正当竞争行为，为公平竞争创造良好的外部条件；4.竞争管理关系的发生既不依市场主体的意志为转移，也不依管理机关的意志为转移。管理机关不履行管理义务，被管理者不依法接受管理，都要承担相应的法律责任。

四、竞争法的地位和作用

竞争法是伴随着国家对市场主体的竞争行为的干预而形成的法律学科。从法律部门的划分标准看，竞争法是现代经济法的重要组成部分，属于经济法范畴。

作为调整竞争关系的基本法律规范，竞争法的内容几乎涉及所有的经济领域和经济活动，它从根本上维护了整个国家的市场结构和市场秩序，使竞争机制的作用能得以正常的发挥，并由此带来国家经济的繁荣和发展。正是如此，现代竞争法被一些国家的法学家们称作国家的“经济宪法”或国家经济的“基石”。

竞争法在市场经济中所发挥的作用是多方面的，主要可以归纳为以下几点：

第一，维持合理的市场结构，创造公平合理的竞争环境。

第二，保护和鼓励正当竞争。竞争法通过规定市场主体在市场竞争中应当遵守的基本原则，为市场主体提供对自己行为性质的价值判断，并为其有效竞争指明方向；通过对不正当竞争行为的禁止性规定，约束市场主体的竞争行为，避免市场竞争中可能出现的无序和混乱；通过对垄断行为的禁止性规定，防止消除不正当竞争现象的出现，保持经济结构的均衡和市场竞争的活力；通过追究垄断和不正当竞争的法律责任，制裁违法行为人，保护其他经营者的合法利益和正当竞争，维护社会正常的竞争秩序和经济秩序。

第三，规范政府行为，为政府对市场竞争管理提供依据。在计划经济条件下，国家集行政权力和国有财产所有权于一身，政府既以公权者的身份来管理经济活动，又以国有财产所有者的身份参与经济活动，造成政企不分。而在市场经济条件下，政府只能是公权力的代表，行使行政管理的权力，而不能以市场主体的身份直接参与竞争。政府对市场竞争的管理，必须以不妨碍市场竞争机制的正常发挥为前提，以弥补市场竞争的失败为目的。因此，政府在对市场竞争行使管理职能的时候，只能由竞争法规定的职能机构按照职权和程序来进行，注意在弥补“市场失败”的同时，避免管理行为的主观性和随意性，防止因过度干预而酿成“政府失败”。

第四，维护消费者的合法权益。竞争从一定意义上来说是经营者在一定范围内为争夺更多的消费者而进行的较量。因此，市场竞争与消费者的利益密切相关。市场竞争者的行为，无论是不正当竞争还是垄断，都会直接或间接地损害到消费者的合法权益，而这些行为正是竞争法所禁止的行为。因此，竞争法在协调经营者与消费者之间的相互关系，维护消费者合法权益方面，同样发挥着重要的作用。

五、竞争法的立法模式

不正当竞争行为和垄断行为是各国竞争法规制的主要内容，然而，这两种行为在性质上并不完全相同，法律对其加以规制所要达到的目的也存在着较大的差异，加上各国社会经济的发展状况和法律传统的不同，因此，各国在竞争立法模式的选择上也存在着较大的区别，既有分立式立法，也有统一式立法和交叉式立法。

分立式立法是指将反不正当竞争法和反垄断法分别立法。德国、日本、韩国等国家采用这种立法模式。德国于 1896 年制定《反不正当竞争法》，1957 年制定《反限制竞争法》。日本于 1934 年制定《不正当竞争防止法》，1947 年制定《关于禁止私人垄断和确保公正交易法》。韩国则在 1980 年和 1986 年分别制定了《限制垄断及公平交易法》和《不正当竞争防止法》。分立式立法的最大优点在于立法内容界限清楚。反垄断法旨在防止市场形成垄断结构和出现垄断行为，避免市场竞争力的过度集中，其适用的对象主要是一些具有较强经济实力和竞争优势的大企业。反不正当竞争法的目的在于防止企业采取不正当手段从事竞争，维护市场正常的竞争秩序，其适用对象以中小企业为主。

统一式立法就是将反不正当竞争和反垄断的内容合并立法。匈牙利 1990 年的《禁止不正当竞争法》、保加利亚 1991 年的《保护竞争法》、俄罗斯 1992 年的《竞争与限制商品市场垄断行为法》以及我国台湾 1991 年的《公平交易法》，都属于统一式立法。统一式立法的特点在于充分考虑到了不正当竞争行为与垄断行为的内在联系，照顾到了反不正当竞争法和反垄断法在内容上的衔接，更有助于人们对竞争法和竞争行为的理解和掌握。

交叉式立法，或称为混合式立法，是指既没有专门的反不正当竞争法，也不制定统一的反垄断法，而是通过制定若干个法律规范，来调整各种具体的违反竞争规则的行为。美国是最典型的采取交叉式立法的国家。美国的竞争法以反托拉斯法为主要内容，整个竞争法体系大体上可以分为三个部分：一是三个最基本的法律，即《谢尔曼法》、《克莱顿法》和《联邦贸易委员会法》；二是在上述法律基础上制定的具体法，如《罗宾逊—帕特曼反价格歧视法》、《塞勒—凯弗尔反合并法》、《惠勒—李法》、《威尔逊关税法》、《联邦贸易委员会改进法》等；三是法院在审理有关竞争案件中形成的大量判例。

竞争法立法模式的确定，并不是立法者的主观臆想，而是取决于一个国家特定的历史条件及不同的社会、文化背景。不同立法模式孰优孰劣，并没有一个绝对的界限和标准。衡量一个国家竞争法的完备与否和作用的大小，关键是要看它对违反市场竞争规则行为的规制是否缜密，是否最大限度地维护了市场的公平和效率，而不是看它采取了何种立法模式。

六、竞争法的基本原则

（一）自由竞争原则

自由竞争原则就是竞争者在法律规定的范围内，有权根据自己的意愿，独立自主地开展竞争活动，排除他人的干涉。它包含两层意思：一是竞争取决于竞争者独立的意思表示；二是竞争必须在法律规定的范围内进行。

竞争自由的核心就是竞争者意思的自由，自由竞争首先必须承认参与竞争的市场主体意志的独立、自由和行为的自主。市场主体有权依法决定是否参与竞争，可以根据自己的意志和利益安排和实施具体的竞争行为。任何单位和个人都不得对他人享有的竞争权利进行非法的干涉，政府也不得采用强制手段，不当地限制和干预竞争主体的意志自由。对于干涉自己竞争自由的行为，竞争者有权依法排除。

自由竞争决不意味着自由放任。对任何主体而言，自由的享有和实施总是要受到群体或社会道德、法律等规范不同程度的限制。法律上的自由与权利和义务联系在一起，当法律承认某人行为合理性时，也就规定了其他人有不去干涉他行为的义务，因此，法律上的自由实际上是多种权利义务的复杂集合，它反映的是国家对个体和群体行为的宽容所能达到的限度。在市场竞争中，竞争者追求利益最大化的动机难免地会使其采取的竞争手段与社会的评价相违背，竞争者的个体利益与社会利益不和谐甚至相互冲突的现象不可避免，放任自由的后果只能是整个社会竞争秩序的混乱。因此通过法律来限制竞争者那些可能或者已经危及整个社会的"自由"，规范竞争者的竞争行为，是完全必要的。竞争的自由只能是在法律范围内的自由。

确保市场有序运行，保障市场主体间自由、充分地开展竞争，是竞争法的一项根本任务。竞争法一方面应当鼓励市场主体的竞争行为，并为其竞争提供宽松的条件和制度的保障，排除对市场主体正常竞争行为的干扰，尤其要减少政府干预的机会，缩小政府干预的范围。另一方面，对于破坏市场竞争秩序，危害经济发展的滥用竞争自由的行为，要予以坚决打击。只有这样，才能真正实现竞争自由。

（二）公平竞争原则

公平的基本语义是公正、正义。

公平竞争最基本的要求就是对市场竞争主体的竞争行为所适用的规则的一致性。竞争规则是竞争法和其他相关法律确立的适用于所有竞争主体的行为规范和行为准则，它体现了一定历史条件下，国家的竞争政策和国家对市场主体竞争行为的认同程度，是国家意志在竞争法中的具体反映。竞争行为不能违背竞争规则，竞争只能是一定规则下的竞争，公平也只能是一定规则下的公平。竞争的公平首先取决于规则的公平，没有公平的规则，就不可能有公平的竞争，因此确立公平的竞争规则，是确保公平竞争的首要条件，也是竞争立法的一项重要内容。

规则公平要求竞争规则的确立能从社会经济发展的大局出发，充分考虑多数竞争者的利益，最大限度地调动市场主体的主动性、积极性和创造性。一个规则只有在得到大多数人的认同，并且能够维护大多数人的利益的时候，才能认为是公平的，才能成为人们自觉遵守的行为准则。

规则的公平应当是形式公平和实质公平的有机结合。为了维护竞争机制，竞争法应当规定形式意义上的公平，即赋予每个主体平等的法律地位，使他们能够享有相同的权利，承担相同的义务，能够在平等的基础上自由地开展竞争。但是，这种形式意义上的公平有时会造成实质意义上的不公平。因此，竞争法不能只提供一个形式平等的框架，而是必须同时从实质上对公平问题作出规定，比如对某些特殊主体的行为进行必要的限制，对遭受实质上的经济特权侵害的主体给予特别的保护等。

规则公平是公平竞争的最重要、最基本的内容。此外，竞争的公平还应当包括机会公平、程序公平和结果公平。

机会公平或者叫做机会均等，是指市场主体在社会资源拥有机会上的平等。包括机会起点的公平和机会实现过程的公平。程序公平是机会实现公平的具体内容和特殊表现形式。公平的规则并不会当然地产生公平的结果，它需要有公平（公正）的程序作为保证。再公平的规则，一旦被操作者曲解、舍弃，就根本发挥不了其应有的作用，公平的规则得不到公平的贯彻，就会导致结果的不公平。结果公平是在一定规则下出现某种结果的必然性。结果公平不同于结果一样。“结果一样”只能说明结果之间不存在差异，根本不能反映形成这种结果的规则是否同一，是否具有可比性。

（三）诚实信用原则

诚实信用原则是指民事主体在民事活动中，应当心存善意、诚实守信，无论是享受权利还是承担义务，都应当自觉地平衡与他人和社会的利益关系。

诚实信用不仅是对竞争者竞争行为的基本要求，而且也是认定竞争行为合法性的基本根据。竞争法中列举的各种不正当竞争行为和垄断行为，毫无例外都是违反诚信原则的行为，而竞争法中没有具体列举，但实质上违反诚实信用原则的行为，仍然可以确定其为违反竞争法的行为。市场主体的竞争行为只有符合诚实信用的要求，才能受到竞争法的保护；任何违反诚实信用原则的竞争行为，都是竞争法规制的对象，都将受到法律的制裁。

（四）适度干预原则

市场机制的特点就是通过主体之间的自由竞争来实现社会资源的配置。这种机制能够以最快的速度、最低的费用、最简单的形式把资源配置的信息传递给相关的决策者，是迄今为止人类所拥有的最有效的资源配置手段。我们之所以抛弃计划体制，而选择市场体制，就在于后者比前者更有效率，更加经济。但是，市场本身也不是万能的，在解决一些经济问题上，市场并不尽如人意，必须通过政府采取一定的措施来纠正市场的缺陷。

作为资源配置的两种替代方式，市场和政府各有利弊。由于政府对市场竞争的干预是通过其行政权力来实现的，市场经济中许多自身无法克服的缺陷，需要政府这种超经济的力量来帮助克服。然而，政府的行政权力又极易膨胀和扩张，一不留神，就会滑过界限侵蚀市场，违反客观经济规律，侵害市场主体的经济权利，产生“政府失灵”现象。政府在维护市场竞争秩序的同时，容易破坏市场效率，因此，政府对市场竞争的干预，关键是要把握好“度”，即在自由竞争和政府干预中找到一个最佳的结合点，既要赋予政府一定的丁预市场的权力，避免市场失灵，又要防止政府越界，政府干预失灵。

第二节　反不正当竞争法

一、不正当竞争行为的概念和特征

不正当竞争行为是指经营者采取违反公平、诚实信用等公认的商业道德的手段，损害其他经营者的合法权益，扰乱社会经济秩序的行为。

不正当竞争行为具有以下基本特征：

(一)不正当竞争行为的主体是经营者

经营者是指从事商品经营或者营利性服务的法人、其他经济组织和个人。市场竞争是市场主体之间,也就是经营者与经营者之间的竞争。因此,不正当竞争行为的主体也只能是参与市场竞争的经营者。非经营者不能成为不正当竞争行为的主体。政府及其所属部门妨碍经营者正当竞争的行为,是一种限制竞争的行为,从严格意义上属于反垄断法或限制竞争法调整的内容。我国将此类行为放在反不正当竞争法中加以规定,可以说是由于此类行为在我国普遍存在,急需法律加以调整,而反垄断法又未能颁布的情况下所作的一种权宜之举。

(二)不正当竞争行为是滥用竞争权的行为,具有违法性

不正当竞争行为不论通过何种形式表现出来,从实质上看,都是属于滥用竞争权的行为。它超越了竞争权的界限、损害他人利益和社会公共利益,具有明显的违法性。在我国,不正当竞争行为的违法性主要表现在两个方面:一是违反了《反不正当竞争法》中关于禁止不正当竞争行为的具体规定,实施了该法第二章中所列举的不正当竞争行为。二是违反了《反不正当竞争法》第二条规定的基本原则。只要经营者的竞争行为违背了自愿、平等、公平、诚实信用的原则,违背了公认的商业道德,那么,同样可以认定为不正当竞争行为。

(三)不正当竞争行为的行为人主观上通常出于故意

只有当行为人明知自己的行为违反了法律和商业道德,将造成竞争对手利益和社会竞争秩序损害,而仍然实施这种行为时,才构成不正当竞争。行为人因过失造成他人利益损失的,一般不构成不正当竞争,可按一般侵权行为追究其民事责任。

(四)不正当竞争行为侵害的客体是其他经营者的合法权益和正常的市场秩序

如果行为人的行为没有侵害其他经营者的合法权益,也没有扰乱市场秩序,该行为就不能被认定为不正当竞争行为。

二、不正当竞争行为的主要表现形式

(一)假冒仿冒行为

假冒仿冒行为亦称市场混淆行为,是指经营者为了取得竞争优势,故意将自己的商品或服务与他人的商品或服务相混淆,以欺骗和误导购买者的行为。

假冒仿冒行为的表现形式是多种多样的,从我国《反不正当竞争法》的规定和国外立法情况看,主要有以下几种表现形式:

1.假冒他人注册商标的行为

注册商标是指商标使用人依照法定条件和程序,向国家商标注册主管机关

提出申请，经审查核准后予以登记注册的商标，包括商品商标、服务商标和集体商标、证明商标。商标注册人对注册商标享有专用权，非注册商标不享有商标专用权。

假冒他人注册商标的行为是一种常见的不正当竞争行为。但是，对哪些行为属于假冒注册商标的行为，我国《反不正当竞争法》未作进一步的界定。因此，对该行为的认定应以《商标法》的相关规定为依据。根据《商标法》第52条的规定，假冒他人注册商标的行为属于侵犯注册商标专用权的行为，包括：(1)未经商标注册人的许可，在同一种商品或者类似商品上使用与其注册商标相同或者近似的商标的行为。(2)销售侵犯注册商标专用权的商品的行为。(3)伪造、擅自制造他人注册商标标识或者销售伪造、擅自制造的注册商标标识的行为。(4)未经商标注册人的同意，更换其注册商标并将该更换商标的商品又投入市场的行为。(5)给他人的注册商标专用权造成其他损害的行为。根据《商标法实施细则》的规定，除上述三种情况以外的其他侵犯商标权的行为包括经销明知或者应知是侵犯他人注册商标专用权商品的行为；在同一种或者类似商品上，将与他人注册商标相同或者近似的文字、图形作为商品名称或者商品装潢使用，并足以造成误认的行为；以及故意为侵犯他人注册商标专用权行为提供仓储、运输、邮寄、隐匿等便利条件的行为。

2.仿冒知名商品特有的名称、包装、装潢的行为

商品的名称、包装、装潢是商品的外表特征，这种特征不仅体现了凝聚在名称、包装、装潢上的经营者的智力性创造成果，同时，还在一定程度上反映着经营者的商业信誉和商品声誉。仿冒知名商品特有名称、包装、装潢的行为是一种典型的不正当竞争行为。

仿冒知名商品特有名称、包装、装潢行为的构成必须具备以下条件：

(1)被仿冒的商品必须是"知名商品"。所谓知名商品，是指在市场上具有一定的知名度，为相关公众知悉的商品。如果商品的名称、包装、装潢被他人擅自作相同或近似使用，足以造成购买者误认的，该商品也可以认定为知名商品。

(2)被仿冒的商品名称、包装、装潢必须为知名商品所特有。这里的"特有"，指的就是商品的名称、包装、装潢非为相关商品所通用，并具有显著的区别性特征。

(3)经营者对他人知名商品特有的名称、包装、装潢擅自进行相同或近似使用。所谓擅自使用，是指经营者未经他人同意而使用其知名商品特有的名称、包装、装潢。经营者的擅自使用行为主要表现为两种形式：一是相同使用，即在自己的商品上，使用与他人知名商品特有的名称、包装、装潢完全相同的名称、包装、装潢；二是近似使用，即在自己的商品上，使用与他人知名商品特有的名称、

包装、装潢的主要部分和整体印象相近似并足以造成购买者误认的名称、包装、装潢。主要部分是指商品名称、包装、装潢中最显著、最醒目、最易引起购买者注意的部分，是与相关商品所通用的名称、包装、装潢有显著的区别性特征的部分。只要主要部分或整体印象上相近似，即使与知名商品特有的名称、包装、装潢的文字、图形或组合有细微差别，也可以认定为仿冒行为。

(4)经营者的行为造成其商品与他人的知名商品相混淆，使购买者产生误认。判断经营者的擅自使用行为是否会造成购买者的误认，应以一般购买者施以普遍注意力是否会发生误认或混淆为标准，不能以专家的注意力或需要借助特殊检验方法和手段才能辨别真伪为依据，应注意采用整体观察、分别辨认、综合比较的手段进行分析认定。

3. 假冒他人的企业名称或姓名的行为

企业名称是指参与市场竞争的各种企业的名称、个体工商户的名称字号等。姓名主要是指无名称、字号的个体工商户、个人合伙在市场交易活动中使用的经营者个人的姓名。

企业的名称和姓名不仅是区别商品或服务来源的标志，而且也是经营者的无形资产和宝贵财富，它往往与经营者的信誉密切相连，是经营者信誉和综合实力的象征。因此，保护经营者的名称或者姓名，不仅是保护经营者对名称或姓名所享有的专用权，同时也是保护依附于该企业名称和姓名中的商业信誉和商品声誉。擅自使用他人的企业名称或者姓名，必然导致购买者对商品和服务的真实来源产生混淆，误认其商品或服务是他人的商品或服务，从而给他人的商业信誉和商品声誉造成损害，因此，是一种典型的不正当竞争行为。

(二)虚假行为

虚假行为是指经营者为了欺骗购买者，获取不正当利益而实施的故意捏造事实，隐瞒事实真相的行为。

我国《反不正当竞争法》列举的虚假行为主要有两种表现形式：一是虚假标示行为，包括伪造或者冒用质量标志的行为和伪造产地的行为；二是利用广告或者其他方法对商品进行引人误解的虚假宣传行为。

1. 虚假标示行为

(1)伪造或冒用质量标志的行为

质量标志是依法定程序颁发给经营者，以证明其产品或服务质量达到一定水平的特定标志。主要包括认证标志和名优标志。

认证标志是指由认证机构颁发并准许企业在产品或产品包装上使用的、证明产品经过认证并符合认证标准和技术要求的专用质量标志。如方圆标志、长城标志和 PRC 标志等。经营者伪造或者冒用认证标志的行为的表现形式主要有以下几种:①尚未推行产品质量认证制度的商品,经营者在该商品或其包装上伪造认证标志;②已推行产品质量认证制度的商品,经营者未向产品质量认证机构申请认证而擅自使用认证标志;③经营者虽向产品质量认证机构申请认证,但经认证不合格,或者在有关部门公布认证结果之前,擅自使用认证标志;④认证被依法撤销后,不及时停止使用认证标志;⑤非法制造或使用伪造的虚假认证标志;⑥擅自篡改、变造认证标志图案并加以使用。

名优标志是指经有关机构、团体评定为名优产品而发给经营者并允许其在产品或包装上使用的质量荣誉标志。如国家优质产品标志、省级优质产品标志、消费者信得过产品标志、国际博览会优质产品标志等。

从实践中看,经营者伪造或者冒用名优标志的行为主要有以下几种形式:①在未获名优标志的产品上,擅自使用名优标志;②产品虽曾获名优标志,但因产品质量下降,被取消名优标志后仍在该产品上使用名优标志;③在级别低的名优产品上冒用级别高的名优产品标志;④使用编造的虚假名优标志。

(2)伪造产地行为

商品的产地是指商品的制造加工地或商品生产者的所在地。商品的产地不仅说明了该商品的来源,而且也表明了该产品与产地特定的地理条件、气候特征、经济发展状况、技术发达水平等影响产品质量的因素的关系。人们之所以认同一些特定产地出产的商品,就在于特定产地的特定因素决定了该产品的高品质、高质量和高信誉。因此,商品的产地标示除了让消费者了解该商品来源的真实信息外,同时也是影响消费者作出购买决策的重要信息,是经营者进行商品促销和市场竞争的重要手段。

伪造产地是指经营者违反诚实信用的原则,在自己生产或经销的商品或者其包装、说明书或其他附着物上,标注虚假产地名称或产地标志的不正当竞争行为。伪造产地的行为不仅包括对商品产地的直接伪造,同时也包括对产地的间接伪造。直接伪造是指将并非产于某地的商品,在该商品或其包装上直接标明产于某地。如在国产电器上标上“日本制造”;将产自浙江的苹果标上“烟台苹果”等。间接伪造上指在产地标示上,不直接使用地理区域的名称,而是通过一些象征性的标志对产地进行虚假标示。间接伪造的形式是多种多样的,最常见的方式是用外语或其他地理来源的象征标志(如建筑物、风景名胜等),向消费者传递虚假的产地信息。

2.虚假宣传行为

虚假宣传行为是指在市场交易活动中,经营者利用广告或者其他方法对商品或服务的内容作与实际情况不符的宣传,使客户和消费者上当受骗或陷于错误认识的行为。

虚假宣传行为具有以下特征：

(1)行为的主体是经营者。虚假宣传行为的主体包括所有的提供商品或服务的经营者，其中在虚假广告宣传中，行为的主体专指广告主和广告经营者。

(2)行为的主观方面表现为故意或过失。通常情况下，经营者进行虚假宣传在主观上是出于故意的，目的就是要通过这种宣传，向购买者传递错误的信息，让购买者在受蒙骗的情况下，作出购买决策，以获取自己的非法利益。但是，在特殊情况下，行为的主观方面也可以表现为过失，如广告的发布者在未对广告的内容进行严格审查的情况下，发布了虚假广告。值得一提的是，由于商品或服务的提供者对其所提供的商品或服务的真实情况有着足够的了解，因此，他们在虚假宣传中的心理状态只能是故意。

(3)行为的客观方面表现为对商品或服务作与实际情况不符的宣传。就宣传内容而言，虚假宣传主要是就商品的质量、制作成分、性能、用途、生产者、有效期限、产地等进行宣传；就宣传手段而言，包括利用广告进行宣传和利用广告以外的其他方法进行宣传两种形式。

(4)行为后果上，虚假宣传行为将导致或足以导致购买者对该商品或服务产生错误的认识。不论购买者是否已经陷于错误的认识，只要虚假宣传行为存在可能导致普通消费者产生错误认识的情况，就应认定其构成不正当竞争。

虚假宣传行为的具体表现形式可以从不同的角度进行划分：

(1)按宣传方式不同，虚假宣传可分为虚假广告宣传和其他方式的虚假宣传。虚假广告宣传中的广告包括以各种形式发布的广告，如电视广告、报刊广告、广播广告、橱窗广告、路牌广告等等。其他方式的虚假宣传是指除广告以外的其他所有形式的虚假宣传。如利用有偿新闻报道、伪造消费者来电来函、散发产品说明书、举办商品信息发布会等，都可以成为经营者进行虚假宣传的手段。

(2)按宣传内容不同，虚假宣传可以分为内容虚假的宣传和引人误解的宣传。内容虚假的宣传属于实质虚假宣传，是指商品宣传的内容与商品的实际情况不相符合，通常表现为故意虚构或隐瞒商品的真实情况。引人误解的宣传是指经营者以超乎一般社会公众合理判断的内容进行宣传，将客户和消费者引向错误的认识，并最终影响其购买决策的行为。如利用模棱两可、易生歧义的文字进行宣传、利用一般人在某一方面知识的不足进行宣传、将不具有可比性的商品进行比较宣传等。

(三)商业贿赂行为

商业贿赂是指经营者在市场交易中，通过给付财物或其他报偿等手段，收买能够影响交易活动的有关人员，以取得竞争优势的行为。它是贿赂的一种特殊形式，是随着商品经济的发展而逐步产生和发展起来的经济现象。商业贿赂行为具有以下法律特征：

1.行为的主体是经营者和与经营活动密切相关的个人。在商业贿赂行为中，行贿主体是经营者，这里的经营者与不正当竞争行为主体的界定是一致的，指的是所有从事经营活动的单位和个人。经营者的职工或代理人在执行职务时所实施的行为，也属于经营者的行为。而受贿主体除了经营者外，还包括能够影响交易活动的其他有关人员，如政府部门的工作人员。

2.行为的主观方面必须是出于故意。商业贿赂行为是经营者实施的一种故意行为，目的就是要通过这种手段，排挤竞争对手，以促成交易的成功，获取商业利润。过失行为以及被勒索的不得已行为，均不构成商业贿赂。此外，如果不是为了商业目的，而是为了其他目的，如提干、晋级、升学、出国等而收买有关国家工作人员的，属于一般的贿赂行为，不属于商业贿赂行为。

3.行为的客观方面表现为经营者违反国家的有关财务、会计及廉政等方面的法律、法规的规定，实施了给付财物及其他报偿等贿赂行为。商业贿赂行为的表现形式多种多样，除了给付金钱、物品外，还包括提供免费旅游度假、高档宴席、色情服务、房屋装修以及解决子女、亲属的入学、就业等方式。

商业贿赂的主要表现形式是回扣。我国《反不正当竞争法》第 8 条第 1 款规定："经营者不得采用财物或者其他手段进行贿赂以销售或者购买商品。在账外暗中给予对方单位或者个人回扣的，以行贿论处；对方单位或者个人在账外暗中收受回扣的，以受贿论处。"

所谓回扣是指"经营者销售商品时在账外暗中以现金、实物或其他方式退给对方单位或个人一定比例的商品价款"。从现行法律对回扣的规定来看，回扣具有以下基本特征：

1.从主体上看，给予回扣的是销售商品经营者，收受回扣的是有关单位或个人。回扣一般只发生在销售过程当中，给予回扣的是卖方，收受回扣的是买方，表现为卖方从买方支付的价款或服务酬金中折算一定的比例退还给买方或有关人员。

2.回扣的实质是已收款项的"回"、"退"。即卖方将一定比例的价款退给买方，一般可在商品交易确定之前约定或与商品交易关系的确定同时约定，但回扣的支付却只能是在交易关系成立并由买方向卖方实际交付价款以后。如果卖方不是从价款中退还，而是从其他地方拿出物品或金钱给予买方，则不是回扣，而只是一般的商业贿赂。这一特征也是回扣区别于一般商业贿赂行为的关键所在。

3.回扣的客体是财物。回扣的给付对象通常为金钱、实物或有价证券。不论以什么形式给付，回扣都必须能够以货币形式进行折算，并体现一定商品价额的比例。因此,不能以货币形式折算的非物质性利益,不能成为回扣的客体。

4.回扣的支付和接受必须通过"账外暗中"秘密进行。所谓账外暗中是指没有在依法设立反映其生产经营活动或行政事业经费收支的财务账上按财务会计制度的规定明确如实地记载。表现为不入正规的财务账或根本不入账,不在合同、发票等书面文据中明确表示财物的给付或接受,不留任何文字手续等。账外暗中给付是回扣区别于折扣的一个显著特征。这里值得一提的是,账外暗中只是回扣的构成要件,而不是其他商业贿赂行为的构成要件,其他商业贿赂无论是账外暗中,还是账外公开,都是意图通过违反诚实信用原则的方式来获取竞争优势,从而扰乱社会正常的公平竞争秩序,均构成不正当竞争行为。

回扣不同于折扣和佣金。折扣也称为打折、让利,是指在商品购销活动中卖方在所成交的价款上给对方的一定比例的减让或优惠。佣金是指在市场交易活动中,具有独立地位的中间人因为他人提供服务、介绍业务、撮合生意等而取得的报酬。经营者销售或者购买商品,可以以明示的方式给对方折扣,可以给中间人佣金。经营者给付折扣和佣金的,必须如实入账。接受折扣或佣金的经营者也必须如实入账。可见,是明示支付还是暗中给付,是否如实入账,是折扣、佣金与回扣的本质区别。

(四)侵犯商业秘密行为

商业秘密,是指不为公众所知悉、能为权利人带来经济利益、具有实用性并经权利人采取保密措施的技术信息和经营信息。商业秘密具有以下特征:一是价值性或经济性,即商业秘密通过现在或者将来的使用,能够给所有人带来现实的或潜在的经济利益,这是商业秘密的根本价值所在。二是实用性,即商业秘密能在生产、经营和管理中得到运用,能产生一定的经济效益和社会效益,为所有人创造出经济上的利益。实用性与价值性是密切相关的,即实用性是价值性的基础,没有实用性就谈不上价值性;价值性是实用性的结果。三是秘密性,即该信息不为公众所知悉,并由于权利人的努力而处于保密状态。秘密性是商业秘密最基本的法律特征,也是获得商业秘密法律保护的前提。商业秘密的秘密性应同时具备客观秘密性和主观秘密性。客观秘密性(不为公众所知悉)指该信息在某一特定行业或专业领域中是领先或独特的,它既不是一般的常识,也不是公开的知识,而仅为非常有限的少数人员知道或掌握。客观秘密性使权利人与那些不知道或不使用该商业秘密的竞争对手相比,拥有了某种优势和机会,进而能获得较多的经济利益。所以,客观秘密性是商业秘密最核心的特征。主观秘密性是指商业秘密权利人有将商业信息作为秘密进行保护的主观意愿,采取适当的保密措施,通过保密措施将其商业信息控制起来,不为他人知悉。商业秘密的秘密性使得商业秘密与专利及其他知识产权区别开来。

根据我国《反不正当竞争法》第10条规定，侵犯商业秘密的行为主要有以下几种表现形式：1.以盗窃、利诱、胁迫或者其他不正当手段获取权利人的商业秘密。2.披露、使用或者允许他人使用以前项手段获取的权利人的商业秘密。3.违反约定或者权利人有关保守商业秘密的要求，披露、使用或者允许他人使用其所掌握的商业秘密。第三人明知或者应知他人以不正当手段侵犯了权利人的商业秘密，而予以获取、使用或者披露该商业秘密，视为侵犯商业秘密。

善意取得权利人商业秘密、独立研究开发获取他人已有商业秘密、通过反求工程获取商业秘密以及通过情报分析获取商业秘密的，不属于侵犯他人商业秘密的行为。

（五）商业诽谤行为

商业诽谤行为是指经营者采取捏造、散布虚伪事实等手段，对竞争对手的商业信誉、商品声誉进行恶意诋毁、贬低，以削弱其市场竞争能力，并为自己谋取不正当利益的行为。商业诽谤行为具有以下特征：

1.行为的主体必须是经营者，而且只能是与竞争对手从事相同或相关市场活动的经营者。商业诽谤行为是一种典型的不正当竞争行为，只能发生在同业竞争对手之间。

2.行为的主观方面必须是故意。目的就是要削弱竞争对手的市场竞争能力，并为自己谋求市场竞争的优势。

3.行为侵害的客体是特定经营者的商誉，即作为行为人竞争对手的经营者的商业信誉和商品声誉。

商业信誉是社会公众对经营者的评价，包括对经营者的经营作风、商业道德、经济实力、技术装备、服务态度、商品质量等诸方面所作的积极评价；商品声誉是社会公众对经营者经营的商品的品质、特点等所作的积极评价。

4.行为的客观方面表现为行为人实施了捏造、散布虚伪事实的行为，诋毁、贬低竞争对手的商誉，并给其造成或可能造成一定的损害后果。商业诽谤行为的后果必须是造成了商誉主体商誉的损害，这种损害既包括商誉主体社会评价的实际降低，也包括因社会评价降低而引起的商誉主体财产的损失。

（六）不正当有奖销售行为

有奖销售是指经营者为了推销自己的商品和服务，附带性地向购买者提供物品、金钱或者其他经济利益的行为。主要有抽奖式有奖销售和附赠式有奖销售两种形式。有奖销售是经营者经常采用的一种促销手段，正当的有奖销售能在一定程度上吸引消费者的注意力，激发其购买欲望，起到活跃市场，刺激经济发展的作用。但是，一旦超过一定的限度，有奖销售也会给市场所带来负面的影响，引发经营者之间的恶性竞争。因此，对可能引发不正当竞争的有奖销售行为,法律予以了明确的禁止。

根据我国《反不正当竞争法》的规定,不正当有奖销售行为有以下三种形式:

1.欺骗性有奖销售行为。主要表现为:一是谎称有奖销售或者对所设奖的种类,中奖概率,最高奖金额,总金额,奖品种类、数量、质量、提供方法等作虚假不实的表示。二是采用不正当手段故意让内定人员中奖。三是将设有中奖标志的商品、奖券不投放市场或者不与商品、奖券同时投放市场;故意将带有不同奖金金额或者奖品标志的商品、奖券按不同时间投放市场。四是不按有关规定对有奖销售事项向公众明示,隐瞒事实真相的行为。

2.利用有奖销售推销质次价高的商品。

3.最高奖的金额超过5000元的抽奖式有奖销售。

(七)不正当低价销售行为

不正当低价销售行为是指经营者以排挤竞争对手为目的,以低于成本的价格销售商品或提供服务的不正当竞争行为。这种行为的实质是掠夺性定价,故也称掠夺性定价销售行为。其特点主要表现为经济实力雄厚的经营者为了霸占市场,滥用经济优势,故意暂时将某种或某类商品的价格压低到成本以下销售,以此手段将竞争对手挤出相关市场,等竞争对手退出市场后,又抬高商品价格,获取更高的垄断利润。实施不正当低价销售行为需要经营者有相当的经济实力为后盾,否则,不仅达不到挤垮竞争对手的目的,相反,还会导致自己的亏损,甚至破产。在资本主义自由竞争阶段,不正当低价销售行为是"大鱼吃小鱼"的惯用手段。

不正当低价销售行为的构成要件是:

1.行为的主体只能是处于卖方地位的经营者。

2.行为人主观上必须出于故意。目的就是要通过不正当低价销售行为排挤竞争对手,垄断市场,获取高额利润。

3.行为人客观上实施了低于成本价格销售商品的行为。

4.行为侵犯的客体是正常的市场竞争秩序。

值得注意的是,实践中应当严格区分行为客体和行为后果的界限。行为的后果并不是不正当低价销售行为的构成要件,无论经营者的不正当低价销售行为是否造成了其他经营者和消费者的实际损害,只要其实施了以低于成本的价格销售商品的行为,就可以认定不正当低价销售行为成立。

并非所有的以低于成本的价格销售商品的行为都构成不正当竞争,法律允许经营者在特定的情况下,为了解决自身经营上的困难而采取相应的降价措施,作为不正当低价销售行为的例外。根据我国《反不正当竞争法》第11条第2款的规定,有下列情形之一的,不属于不正当竞争行为:(1)销售鲜活商品。(2)处理有效期限即将到期的商品或其他积压商品。(3)季节性降价。(4)因清偿债务、转产、歇业降价销售商品。

(八)搭售和附加不合理交易条件行为

搭售和附加不合理交易条件行为是指经营者利用其经济优势,在提供商品或服务时,违背交易相对人的意愿,强行要求其购买搭配商品或接受不合理的附加条件的行为。该行为具有以下特征:

1.行为的主体只能是处于卖方地位的经营者,而且这些经营者在市场中往往都占有一定的优势。

2.行为人实施了搭售商品或附加不合理交易条件的行为。搭售是指经营者在提供商品时,强迫购买者购买其并不需要的商品。附加不合理交易条件是指经营者在提供商品时,强迫购买者接受与该交易行为无关的限制性内容,如限定转售价格、限定销售地区和销售对象等。

3.搭售行为是一种故意行为,目的就是要通过限制购买者的选择权而获取不合理利益。

4.搭售行为违背了购买者的意愿。如果购买者完全出于自愿而接受了经营者的搭售安排或附加条件的,不构成搭售和附加不合理交易条件的不正当竞争行为。

(九)强制性交易行为

强制性交易行为是指公用企业或者其他依法具有独占地位的经营者,限定他人购买其指定的经营者的商品,排斥其他经营者的行为。这里的公用企业是指涉及公用事业的经营者,包括供水、供电、供热、供气、邮政、电讯、交通运输等行业的经营者。独占经营者是指在特定市场上处于无竞争状态的经营者,同时也包括已经取得了压倒性地位和排除竞争能力的经营者。对公用企业实行国家控制,形成垄断和独占是必要的,但是滥用这种地位和优势,就是属于强制性交易行为。

强制性交易行为具有以下特征:

1.行为的主体是公用企业和其他依法具有独占地位的经营者。

2.行为人实施了限定他人购买其指定的经营者的商品的行为。强制交易行为是强制安排他人之间进行交易,而并非强迫他人与自己进行交易,具体表现为限定用户、消费者只能购买和使用其附带提供的相关商品或其指定的经营者生产或经销的商品,而不得购买和使用其他经营者提供的符合技术标准要求的同类商品;强制用户、消费者购买其提供的不必要的商品及配件或购买其指定的经营者提供的不必要的商品;以检验商品质量、性能等为借口,阻碍用户、消费者购买、使用其他经营者提供的符合技术标准要求的其他商品;对不接受其不合理条件的用户、消费者拒绝、中断或者削减供应相关商品，或者滥收费用等。

3.行为人主观上具有故意，目的就是要排斥其他经营者，从被指定的经营者处获取非法利益。

(十)滥用行政权力限制竞争行为

滥用行政权力限制竞争行为是指政府及其所属部门滥用行政权力，限定他人购买其指定的经营者的商品，限制其他经营者正当的经营活动，或者限制经营者跨地区、跨部门交易，干扰、阻碍正常交易活动的行为。滥用行政权力限制竞争行为具有以下特征：

1.行为的主体限于政府及其所属部门。这里的政府是指省级以下(含省级)各级人民政府；政府所属部门包括中央各部委和地方各级人民政府的职能部门。

2.行为人主观上具有故意，目的就是要保护与其有利害关系的经营者的利益和本地区的利益。

3.行为人实施了滥用行政权力限制竞争的行为。主要表现为强制交易和地区封锁两种形式，前者如限定用户和消费者只能购买行政部门下属企业或挂靠企业经营的商品、限定用户和消费者购买行政部门关系户的商品或接受其指定单位提供的有偿服务、限定本辖区或本部门的经营者经营的商品的范围、限定外地商品或其他部门所属企业商品的销售范围和数量等。后者如规定在本辖区内未经批准不得购买和销售外地商品、在本辖区或边界或交通要道设置检查站，阻止外地商品进入本地和本地紧俏商品或重要原材料等运往外地、限额规定外地商品在本辖区的销售范围和销售数量、对外地商品进入本辖区在手续、费用和检验方面设置各种障碍等。

4.在后果上，滥用行政权力限制竞争行为通常会给其他经营者和外地经营者的正当经营活动带来损害，使之失去公平竞争的机会，并将影响全国统一市场的建立，影响我国市场经济的健康发展。

(十一)串通投标招标行为

招标是招标人通过一定的方式，公布招标事项和条件，邀请投标人进行投标的行为。投标是指投标人按照招标人的要求和条件，在规定的时间和地点，向招标人提出报价并希望与招标人订立合同的行为。招标、投标是订立合同的一种方式，具有很强的竞争性，必须按照法律规定和有关惯例进行，招标人不能串通投标，投标人和招标人也不能相互勾结，排挤竞争对手，否则，就是不正当竞争行为，必须予以禁止。

根据我国《反不正当竞争法》第 15 条的规定，投标招标中的不正当竞争行为有以下两种类型：

1.投标者串通投标，抬高标价或者压低标价的行为。

这类行为的主体是投标者，是由参加投标的所有投标人共同实施的，目的就是为了避免相互之间的竞争，损害招标人的利益。这类行为在实践中的表现形式主要有：(1)投标者相互串通，一致抬高标价。(2)投标者相互串通，一致压低标价。(3)投标者相互串通，轮流以高价位或低价位中标。(4)投标者就标价以外的其他事项串通。如约定中标者对其余投标者补偿比例、中标后在原投标人间重新投标等。

2. 投标者与招标者相互勾结，以排挤竞争对手的行为。这类行为的主体是招标者和特定的投标者，是由招标者和特定的投标者共同实施的不正当竞争行为，目的是为了排挤该投标者的竞争对手，使招标投标流于形式，损害其他投标人的利益。投标者与招标者相互勾结，排挤竞争对手的行为，主要有：(1)招标者在开标前，私下开启投标者的投标文件，并泄密给内定的投标者。(2)招标者在审查评选标书时，对不同的投标者实施差别对待。(3)投标者和招标者约定，投标者在公开投标时压低标价，中标后再给中标者以额外补偿。(4)招标者与投标者约定，在公开投标时故意抬高标价，中标后再给投标者一定的补偿。(5)招标者向特定的投标者泄露标底。(6)招标者在要求投标人就其标书进行说明时，故意对特定的投标人作引导性提问，以促成其中标。

三、不正当竞争行为的监督检查

我国《反不正当竞争法》第 3 条规定："各级人民政府应当采取措施，制止不正当竞争行为，为公平竞争创造良好的环境和条件。""县级以上人民政府工商行政管理部门对不正当竞争行为进行监督检查；法律、行政法规规定由其他部门进行监督检查的，依照其规定。"第 4 条规定："国家鼓励、支持和保护一切组织和个人对不正当竞争行为进行社会监督。"从这些规定中，我们可以看出，我国对不正当竞争行为的监督检查采取的是行政机关监督为主、其他形式监督与之相配套的制度模式。

1. 立法机关对不正当竞争行为的监督

立法机关对不正当竞争行为的监督检查主要表现在三个方面：一是通过立法，为认定不正当竞争行为提供依据和标准。二是对有关的反不正当竞争的立法活动进行监督。三是通过执法监督检查，发现问题，完善立法。

2. 行政机关对不正当竞争行为的监督

工商行政管理机关是我国对不正当竞争行为实施监督检查的专门机关。除法律、法规另有规定外，县级以上人民政府工商行政管理部门对不正当竞争行为进行监督。

根据《反不正当竞争法》和其他有关法律、法规的规定，工商行政管理机关在对不正当竞争行为进行监督检查时，享有下列职权：(1)调查询问权。工商行政管理机关有权按照规定程序询问被检查的经营者、利害关系人、证明人，并要求提供证明材料或者与不正当竞争行为有关的其他材料。被检查的经营者、利害关系人和证明人应当如实提供。(2)查询复制权。工商行政管理机关在监督检查中有权查询复制与不正当竞争行为有关的协议、账册、单据、文件、记录、业务函电和其他资料。(3)财物检查权。经营者违反法律规定，实施假冒仿冒行为的，工商行政管理机关有权检查与该不正当竞争行为有关的财物，必要时可以责令被检查的经营者说明该产品的来源和数量，暂停销售，听候检查，不得转移、隐匿、销毁该财物。(4)行政处罚权。工商行政管理机关经查证，认为经营者的行为构成不正当竞争的，有权根据具体情况，依法对该经营者作出责令停止违法行为、消除影响、罚款、没收违法所得、吊销营业执照等行政处罚。

3.司法机关对不正当竞争行为的监督

司法监督是指公安、检察、审判机关按照法律规定的权限，通过对不正当竞争行为的查处而实现的监督。

4.不正当竞争行为的社会监督

社会监督是指社会各界力量以各种途径或方式，发现各种不正当竞争行为并依法定程序使之受到查处的制度。我国《反不正当竞争法》第4条规定："国家鼓励、支持和保护一切组织和个人对不正当竞争行为进行社会监督。国家机关工作人员不得支持、包庇不正当竞争行为。"

四、不正当竞争行为的法律责任

不正当竞争行为的法律责任是指经营者违反《反不正当竞争法》的规定，实施不正当竞争行为，损害其他经营者的合法权益，扰乱社会经济秩序而应承担的法律后果。

不正当竞争行为的法律责任的构成必须符合四个条件：一是存在不正当竞争行为。经营者只有实施了《反不正当竞争法》所列举的具体不正当竞争行为和违反该法基本原则的行为，才承担法律责任。二是有损害事实。这里的损害事实应从广义上来理解。不仅包括给正常的竞争机制和社会经济秩序造成的现实损害，也包括给正常的竞争机制和社会经济秩序造成的潜在的损害；不仅包括给特定的同业竞争对手造成的损害，也包括给不特定的同业竞争对手造成的损害。三是不正当竞争行为与损害事实之间存在因果关系。四是行为人主观上有过错。

我国《反不正当竞争法》规定的不正当竞争行为的法律责任是以行政责任为主的综合性责任，是行政责任、民事责任和刑事责任的综合体。《反不正当竞争法》第 20 条规定："经营者违反本法规定，给被侵害的经营者造成损害的，应当承担损害赔偿责任，被侵害的经营者的损失难以计算的，赔偿额为侵权人在侵权期间因侵权所获得的利润；并应承担被侵害的经营者因调查该经营者侵害其合法权益的不正当竞争行为所支付的合理费用。"其具体法律责任是：

1. 经营者假冒他人的注册商标，擅自使用他人的企业名称或者姓名、伪造或者冒用认证标志、名优标志等质量标志，伪造产地，对商品质量作引人误解的虚假表示的，依照《中华人民共和国商标法》、《中华人民共和国产品质量法》的规定处罚。(1)假冒他人注册商标的，根据《商标法》的规定，县级以上工商行政管理部门，有权责令侵权人停止侵权并赔偿损失，对于尚未构成犯罪的侵犯注册商标专用权的行为，可以处以罚款；(2)伪造产品产地，伪造或者冒用他人的厂名、厂址，伪造或者冒用认证标志、名优标志等质量标志的。根据《产品质量法》有关规定，可以责令公开更正，没收违法所得，可以并处罚款。

2. 经营者擅自使用知名商品特有的名称、包装、装潢，或者使用与知名商品近似的名称、包装、装潢，造成和他人的知名商品相混淆，使购买者误认为是该知名商品的，监督检查部门应当责令停止违法行为，没收违法所得，可以根据情节处以违法所得一倍以上三倍以下的罚款；情节严重的，可以吊销营业执照。

3. 经营者采用财物或者其他手段进行贿赂以销售或者购买商品，不构成犯罪的，监督检查部门可以根据情节处以 1 万元以上 20 万元以下的罚款，有违法所得的，予以没收。

4. 公用企业或者其他依法具有独占地位的经营者，限定他人购买其指定的经营者的商品，以排挤其他经营者的公平竞争的，省级或者设区的市监督检查部门应当责令停止违法行为，可以根据情节处以 5 万元以上 20 万元以下的罚款。被指定的经营者借此销售质次价高商品或者滥收费用的，监督检查部门应当没收违法所得，可以根据情节处以违法所得一倍以上三倍以下的罚款。

5. 经营者利用广告或者其他方法，对商品作引人误解的虚假宣传的，监督检查部门应当责令停止违法行为，消除影响，可以根据情节处以 1 万元以上 20 万元以下的罚款。

广告的经营者，在明知或者应知的情况下，代理、设计、制作、发布虚假广告的，监督检查部门应当责令停止违法行为，没收违法所得，并依法处以罚款。

6. 侵犯他人商业秘密的，监督检查部门应当责令停止违法行为，可以根据情节处以 1 万元以上 20 万元以下的罚款。

7. 违反规定进行有奖销售的，监督检查部门应当责令停止违法行为，可以根据情节处以 1 万元以上 10 万元以下的罚款。

8. 投标者串通投标，抬高标价或者压低标价。投标者和招标者相互勾结，以排挤竞争对手的公平竞争的，其中标无效。监督检查部门可以根据情节处以1万元以上20万元以下的罚款。

9.经营者有违法被责令暂停销售，不得转移、隐匿、销毁与不正当竞争行为有关的财物的行为，监督检查部门可以根据情节处以被销售、转移、隐匿、销毁财物的价款的一倍以上三倍以下的罚款。

10.政府及其所属部门违反规定，限定他人购买其指定的经营者的商品、限定其他经营者正当的经营活动，或者限制商品在地区之间正常流通的，由上级机关责令其改正，情节严重的，由同级或者上级机关对直接责任人员给予行政处分。被指定的经营者借此销售质次价高商品或者滥收费用的，监督检查部门应当没收违法所得，可以根据情节处以违法所得一倍以上三倍以下的罚款。

监督检查不正当竞争行为国家机关工作人员滥用职权、玩忽职守，构成犯罪的依法追究刑事责任；不构成犯罪的，给予行政处分。

监督检查不正当竞争行为的国家机关工作人员徇私舞弊，对明知有违反反不正当竞争法规定构成犯罪的经营者故意包庇不使他受追诉的，依法追究刑事责任。

第三节 反垄断法

一、反垄断法的概念和特征

反垄断法是指国家调整企业垄断活动或其他限制竞争行为的法律规范的总称。在不同的国家反垄断法有不同的称呼，美国称为“反托拉斯法”，德国称为“反限制竞争法”，亦称“卡特尔法”，在日本，则称为“禁止私人垄断和确保公正交易法”。

从各国反垄断法的规定看，它具有以下主要特点：

1.反垄断法主要是制定法

无论英美法系还是大陆法系国家，其反垄断法都是以制定法为基础的。

2.实体规范具有高度的原则性和抽象性

反垄断法的实体规范由具有高度概括性的一般术语组成的，具有高度的原则性和抽象性。

3.公共执法与私法救济并举

各国反垄断法普遍规定了公共执法和私法救济两种基本途径。它不仅赋予行政主管机关行政执法权，运用公法手段实施反垄断法和制止垄断行为。同时，还以不同的方式赋予垄断行为的受害者提起民事诉讼的权利，甚至还通过特殊措施鼓励私法救济。当然,从绝大多数国家的规定来看,由于垄断行为社会影响大,制止的难度大,公共执法占有更为主要的地位。

二、垄断行为

(一)垄断的概念

垄断是与自由竞争相对的一个概念,是指经营者凭借其经济优势,操纵或支配市场,排斥和限制竞争的行为。

在认定经营者的行为是否构成垄断上,各国反垄断法总结出了三条原则:

一是结构规制与行为规制并存原则。根据这一原则,仅证明某企业处于垄断状态,通常还不能证明其违犯了反垄断法;但如果能证明某企业正在通过某种努力来谋求垄断地位或谋求维持其垄断地位,那么,这个被指控的企业则通常要受到反垄断法的追究。

二是本身违法原则。这一原则的基本含义是:某些损害竞争的行为已经被司法判例或者制定法明确地确定为本身就是违法的,无需通过对其他因素的考虑去判断。例如,固定价格、限制产量或划分市场的协议以及联合抵制行为等行为。

三是合理原则。所谓"合理原则"就是要求在判断某一垄断或限制性商业行为是否应予以禁止时,需考虑该项行为是否有害于公共利益以及行为者是否具有相应的行为动机。只有当垄断确实限制了竞争,造成垄断危害时,才应加以禁止或限制。

(二)垄断行为的表现形式

反垄断法的中心内容是维护市场竞争的自由,消除限制或者排除市场竞争的行为。尽管各国反垄断法及其具体执法体制不尽相同,但其基本内容框架具有高度的一致性。反垄断法的基本内容由下列三个方面构成,这些内容常被说成反垄断法的三个支柱或者三块基石:一是限制垄断协议;二是禁止滥用市场支配地位;三是企业兼并的控制。根据我国《反垄断法》的规定,垄断行为的表现形式有:

1. 垄断协议

所谓垄断协议,是指两个或者两个以上的企业,采取协议、决议或其他协同方式共同实施的排除、限制市场竞争的行为。垄断协议可以分为横向垄断协议和纵向垄断协议。

横向垄断协议通常也称为卡特尔。它不仅包括企业间限制竞争的协议或者企业集团的决议,而且还包括企业间为限制竞争而达到的行为协调。包括:

(1)固定或者变更商品价格。又称价格卡特尔,指生产或者销售同类商品的企业相互商定价格的行为，如规定产品的最低限价、最高限价或者价格构成。

(2)限制商品的生产数量或者销售数量。又称数量卡特尔，指生产或者销售同类商品的企业相互商定生产或者销售数量的行为。数量卡特尔会人为地减少对市场的供给，并可使价格卡特尔长期得以实施，导致价格上涨，所以对消费者的危害很大。

(3)分割销售市场或者原材料采购市场。又称地域卡特尔，指生产或者销售同类产品的企业为避免竞争，就彼此销售地域或顾客类型及产品等达成的协议。市场划分避免了市场竞争，被划分后的市场所形成的商品价格不能反映市场竞争的价格规律，等于间接地固定了价格，因此，也是典型的垄断行为。

(4)限制购买新技术、新设备或者限制开发新技术、新产品。限制创新的垄断协议，限制了经营者通过创新进行市场竞争，保护了低效率和落后，使得新技术、新设备不能得到推广应用，也使新技术和新产品的开发失去了原始动力。

(5)联合抵制交易。又称联合拒绝交易，指两个或者两个以上具有竞争关系的企业通过协议，对特定的经营者采取一致的行动或措施，拒绝与其交易的行为。联合抵制交易行为破坏了市场竞争规则，对市场竞争具有排除、限制的影响，为反垄断法所禁止。

(6)国务院反垄断执法机构认定的其他垄断协议。其他垄断协议应当适用合理的原则，即仅当它们不合理而且严重地损害竞争的时候，方可予以禁止。

纵向垄断协议是指不同生产阶段的企业订立的限制竞争协议或者这方面的行为协调。纵向限制竞争因为不是竞争者之间的限制竞争，与横向限制竞争相比对竞争的危害较小，有些甚至能够给社会带来明显的好处，所以对这种协议更需要进行认真的经济分析。我国《反垄断法》规定的纵向垄断协议包括：

(1)固定向第三人转售商品的价格。

(2)限定向第三人转售商品的最低价格。

(3)国务院反垄断执法机构认定的其他垄断协议。其他纵向垄断协议主要是指除纵向价格约束外的纵向非价格约束。例如，约束销售商只能向某些企业供货的客户的限制、只能向某个地区供货的地域限制、限制销售商只能从自己一家手中购买商品或者服务的独家购买等。此外，纵向非价格约束也包括销售商对生产商的限制，例如限制生产商只能向自己一家提供商品，即独家销售。在现实经济生活中，独家销售或者独家购买是生产商和销售商之间使用非常普遍的限制竞争形式。

2.市场支配地位的滥用

滥用市场支配地位的行为，是指拥有市场支配地位的企业滥用其市场支配力，并在一定交易领域实质性的限制竞争，违背公共利益，应受到反垄断法谴责的行为。

滥用市场支配地位行为也可以分为两种基本类型：

一类是剥削性滥用，即拥有市场支配地位的企业不受竞争的制约，从而可以向交易相对人提出不合理的交易条件，特别是不合理的价格。剥削性滥用的典型表现形式是对交易相对人(包括供应者、顾客和最终消费者)索取不合理的垄断高价。所谓垄断高价，是指拥有市场支配地位的企业凭借其市场支配地位低价买入或高价卖出的行为。

另一类是妨碍性滥用，即拥有市场支配地位的企业为了排挤竞争对手，或者为了将市场势力不合理地扩大到相邻市场而实行的限制竞争行为。

对滥用市场支配地位的行为，一般适用“合理原则”。滥用行为以市场支配地位为前提，以对有效竞争和公共利益的损害为结果，没有损害事实就不能认定为“滥用”。

我国《反垄断法》规定的滥用市场支配地位的行为包括：

(1)以不公平的高价销售商品或者以不公平的低价购买商品；

(2)没有正当理由，以低于成本的价格销售商品；

(3)没有正当理由，拒绝与交易相对人进行交易；

(4)没有正当理由，限定交易相对人只能与其进行交易或者只能与其指定的经营者进行交易；

(5)没有正当理由搭售商品，或者在交易时附加其他不合理的交易条件；

(6)没有正当理由，对条件相同的交易相对人在交易价格等交易条件上实行差别待遇；

(7)国务院反垄断执法机构认定的其他滥用市场支配地位的行为。

认定经营者具有市场支配地位，应当依据下列因素：

(1)该经营者在相关市场的市场份额，以及相关市场的竞争状况；

(2)该经营者控制销售市场或者原材料采购市场的能力；

(3)该经营者的财力和技术条件；

(4)其他经营者对该经营者在交易上的依赖程度；

(5)其他经营者进入相关市场的难易程度；

(6)与认定该经营者市场支配地位有关的其他因素。

有下列情形之一的，可以推定经营者具有市场支配地位：

(1)一个经营者在相关市场的市场份额达到 1/2 的；

(2)两个经营者在相关市场的市场份额合计达到 2/3 的；

(3)三个经营者在相关市场的市场份额合计达到 3/4 的；

在上述(2)、(3)种情形下，如果其中有的经营者市场份额不足 1/10 的，不应当推定该经营者具有市场支配地位。被推定具有市场支配地位的经营者，有证据证明不具有市场支配地位的，不应当认定其具有市场支配地位。

3.经营者集中

经营者集中是指企业间为达到一定的经济目的而通过一定的方式和手段所形成的规模聚集。一方面，经营者集中有助于扩大企业规模，整合经营资源，促进规模经济的形成和发展，降低交易成本，推动产业优化升级；另一方面，经营者集中也会直接影响集中企业所在市场的市场结构，产生或者加强经营者的市场支配地位，从而排除或限制竞争。为了防止因经营者集中可能形成的垄断，各国反垄断法对经营者集中都作了必要限制。

根据我国《反垄断法》的规定，经营者集中包括以下几种情形：

(1)经营者合并。反垄断法中的企业合并，并非一般经济意义上的合并，而是指数家独立的企业组成一个永久性统一体的过程，并且这一统一过程在实质上限制竞争。

(2)经营者通过取得股权或者资产的方式取得对其他经营者的控制权。

(3)经营者通过合同等方式取得对其他经营者的控制权或者能够对其他经营者施加决定性影响。

经营者集中达到国务院规定的申报标准的，经营者应当事先向国务院反垄断执法机构申报，未申报的不得实施集中。但是，在参与集中的一个经营者拥有其他每个经营者50%以上有表决权的股份或者资产，以及参与集中的每个经营者50%以上有表决权的股份或者资产被同一个未参与集中的经营者拥有等两种情形下，经营者可以不向国务院反垄断执法机构申报。

值得注意的是，经营者集中与市场支配地位一样，并非绝对违法，在一定情况下，经营者集中也因有益于公共利益和整体经济的发展而受到鼓励。因此，经营者集中的规制要件包括两条：经营者集中行为和损害有效竞争的可能性。后一条才是决定合并命运的关键。我国《反垄断法》明确规定，经营者集中具有或者可能具有排除、限制竞争效果的，国务院反垄断执法机构应当作出禁止经营者集中的决定。但是，经营者能够证明该集中对竞争产生的有利影响明显大于不利影响，或者符合社会公共利益的，国务院反垄断执法机构可以作出对经营者集中不予禁止的决定。

4.滥用行政权力排除、限制竞争

滥用行政权力排除、限制竞争，是指行政机关和法律、法规授权的具有管理公共事务职能的组织在特定市场内限定他人购买其指定的经营者的商品，限制其他经营者正当的经营活动，以排挤其他经营者的公平竞争行为，通常亦称为行政性垄断。

行政性垄断具有以下特点：

(1)从主体上看，行政性垄断主体是政府和政府部门

在我国，行政性垄断的实施主体是行政机关，即政府和政府部门。政府是指地方政府；政府机关是指中央政府部门和地方政府部门。

(2)从表现形态上看，行政性垄断表现为行政权力的滥用

行政性垄断在行为上表现为行政权力的滥用。主要表现为三个方面：一是在一定交易领域里排除竞争，使某些经营者的经营活动难以继续进行；二是对经营者加以制约，直接或间接地剥夺该经营者在经营活动中自主作出决定的权利；三是妨碍公平竞争，对公平竞争秩序带来不良影响。

(3)从后果上看，行政垄断是对竞争的实质限制

根据我国《反垄断法》的规定，行政机关和法律、法规授权的具有管理公共事务职能的组织不得滥用行政权力，限定或者变相限定单位或者个人经营、购买、使用其指定的经营者提供的商品。不得滥用行政权力，实施下列行为，妨碍商品在地区之间的自由流通：①对外地商品设定歧视性收费项目、实行歧视性收费标准，或者规定歧视性价格；②对外地商品规定与本地同类商品不同的技术要求、检验标准，或者对外地商品采取重复检验、重复认证等歧视性技术措施，限制外地商品进入本地市场；③采取专门针对外地商品的行政许可，限制外地商品进入本地市场；④设置关卡或者采取其他手段，阻碍外地商品进入或者本地商品运出；⑤妨碍商品在地区之间自由流通的其他行为。不得滥用行政权力，以设定歧视性资质要求、评审标准或者不依法发布信息等方式，排斥或者限制外地经营者参加本地的招标投标活动。不得滥用行政权力，采取与本地经营者不平等待遇等方式，排斥或者限制外地经营者在本地投资或者设立分支机构。不得滥用行政权力，强制经营者从事本法规定的垄断行为。不得滥用行政权力，制定含有排除、限制竞争内容的规定。

三、反垄断法适用除外

适用除外是指反垄断法中专门设置的规定某些特定领域、某些特定事项或者某些特定情况下的垄断行为不适用反垄断法的条款。即反垄断法对这些特定领域、特定事项或者特定情况下的垄断行为予以豁免。一般而言，被豁免的垄断行为是无害的垄断行为。

之所以规定适用除外制度，主要是出于以下两方面的考虑：其一，为在特定的经济部门避免因竞争而可能造成的巨大社会资源的浪费；其二，为了增加反垄断法的灵活性，使其更能适应经济发展的复杂性，以更好地实现保护竞争，促进经济发展的立法目的。

各国反垄断法都有适用除外条款。由于各国或一国的不同时期经济发展和竞争政策不同，反垄断法的适用除外条款和适用除外范围也有所不同。根据我国《反垄断法》的规定，国有经济占控制地位的关系国民经济命脉和国家安全的行业以及依法实行专营专卖的行业，国家对其经营者的合法经营活动予以保护，并对经营者的经营行为及其商品和服务的价格依法实施监管和调控，维护消费者利益，促进技术进步。经营者依照有关知识产权的法律、行政法规规定行使知识产权的行为，除经营者滥用知识产权，排除、限制竞争的行为外，不适用反垄断法。农业生产者及农村经济组织在农产品生产、加工、销售、运输、储存等经营活动中实施的联合或者协同行为，也不适用反垄断法。

四、反垄断执法机关

各国为了有效地执行反垄断法，都设立了专门的执法机构，如美国的联邦贸易委员会、司法部反垄断局；日本的公正交易委员会；德国的联邦经济部长、联邦(州)卡特尔局、反垄断委员会等。我国的反垄断执法机关为国务院反垄断委员会和国务院反垄断执法机构。

(一)反垄断委员会

反垄断委员会是国务院设立的负责组织、协调、指导反垄断工作的专门机构。其职责包括：

1. 研究拟订有关竞争政策；

2. 组织调查、评估市场总体竞争状况，发布评估报告；

3. 制定、发布反垄断指南；

4. 协调反垄断行政执法工作；

5. 国务院规定的其他职责。

(二)反垄断执法机构

国务院规定的反垄断法执法机构负责反垄断执法工作。国务院反垄断执法机构根据工作需要，可以授权省、自治区、直辖市人民政府相应的机构，依照反垄断法规定负责有关反垄断执法工作。

反垄断执法机构享有以下权力：

1. 依法对涉嫌垄断行为进行调查。

2. 在调查涉嫌垄断行为时，可以采取下列措施：

(1)进入被调查的经营者的营业场所或者其他有关场所进行检查；

(2)询问被调查的经营者、利害关系人或者其他有关单位或者个人，要求其说明有关情况；

(3)查阅、复制被调查的经营者、利害关系人或者其他有关单位或者个人的有关单证、协议、会计账簿、业务函电、电子数据等文件、资料；

(4)查封、扣押相关证据；

(5)查询经营者的银行账户。

采取上述规定的措施，应当向反垄断执法机构主要负责人书面报告，并经批准。

3.中止和恢复调查。对反垄断执法机构调查的涉嫌垄断行为，被调查的经营者承诺在反垄断执法机构认可的期限内采取具体措施消除该行为后果的，反垄断执法机构可以决定中止调查。中止调查的决定应当载明被调查的经营者承诺的具体内容。

反垄断执法机构决定中止调查的，应当对经营者履行承诺的情况进行监督。经营者履行承诺的，反垄断执法机构可以决定终止调查。

有下列情形之一的，反垄断执法机构应当恢复调查：

(1)经营者未履行承诺的；

(2)作出中止调查决定所依据的事实发生重大变化的；

(3)中止调查的决定是基于经营者提供的不完整或者不真实的信息作出的。

五、垄断行为的法律责任

我国《反垄断法》对经营者的垄断行为规定了具体的法律责任：

1.经营者违反反垄断法规定，达成并实施垄断协议的，由反垄断执法机构责令停止违法行为，没收违法所得，并处上一年度销售额1%以上10%以下的罚款；尚未实施所达成的垄断协议的，可以处50万元以下的罚款。

经营者主动向反垄断执法机构报告达成垄断协议的有关情况并提供重要证据的，反垄断执法机构可以酌情减轻或者免除对该经营者的处罚。

行业协会违反反垄断法规定，组织本行业的经营者达成垄断协议的，反垄断执法机构可以处50万元以下的罚款；情节严重的，社会团体登记管理机关可以依法撤销登记。

2.经营者违反反垄断法规定，滥用市场支配地位的，由反垄断执法机构责令停止违法行为，没收违法所得，并处上一年度销售额1%以上10%以下的罚款。

3.经营者违反反垄断法规定实施集中的，由国务院反垄断执法机构责令停止实施集中、限期处分股份或者资产、限期转让营业以及采取其他必要措施恢复到集中前的状态，可以处50万元以下的罚款。

4.经营者实施垄断行为，给他人造成损失的，依法承担民事责任。

5.行政机关和法律、法规授权的具有管理公共事务职能的组织滥用行政权力，实施排除、限制竞争行为的，由上级机关责令改正；对直接负责的主管人员和其他直接责任人员依法给予处分。反垄断执法机构可以向有关上级机关提出依法处理的建议。法律、行政法规对行政机关和法律、法规授权的具有管理公共事务职能的组织滥用行政权力实施排除、限制竞争行为的处理另有规定的，依照其规定。

6.对反垄断执法机构依法实施的审查和调查，拒绝提供有关材料、信息，或者提供虚假材料、信息，或者隐匿、销毁、转移证据，或者有其他拒绝、阻碍调查行为的，由反垄断执法机构责令改正，对个人可以处2万元以下的罚款，对单位可以处20万元以下的罚款；情节严重的，对个人处2万元以上10万元以下的罚款，对单位处20万元以上100万元以下的罚款；构成犯罪的，依法追究刑事责任。

7.反垄断执法机构工作人员滥用职权、玩忽职守、徇私舞弊或者泄露执法过程中知悉的商业秘密，构成犯罪的，依法追究刑事责任；尚不构成犯罪的，依法给予处分。

第九章　消费者权益保护法

第一节　消费者权益保护法概述

一、消费者的概念

消费者是消费的主体，包括生产性消费者和生活性消费者。消费者权益保护法中所涉及的消费者，主要是指生活资料的个人消费者，国际组织和各国学者也普遍认同这一观点，如日本学者竹内昭夫认为，所谓消费者，就是为生活消费而购买，利用他人供给的物资和劳务的人，是供给者的对称。国际标准化组织“消费者政策委员会”把“消费者”定义为“为个人目的购买或者使用商品和接受服务的个体社会成员”。韩国的消费者保护法将“消费者”定义为“将事业者提供的物品及劳务使用或利用于消费生活者”；泰国的消费者保护法规定，所谓消费者，是指买主和从生产经营者那里接受服务的人，包括为了购进商品和享受服务而接受事业者的提议和说明的人。《中华人民共和国消费者权益保护法》（以下简称《消法》）第2条规定：“消费者为生活消费需要购买商品，使用商品或者接受服务，其权益受本法保护。”

二、消费者的特征

首先，消费者的主体是指个人消费者，是对物质商品或服务进行消耗的具有自然生命的社会个体成员，它一般不包括团体或单位用户，除了最终供个人进行生活消费的单位购买者。法律之所以要对个人消费者进行保护，是因为在市场经济中个人处于弱势地位，激烈的市场竞争可能使某些主体的利益受到侵害，但是在受到侵害之后，作为团体的企业或其他组织，可以依据民事法律，以平等的地位请求法律救济，而消费者由于在经济实力上的悬殊差距，很难以自己的力量与侵权者抗衡。因此，法律把消费者定义在“个体社会成员”的范围内，是出于对社会弱势主体保护的特别需要。

其次，消费者的消费性质属于生活消费。各国之所以要颁布消费者权益保护的法律，正因为消费者是个体社会成员，而个体消费者的消费行为主要集中在生活消费领域，因而大量的侵犯消费者权益的行为发生在生活领域中；此外，虽然消费分为生产性消费和生活性消费，但是从社会生产的目的来看，生产性的消费最终还是要转化为满足提高社会成员的生活水平的需要。因此，无论从哪个角度考虑，保护消费者的权益应当是对生活领域中的消费权利进行保护。

第三，消费者的消费方式表现在购买、使用商品和接受服务。这是从消费方式上对消费者的界定。消费方式包括直接消费和间接消费，消费者本人购买、使用商品或接受服务可以看成是一种直接的消费活动，因为他和经营者具有直接的契约关系，理所当然地受到法律的保护；但是还有另外一些情况，如消费者购买的商品或者服务提供给他人使用或消费，或者在直接消费过程中，使相关人员受到影响等，这些并不和经营者直接发生购买关系的人，也会因某种原因成为消费者权益保护法的保护对象，从这一意义上讲，他们是一种间接的消费。如某人因生活需要而购买一台彩电，邻居某乙到他家作客，在看电视时，电视机突然爆炸，某乙受伤，那么某乙也是消费者权益保护法的保护对象。

三、消费者运动

消费者问题的出现是商品经济发展到一定时期的特有现象。由于商品经济的发展，价值规律成为支配市场经济生活的重要机制，市场竞争的日益激化，使消费者在市场上越来越处于软弱不利的地位。特别是到了19世纪末20世纪初，资本主义进入高度发达的自由竞争阶段向垄断过渡的阶段，一方面，先进的生产技术和细微的专业化分工使得消费者客观上越来越难判断自己消费行为的合理性和产品的真实性；另一方面，垄断资本集团利用市场优势控制市场的行为却频频发生，如抬高价格、虚假广告、缩减生产以维持高额利润以及直接以假冒伪劣产品进行出售等，对消费者利益形成了极大的威胁。因此消费者权益保护问题的提出，是市场竞争激化的必然结果，也是市场经济本身发展难以避免和克服的一种社会现象。

上述原因使得消费者要求保护的呼声日益强烈，这呼声最早来自美国，1891年美国纽约市成立了消费者协会。1898年由全美国各地方的消费者协会联合成立了一个全国消费者联盟。1936年，美国在科鲁司特温博士的倡议下建立了消费者联盟，把早期的消费者受损后的单纯互助式的保护发展到建立庞大的消费者社团组织，在国家的法律支持下全面保护消费者运动，并为保护消费者的利益进行了极大的努力。此后，影响到其他国家，形成蓬勃发展声势浩大的消费者运动。到20世纪50至60年代，是消费者保护运动空前发展的年代。1961年，美国国会通过了一项法律《全国交通和汽车安全法》。与此同时，德国消费者同盟在1953年成立,英国消费者协会于1957年产生,日本也于1956年因大量食品卫生问题影响人们健康事件的发生而组织了消费者团体与联络会。

四、消费者权益保护法的概念和特征

消费者权益保护法是调整在保护消费权益的过程中发生的经济关系的法律规范的总称,消费者权益保护法有狭义和广义之分。狭义的消费者权益保护法是专项立法意义上的法律,如我国的《消费者权益保护法》,日本的《消费者保护基本法》等,广义的消费者权益保护法是指实质意义上的有关消费者权益保护的法律规范体系。它不仅包括形式意义上的专门法律,还包括民法、产品质量法、反垄断法、反不正当竞争法、广告法、价格法、合同法等法律中的相关规定。通常意义上所指的是狭义的消费者权益保护法。消费者权益保护法是经济法的重要部门法,在经济法的市场管理法中占有重要地位,有自己独特的调整对象,即在保护消费者权益过程中所发生的经济关系。

消费者权益保护法具有以下特征:

(一)权益保护的特殊性:消费者权益保护法是以消费者权益为保护对象的法律,充分认识到了消费者的弱者地位

消费者权益保护法特别保护消费者权益,而给予经营者一定限制,这是消费者权益保护法的最根本特征。因为消费者问题的突出和消费者在经济上的弱者地位,消费者权益保护法界定了消费者阶层,对其进行特殊保护,这是其保护的特殊法益。其范围从一般日用品到高档消费品,直到服务领域,不仅涉及消费者的人身健康与安全,也涉及消费交易的公平、消费环境的改善和消费者的社会角色等各方面,涉及生活消费的各个领域。

(二)消费者权益保护法多为强制性、禁止性规范

传统民商法倡导"契约自由"、"意思自治",并以任意性规范为主。而消费者权益保护法的原则体现了国家对市场经济进行规制的特点,这种规制的典型特点是对"契约自由"进行限制,因此多为强制性、禁止性规范。许多国家规定生产经营者的义务,以及对标准合同条款的限制。这类规定多为禁止性的,如有违反,则对其追究法律责任。民商法一般不涉及行政责任和刑事责任,而消费者权益保护法则往往直接明确行政、刑事责任,如我国《消费者权益保护法》、《产品质量法》、《刑法》等规定,生产者、销售者如果在产品中掺杂、掺假,以假充真,以次充好,除应给予消费者民事赔偿外,有关主管行政部门可予以罚款、没收违法所得、吊销许可证或营业执照等行政处罚,并针对一定的严重危害消费者人身构成犯罪的行为规定了刑罚。

(三)确立了无过错责任原则

消费者权益保护法的重要突破在于无过错责任的确定。民商法一般实行过错责任,而消费者权益保护法则更多采取严格的无过错责任。即产品如有缺陷并使消费者的人身和财产受到损失时,即使生产者在制造或销售过程中已经尽到了一切可能的注意,仍需对消费者承担责任,而消费者无须承担举证责任。此外,这种归责原则还扩大了合同效力的所及范围,即承担责任的卖方不仅包括零售商,还包括批发商、制造商及为制造该产品提供零部件的供应商等;而作为消费者的买方不仅包括直接购买者,还包括其亲属、亲友以及受到该产品伤害的其他人。

五、消费者权益保护法的基本原则

消费者权益保护法的基本原则是指集中体现消费者保护法的基本价值和调整方法,对消费者保护法制定、执行、解释和适用具有普遍指导意义的基本精神,我国消费者权益保护法的基本原则包括以下几项:

1. 国家保护原则。国家保护原则的实质,是将消费者及其权益放到一个特殊的法律地位上加以保护。它隐含了这样的前提:即在经济生活中,由于各种原因,消费者的合法权益极易受到不法侵害,却没有足够的力量充分保护自己;这种侵害不仅对于消费者自身,而且对经济民主的维持、对经济整体的有效运行、对社会秩序的稳定都有极大的危害。因而国家需要主动介入,对消费者及其权益施加特别保护。

一般而言,消费者消耗和利用商品或服务的活动,属于经济生活的微观层面,消费者与经营者是平等地位的经济当事人,他们之间形成的是契约买卖关系,应由市场机制加以协调。对于这类关系中产生的纠纷的解决,传统民商法一般采取告诉才处理的方法。但是随着现代经济系统的演变,特别是垄断势力和不正当竞争行为的泛滥,使消费者处于明显的弱势地位,在付出了极大的经济代价之后,仍无法得到满意的商品和服务,这样,经济生产的最终目标——为满足人们的需要而创造物质和非物质消费品——就遭到了扭曲。为了校正这种情况,以国家为核心的公权力主动介入到微观经济层面,站在消费者一边,通过保护消费者的合法权益,去规范和控制不法经营者的行为,达到经济协调、社会稳定的目标。

自美国总统肯尼迪提出消费者的基本权利,并在政府设立专门机构(联邦贸易委员会消费者保护司)以后,各国政府相继把消费者权利的保护纳入了政府行政工作的范畴。联合国1985年通过的《保护消费者准则》中也明确规定:“各国政府应当拟订、加强或保持有力的保护消费者的政策措施,以确保消费者的健康和安全不受危害;促进和保护消费者的经济利益;……各国政府应当提供和维护适当的监测机构,以便拟订、执行和监测保护消费者的政策。"国家是一个抽象的概念,在进行具体的消费者权益保护时,我国法律规定:立法机关应当听取消费者的意见和要求;各级行政组织、部门和机构应当及时预防、制止和监督不法行为,主动查处;司法机关应当利用刑事、民事诉讼程序,惩处经营者犯罪行为,并方便消费者提起诉讼。这一系列规定综合而具体地体现了国家对消费者正当权利的重视和保护,将消费者合法权益保护明确为立法、行政、司法机关的重要职责。我国《消法》总则第5条和第4章"国家对消费者合法权益的保护"体现了这一重要的原则,内容是国家动用立法、执法和司法力量,采取积极措施,运用预防、控制、制止、处罚和监督等手段,综合地保护消费者的正当权益不受侵害。

2.全社会保护原则。全社会保护原则的实质,就是在国家保护的基础上将对消费者权益的保护扩大到全社会范围,动用一切社会力量,对经营者及其他可能或实际侵害消费者的行为进行预防、控制、规范和监督。消费者利益的总和就是社会利益的体现,只有动员全社会的力量才能使消费者权益得到切实保护。国家和代表国家行使权力的行政司法部门是社会的组织者、管理者,对侵害消费者权益的行为客观上不可能全部进行查处和惩办。因此明确消费者权益的社会保护是十分必要的。它有利于及时、迅速、深入、妥善地保护消费者的各项权益。

全社会保护原则的具体体现为社会力量的监督作用。所谓社会力量的监督,是指除拥有强制力的国家以外的在社会生活中实际存在的组织和个人的监督、大众传媒机构的监督以及一切与消费者权益有关的企业、事业单位、社会团体的监督。其中消费者协会发挥着特别重要的作用,根据《消法》的规定,消费者协会是依法成立的,对商品和服务进行社会监督的保护消费者合法权益的社会团体。保护消费者合法权益是以消费者组织的基本宗旨。消费者协会的基本职能有:向消费者提供消费信息和咨询服务,参与有关行政部门对商品和服务的监督、检查;就消费者合法权益问题,向有关行政部门反映、查询、提出建议;受理消费者投诉;对商品和服务的质量问题提供鉴定部门鉴定;支持受损害的消费者起诉;通过大众传媒对损害消费者合法权益的行为予以揭露。

特别需要指出的是广大消费者个人的监督是社会监督中的一支不可忽视的重要力量,它可以使大量的侵权行为受到威慑,得到无形的控制。但是由于举报制度尚未完善,这支力量的发挥受到限制甚至压抑。我们认为必须从理论上和具体制度上给予充分肯定,把社会中消费者个人自我保护的力量汇聚成强大的社会监督力量,与国家的力量一起加以运用,真正起到保护消费者合法权益的作用。

3.消费者保护与经济发展水平相适应原则。对消费者的保护必须与经济发展水平保持一致。脱离实际，一味强调对消费者的保护，而忽视客观的经济发展水平，不仅会严重妨碍社会经济的发展，而且，消费者的根本利益也会得不到保障。众所周知，一个国家的消费水平决定于这一国家的经济发展状况，经济越发达，消费者的需求就越能得到更好地满足，如果经济一直处于落后状态，消费者的各种需求就难以实现。因此，改善消费者的处境，提高消费水平，首先必须发展生产，经济发展了，消费者才能获得最基本的生活保障。在任何市场经济体制下，消费者与经营者的利益都存在着相互对立的一面，过分强调哪一方的利益都会造成对他方的损害，在一定程度上要求对消费者给予特别保护虽然也会造成对经济发展的影响，但这种影响符合人类社会的基本价值观念，因而是必要的。按照法经济学的观点，任何法律的制定，都必须考虑法律的成本或者说法律的经济效应。当然，这里所指的经济效应既包括微观的经济效应，又包括宏观的经济效应。就消费者立法而言，既要充分考虑消费者的利益合理满足，又要考虑到生产经营者的现实承受能力，以及由此可能造成的对整个宏观经济总量的影响。正如过度严格的安全防火条例会使所有的小旅馆倒闭一样，过高的质量要求亦会使生产者因无力达标而放弃生产。同时，过于严格的保护还会增加生产者的管理费用和国家财政支出，而国家税收和管理费用支出最终都要纳入产品的成本而转嫁给消费者，因此，过于严格的保护不仅会使生产者投资信心不足，影响经济发展，而且会使消费者负担加重。所以，对消费者的保护水平只能根据经济发展的需要量力而行，逐步提高。在我国，经济发展与世界发达国家还有相当大的距离。因此目前在制定各种消费者保护法律制度时既要考虑我国经济的发展现状，又要考虑到消费者的接受能力，不能一味照搬照抄西方各国的立法。其次，要根据经济的发展，不断提高对消费者的保护水平。消费者保护制度不应是一成不变的，经济发展了，消费者保护法对消费品的安全性，各种食品的卫生标准，各种电器、机械、用品的功能和质量等，也应该提出更高的要求，只有这样才能推动消费者生活水平的不断提高。

六、消费者权益的国际保护

随着市场经济的发展，各国消费者问题也日益突出，保护消费者权益已日显重要，为此，各国所保护的消费者权利的范围愈发扩大，这同样也反映到国际立法的层面。例如，国际消费者联盟提出了消费者应享有的八项权利，这使得消费者权益的国际保护能够与各国的具体保护在很大程度上保持一致，从而也使得国际层面的立法更具有可操作性。

在消费者权益的国际保护方面，已经有一批关于消费者保护的规范。其中，较为重要的是：1.《保护消费者准则》。它由国际消费者组织联盟倡导制定，并经联大决议通过，是国际消费者保护方面影响最大的综合性立法。其主要目标是协助各国加强消费者保护，鼓励企业遵守道德规范，协助各国限制不利于消费者的商业陋习；鼓励消费者组织的发展，推进消费者保护的国际合作等。2.《消费者保护宪章》。它由欧洲理事会制定，影响亦较大。其权利保护范围较为广泛，对消费者的援助保护权、损害赔偿权、知悉真情权、接受教育权、依法结社权、获得咨询权等都有相关规定。

第二节　消费者的权利和经营者的义务

一、消费者的权利

消费者权利是一种不同于普通民事权利的特殊权利。首先，消费者权利是与消费者的身份联系在一起；其次，消费者的权利通常是法定权利，具有强制性，任何人不得剥夺，经营者以任何方式剥夺消费者权利的行为无效。

消费者权利概念的提出，一般认为最初是由美国前总统肯尼迪提出来的。1962 年 3 月 15 日，肯尼迪总统向美国国会提出了一份“关于保护消费者利益的总统特别国情咨文”，在这篇咨文中，他提出了消费者应享有的四项权利：获得安全商品的权利，正确了解商品的权利，自由选择商品的权利以及提出意见与建议的权利。1983 年“国际消费者组织联盟”作出决定，将每年的 3 月 15 日作为“国际消费者权益日”，并提出消费者的 8 项权利，即消费者有权得到必要的物品和服务借以生存，应该得到公平的价格和选择，应当得到安全，应有足够的资料，应该得到公平的赔偿和法律援助，应该获得消费者教育，应当享有一个健康的环境等。

我国 1993 年公布的《消费者权益保护法》在广泛吸收各国及国际保护消费者立法经验的基础上，规定消费者享有九项权利。

（一）安全权

安全权是消费者最重要的权利，包括人身安全权和财产安全权两方面内容。

人身权是宪法和民法通则赋予公民的一项最基本的权利，其内容，除了生命健康权外，还包括姓名权、名誉权、荣誉权、肖像权等。但这里所称的人身安全不受损害，仅指生命健康权不受损害。因为只有生命健康，才存在是否安全的问题。因此，上述人身安全权也可称为生命健康安全权，具体是指消费者在购买、使用商品和接受服务时，享有保持身体各器官及其机能的完整性以及生命不受危害的权利。值得注意的是，上述财产安全并不仅仅是指消费者购买、使用的商品和接受的服务本身的安全，更重要的是指除了购买、使用的商品和接受的服务以外的其他财产的安全。为了使消费者的安全权得到实现，法律规定："消费者有权要求经营者提供的商品和服务，符合保障人身、财产安全的要求。"符合保障人身、财产安全的要求，包含两层意思：一是有国家标准、行业标准的，消费者有权要求商品和服务符合该标准；二是没有国家标准、行业标准的，消费者有权要求商品和服务符合社会普遍公认的安全、卫生要求，这主要适用于服务行业和某些新研制开发的商品。

（二）知情权

它是指《消费者权益保护法》第8条规定的"消费者享有知悉其购买、使用的商品或者接受的服务的真实情况的权利"。消费者在购买、使用商品或接受服务时，有权对商品和服务的有关真实情况进行全面和充分的了解。知情权是消费活动必不可少的，是消费者决定购买某种商品、接受某项服务的前提。知情权又是达到公平交易、防止上当受骗和真正做到自主选择的保证。

消费者知情权的实现，一方面要求经营者提供的情况要真实，不得作虚假表示，不得作令人误解的宣传；另一方面要求消费者本身提高消费知识水准，敢于依法行使自己的权利。根据法律规定，对于商品，消费者有权要求经营者提供商品的价格、产地、生产者、用途、性能、规格、等级、主要成分、生产日期、有效期限、检验合格证明、使用方法说明书、售后服务等有关情况；对于服务，消费者有权要求经营者提供服务的内容、规格、费用等有关情况。

（三）自主选择权

选择权即消费者享有的选择商品和服务的权利。自主选择权主要包括以下内容：1.有权自主选择提供商品或服务的经营者；2.有权自主选择商品品种或服务方式；3.有权自主决定购买或不购买任何一种商品、接受或不接受任何一项服务；4.在自主选择商品或服务时，有权进行比较、鉴别和挑选。

此外，《反不正当竞争法》规定，经营者销售商品，不得违背购买者的意愿搭售商品和其他不合理的条件，不得进行欺骗性的有奖销售或以有奖销售为手段推销质次价高的商品或进行巨奖销售；政府及其部门不得滥用权力限定他人购买其指定的经营者的商品，限制外地商品进入本地或本地产品流向外地。这也是对消费者选择权的有力保护。

（四）公平交易权

在消费法律关系中，消费者和经营者的法律地位平等，双方都享有公平交易权。既然如此，为什么要强调消费者一方的公平交易权？这是因为，从消费活动的实际情况看，由于多种原因，消费者往往处于弱者地位，更需要突出强调其公平交易的权利，以便从法律上给予特别保护。

公平交易权主要体现在以下两方面：1.消费者在购买商品或接受服务时，有权获得质量保障、价格合理、计量正确等公平交易条件。质量保障即要求商品或服务的质量必须符合国家规定的标准,没有标准的应符合社会普遍公认的要求。价格合理即要求商品或服务的价格与其价值基本相符,有国家定价的必须按照定价执行,国家没有定价的由交易双方按价值规律合理确定。计量正确即要求经营者提供商品或服务时的计量必须准确无误。2.消费者有权拒绝经营者的强制交易行为。强制交易行为的特征是违背消费者的意愿,其表现形式是多种多样的。强制交易行为不仅侵犯消费者的自主选择权,还侵犯消费者的公平交易权。对强制交易行为有权拒绝,是消费者享有公平交易权利的重要体现。

(五)求偿权

消费者因购买、使用商品或者接受服务受到人身、财产损害的,享有依法获得赔偿的权利。消费者在购买、使用商品或接受服务时,既可能人身权受到损害,也可能财产权受到损害。这里的人身权,既包括消费者的生命健康权,也包括消费者其他人格方面的权利,如姓名权、名誉权、荣誉权等。而财产损害,主要是指财产方面的损失,包括直接损失和间接损失。需要指出两点:第一,消费者只要因购买、使用商品或接受服务受到人身、财产损害,就可以依法获得赔偿,而并不需要以经营者有过错为前提条件。第二,赔偿有多种方式,而并非只是赔偿损失一种。我国《民法通则》根据不同情况规定了多种民事责任承担方式,其中恢复原状、赔礼道歉、消除影响、恢复名誉、赔偿损失,以及修理、重作、更换等都可以作为赔偿的方式之一。当然,由民事责任的财产特性所决定,赔偿损失是一种最基本、最常见的方式。

享有求偿权的主体是因购买、使用商品或接受服务而受到人身、财产损害的消费者,即受害人。它具体包括:1.商品的购买者;2.商品的使用者;3.服务的接受者;4.第三人。有时候,受害者既不是商品的购买者、使用者,也不是服务的接受者,而是因为偶然原因在事故发生现场而受到损害的其他人。《消费者权益保护法》同样赋予这种人求偿权。因为第三人所受的损害也是由于(他人)购买、使用该商品或接受该服务而引起的,商品的经营者或服务的提供者负有不可推卸的责任。

(六)结社权

消费者享有依法成立维护自身合法权益的社会团体的权利。消费者社会团体除了消费者协会外,还包括消费者在居住或工作所在地的居(村)委会、机关、团体等单位建立的各种消费者保护组织,以及消费者为了获得自我保护知识而专门成立的消费者教育和消费者指导性组织等。消费者依法成立社会团体,通过有组织的活动,维护自身的合法权益,既是一项权利,也是国家鼓励全社会共同保护消费者合法权益的体现。

(七)获得有关知识权

消费者享有获得有关消费和消费者权益保护方面的知识的权利。它包括两方面的内容:其一,获得有关消费方面知识的权利。消费方面的知识范围很广,主要有:1.有关消费观的知识;2.有关商品和服务的基本知识;3.有关市场的基本知识。其二,获得有关消费者权益保护方面知识的权利。它主要是指获得有关消费者权益保护的法律、法规和政策,以及保护机构和争议解决途径等方面的知识。为了使消费者的这一权利得以落实,社会各方面应尽可能地创造机会,开辟多种途径帮助消费者获得有关知识,消费者本身也应当为获得有关知识作出积极努力,提高自我保护意识。

(八)人格尊严和民族风俗习惯受尊重权

它包括两方面的内容:其一,人格尊严受尊重权。人格尊严是消费者的人身权的重要组成部分,包括姓名权、名誉权、荣誉权、肖像权等。人格尊严受到尊重,是消费者最起码的权利之一。在实践中,侵犯消费者人格尊严权大量表现为侮辱消费者即侵犯消费者名誉权的行为,此外还有搜查消费者的身体及其携带的物品,甚至限制消费者的人身自由的行为。其二,民族风俗习惯受尊重权。我国是一个多民族的国家,除汉族外,还有55个少数民族。各民族有不同的风俗习惯,尊重民族习惯并不是可有可无的,它对于保护少数民族消费者的合法权益,贯彻党和国家的民族政策,都有极重要的意义。

(九)监督权

它包括三方面的内容:其一,有权对商品和服务的质量、价格、计量等进行监督;其二,有权对保护消费者权益工作提出批评、建议,进行监督;其三,有权对侵害消费者权益的行为和国家机关及其工作人员在保护消费者权益工作中的违法失职行为进行检举、控告。

应当明确,消费者监督权的行使,既可以与购买、使用商品或接受服务的行为有关系,也可以毫无关系,即没有进行某种消费行为的也可以提出批评、建议或进行检举、控告。

二、经营者的义务

一般意义上的经营者是指以营利为目的,从事商品生产和销售以及提供服务的人,在消费者权益保护法中的经营者是指通过市场为消费者提供消费资料和消费服务的人。消费者权益保护法中的经营者的义务从性质上说是一种法定义务,这一义务的产生来源于法律的直接规定,而非由当事人设定,义务的内容由法律直接确定,而非由双方当事人协商确定。经营者的义务是与消费者的权利相对应的,在法律中明确规定经营者的义务正是消费者权利得以实现的重要保障。我国消费者权益保护法专门设立“经营者的义务”一章，具体规定经营者的义务。

（一）依法定或约定履行义务

经营者向消费者提供商品或服务，应当依照我国的《产品质量法》和其他有关法律、法规的规定履行义务，即经营者必须依法履行其法定义务。此外，经营者和消费者有约定的，应当按照约定履行义务，但双方的约定不得违背法律、法规的规定。可见，在不与强行法规定发生抵触的情况下，经营者应依约定履行义务。

经营者提供商品或者服务，按照国家规定或者与消费者的约定，承担包修、包换、包退或者其他责任的，应当按照国家规定或者约定履行，不得故意拖延或者无理拒绝。这是该法为体现上述依法定或约定履行义务的精神而作出的具体规定。

（二）听取意见和接受监督

经营者应当听取消费者对其提供的商品或者服务的意见，接受消费者的监督。这是与消费者的监督批评权相对应的经营者的义务。法律规定经营者的这一义务，有利于提高和改善消费者的地位。

（三）保障人身和财产安全

这是与消费者的保障安全权相对应的经营者的义务。经营者应当保证其提供的商品或者服务符合保障人身、财产安全的要求。对可能危及人身、财产安全的商品和服务，应当向消费者作出真实的说明和明确的警示，并说明和标明正确使用商品或者接受服务的方法以及防止危害发生的方法。

经营者发现其提供的商品或者服务存在严重缺陷，即使正确使用商品或者接受服务仍然可能对人身、财产安全造成危害的，应当立即向有关行政部门报告和告知消费者，并采取防止危害发生的措施。

（四）提供真实信息

这是与消费者的知悉真情权相对应的经营者的义务。经营者应当向消费者提供有关商品或者服务的真实信息，不得作引人误解的虚假宣传，否则即构成侵犯消费者权益的行为和不正当竞争行为。经营者对消费者就其提供的商品或者服务的质量和使用方法等具体问题提出的询问，应当作出真实、明确的答复。在价格标示方面，商店提供商品应当明码标价。

（五）标明真实名称和标记

经营者的名称，是其法律人格的体现；经营者的标记一般通过企业商品的商标、本企业的形象设计等方面表现。它共同承载着经营者的商誉，是经营者的无形财产。我国《消费者权益保护法》第 20 条规定了经营者的此项义务。

该义务的内容有:经营者应当标明其真实名称和标记;租赁他人柜台或场地的经营者,应当标明其真实名称和标记。

(六)出具相应的凭证和单据

经营者提供商品或者服务,应当按照国家有关规定或者商业惯例向消费者出具购货凭证或者服务单据;消费者索要购货凭证或者服务单据的,经营者必须出具,这是经营者的义务。由于购货凭证或者服务单据具有重要的证据价值,对于界定消费者和经营者的权利义务亦具有重要意义,因此,明确经营者出具相应的凭证和单据的义务,有利于保护消费者权益。

(七)提供符合要求的商品或服务

经营者应当保证在正常使用商品或者提供服务的情况下说明其提供的商品或者服务应当具有的质量、性能、用途和有效期限;但消费者在购买该商品或者接受该服务前已经知道其存在瑕疵的除外。经营者以广告、产品说明、实物样品或者其他方式表明商品或者服务的质量状况的,应当保证其提供的商品或者服务的实际质量与表明的质量状况相符。

(八)不得从事不公平、不合理的交易

为了保障消费者的公平交易权,经营者不得以格式合同、通知、声明、店堂告示等方式作出对消费者不公平、不合理的规定,或者减轻、免除其损害消费者合法权益应当承担的民事责任。格式合同、通知、店堂告示等含有对消费者作出的不公平、不合理的规定或者减轻、免除损害赔偿责任等内容的,其内容无效。

(九)不得侵犯消费者的人身权

消费者的人身权是其基本人权,消费者的人身自由、人格尊严不受侵犯。经营者不得对消费者进行侮辱、诽谤,不得搜查消费者的身体及其携带的物品,不得侵犯消费者的人身自由。

第三节 消费者权益争议的解决及法律责任

一、消费者权益争议的解决途径

消费者权益争议,是指在消费领域中,消费者和经营者双方因权利义务关系而发生的纠纷。我国《消费者权益保护法》规定,消费者和经营者发生消费权益争议,可通过以下五种途径解决:

1. 与经营者协商和解,在发生消费纠纷后,消费者可以选择直接与经营者协商交涉,达成和解协议,解决纠纷。这对消费者与经营者来说都是最经济、最理想的解决方案。

2.请求消费者协会调解。消费者协会作为消费者与经营者的中间人，主持调解，在查明事实，分清是非的基础上，努力促成争议双方达成和解协议。消费者协会作为民间的社会团体促成双方达成的和解协议不具有法律强制力。

3.向有关行政部门申诉。在发生争议以后，消费者也可以选择直接向有关工商行政管理、物价、质检、卫生等有关机关提起申诉，请求有关机关对经营者的行为作出处理。相关机关根据各自的职权范围对消费者提出的申诉予以查处。

4.根据与经营者达成的仲裁协议提请仲裁机构仲裁。根据原消费合同的仲裁条款或在纠纷发生后双方达成的仲裁协议，向有关仲裁机关就双方争议的事项提起仲裁。仲裁机关对争议所作出的裁决为终极裁决，不得申请再审或另行起诉。

5.向法院提起诉讼。当事人双方在纠纷发生后，如没有选择以仲裁的方式，则可以向有管辖权的法院提起诉讼，由法院在查清事实、分清是非的基础上依据法律、法规作出判决，解决纠纷。解决途径的多元化有利于消费者及时、有效地保护自己的正当权益。

二、损害消费者权益的赔偿主体

由于赔偿主体与消费争议的解决密切相关，因而《消费者权益保护法》在第六章"争议的解决"中，对损害消费者合法权益的赔偿主体等也作了规定。为了防止和避免生产者与销售者之间相互推诿，保证消费者合法权益及时得到保护，法律确定了有利于消费者求偿的原则：

1.消费者在购买、使用商品时，其合法权益受到损害的，可以向销售者要求赔偿。不管这种损害是由销售者的原因造成的，还是由生产者的原因造成的，消费者均可直接要求提供该商品的销售者赔偿损失，即销售者负有先行赔偿消费者损失的法定义务。

销售者先行赔偿消费者的损失，并不意味着由其最终承担赔偿责任。销售者赔偿后，如果属于生产者的责任或属于向销售者提供商品的其他销售者的责任的，销售者依法有权向生产者或其他销售者追偿，以弥补其付出的赔偿。

2.消费者或其他受害人因商品缺陷造成人身、财产损害的，可以向销售者要求赔偿，也可以向生产者要求赔偿。消费者有选择赔偿主体的权利，生产者和销售者不得以责任不属于自己而拒绝赔偿。生产者或销售者对消费者履行赔偿义务后，如果责任不属于自己的，有权向责任者追偿。具体地说，如果是属于生产者责任的，销售者赔偿后，有权向生产者追偿；如果是属于销售者责任的，生产者赔偿后，有权向销售者追偿。

3.消费者在接受服务时，其合法权益受到损害的，可以向服务者要求赔偿。

消费服务具有直接的特点，不需中间环节，消费者在接受服务中合法权益受到损害，通常是由提供服务的人因违法或不适当履行义务造成的。因此，法律规定，消费者在接受服务时，合法权益受到损害的，直接向服务者要求赔偿。

4. 消费者在购买、使用商品或接受服务时，其合法权益受到损害，因原企业分立、合并的，可以向变更后承继其权利义务的企业要求赔偿。在企业分立的情况下，如果原企业终止的，由于成立的若干独立的新企业都承受了原企业的权利义务，这些企业对原企业的行为均应承担连带责任，消费者可以要求其中任何一个企业对自己所受损害予以赔偿。如果原企业仍然存在的，应向原企业要求赔偿；其他新成立的企业承受原企业权利义务的，应承担连带责任，消费者可以向其中任何一个企业请求赔偿。在企业合并的情况下，消费者应向合并后的企业要求赔偿。

5. 使用他人营业执照的违法经营者提供商品或服务，损害消费者合法权益的，消费者可以向其要求赔偿，也可以向营业执照的持有人要求赔偿。营业执照是国家登记主管机关即工商行政管理部门依法核发的、证明从事经营活动的法人、其他组织或个人具有合法经营权的凭证。营业执照只能由登记主管机关核准的经营者持有和使用，不能出租、出借或转让他人使用，否则，即构成违法。消费者既可以向违法经营者要求赔偿，也可以向营业执照的持有人要求赔偿。消费者向上述其中的任何一个人要求损害赔偿，其必须履行。

6. 消费者在展销会、租赁柜台购买商品或接受服务，其合法权益受到损害的，可以向销售者或服务者要求赔偿。展销会结束或柜台租赁期满后，也可以向展销会的举办者、柜台的出租者要求赔偿。鉴于展销会的举办者、柜台的出租者与参展经营单位、柜台的承租者所从事的经营活动有密切的利益联系，为保证消费者在展销会和租赁柜台上购买商品或接受服务时，其合法权益不受损害。展销会的举办者、柜台的出租者对销售者或服务者损害消费者权益的行为，不论是否具有直接责任，均有对消费者的损失先行全部赔偿的义务。如果确系由于销售者或服务者单方面过错而致使消费者利益受损害的，展销会的举办者、柜台的出租者先行赔偿后，有权向销售者或服务者追偿。

7. 消费者因经营者利用虚假广告提供商品或服务，其合法权益受到损害的，可以向经营者要求赔偿。广告的经营者，即从事代理、设计、制作、发表广告业务的法人、其他组织或个人，发布虚假广告的，消费者可以请求行政主管部门予以惩处。广告的经营者不能提供经营者的真实名称、地址的，应当承担赔偿责任。

三、法律责任

（一）侵害消费者合法权益的民事责任

根据不同的情况，经营者对消费者的合法权益造成损害的分别应承担相应的民事责任：

1.经营者提供的商品或服务，造成消费者财产损失的，应当按照消费者的要求，以修理、重作、更换、退货、补足商品数量、退还货款和服务费用或者赔偿损失；如造成人身伤害的，应当支付医疗费、治疗期间的护理费、因误工减少的收入等费用；造成残疾的，还应支付残疾者生活的自助具费、生活补助费、残疾赔偿金以及由其扶养的人所必需的生活费等；造成死亡的，应当支付丧葬费、死亡赔偿金以及由死者生前扶养的人所必需的生活费等费用。

2.侵害消费者的人格尊严或者侵犯消费者人身自由的，应当停止侵害、恢复名誉、消除影响、赔礼道歉，并赔偿损失。

3.对国家规定或经营者与消费者约定包修、包换、包退的商品，经营者应当负责修理、更换或退货；在保修期内两次仍不能正常使用的，经营者应当负责更换或者退货；对包修、包换、包退的大件商品，消费者要求经营者修理、更换、退货的，经营者应当承担运输等合理费用。

4.经营者以邮购方式提供商品的，应当按照约定提供。未按照约定提供的，应当按照消费者的要求履行约定或者退回货款，并应当承担消费者必须支付的合理费用。

5.经营者以预收款方式提供商品或者服务的，应当按照约定提供。未按照约定提供的，应当按照消费者的要求履行约定或者退回预付款，并应当承担预付款的利息和消费者必须支付的合理费用。

6.依法经有关行政部门认定为不合格的商品，消费者要求退货的，经营者应当负责退货。

7.经营者提供商品或者服务有欺诈行为的，应当按照消费者的要求增加赔偿其受到的损失，增加赔偿的金额为消费者购买商品的价款或者接受服务的费用的1倍。

（二）侵犯消费者权益的行政责任

对经营者违反纪律的有关规定，出现下述情节的，有关行政部门可以责令其承担行政责任：1.生产、销售的商品不符合保障人身、财产安全的要求；2.在商品中掺杂、掺假，以假充真，以次充好，或以不合格商品冒充合格商品的；3.生产国家明令淘汰的商品或者销售失效、变质商品的；4.伪造商品的产地，伪造或者冒用他人的厂名、厂址，伪造或者冒用认证标志、名优标志等质量标志的；5.销售的商品应当检验、检疫而未检验、检疫或者伪造检验、检疫结果的;6.对商品或者服务作引人误解的虚假宣传的;7.对消费者提出的修理、重作、更换、退货、补足商品数量、退还货款和服务费用或者赔偿损失的要求,故意拖延或者无理拒绝的;8.侵害消费者人格尊严或者侵犯消费者人身自由的;9.法律、法规规定的对损害消费者权益应当予以处罚的其他情形。

对经营者有上述情形之一,有关行政部门可以依据《中华人民共和国产品质量法》和其他有关法律、法规根据情节单处或者并处警告、没收违法所得、处以违法所得1倍以上5倍以下的罚款,没有违法所得的,处以1万元以下的罚款;情节严重的,责令停业整顿、吊销营业执照,或予以行政拘留。

(三)侵害消费者权益的刑事责任

对经营者出现下列情况的,依据《消法》的有关规定,可以追究经营者的刑事责任:1.经营者提供的商品或服务造成消费者或其他受害人人身死亡构成犯罪的,依法追究刑事责任;2.以暴力、威胁等方法阻碍有关行政部门工作人员依法执行职务的,依法追究刑事责任;拒绝、阻碍有关行政部门工作人员依法执行职务的,未使用暴力、威胁方法的,由公安机关依照《中华人民共和国治安管理处罚条例》的规定处罚;3.国家机关工作人员玩忽职守或者包庇经营者侵害消费者合法权益的行为的,由其所在单位或者上级机关给予行政处分;情节严重,构成犯罪的,依法追究刑事责任。

第十章　产品质量法

第一节　产品质量法概述

一、产品质量法的概念和调整对象

(一)产品质量法的概念

产品质量法是调整产品生产者、销售者和消费者之间在产品生产、流通及消费领域中，因产品质量而发生的社会关系的法律规范的总称。

产品质量法有广义和狭义之分。狭义的产品质量法是指 1993 年 2 月 22 日由第七届全国人大常委会第三十次会议通过的，自 1993 年 9 月 1 日起施行的《中华人民共和国产品质量法》(以下简称《产品质量法》)，该法已于 2000 年 7 月经第九届全国人大常委会第十六次会议作了修订；广义的产品质量法除上述《产品质量法》外，还包括《产品质量法》颁布前后由全国人大及常委会、国务院所颁布的与产品质量有关的一系列法律、法规，诸如《中华人民共和国民法通则》、《中华人民共和国食品卫生法》、《中华人民共和国药品管理法》、《中华人民共和国计量法》、《中华人民共和国消费者权益保护法》、《中华人民共和国标准化法》、《工业产品质量责任条例》、《产品质量认证管埋条例》等。本章所称的《产品质量法》是指广义的产品质量法。

(二)产品质量法的调整对象

产品质量法的调整对象主要包括两个方面：

1. 产品质量监督管理关系。它是在产品质量监督管理过程中，执行产品质量监督和管理的行政机关、社会组织等与监督管理的对象即生产者、销售者发生的社会关系，它具有监督和管理两个方面的内容。在监督方面，行政机关可以用产品质量监督检查的手段监督产品的质量；认证机构通过产品质量认证，督促企业提高产品质量；消费者保护组织可以通过支持消费者起诉、反映质量问题，对产品质量进行社会监督。在管理方面，行政机关可以鼓励推行科学的质量管理方法，鼓励企业提高产品质量，奖励产品质量管理先进和产品质量达到国际先进水平、成绩显著的单位和个人。

2.产品质量责任关系。它是在产品质量民事活动中，生产者、销售者与产品的用户、消费者以及受害人发生的社会关系。包括生产者、销售者违反明示担保和默示担保义务而对消费者、用户应承担的产品瑕疵担保责任，以及因产品缺陷造成消费者、用户人身损害或产品以外的其他财产损害时应承担的损害赔偿责任。

二、产品质量法的适用范围

产品质量法的适用范围，包括产品的适用范围、活动的适用范围、对人的适用范围和空间的适用范围。

1.产品的适用范围

根据《产品质量法》第2条关于“本法所称产品是指经过加工、制作、用于销售的产品”“建设工程不适用本法规定”的规定，我国产品质量法所称的产品必须同时具备以下条件：第一，必须是人们的劳动产品；第二，必须是经过加工、制作的制成品，半成品或在制品不是产品质量法中所称的产品，但零部件也是制成品，因而也是产品质量法所称的产品；第三，必须是动产。建设工程等不动产，虽是人们劳动产品，因其与动产有许多不同的特点，故不适用产品质量法。但建设工程使用的建筑材料、建筑构配件和设备，属于加工制作并用于销售的，适用产品质量法的规定。

2.活动的适用范围

产品的生产经营活动一般包括生产、运输、保管、仓储、销售等环节。产品质量法只调整产品的生产和销售这两个环节的问题，不包括仓储、运输过程中所发生的质量问题，因为上述两个环节所发生的产品质量问题与用户和消费者不发生直接关系。

3.地域的适用范围

《产品质量法》第2条规定：“在中华人民共和国境内从事产品生产、销售活动，必须遵守本法。”这就是说，产品质量法适用于我国的所有领土、领空、领海等领域。只要在中国境内从事产品生产、销售活动，则不论是中国的公民、法人或其他经济组织，还是外国的公民、法人或其他经济组织，抑或是无国籍人，都受本法约束。

三、产品质量责任与产品责任

产品质量责任与产品责任是两个不同的概念。产品质量责任是指产品的生产者、销售者及其有关主体，违反国家有关产品质量的法律、法规的规定，对其作为或不作为的行为依法承担的法律后果。而产品责任是指因产品缺陷造成消费者、用户或第三人的人身、财产损害后，产品的生产者、销售者应承担的一种民事侵权责任。两者的区别主要表现在以下两个方面：

(一)性质不同

产品质量责任是一种综合责任，既包括产品合同责任，也包括产品侵权责任；既包括民事责任，还包括行政责任和刑事责任，而产品责任仅指产品侵权责任。

(二)承担责任的基础不同

产品质量责任的追究以违反《产品质量法》规定的义务为前提条件，也就是说，只要违反了《产品质量法》规定的义务，即使没有发生损害的事实，也要承担产品质量责任。而产品责任只有在确实造成损害后果的情况下才能发生，否则就不产生侵权责任。

产品质量责任和产品责任的上述区别揭示出：产品质量法比起通常所讲的产品责任法其调整范围要广得多，因此不能把产品质量法和产品责任法等同起来。

第二节 产品质量的监督管理

一、产品质量监督管理体制

《产品质量法》根据我国的管理实际，在总结过去立法经验的基础上，确立了统一管理与分工管理、层次管理与地域管理相结合的原则。《产品质量法》规定："国务院产品质量监督部门负责全国产品质量监督管理工作。""县级以上地方人民政府有关部门在各自的职权范围内负责产品质量监督管理工作。"根据这一规定，国务院和县级以上地方人民政府设立质量技术监督局。国务院质量技术监督局负责对全国产品质量进行宏观管理与指导，制定统一的管理方针和政策，拟定或公布有关产品质量监督管理的法规，国家企业质量管理奖的评审和评优管理工作等。地方质量技术监督局具体进行监督管理工作，其中包括依法查处生产、销售伪劣商品等质量违法行为。质量技术监督局负责组织查处生产和流通领域中的产品质量违法行为，需要工商行政管理局协助的，应予配合；工商行政管理局负责组织查处市场管理和商标管理中发现的经销掺假及冒牌产品等违法行为，需要质量技术监督局协助的，应予配合；在打击生产和经销伪劣商品违法活动中，按照上述分工，两部门应当密切配合。

二、产品质量标准制度

产品质量标准分为强制性标准和推荐性标准。强制性标准是当事人必须执行的标准，推荐性标准是指不具有强制执行的效力，执行者自愿采用的标准。为了保证人体健康和人身、财产安全，我国《产品质量法》明确规定，可能危及人体健康和人身、财产安全的工业产品，必须符合保障人体健康和人身、财产安全的国家标准、行业标准；未制定国家标准、行业标准的，必须符合保障人体健康和人身、财产安全的要求。禁止生产、销售不符合保障人体健康和人身、财产安全的标准和要求的工业产品。

三、企业质量体系及产品质量认证制度

(一)企业质量体系认证制度

企业质量体系认证制度，是指国家有关部门根据企业申请，对企业质量体系的内容和技术标准，依据标准进行审查和鉴定，以确认其是否合格的一种管理制度。

企业质量体系认证作为一种独立的认证制度，自 20 世纪 70 年代出现以来得到了迅速发展。特别是国际标准化组织 1987 年颁布了 ISO9000《质量管理和质量保证》系列标准以来，为世界各国积极推行企业质量体系认证制度提供了国际上统一的、通用的依据。目前，世界上已有很多国家和地区采用了 ISO9000 系列标准，并力求使本国开展的质量体系认证制度与国际惯例相一致，以便于获得国际的承认，促进本国的对外贸易。

企业质量体系认证的对象是企业。认证的过程就是按照《质量管理和质量保证》系列标准的要求，对质量体系的整体进行科学的评价，以证明企业的质量保证能力符合相应标准的要求。根据我国《产品质量法》的规定，我国开展企业质量体系认证的依据是“国际通用的质量管理标准”，即国际标准化组织推荐世界各国采用的 ISO9000 系列国家标准；企业质量体系认证采取自愿原则，国家不作强制干涉。经认证合格的，由认证机构颁布企业质量体系认证证书，企业可以在广告、说明书等内容中，宣传获得的认证证书。

(二)产品质量认证制度

产品质量认证是国际通行的一项质量监督制度，它是指依据产品标准和相应的技术要求，经认证机构确认并通过颁发认证证书和认证标志，从而证实某一产品符合相应标准和相应技术要求的活动。

产品质量认证制度，实质上是一种提供产品信誉的标志制度。实行产品质量认证制度的一个重要目的是通过对符合认证标准的产品颁发认证证书和认证标志，便于消费者识别，同时也有利于经认证合格的企业的产品的市场销售，增

强产品的市场竞争能力，以激励企业加强质量管理，提高产品质量水平。

1991年5月国务院发布的《中华人民共和国产品质量认证管理条例》，是我国开展产品质量认证工作的基本准则。它主要规定了我国产品质量认证的管理体制、管理机构及其相应职责，中国企业、外国企业申请产品质量认证的条件和程序，产品质量认证的检验机构和检查人员，对获准认证产品的监督以及违反规定要承担的法律责任。《产品质量法》对产品质量认证也作了规定。根据上述法律、法规的规定，我国的产品质量认证实行第三方认证制度。所谓第三方认证制度是指在产品认证活动中，认证机构作为独立于生产方和使用方的第三方公正地证明某一产品符合规定的标准，并在批准认证后继续对其实施监督的一种认证制度。产品质量认证采取自愿认证制，即企业根据自愿原则向国务院产品质量监督管理部门或者国务院产品质量监督管理部门授权认可的认证机构申请产品质量认证。认证的形式有两种：安全认证和合格认证。实行安全认证的产品必须符合《标准化法》中有关强制性标准的要求；实行合格认证的产品，必须符合国家标准、行业标准或地方标准的要求。产品质量认证的程序一般要经过企业申请、认证机构初审、由认证机构与企业签订认证协议和颁发认证证书四个阶段。对认证合格的产品，认证机构还有权进行事后的定期与不定期的监督检查，以保障产品质量符合要求，企业对此不得加以回避或者拒绝。

四、产品质量监督检查制度

（一）产品质量监督抽查制度

《产品质量法》第15条规定，国家对产品质量实行以抽查为主要方式的监督检查制度。对可能危及人体健康和人身安全的产品，影响国计民生的重要工业产品以及消费者、有关组织反映有质量问题的产品进行抽查。监督抽查工作由国务院产品质量监督部门规划和组织。县级以上地方产品质量监督部门在本行政区域内也可以组织监督抽查，但要防止重复抽查。抽取的样品应当在市场上或企业成品仓库内的待销产品中随机抽取。产品质量抽查的结果应当公布。实践证明，产品质量监督抽查制度是一项行之有效的制度，它能促进企业提高产品质量，能为国家提供产品质量真实信息，从而为国家制订质量政策，加强宏观管理提供依据，也能为用户和消费者提供产品质量信息，正确引导消费。

（二）产品质量检验制度

产品质量检验制度是指产品质量检验法确认的关于产品质量检验的方法、程序、要求和法律性质的各项内容的总称。我国对产品质量检验十分重视，国家不仅颁布了调整国内产品质量检验关系的法规，而且还颁布了一系列调整进出口商品检验关系的法律、法规和规章，如《中华人民共和国进出口商品检验法》、

《关于进出口商品质量监督管理办法》等,《产品质量法》也对产品质量检验问题作了规定。根据这些法律、法规的规定,产品质量检验机构分为以下几类:一类是县级以上人民政府质量监督部门根据需要依法设置的检验机构;另一类是县级以上政府产品质量监督部门授权的其他单位的产品质量检验机构。此外,还有一类检验机构属于社会中介组织性质,它们不隶属于任何政府部门和事业单位,依法设立,经有关部门考核合格后,依法独立承担产品质量检验任务。产品质量检验机构的任务是,对产品是否合格或者是否符合标准进行检验,承担其他标准实施的监督检验。由于处理产品争议要以依法设置和依法授权的产品质量检验机构出具的检验数据为准,因此产品质量检验机构必须具备相应的检测条件和能力,经省级以上人民政府产品质量监督管理部门或者其授权的部门考核合格后,才可承担产品质量检验工作。产品质量检验机构必须依法按照有关标准,客观、公正地出具检验结果。

五、产品质量社会监督制度

产品质量社会监督是指消费者、用户以及社会组织对产品质量进行监督的制度。

(一)消费者、用户监督

根据《产品质量法》第22条的规定,消费者、用户有权就产品质量问题向产品的生产者、销售者查询,向产品质量监督管理部门、工商行政管理部门及有关部门申诉,接受申诉的部门应当负责及时处理。

(二)社会监督

社会监督包括社会组织监督和社会舆论监督两个方面。

1.社会组织监督。如用户委员会、各级消费者协会等,可以从不同的角度,就消费者反映的产品质量问题建议有关部门负责处理,支持消费者对因产品质量造成的损害向人民法院起诉。

2.社会舆论监督。即大众传播媒介,运用媒体通过对优质产品进行表扬,对劣质产品进行曝光,公布产品质量信得过单位,公告抽查、检验结果,开展“质量万里行”活动,发挥社会舆论的监督作用。

第三节　产品质量义务

一、产品质量的义务主体

产品质量的义务主体,是指对保证产品质量负有义务的人。根据《产品质量法》的规定，产品质量的义务主体是指产品的生产者和销售者。

产品的生产者是指直接从事产品的生产、加工、制作的人，包括自然人和法人。生产者有狭义和广义之分。广义的生产者是指一切与产品生产有关联的人，包括原材料生产者、零部件生产者、成品生产者、组装者等。而狭义的生产者仅指最终产品的生产者。

由于历史和法律传统的不同，各国对生产者的法律规定不尽一致。如德国产品责任法所规定的生产者就既包括产品的最终生产者，也包括原材料、零部件的生产者。《欧洲经济共同体产品责任指令》第3条第1款规定："生产者是指成品的制造者、原材料的生产者、零部件的制造者以及将其名称、商标或其他识别特征标示于产品之上表明他是该产品生产者的任何人。"我国现行的产品质量法没有明文规定生产者究竟是指最终生产者还是指一切与产品生产有关联的人，但根据国际上的做法，生产者应采广义的理解。

产品的销售者是指从事产品销售的单位或个人。销售者也有广义和狭义之分。广义的产品销售者指在生产者和用户、消费者之间参与产品销售活动的所有的单位或个人，包括产品生产者、批发商和零售商，因为产品的生产者有时也同时是销售者；狭义的产品销售者是指将产品直接出售给用户、消费者的单位或个人，主要指零售商。我国《产品质量法》所称的销售者是指广义的销售者。

二、生产者的产品质量义务

根据《产品质量法》的规定，生产者应承担以下几个方面的产品质量义务：

（一）生产者应承担保证产品质量的义务（即明示与默示担保义务）

明示担保义务是指产品的生产者对产品的性能、质量作出的某种明确的声明或承诺。我国《产品质量法》规定的"产品应符合在产品或者其包装上注明采用的产品标准，符合以产品说明及实物样品等方式表明的质量状况"，即为生产者的明示担保义务。生产者一旦在其产品上或包装上注明采用某种标准时，说明生产者对其明示的产品的质量状况负责，保证产品的质量达到产品说明的情形。

默示担保义务包括适销性默示担保和符合特殊用途的默示担保两个方面。适销性默示担保是指生产、销售的产品应符合该产品生产和销售的一般目的。如果产品适用于购买该类产品的目的，该产品就是适销的。《联合国国际货物销售合同公约》和国际贸易惯例确立的适销标准为：1.合同项下的货物应在该行为中无可异议地进行流通；2.如果生产、销售的是种类物，则交付的货物应达到同类产品中的中等质量；3.货物适合于一般的用途；4.除合同和特殊约定外，所有货物应适合于一般用途。符合特殊用途的默示担保，是指买方对所需要的产品提出了特定要求，则依据合同提供的产品就应符合该特定要求。

我国《产品质量法》规定的生产者应承担的默示担保义务主要有以下两种：1.产品质量要具备产品应具备的使用性能；2.产品质量不得存在危及人身、财产安全的不合理的危险，有保障人体健康、人身、财产安全的国家标准、行业标准的，应当符合该标准。

（二）生产者应遵守法律关于产品标识的规定

产品标识是指用于识别产品或者其特征、特性所做的各种表示的统称，一般用文字、符号、标志、数字、图案等表示，用来表明有关产品的名称、产地、生产厂名、厂址、产品的主要成分含量、保存期限等，生产者通过产品标识，向销售者、用户、消费者提供有关产品的真实信息，帮助他们了解产品的质量状况，以及产品的使用、保养事项等，起到指导消费的作用。根据《产品质量法》的规定，产品或其包装上的标识应具备法定要求。具体包括：1.有产品质量检验合格证明；2.有中文标明的产品名称、生产厂名和厂址；3.根据产品的特点和使用要求，需要标明产品规格、等级、所含主要成分的名称和含量的，应相应予以标明；4.限期使用的产品应标明生产日期和安全使用期或者失效日期；5.使用不当、容易造成产品本身损坏或者可能危及人身、财产安全的产品，应有警示标志或中文警示说明。但裸装的食品和其他根据产品的特点难以附加标识的裸装产品，可以不附加产品标识。

（三）生产者应遵守法律对特殊产品包装要求的规定

生产者对特殊产品，即剧毒、危险、易碎、储运中不能倒置以及有其他特殊要求的产品，其包装必须符合相应要求，要有警示标志或者中文警示说明，标明储运注意事项。

（四）生产者不得生产假冒伪劣产品

具体包括：1.生产者不得生产国家明令淘汰的产品；2.生产者不得伪造产地；3.不得伪造或冒用他人的厂名、厂址；4.不得伪造或冒用认证标志、名优标志等质量标志；5.不得掺杂、掺假；6.不得以假充真，以次充好；7.不得以不合格产品冒充合格产品。

生产者违反上述产品质量义务的，依法应承担民事责任、行政责任乃至刑事责任。

三、销售者的产品质量义务

销售者应承担的产品质量义务主要包括四个方面：

（一）执行进货验收制度

销售者应当执行进货验收制度，验明产品合格证明和其他合格标识，以确保流转过程中产品质量状况，防止伪劣商品进入流通领域。

（二）保持销售产品的质量

销售者在购进产品后，售出产品之前，有义务采取措施保持产品的质量，防止产品过期失效，发生霉变，影响质量。

（三）保证销售产品的标识符合法律的要求

具体包括：1.有产品质量检验合格证明；2.有中文标明的产品名称、生产厂名和厂址；3.根据产品的特点和使用要求，需要标明产品规格、等级、所含主要成分的名称和含量的，相应予以标明；4.限期使用的产品，标明生产日期和安全使用期或失效日期；5.使用不当，容易造成产品本身损坏或可能危及人身、财产安全的产品，有警示标志或中文警示说明。裸装的食品和其他根据产品的特点难以附加标识的裸装产品，可以不附加产品标识。

（四）不得销售假冒伪劣产品

《产品质量法》对销售者规定了七项禁止性行为，具体有：1.不得销售失效、变质的产品；2.不得伪造产地；3.不得伪造或冒用他人的厂名、厂址；4.不得伪造或冒用认证标志、名优标志等质量标志；5.不得掺杂、掺假；6.不得以假充真、以次充好；7.不得以不合格产品冒充合格产品。

销售者必须严格履行法律规定的上述产品质量义务，如果不履行自己的法定义务，实施违法行为，就必须承担相应的法律责任。

第四节　违反产品质量法的民事责任

一、产品质量合同违约责任

产品质量合同违约责任，也称产品合同责任，是指产品生产者、销售者不履行或不适当履行合同中规定的产品质量义务而给消费者、用户造成损害时应承担的违约民事责任。它具有以下特点：第一，受害的消费者或用户与销售者之间有合同关系存在。至于这种合同关系赖以存在的形式究竟是书面的还是口头的，则在所不问；第二，销售者所承担的仅是财产责任，对人身伤害不予赔偿。

按照《产品质量法》第40条的规定，售出的产品有下列情形之一的，销售者应承担产品合同责任：

1.不具备产品应当具备的使用性能而事先未作说明的；2.不符合在产品或其包装上注明采用的产品标准的；3.不符合以产品说明、实物样品等方式表明的质量状况的。

销售者承担责任的方式有四种：一是负责修理；二是负责更换；三是负责退

货;四是赔偿损失。在通常情况下,销售者售出的产品在保修期内出现违约情形的,应进行无偿修理;对于无法修理或不宜修理的,应为用户、消费者无偿调换同种、同类的产品;对于经多次修理仍达不到质量要求的,销售者可根据用户、消费者的要求,收回不合格产品,赔偿用户、消费者因此所造成的经济损失。

值得注意的是,销售者对用户、消费者承担产品合同责任的前提是基于销售者与用户、消费者之间所存在的合同关系,因此,即使产品质量违约是因为生产者中供货者的责任引起的,但由于直接与用户、消费者发生关系的是销售者,故产品销售者仍然要依据其与用户、消费者的合同关系承担产品合同责任,销售者依照规定负责修理、更换、退货、赔偿损失后,如确能证明是属于生产者的责任或者供货者的责任造成产品质量不合格的,有权向生产者、供货者进行追偿。

二、产品质量侵权责任

产品质量侵权责任又称产品责任,是指产品生产者、销售者因产品缺陷、不法侵害用户、消费者人身、财产权利时,应负的民事赔偿责任。产品责任不受合同关系的限制,即使受害者与生产者、销售者之间没有合同关系存在,也能就其损害向生产者、销售者提出赔偿请求。产品责任是产品质量责任中重要的、不可缺少的组成部分。

(一)产品责任的构成要件

产品责任的构成必须同时具备以下条件:

1.产品存在缺陷

产品缺陷是产品责任人行为违法性最集中的表现,正因为如此,各国的产品责任法都把产品缺陷作为产品责任客观要件的核心。但各国法律和有关产品责任的几个国际公约对缺陷所下的定义却不尽一致。例如《欧洲经济共同体产品责任指令》规定:“考虑到下列所有情况,产品不能提供人们有权期待的安全性,即属于缺陷产品。”1989 年 12 月德国颁布的《联邦德国产品责任法》规定:“考虑到下列所有情况,产品不能提供人们有权期待的安全性,就是存在缺陷的产品:(1)产品的说明;(2)能够投入合理期待的使用;(3)投入流通的时间。”该法同时还规定“不得仅以后来投入流通的产品更好为理由,认为以前的产品无缺陷。”在我国,根据《产品质量法》的规定,产品的缺陷,是指产品存在危及人身、他人财产安全的不合理的危险;如果产品有保障人体健康,人身、财产安全的国家标准、行业标准的,产品缺陷是指不符合该标准。可见,产品缺陷包含如下基本含义:其一,缺陷应当是一种不合理的危险,合理的危险不是缺陷;其二,不合理的危险危及人身和他人财产安全;其三,产品是否存在不合理的危险,应依一般标准和法定标准确定。一般标准是人们有权期望的安全性,这是各国法律普遍采用的标准。法定标准即产品保障人体健康,人身、财产安全的国家标准或行业标准。从产品缺陷的含义中,不难发现产品质量不合格与产品缺陷并不是两个相同的概念。判断产品是否合格其着眼点在于产品有否符合设计要求和标准,而判断产品是否有缺陷,关键看产品是否存在着危及人身或财产的不合理的危险。

根据产品责任法的理论和《产品质量法》的规定,产品缺陷包括设计缺陷、制造缺陷和指示缺陷三种。

(1)设计缺陷,是指产品设计不符合安全性能指标,对人身、财产安全具有潜在的危险。设计缺陷包括结构瑕疵、缺乏安全装置、对意外使用的适应性。结构瑕疵主要是指由于错用材料,产品有结构上的弱点;缺乏安全装置是指与产品的价值和瑕疵可能带来的危险相比,设计者花很小的代价就可以安装一个安全装置却没有安装;对意外使用的适应性是指一种产品本来并没有瑕疵,但被人不按它的原定目的使用后,出现了问题。设计缺陷的实质是生产者没有遵守特定的安全标准,具体原因既可以是因为非故意的设计错误,也可以是设计者进行了审慎选择的结果。但不论是何种情况,由于存在设计缺陷的产品往往不是单独一件,而是基于该设计方案生产的所有产品,故这种缺陷的危害性很大,产品投入市场后,受害者往往人数众多,在实践中可能形成集团诉讼。

(2)制造缺陷,是指产品制造过程中发生的缺陷,如制造过程不符既定的设计规范、零部件装配错误或遗漏等。判断产品是否存在制造缺陷,是以生产者自己特定的生产意图作为标准的。如果产品符合生产者预定的设计要求和质量标准,产品就无制造上的缺陷,反之,就存在制造缺陷。

(3)指示缺陷,又称使用说明缺陷,是指对产品本身的危险缺乏必要的警告或警告不当以及对一些可能造成危险的产品的使用缺少告知或告知不当,如没有指明产品本身的危险特征、未说明生产者合理预见的产品误用等。

2.产品已经造成了人身伤害或财产损害

产品责任以造成受害人的损害后果为必要条件。如果产品虽有缺陷,但并未造成他人人身和财产损害的事实,则不能产生产品责任。在这种责任中,受害人既可以是购买使用该产品的人,也可以是使用产品以外的人。

3.产品缺陷与损害事实之间有因果关系

在产品责任中,受害人的损害后果应当是因产品存在缺陷而造成的,即产品的缺陷与损害后果之间须存在因果关系。如果损害事实不是产品缺陷造成的,就不构成产品责任。这里的因果关系是产品缺陷与损害后果之间的因果关系,而不是某种行为与损害后果之间的因果关系。产品责任中的因果关系所要解决的问题是,是否是因产品缺陷而造成损害,至于产品生产者、销售者的作为或不作为并不是考虑的因素。由于产品缺陷产生的原因是十分复杂的,因此,要直接、准确地证明产品缺陷与损害后果之间存在因果关系并不很容易，为了保护受害人的利益，在产品责任中，因果关系的证明往往采取不同于一般因果关系的证明方法。例如运用因果关系的推定方法，只要受害人能证明其所受的损害是产品缺陷在事实上的结果，并且该缺陷有造成损害的可能性，即可推定因果关系的存在。

(二)产品责任的归责原则

1.产品责任的归责原则

产品责任的归责原则，是指生产者、销售者就产品缺陷所致的损害应承担何种形式的责任。根据《产品质量法》第41条、第42条和第43条的规定，我国产品质量法对产品责任采取了严格责任的归责原则。

所谓严格责任，指的是只要存在产品缺陷、产品缺陷造成了损害事实，则该产品的生产者、销售者就要承担产品责任。确立严格责任的最重要的法律意义在于把举证责任由原告(受害人)转嫁给了被告(生产者或销售者)，即所谓"举证责任倒置"，这就使得法律对受害者的保护大大推进了一步。但严格责任并不等同于绝对责任。在严格责任下，并非表示加害人就其行为所产生的损害在任何情况下都应负责。各国立法多承认加害人可以提出特定抗辩或免责事由。在我国，生产者或销售者如果能证明《产品质量法》所规定的免责事由，则可免予承担责任。

有论者认为，根据《产品质量法》第41条和第42条的规定，我国产品责任的归责原则应是生产者承担严格责任，销售者承担过错责任。这种观点实际上将产品责任和生产者与销售者的内部责任这两个概念混淆了。诚如前述，产品责任是生产者、销售者因产品缺陷而依法对受害人承担的民事赔偿责任。可见，在产品责任关系中，作为义务主体的一方是生产者和销售者，作为权利主体的一方是受害者。在这一法律关系中，当受害人因产品缺陷造成损失时，其既可以向生产者要求赔偿，也可以要求销售者赔偿。对于受害者向销售者所提出的赔偿，销售者并不能以自己无过错进行抗辩，销售者仍然应依法向受害者先行赔偿。至于先行赔偿以后，如能证明其本身没有过错，则销售者可向生产者进行追偿。但这仅是生产者和销售者的内部关系，并不影响在产品责任关系中销售者所承担的是一种严格责任。

2.产品责任的免责事由

我国《产品质量法》规定了产品生产者的三种免责事由：

(1)未将产品投入流通的。产品责任是法律为保护消费者利益而设置的一种侵权责任，因此，如果产品的生产者未将产品投入流通，就不会侵害消费者的利益，也就无所谓消费者的保护问题，这是采用严格责任国家普遍承认的免责条件。所谓投入流通，是指产品进入了流通领域，包括任何形式的出售、出租、抵押、质押等。

(2)产品投入流通时，引起损害的缺陷尚不存在的。这也是被采用严格责任国家普遍接受的免责条件。这一免责条件以产品投入流通为前提，以产品不存在由生产者造成的缺陷为免责根据，所以，其核心是生产者要证明产品的缺陷不是自己造成的。

(3)产品投入流通时的科学技术水平尚不能发现缺陷的存在的。为保护生产者开发新产品，利用新技术的积极性，对于将产品投入流通时的科学技术水平还不能发现的缺陷造成损害的，各国法律都免除产品生产者的责任。但需要注意的是，判定生产者是否知道或者应当知道产品投入流通时存在产品缺陷，并不是以生产者所掌握的科学技术为依据。只有在当时社会的科学技术尚不能发现产品缺陷时，才能免除生产者的产品责任。

(三)产品责任的承担方式

产品责任的承担方式因其损害对象性质的不同而不同：

1.产品存在缺陷，造成受害人财产损失，侵害人除采用恢复原状这一责任承担方式外，还可以采用折价赔偿的方式；如果受害人因缺陷产品遭受其他重大财产损失的，侵害人应该赔偿其全部实际损失。

2.产品存在缺陷，造成受害人的人身伤害，则因伤害程度的不同，其赔偿的范围也不同。具体有：(1)造成受害人身体一般伤害的，应当赔偿医疗费、因误工减少的收入；(2)造成受害人残疾的，除了赔偿医疗费、因误工减少的收入外，还应当支付残疾者生活自助具费、生活补助费、残疾赔偿金以及由其扶养的人所必需的生活费等费用；(3)造成受害人死亡的，除支付受害人的医疗费外，并应当支付丧葬费、死亡赔偿金以及由死者生前扶养的人所必需的生活费等费用。

(四)产品责任赔偿问题的诉讼时效和请求权期间

诉讼时效是指权利人在法律规定的时效期间内不行使其权利，即丧失请求人民法院依诉讼程序强制义务人履行义务的权利的一种法律制度。我国《产品质量法》第45条第1款规定，因产品缺陷造成损害要求赔偿的诉讼时效期间为2年，自当事人知道或应当知道其权益受到损害时起计算。超过2年诉讼时效期间，受害人便丧失了胜诉权。

请求权是指请求他人为或不为一定行为的权利。《产品质量法》第45条第2款规定，因产品存在缺陷造成损害要求赔偿的请求权，在造成损害的缺陷产品交付最初消费者满10年丧失，但是，尚未超过明示的安全使用期的除外。根据这一规定，因产品存在缺陷造成损害的赔偿请求权，最长只能在缺陷产品投入流通后的10年内行使，超过这一期限则不再有索赔请求权。只有损害事实发生在这10年内，并且从当事人知道或应当知道其权益受损害之日起不超过2年的诉讼时效，当事人才能行使因产品缺陷造成损害要求赔偿的请求权。对于损害事实是在10年之后发生或虽在10年之内发生，但当事人并不知道其权益受损害，直至10年之后才知道的，均不能行使请求权。在生产者明示担保的安全使用期内，因产品存在缺陷造成损害的，受害人都有权向生产者要求赔偿。

三、产品责任与产品合同责任的竞合

产品责任与产品合同责任的竞合是指行为人实施的某一具体的民事不法行为，违反了合同规范和侵权规范，同时具备了违约责任和侵权责任的构成要件，从而导致了侵权责任和违约责任的同时发生的一种法律现象。

产品责任与产品合同责任的竞合是司法实践中常见的一种现象。产生这种责任竞合的原因是由于法律规范发生竞合。现代法律均为抽象规定，并从各种不同角度规范社会生活，故常发生同一事实符合数个规范的要件，致使数个规范都可适用的现象，但这数种规范必须为平行的规范，它们之间不能存在普通规范与特别规范的竞合。因为如果法律规范之间存在普通规范和特殊规范的关系，则只能适用特别规范，不发生竞合。严格地说，产品责任与产品合同责任的竞合在任何合同关系中都可发生，只要债务人的违约行为同时构成侵权行为的要件，都会发生这种情形。根据我国法律的规定，因当事人一方的违约行为侵害对方的人身、财产权益的，受害人有权选择侵权之诉或者违约之诉来实现自己的请求权。这一规定对于保护受害人的合法权益非常有利。

第五节　违反产品质量法的行政和刑事责任

一、产品质量违法的行政责任

产品质量违法的行政责任是指产品的生产者、销售者违反产品质量法的规定所应承担的法律责任，也即产品质量行政违法行为的法律后果。按照《产品质量法》的规定，产品质量行政违法行为及其各自的法律后果为：

1. 生产、销售不符合保障人体健康和人身、财产安全的国家标准、行业标准的产品的，责令停止生产、销售，没收违法生产、销售的产品，并处违法生产、销售产品(包括已售出和未售出的产品，下同)货值金额等值以上3倍以下的罚款；有违法所得的，并处没收违法所得；情节严重的，吊销营业执照。

2. 生产者、销售者在产品中掺杂、掺假，以假充真，以次充好，或者以不合格产品冒充合格产品的，责令停止生产、销售，没收违法生产、销售的产品，并处违

法生产、销售产品货值金额 50%以上 3 倍以下的罚款；有违法所得的，并处没收违法所得；情节严重的，吊销营业执照。

3. 生产国家明令淘汰的产品的，销售国家明令淘汰并停止销售的产品的，责令停止生产、销售，没收违法生产、销售的产品，并处违法生产、销售产品货值金额等值以下的罚款；有违法所得的，并处没收违法所得；情节严重的，吊销营业执照。

4. 销售失效、变质产品的，责令停止销售，没收违法销售的产品并处违法销售产品货值金额 2 倍以下的罚款；有违法所得的，并处没收违法所得；情节严重的，吊销营业执照。

5. 生产者、销售者伪造产品的产地的，伪造或冒用他人的厂名、厂址的，伪造或冒用认证标志等质量标志的，责令改正，没收违法生产、销售的产品，并处违法生产、销售产品货值金额等值以下的罚款；有违法所得的，并处没收违法所得；情节严重的，吊销营业执照。

6. 产品标识不符合《产品质量法》第 27 条规定的，责令改正；不包装的产品标识不符合《产品质量法》第 27 条第 4 项、第 5 项规定，情节严重的，责令停止生产、销售，并处违法生产、销售产品货值金额 30%以下的罚款；有违法所得的，并处没收违法所得。

7. 生产者、销售者拒绝接受依法进行的产品质量监督检查的，给予警告、责令改正；拒不改正的，责令停业整顿；情节特别严重的，吊销营业执照。

二、产品质量违法的刑事责任

(一)生产者、销售者犯罪的刑事责任

1. 生产不符合卫生标准的食品，足以造成严重食物中毒事故或者其他严重食源性疾患的，处 3 年以下有期徒刑或拘役，并处或单处销售金额 50%以上 2 倍以下罚金；对人体健康造成严重危害的，处 3 年以上 7 年以下有期徒刑，并处销售金额 50%以上 2 倍以下罚金；后果特别严重的，处 7 年以上有期徒刑或无期徒刑，并处销售金额 50%以上 2 倍以下罚金或者没收财产。

2. 生产不符合保障人体健康的国家标准、行业标准的医疗器械、医用卫生材料，或者销售明知是不符合保障人体健康的国家标准、行业标准的医疗器械、医用卫生材料，对人体健康造成严重危害的，处 5 年以下有期徒刑，并处销售金额 50%以上 2 倍以下罚金；后果特别严重的，处 5 年以上 10 年以下有期徒刑，并处销售金额 50%以上 2 倍以下罚金，其中情节特别恶劣的，处 10 年以上有期徒刑或无期徒刑，并处销售金额 50%以上 2 倍以下罚金或没收财产。

3. 生产不符合保障人身、财产安全的国家标准、行业标准的电器、压力容器、

易燃易爆产品或其他不符合保障人身、财产安全的国家标准、行业标准的产品，或者销售明知是上述不符合保障人身、财产安全的国家标准、行业标准的产品，造成严重后果的，处5年以下有期徒刑，并处销售金额50%以上2倍以下罚金；后果特别严重的，处5年以上有期徒刑，并处销售金额50%以上2倍以下罚金。

4. 生产不符合卫生标准的化妆品，或销售明知是不符合卫生标准的化妆品，造成严重后果的，处3年以下有期徒刑或者拘役，并处或单处销售金额50%以上2倍以下罚金。

5. 生产者、销售者在产品中掺杂、掺假，以假充真，以次充好或者以不合格产品冒充合格产品，销售金额5万元以上不满20万元的处2年以下有期徒刑或拘役，并处或单处销售金额50%以上2倍以下罚金；销售金额20万元以上不满50万元的，处2年以上7年以下有期徒刑，并处销售金额50%以上2倍以下罚金；销售金额50万元以上不满200万元的，处7年以上有期徒刑，并处销售金额50%以上2倍以下罚金；销售金额200万元以上的，处15年有期徒刑或者无期徒刑，并处销售金额50%以上2倍以下罚金或者没收财产。

6. 生产、销售假药，足以严重危害人体健康的，处3年以下有期徒刑或拘役，并处或者单处销售金额50%以上2倍以下罚金；对人体健康造成严重危害的，处3年以上10年以下有期徒刑，并处销售金额50%以上2倍以下罚金；致人死亡或对人体健康造成特别严重危害的，处10年以上有期徒刑、无期徒刑或死刑，并处销售金额50%以上2倍以下罚金或没收财产。

7. 生产、销售劣药，对人体健康造成严重危害的，处3年以上10年以下有期徒刑，并处销售金额50%以上2倍以下罚金；后果特别严重的，处10年以上有期徒刑或无期徒刑，并处销售金额50%以上2倍以下罚金或没收财产。

8. 在生产、销售的食品中掺入有毒、有害的非食品原料的，或者销售明知掺有有毒、有害的非食品原料的食品的，处5年以下有期徒刑或拘役，并处或单处销售金额50%以上2倍以下罚金；造成严重食物中毒事故或者其他严重食源性疾患，对人体健康造成严重危害的，处5年以上10年以下有期徒刑，并处销售金额50%以上2倍以下罚金；致人死亡或对人体健康造成特别严重危害的，处10年以上有期徒刑、无期徒刑或死刑，并处销售金额50%以上2倍以下罚金或没收财产。

9. 生产假农药、假兽药、假化肥，销售明知是假的或失去使用效能的农药、兽药、化肥、种子，或者生产者、销售者以不合格的农药、兽药、化肥、种子冒充合格的农药、兽药、化肥、种子，使生产遭受较大损失的，处3年以下有期徒刑或拘役，并处或单处销售金额50%以上2倍以下罚金；使生产遭受重大损失的，处3年以上7年以下有期徒刑，并处销售金额50%以上2倍以下罚金；使生产遭受特别重大损失的，处7年以上有期徒刑或无期徒刑，并处销售金额50%以上2倍以下罚金或没收财产。

（二）国家工作人员犯罪的刑事责任

对生产、销售伪劣商品犯罪行为负有追究责任的国家机关工作人员，徇私舞弊，不履行法律规定的追究职责，情节严重的，处5年以下有期徒刑或者拘役。

第十一章 城市房地产管理法

第一节 城市房地产管理法概述

一、城市房地产管理法的概念

城市房地产管理法是指调整城市房地产管理过程中发生的法律关系的法律规范的总称。

房地产是土地、房屋财产的总称。在我国，按照土地资源状况和土地利用总体规划，将土地分为农用地、建设用地和未用地。而房屋是指土地上的居民住房、工商业用房、办公用房（写字楼）等建筑物及其构筑物，如铁路、桥梁等。

房产与地产有时可分，有时不可分。从物质形态上看，当土地作为耕地或者空地时，它只是地产；当在土地上建房时，地产与房产则连为一体，称为房地产。就全国整个土地而言，大部分是在农村，因而土地上没有建筑物的占大多数，土地上有建筑物的占极少数；城市的情况则恰恰相反，土地上有建筑物的占大多数，而土地上没有建筑物的占少数。所以，"房地产"一词有广义和狭义两种用法，有时指土地或房屋，有时指土地和房屋。正是由于房产与地产的有机结合，才会产生《城市房地产管理法》这种调整整体意义上的城市房地产关系的法律。综合起来说，房地产作为一项财产，在法律上反映为房地产权。其中，当土地单独作为地产时，指的是土地所有权、土地使用权；当房屋单独作为房产买卖或者出租时，指的是房屋所有权、房屋使用权；当土地与房屋连为一体时，指的是房屋所有权和其占用范围内的土地所有权，或房屋所有权和其占用范围内的土地使用权。

房地产业是商品经济和城市发展的产物。伴随着商品经济的进一步发展，房地产业也得到了较快发展。在许多发达国家，房地产业日益成为国民经济的支柱行业，成为基础性、先导性产业。

房地产管理，包括房地产的行政管理、企业管理及物业管理等。

房地产业的主要经营活动包括：组织建房用地的基础设施建设，房屋的营造、维修、更新、迁移等生产性活动；从事土地使用权的出让、转让和房屋的买卖、租赁等流通性活动及其管理工作。

随着我国经济体制改革的加快，城市土地使用权有偿的实施和住宅商品化的发展，我国房地产业正日益成为一个重要的经济部门。建立健全房地产市场，是建立我国社会主义市场体系的重点之一。房地产业对其他各个产业的发展，对金融的振兴，对消费结构的变革以及对整个社会政治的稳定，都有极为重要的影响。

二、城市房地产管理法立法概况

伴随着土地使用制度的改革，住房商品化政策和城镇住房制度改革的推进，房地产业发展迅速，我国于 1994 年 7 月 5 日制定了《中华人民共和国城市房地产管理法》(以下简称《城市房地产管理法》)，该法于 1995 年 1 月 1 日起实施。《中华人民共和国物权法》颁布后，为了与该法相适应，第十届全国人民代表大会常务委员会第二十九次会议于 2007 年 8 月 30 日作出了《关于修改中华人民共和国城市房地产管理法的决定》，对《城市房地产管理法》作了修正。这对加强城市房地产的管理，维护房地产市场秩序，保障房地产权利人的合法权益，促进房地产业的健康发展有重要作用。该法的适用范围是：在中华人民共和国城市规划区国有土地范围内取得房地产开发用地的土地使用权，从事房地产开发、房地产交易，实施房地产管理，应当遵守本法。

《城市房地产管理法》的立法原则是：国家依法实行国有土地有偿、有限期使用制度的原则；国家根据社会、经济发展水平，扶持发展居民住宅建设，逐步改善居民的居住条件的原则。

城市房地产开发、交易的主管部门是国务院及地方各级建设行政主管部门和土地管理部门。

第二节 城市房地产开发法律制度

一、房地产开发概述

(一)房地产开发的概念

房地产开发，是指在依法取得国有土地使用权的土地上进行基础设施、房屋建设的行为。全面、正确领会这一概念应当注意如下两点：

1. 取得国有土地使用权是房地产开发的前提

中国现时的土地所有权分为两种：国家所有权和集体所有权。城市房地产开发用地必须是国有土地，取得国有土地使用权是城市房地产开发的前提；农村集体土地不能直接用于房地产开发，只有在由国家通过征收转为国有土地后，才能成为房地产开发用地。

2.房地产开发既可以是进行基础设施建设，也可以是继之进行房屋建设

房地产是房产和地产的总称。房地产开发是以土地利用和房屋建设为投资对象而进行的生产活动。前者通常称为土地开发或再开发，后者则称为房屋开发。土地开发，也称“三通一平”或“七通一平”。所谓“三通一平”，就是将开发区域以外的道路、给水排水管、供电线路等引入施工现场，对施工现场的土地进行平整。所谓“七通一平”，包括道路通、上下水通、雨污排水通、电力通、通讯通、煤气通、热力通和平整场地。土地开发就是通过“三通一平”或“七通一平”，把自然状态的土地变为可供建造房屋和各类设施的建筑用地，即把生地变为熟地。土地再开发，就是在不增加城区现有土地使用面积的情况下，把城区原有土地进行再开发，即进行改造，通过一定量资金、劳动等投入，调整用地结构，完善城市基础设施，以提高现有土地的使用功能，提高土地利用效益。房屋开发，就是经过开发或再开发，在具备建设条件的城市土地上建筑各类房屋，包括住宅、工业厂房、商业楼宇、办公用房和其他专门用房。

综上所述，房地产开发并非仅限于房屋建设或者商品房屋的开发，而是包括土地开发和房屋开发在内的开发经营活动。

（二）房地产开发应该遵循的原则

1.房地产开发必须严格执行规划的原则。《中华人民共和国城乡规划法》第3条规定：“城市和镇应当依照本法制定城市规划和镇规划。城市、镇规划区内的建设活动应当符合规划要求。”在城市开发建设中，房地产开发是其中的重要组成部分。因此，房地产开发必须严格执行城市规划，这是城市规划能够落到实处的保证。

2.房地产开发必须坚持经济效益、社会效益和环境效益相统一的原则。房地产业是国民经济的支柱产业，房地产业的发展，必将影响整个社会经济的发展，影响城市建设和社会文化事业的发展。没有经济效益的提高，不可能有社会事业的发展，环境的改善；但是，又绝不能以牺牲社会效益和环境效益为代价，片面追求经济效益，必须做到经济效益、社会效益和环境效益三者的统一。

3.房地产开发应当坚持“全面规划、合理布局、综合开发、配套建设”的方针和原则。这是在总结我国多年来城市建设、房地产开发的经验基础上，提出来的一条应当长期坚持的正确方针和原则。

二、房地产开发用地

(一)土地使用权出让

1. 土地使用权出让的概念和特征

国有土地使用权出让,是指国家将国有土地使用权在一定年限内出让给土地使用者,由土地使用者向国家支付土地使用权出让金的行为。这是国有土地有偿使用的第一种方式。

土地使用权出让具有以下法律特征:

(1)土地使用权出让是一种特殊的民事法律行为,或称经济法律行为。出让土地使用权的一方是国家,一般是以各级人民政府土地管理部门为代表,称为出让人;另一方是自然人或法人,称为受让人。国家在这里是以所有者的身份出现。因此,双方必须遵守平等、自愿、有偿的原则。受让人必须为取得土地使用权付出代价,缴纳土地使用权出让金,表现为一定数额的货币。

(2)土地使用权出让附有特殊限制,表现为权利的有限性和有期性。土地使用权出让均具有一定年限且不得超过法定最高年限的规定。土地使用权出让的最高年限规定为:居住用地 70 年,工业用地 50 年,教育、科技、文化、卫生、体育用地 50 年,商业、旅游、娱乐用地 40 年,综合和其他用地 50 年。使用期满,国家可以无偿收回土地使用权及地上建筑物和其他附着物所有权,使用者如需继续使用,可以向政府申请延期,征得同意后,重新签订合同,补交土地出让金。受让方取得的土地使用权附有许多使用限制,如必须遵守出让方制定的土地用途、开发强度、配套要求等方面的条件,不得随意更改。出让土地使用权的范围,仅限于城市规划区内的国有土地。城市规划区内的集体所有的土地,经依法征收转为国有土地后,该幅国有土地的使用权方可有偿出让。也就是说,农村集体土地使用权不得直接出让。

2. 土地使用权出让的方式

(1)拍卖,又称竞投。这是指出让人在指定的时间、地点,组织符合条件的有意受让土地使用权的人到场,就拟出让使用权的地块公开竞投,按"价高者得"的原则确定土地使用权受让人的出让方式。

拍卖与招标不同:拍卖是按"价高者得"确定受让人,招标是按"最优者得"确定受让人,招标中最高标价不一定赢得竞投,还要综合考察其他条件,如规划设计方案。招标方式中,各投标人互不知道他方所提竞投条件,投标人也只有一次投标机会,投标书一旦投出,不能随意更改,而拍卖则是各应买者之间的公开竞投,报价可以随时提高。

拍卖的一般程序是:出让人发出拍卖公告,将土地使用权拍卖事宜向社会公布；竞买，即在拍卖场所，竞投人以报价方式向拍卖人作出应价；签约，应价高者与出让人签订土地使用权出让合同；履约，受让人交付土地使用权出让金，出让人交付土地，办理土地使用权登记手续，受让人领取土地使用证书。

(2)招标。这是指在指定的期限内，由符合条件的单位或者个人以书面形式竞投某地段的土地使用权，由出让人即招标人根据一定的要求择优确定土地使用权受让人的出让方式。

招标出让的一般程序为：招标、投标、定标、签约、履约五个阶段。招标通常是以招标通告的形式公告出让的地块的位置、面积、用途及其他相关事项。投标则是经资格审查合格的人，以接受标书为条件向招标人发出的订立合同的意思表示。投标人在规定的时间内，向招标人交纳投标保证金后，方可在规定的期限内将密封的投标书投入指定的标箱。定标是招标人公布所有的投标书并公开进行评比，对评定的最优投标人允诺与其订立合同的意思表示，定标一般又经过开标、评标、决标三个阶段，决标后向中标者发出中标证明书。

(3)挂牌出让。这是指出让人发布挂牌公告，按公告规定的期限将拟出让土地的交易条件在指定的土地交易场所挂牌公布，接受竞买人的报价申请并更新挂牌价格，根据挂牌期限截止时的出价结果确定土地使用者的一种出让方式。

(4)协议出让。这是指出让方与受让方经过协商，就土地使用条件及双方的权利义务达成一致意见的一种出让方式。协议出让一般有以下程序：申请、协商、签约。协议出让首先要由有意受让方向土地管理部门提出使用土地的申请，经双方平等协商，达成一致意见后签订协议。协议出让是一对一的协商，受让人有较大的讨价还价的机会，在实践中容易产生土地条件相当而出让价差别较大的情况，因此，《城市房地产管理法》已限制这种方式的运用。

3. 土地使用权出让的法律控制

为了防止和克服房地产开发用地供应总量失控现象，形成国家对房地产一级市场的有效垄断，《城市房地产管理法》对土地使用权出让规定了严格的法律控制措施。其主要规定有：

(1)禁止集体所有土地使用权的有偿转让

为了切实贯彻实施保护耕地的基本国策，明确规定集体所有的土地不能开发经营房地产，房地产开发用地必须是国有土地。为此，《城市房地产管理法》第9条规定：“城市规划区内的集体所有的土地，经依法征收转为国有土地后，该幅国有土地的使用权方可转让。”

(2)土地使用权出让，必须符合土地利用总体规划、城市规划和年度建设用地计划

《城市房地产管理法》第10条规定：“土地使用权出让，必须符合土地利用总

体规划、城市规划和年度建设用地计划。”之所以作出这样的规定，是因为土地使用权出让，直接涉及土地利用总体规划、城市规划和年度建设用地计划的落实。

土地利用总体规划，是土地利用方面总体性的、战略性的、指导性的长期计划。城市规划，是指国家为了实现一定时期内的经济和社会发展目标，确定城市性质、规模和发展方向，合理利用城市土地，协调城市布局和各项建设的综合部署和具体安排。建设用地计划，是国民经济和社会发展计划的组成部分，是加强土地资源宏观管理的重要措施，是审批建设用地的依据之一。

(3)土地使用权出让，必须拟订年度出让使用权总面积方案

在房地产三级市场中，一级市场是关键。国家为了垄断一级市场，并控制土地使用权出让供给总量，《城市房地产管理法》第 11 条规定：“县级以上地方人民政府出让土地使用权用于房地产开发的，须根据省级以上人民政府下达的控制指标拟订年度出让土地使用权总面积方案，按照国务院规定，报国务院或者省级人民政府批准。”

(4)土地使用权出让，必须按照法定程序

《城市房地产管理法》第 12 条规定：“土地使用权出让，由市、县人民政府有计划、有步骤地进行。出让的每幅地块、用途、年限和其他条件，由市、县人民政府土地管理部门会同城市规划、建设、房产管理部门共同拟订方案，按照国务院规定，报经有批准权的人民政府批准后，由市、县人民政府土地管理部门实施。直辖市的县人民政府及其有关部门行使前款规定的期限，由直辖市人民政府规定。”

(二)土地使用权划拨

1.土地使用权划拨的概念

土地使用权划拨，是指县级以上人民政府依法批准，在土地使用者缴纳补偿、安置等费用后，将该幅土地交付其使用，或者将土地使用权无偿交付给土地使用者使用的行为。以划拨土地取得土地使用权，是出让方式以外的另一种取得国有土地所有权的方式。

土地使用权划拨具有以下法律特征：

(1)土地使用权划拨是一种具体的行政行为，国家行使社会经济管理者的行政权力，将土地使用权进行分配和调整。

(2)土地使用权划拨是一种无偿的行为，土地使用者取得使用权无需支付地价，但这并不等于使用者不需支付任何费用，一般情况下，土地使用者必须对原先土地使用者支付补偿费和安置费等费用。

(3)土地使用权可以是有期限的，也可以是无限的，《城市房地产管理法》第 23 条规定：“依照本法规定以划拨方式取得土地使用权的，除法律、行政法规另有规定外，没有使用期限的限制。”

(4)划拨的土地使用权,不可以转让、出租、抵押。《国有土地使用权出让和转让暂行条例》第 44 条规定:"划拨土地使用权,除本条例第 45 条规定的情况外,不得抵押。"而第 45 条规定的情形就是要求补签土地使用权出让合同。

2.土地使用权划拨的范围

《城市房地产管理法》第 24 条规定,下列建设用地的土地使用权,确属必需的,可以由县级以上人民政府依法批准划拨:

(1)国家机关用地和军事用地;

(2)城市基础设施用地和公益事业用地;

(3)国家重点扶持的能源、交通、水利等项目用地;

(4)法律、行政法规规定的其他用地。

3.划拨土地使用权的收回

依照《国有土地使用权出让和转让暂行条例》第 47 条,收回行政划拨土地使用权的前提有以下两种:一是土地使用者因迁移、解散、撤销、破产或者其他原因而停止使用土地的,市、县人民政府应当无偿收回其划拨土地使用权;二是对划拨的土地使用权,市、县人民政府可以根据城市建设发展需要和城市规划要求无偿收回。《中华人民共和国土地管理法》规定的可以收回划拨的国有土地使用权的情形更为具体:为公共利益需要使用土地的;为实现城市规划进行旧城区改建,需要调整使用土地的;土地出让等有偿合同约定的使用期限届满,土地使用者未申请续期或者申请续期未获批准的,因单位撤销、迁移等原因,停止使用原划拨的国有土地的;公路、铁路、机场、矿场等经核准报废的。

4.国有企业改革中划拨土地使用权的处理

国有企业的改革,是指国有企业实行公司制改造、组建企业集团、股份合作改组、租赁经营和兼并、合并、出售等改革。国有企业改革中涉及划拨土地使用权,应当依法逐步实行有偿使用制度。根据企业改革的不同形式和具体情况,可以分别采取国有土地使用权出让、国有土地租赁、国家以土地使用权作价入股和保留划拨用地四种办法予以处置。原国家土地管理局 1998 年 2 月 17 日发布的《国有企业改革中划拨土地使用权管理暂行规定》对此作出了相应的规定。但在处置土地使用权时必须注意以下几个方面的问题:

(1)土地使用权必须是权属合法、无争议,并已办理了土地登记,企业持有土地使用权证书。尚未登记的,企业应当向所在地的土地管理部门申请土地权属审核,取得土地管理部门出具的土地权属证明。

(2)采取出让、租赁、作价入股方式处置的,必须进行地价评估。企业应当委托经国务院土地管理部门认证的,具有相应土地估价资格的机构进行地价评估。地价评估结果必须报有批准权的人民政府土地管理部门确认。企业进行公司制改造、重组或者组建企业集团，属于国务院或者国务院授权部门批准设立的公司和企业集团以及境内上市公司的，土地评估结果由企业隶属单位报国务院土地管理部门确认，属于地方人民政府或其授权部门批准设立的公司或企业集团，土地评估结果报省级人民政府土地管理部门确认。企业实行股份合作制改组、租赁经营和出售、兼并、合并、破产的，土地估价结果由企业隶属单位报上一级人民政府土地管理部门确认，属于中央企业的，报国务院土地管理部门确认、审批。

(3)签订合同和变更土地登记，以出让和租赁方式处置的，应当签订合同或土地租赁合同，并按照规定办理土地登记手续；以作价出资(入股)的，持作价出资(入股)决定书办理登记。

(4)土地用途必须符合当地的土地利用总体规划，在城市规划区内的，还应符合城市规划，需要改变用途的，应当依法办理有关批准手续，补交出让金或有关土地使用费用。

(三)房地产开发的组织形式

1.组织形式

从事房地产开发的组织是房地产开发企业。房地产开发企业是以营利为目的，从事房地产开发和经营的企业。正确房地产开发企业的含义，应注意以下三点：

(1)营利为目的。房地产开发企业应是自主经营、自负盈亏、自我发展、自我约束的经济实体，以获取盈利为直接目的，其开发经营活动必须讲究经济效益。

(2)业务内容包括房地产开发和经营。无论房地产专营企业，房地产兼营企业，其业务范围均包括房地产开发和经营。

(3)依法律规定的条件和程序设立。房地产开发企业的业务内容直接关系到国计民生和人民生命财产安全，而且房地产开发有较高的专业技术要求，所以，法律对其设立有严格的条件、程序规定，房地产开发企业必须依法设立。

2.房地产开发企业的设立条件和程序

(1)房地产开发企业的设立条件

房地产开发企业是房地产开发经营的主体，在房地产市场上扮演着最为活跃的角色。规范房地产市场，首先要规范开发商。设立房地产开发企业，应当具备下列条件：有自己的名称和组织机构；有固定的经营场所；有符合国务院规定的注册资本；有足够的专业技术人员；法律、行政法规规定的其他条件。

(2)房地产开发企业的设立程序

设立房地产开发企业，应当向工商行政管理部门申请设立登记，工商行政管理部门对符合法律规定条件的登记申请，应当自收到申请之日起30日予以登记，发给营业执照；对不符合条件的不予以登记，并应当说明理由。房地产开发企业在领取营业执照后的30日内，应当到登记机关所在地的县级以上地方人民政府确定的部门备案。备案制度是政府加强对房地产开发的管理措施之一。

第三节 城市房地产交易法律制度

一、房地产交易概述

房地产交易，是指房地产作为商品而进行的买卖、租赁、抵押和交换等活动的总称。

《城市房地产管理法》第2条规定："本法所称房地产交易，包括房地产转让、房地产抵押和房地产租赁。"

房地产交易，特别是房地产转让、抵押经常涉及土地或土地使用权与地上建筑物、其他附着物之间的关系，即房与地之间的关系。所以在房地产转让、抵押时必须注意以下两点：

1. 房地产转让时，房屋的所有权和该房屋占用范围内的土地使用权同时转让；

2. 房地产抵押时，房屋的所有权和该房屋占用范围内的土地使用权同时抵押。

总之，由于房与地的特殊关系，要使用房屋，就必然要使用该房屋占用范围内的土地，而要使用房屋占用范围内的土地，也必然要使用该房屋。无论是在房地产转让时，还是在房地产抵押时，都必须注意上述两方面。

二、房地产转让

(一)房地产转让的概念

房地产转让有其特定的含义。《城市房地产管理法》和《城市房地产转让管理规定》均从立法上予以界定：房地产转让，是指房地产权利人通过买卖、赠与或者其他合法方式将其房地产转移给他人的行为。这一概念可以从以下几个方面理解：

1. 房地产转让，是房地产权利人实施的行为；

2. 房地产转让，是房地产权利人将房地产转移给他人的行为；

3. 房地产转让，通过买卖、赠与或者其他合法方式实现的。

(二)房地产转让的条件

1. 房地产转让的必备条件

根据法律规定，房地产转让必须达到一定的条件。以出让方式取得土地使用权的房地产转让与依划拨方式取得土地使用权的房地产转让具有不同的条件和要求。

(1)以出让方式取得土地使用权的房地产的转让应当具备的条件

按照出让合同约定已经支付全部土地使用权出让金，并取得土地使用权证书；按照出让合同的约定进行投资开发，属于房屋建设工程的，应完成开发投资总额的25%以上；属于成片开发土地的，依照规划对土地进行开发建设，完成供排水、供电、供热、道路交通、通信等基础设施、公用设施的建设，达到场地平整，形成工业用地或者其他建设用地的条件；转让房地产时房屋已经建成的，还应当持有房屋所有权证书。

(2)以划拨方式取得土地使用权的房地产的转让应当具备的条件

依划拨方式取得的土地使用权，一般是无偿的或者仅缴纳补偿、安置等费用后而取得的。因此，原则上不允许进入房地产市场。但是，考虑到目前以划拨方式取得的土地使用权进入房地产市场的现实，同时也考虑到土地的利用效能和经济价值，《城市房地产管理法》、《城镇国有土地使用权出让和转让暂行条例》、《划拨土地使用权管理暂行办法》以及《城市房地产转让管理规定》对以划拨方式取得土地使用权的房地产转让条件和程序作了规定。

按照上述法律、法规和规章的规定，符合下列条件的，经市、县人民政府土地管理部门和房地产管理部门的批准，其划拨土地使用权和地上建筑物、其他附着物可以转让、出租、抵押：土地使用者为企业、公司、其他经济组织和个人；领有国有土地使用证；具有地上建筑物、其他附着物合法产权证明；依照规定签订土地使用权出让合同，向当地市、县人民政府补交土地使用权出让金或者以转让、出租、抵押所获收益抵交土地使用权出让金。

以划拨方式取得土地使用权的房地产转让在实际运作中分以下两种：一是办理土地使用权出让手续，并缴纳土地使用权出让金；二是不办理土地使用权出让手续的，应当将转让房地产所获得的土地收益上缴国家或作其他处理。这里所说的"不办理土地使用权出让手续的"的情形：包括经城市规划主管部门批准，转让的土地用于国家机关用地和军事用地、城市基础设施用地和公益事业用地、国家重点扶持的能源、交通、水利等项目的用地、法律、行政法规规定的其他用地；私有住宅转让后仍用于居住的；按照国务院住房制度改革有关规定出售公有住宅的；转让的房地产暂时难以确定土地使用权出让用途、年限和其他条件的；根据城市规划土地使用权不宜出让的；县级以上人民政府规定暂时无法或不需要采取土地使用权出让方式的其他情形。

2. 房地产转让的禁止条件

房地产转让的禁止条件，是指法律规定不允许进行房地产转让的情形包括以下几种：

(1)司法机关和行政机关依法裁定、决定查封或者以其他形式限制房地产权利的；

(2)依法收回土地使用权的；

(3)共有房地产，未经其他共有人书面同意的；

(4)权属有争议的；

(5)未依法登记领取权属证书的；

(6)法律、行政法规规定禁止转让的其他情形。

(三)房地产转让合同

《城市房地产管理法》第 41 条规定："房地产转让，应当签订书面转让合同，合同中应当载明土地使用权取得方式。"第 42 条规定："房地产转让时，土地使用权出让合同载明的权利、义务随之转移。"法律作这样的规定表明，原始合同中规定的权利与义务，不因后来签订转让合同而变化，因为只是合同一方当事(受让)人发生了变化，受让人转让的是他的原始合同的权利与义务，新的受让人取代原始受让人履行原始合同。

(四)转让房地产后土地使用权年限

《城市房地产管理法》第 44 条规定："以出让方式取得土地使用权的，转让房产后，其土地使用权的年限为原土地使用权出让合同约定的使用年限减去原土地使用者已经使用年限后的剩余年限。"不管流通过程经几次易手，都不能改变原出让合同所规定的年限。

(五)转让房地产后，对受让人改变土地用途的处理

《城市房地产管理法》第 43 条规定："以出让方式取得土地使用权的，转让房产后，受让人改变原土地使用权出让合同约定的土地用途的，必须取得原出让方和市、县人民政府城市规划行政主管部门的同意，签订土地使用权出让合同变更协议或者重新签订土地使用权出让合同，相应调整土地使用权出让金。"

(六)商品房预售

商品房预售，是指房地产开发企业将正在建设中的房屋预先出售给承购人，由承购人支付定金或房价款的行为。为了保障商品房预售秩序，维护当事人双方的合法权益，《城市房地产管理法》、《城市房地产开发经营管理条例》，对商品房预售应当符合的条件和核发商品房预售许可证等作了明确规定。

三、房地产抵押

房地产抵押，是指抵押人以其合法的房地产以不转移占有的方式向抵押权人提供债务担保的行为。债务人不履行债务时，抵押权人有权依法以抵押的房

地产折价或者拍卖、变卖，并从拍卖、变卖该房地产所得价款中优先受偿。

《城市房地产管理法》从限制的角度对房地产抵押的条件作了规定，下列房地产不得设定抵押：

(1)权属有争议的房地产；

(2)用于教育、医疗、市政等公共福利事业的房地产；

(3)列入文物保护的建筑物和有重要纪念意义的其他建筑物；

(4)已依法列入拆迁范围的房地产；

(5)被依法查封、扣押、监管或者以其他形式限制的房地产；

(6)依法不得抵押的其他房地产。

抵押人以其全部房地产设定抵押时，抵押权的效力及于全部房地产，包括房屋所有权和土地使用权。

设定抵押后新增的房屋不属于抵押物，房地产抵押权的效力不及于该新增的房屋。

以在建工程已完工部分抵押的，其土地使用权随之抵押。以依法获准尚未建造的或者正在建造的房屋或者其他建筑物抵押的，当事人办理了抵押登记，人民法院可以认定抵押有效。

四、房屋租赁

房屋租赁，是指房屋所有人作为出租人将其房屋出租给承租人使用，由承租人向出租人支付租金的行为。出租人是将房屋租赁关系中提供房屋给他人使用的一方，出租人可以是个人，也可以是单位；可以是房屋的所有人，也可以是国家授权行使房屋所有权的单位。承租人是房屋租赁关系中使用房屋并支付租金的一方，承租人可以是个人，也可以是单位。

房屋是一种特殊的商品，为维护国家、法人、公民的合法权益、维护房地产市场秩序，国家对房屋出租规定了必要的条件。立法上采取了排除性条款。《城市房屋租赁管理办法》采用禁止的方式，规定下列房屋不得出租：

1. 未依法取得房屋所有权证的；

2. 司法机关和行政机关依法裁定、决定查封或者以其他形式限制房地产权利的；

3. 共有房屋未取得共有人同意的；

4. 权属有争议的；

5. 属于违法建筑的；

6. 不符合安全标准的；

7. 已抵押，未经抵押权人同意的；

8.不符合公安、环保、卫生等主管部门有关规定的；

9.有关法律、法规规定禁止出租的其他情形。

为了加强对房地产租赁市场的管理，杜绝非法交易和私下交易，国家对房屋租赁实行登记备案制度。签订、变更、终止房屋租赁合同，当事人应当向房屋所在地市、县人民政府房地产管理部门登记。但房屋租赁登记备案不是租赁合同的生效条件。

五、中介服务机构

房地产中介服务，是指在房地产开发、交易活动中起中间媒介和辅助作用的服务管理活动。

《城市房地产管理法》第57条规定："房地产中介服务机构包括房地产咨询机构、房地产价格评估机构、房地产经纪机构等。"《城市房地产管理法》第58条还规定了房地产中介服务机构应当具备的条件。

设立房地产中介服务机构，应当向工商行政管理部门申请设立登记，领取营业执照后，方可开业。

《城市房地产管理法》第59条规定："国家实行房地产价格评估人员资格认证制度。"

第四节　物业管理法律制度

一、物业管理的概述

(一)物业管理的概念

物业是指已建成并投入使用的各类房屋、附属设施以及相关的场地。物业可以是整个住宅区，也可以是单体的房屋，包括商业大厦、住宅楼宇、厂房仓库、旅游宾馆等。物业可大可小，一座大厦可以作为一项物业，一个住宅单元也可以作为一项物业，同一建筑物还可以按权属不同分割为若干物业。

物业管理是指业主通过选聘物业服务企业，由业主和物业服务企业按照物业服务合同约定，对房屋及配套的设施设备和相关场地进行维修、养护、管理，维护物业管理区域内的环境卫生和相关秩序的活动。

物业管理的基本主体是业主。在物业管理的整个环节中，业主即物业所有人起着主导作用。物业管理的目标是实现物业的最大价值，收益的是业主；物业公司的管理权源于业主的委托；物业管理的费用由业主承担。

具体进行物业管理的行为主体是物业服务公司。物业服务公司受业主的委托，依照国家有关法律规范，按照合同或契约行使管理权，提供物业管理服务。物业服务公司的权力源于业主大会和业主委员会。

物业管理的对象（或内容）主要是物业的共有部分和共同事物。随着经济的发展和人民生活水平的提高，物业管理的内容将会越来越丰富，但其核心仍然是物业的共有部分和共同事物。

物业服务公司与业主之间发生的物业管理服务关系是一种民事法律关系。它具有以下法律特征：

1.物业管理关系是一种民事关系

物业管理不同于房地产的行政管理，物业管理虽然也称为“管理”，实质上并非行政意义上的管理与被管理关系，而是在物业服务企业与业主之间形成的一种平等的、服务性质的法律关系。

2.物业管理关系是基于委托合同而产生的

根据《物业管理条例》的规定，业主委员会应当与业主大会选聘的物业服务企业订立书面的物业服务合同。物业服务合同应当对物业管理事项、服务质量、服务费用、双方的权利义务、专项维修资金的管理与使用、物业管理用房、合同期限、违约责任等内容进行约定。

3.物业管理关系具有有偿性

物业管理是通过营利性的企业——专业化的物业服务公司来实施的。物业服务公司实行的管理、提供的服务是有偿的。

（二）物业管理的原则

根据上述物业管理的法律性质和特征，结合我国国情，社会化、专业化、市场化的物业管理应坚持以下几项原则：

1.业主自治管理与物业服务企业专业管理相结合的原则；

2.物业服务公司实行合同聘用的原则；

3.社会化管理、企业化经营原则；

4.由物业服务公司实行全方位、多层次管理服务的原则。

（三）物业管理的内容

物业管理涉及的领域相当广泛，其基本内容按服务的性质和提供的方式可分为：

1.常规性的公共服务

这是物业管理中的基本业务工作，一般是在物业服务合同中将此类服务包括在服务范围之内的，使用人在享受这些服务是不需要事先提出或者作出某种约定。其内容包括：

（1）房屋建筑主体的管理；

(2)物业公共设施、设备的管理；

(3)公共环境卫生的管理；

(4)绿化管理、保安管理、消防管理；

(5)车辆道路管理；

(6)公众代办性质的服务；

(7)物业管理维修基金的管理；

(8)做好物业管理费用的核收和使用；

(9)协助政府进行社会管理。

2.针对性的专项服务

是指物业管理公司为满足一些住户群体的需要而提供的专项服务工作。这些服务项目不在统一的物业管理委托合同约定的范围之内，使用人享受这些服务时必须单独提出并支付费用。

(1)日常生活类服务；

(2)商业服务类；

(3)文化、教育、卫生、体育类；

(4)金融服务类；

(5)代理与中介服务。

3.委托性的特约服务

特约服务是为满足物业产权人、使用人的个别要求需求，受其委托而提供的服务。

二、业主和业主委员会

(一)业主和业主大会

1.业主

业主是指房屋的所有权人。一方面，业主既是物业管理的主体，也是物业管理的对象。另一方面，物业服务公司通过具体管理实现物业管理合同的目标，在此意义上业主又成为被管理者。

2.业主大会

业主大会是由物业内的业主组成，决定物业重大管理事项的业主自治管理组织。业主大会应当代表和维护物业管理区域内全体业主在物业管理活动中的合法权益。一个物业管理区域成立一个业主大会。同一个物业管理区域内的业主，应当在物业所在地的区、县人民政府房地产行政主管部门或者街道办事处、乡镇人民政府的指导下成立业主大会，并选举产生业主委员会。但是，只有一个业主的，或者业主人数较少且经全体业主一致同意，决定不成立业主大会的，由业主共同履行业主大会、业主委员会职责。

业主大会讨论决定下列事项：(1)制定和修改业主大会议事规则；(2)制定和修改管理规约；(3)选举业主委员会或更换业主委员会成员；(4)选聘和解聘物业服务企业；(5)筹集和使用专项维修资金；(6)改建、重建建筑物及其附属设施；(7)有关共有和共同管理权利的其他重大事项。

业主大会会议可以采用集体讨论的形式，也可以采用书面征求意见的形式；但是应当有物业管理区域内专有部分占建筑物总面积过半数的业主且占总人数过半数的业主参加。业主大会决定筹集和使用专项维修资金事项以及决定改建、重建建筑物及其附属设施事项的，应当经专有部分占建筑物总面积 2/3 以上的业主且占总人数 2/3 以上的业主同意。业主大会的决定对业主具有约束力。

3. 业主委员会

业主委员会是在物业管理区域内由物业内的业主选举的成员组成的，代表全体业主实施自治管理的组织。业主委员会由业主大会从全体业主中选举产生，作为业主大会的常设机构和执行机构，对业主负责，受业主大会的广大业主监督。

业主委员会执行业主大会的决定事项，履行下列职责：(1)召集业主大会会议，报告物业管理的实施情况；(2)代表业主与业主大会选聘的物业服务企业签订物业服务合同；(3)及时了解业主、物业使用人的意见和建议，监督和协助物业服务企业履行物业服务合同；(4)监督管理规约的实施；(5)业主大会赋予的其他职责。

三、物业管理服务企业

(一)物业管理服务企业的概念和法律地位

物业管理服务企业，是依法设立的从事物业管理服务的企业法人。国家对从事物业管理活动的企业实行资质管理制度。

物业管理企业作为独立的企业法人，其组织结构和经营管理与一般企业法人并无区别，一般以公司形式出现。但物业管理服务企业的业务来源于业主的委托，又通过服务对物业实施管理服务，这种关系决定了物业管理企业独特的法律地位。

1. 物业管理服务企业依合同实施物业管理，其管理权源于业主。

2. 物业管理服务企业是独立法人，与业主委员会在法律地位上是平等的。

3. 物业管理服务企业与业主委员会必须合作，实施对物业的管理。

(二)物业管理服务企业的权利与义务

1. 物业管理服务企业的权利

(1)根据有关法规并结合物业实际情况指定管理办法；

(2)依照物业管理服务合同和管理办法实施管理;

(3)依照物业管理服务合同和有关规定收取管理费;

(4)有权制止违反规章制度的行为;

(5)有权要求业主委员会协助管理;

(6)有权选聘专业企业承担专项管理业务;

(7)可以实行多种经营,以其收益补充管理经费。

2.物业管理服务企业的义务

(1)履行物业管理服务合同,依法经营;

(2)接受业主委员会和业主及使用人的监督;

(3)重大管理措施应提交业主委员会审议批准;

(4)接受行政主管部门监督指导;

(5)定期向全体业主公布管理费用收支账目;

(6)物业管理服务合同终止时,须向业主委员会移交全部房屋、物业管理档案、财务等资料和本物业的公共财产,包括管理费、公共收入积累形成的资产。业主委员会有权指定专业审计机构对物业管理财务状况进行审计。

总的来说,我国物业管理起步较晚,各地的物业管理水平参差不齐,因此,政府在物业管理市场中的指导、管理、监督、协调的作用还有待加强。

第五节　房地产权属登记管理

一、房地产权属登记管理

房地产权属登记管理,是指法律规定的管理机构对房地产的权属状况进行持续的记录,是对拥有房地产的权利进行的登记。包括对权利的种类、权利的范围等情况的记录。

二、国有土地使用权和房屋所有权登记

(一)国有土地使用权登记

国有土地使用权登记,是指土地管理部门根据依法取得国有土地使用权的单位和个人的申请,按照法定程序对其国有土地使用权进行审查核实、注册登记、颁发国有土地使用权证书的一种制度。

《城市房地产管理法》第61条第1款规定:"以出让或者划拨方式取得土地使用权,应当向县级以上地方人民政府土地管理部门申请登记,经县级以上地方人民政府土地管理部门核实,由同级人民政府颁发土地使用权证书。"

(二)房屋所有权登记

房屋所有权登记,是指房地产管理部门根据房屋所有权人的申请,依照法定程序对其房屋进行核实、注册登记、颁发房屋所有权证书的一种制度。

《城市房地产管理法》第61条第2款规定:"在依法取得的房地产开发用地上建成房屋的,应当凭土地使用权证书向县级以上地方人民政府房地产管理部门申请登记,由县级以上地方人民政府房地产管理部门核实并颁发房屋所有权证书。"

(三)房地产权属登记

我国实行房地产管理,是土地管理和房产管理分属两个部门管理的体制,所以房地产权属也相应采取分别登记的办法。

(四)房地产权属登记的特别规定

《城市房地产管理法》第61条第4款对房地产权属登记还作了一项特别规定,即"法律另有规定的,依照有关的法律规定办理。"这是指在其他法律另有关于房屋或者土地权属登记的规定时,在该法律的适用范围内,按照该法律的规定办理。例如,根据《土地管理法》第11条规定,确定林地、草原的所有权或者使用权,确认水面、滩涂的养殖使用权,分别依照《森林法》、《草原法》和《渔业法》的有关规定。

三、房地产的变更登记和抵押登记

(一)房地产变更登记

《城市房地产管理法》第61条第3款对变更登记作了规定:"房地产转让或者变更时,应当向县级以上地方人民政府房地产管理部门申请变更登记,并凭变更后的房屋所有权证书向同级人民政府土地管理部门申请土地使用权变更登记,经同级人民政府更换或者更改土地使用权证书。"根据这项规定,需要办理房地产变更登记的分为两类,即房地产转让或者变更。

房地产转让,是指房地产权利人,通过买卖、赠与、交换或者其他合法方式将其房地产转移给他人的行为。通常发生房地产转让的法律事实有:买卖、赠与、交换、继承、析产、调拨、法院判决、仲裁机构裁决等。

房地产变更,是指房地产因扩建、改建、增建、翻建以及拆除、自然灾害等原因发生的房地产增减的情况,以及房地产权利人的名称或者姓名改变,原来设定的负担或者终止或者消灭等情况。

(二)房地产抵押登记

房地产抵押登记,是指房地产权利人以其支配的房地产设定抵押权后,依照法定的程序申请有关的房地产管理机关,在房地产登记簿上所作的记载。《城市房地产管理法》第 62 条规定:“房地产抵押时,应当向县级以上地方人民政府规定的部门办理抵押登记。”“因处分抵押房地产而取得土地使用权和房屋所有权的,应当依照本章规定办理过户手续。”

第六节 违反城市房地产管理法的法律责任

违反《城市房地产管理法》的法律责任,是指公民、法人或者其他组织违反《城市房地产管理法》,侵害房地产法律关系和房地产管理程序的行为所应承担的法律后果。

《城市房地产管理法》规定的法律责任包括民事责任、经济责任、行政责任和刑事责任。

违反《城市房地产管理法》的法律责任的处理规定,包括:

一、擅自批准出让或者擅自出让土地使用权的法律责任

《城市房地产管理法》第 64 条规定,违反本法第 11 条、第 12 条的规定,擅自批准出让或者擅自出让土地使用权用于房地产开发的,由上级机关或者所在单位给予有关责任人员行政处分。

二、擅自开发房地产的法律责任

《城市房地产管理法》第 65 条规定,违反本法第 30 条的规定,未取得营业执照擅自从事房地产开发业务的,由县级以上人民政府工商行政管理部门责令停止房地产开发业务活动,没收违法所得,可以并处罚款。

三、违法转让土地使用权的法律责任

《城市房地产管理法》第 66 条规定,违反本法第 39 条第 1 款的规定转让土地使用权的,由县级以上人民政府土地管理部门没收违法所得,可以并处罚款。

四、违法转让划拨土地的房地产的法律责任

《城市房地产管理法》第 67 条规定,违反本法第 40 条第 1 款的规定转让房地产的,由县级以上人民政府土地管理部门责令缴纳土地使用权出让金,没收违法所得,可以并处罚款。

五、违法预售商品房的法律责任

《城市房地产管理法》第 68 条规定,违反本法第 45 条第 1 款的规定预售商

品房的，由县级以上人民政府房产管理部门责令停止预售活动，没收违法所得，可以并处罚款。

六、擅自从事房地产中介服务活动的法律责任

《城市房地产管理法》第69条规定，违反本法第58条的规定，未取得营业执照擅自从事房地产中介服务的，由县级以上人民政府工商行政管理部门责令停止房地产中介服务活动，没收违法所得，可以并处罚款。

七、违法向房地产开发企业收费的法律责任

《城市房地产管理法》第70条规定，没有法律、法规的依据，向房地产开发企业收费的，上级机关应当责令退回所收取的钱款；情节严重的，由上级机关或者所在单位给予直接责任人员行政处分。

八、行政执法人员违法犯罪的责任

《城市房地产管理法》第71条规定，房产管理部门、土地管理部门工作人员玩忽职守、滥用职权，构成犯罪的，依法应当追究刑事责任；不构成犯罪的，给予行政处分。房产管理部门、土地管理部门工作人员利用职务上的便利，索取他人的财物，或者非法收受他人财物为他人谋取利益的，构成犯罪的，依照新《刑法》的有关规定追究刑事责任；不构成犯罪的，给予行政处分。

第十二章 证券监管法

第一节 证券监管法律制度概述

一、证券的概念和种类

证券是证明持有者享有一定权益的凭证的通称,是用来证明证券持有者按其所载取得相应权益的凭证。证券是市场经济和社会化大生产的产物。

从总体讲,证券可以分为两大类:一类是无价证券,即证券本身不能是其持有者取得收入的证券,例如车船票、商品供应券即属于无价证券;另一类则是有价证券,即具有一定票面金额,证明其持有者有权按其取得一定收入的证券。有价证券又有广义和狭义之分。广义的有价证券包括货币证券和资本证券。货币证券主要包括汇票、本票和支票,它们属于票据法的调整对象。狭义的有价证券主要是指资本证券,也就是证券法上的证券,它主要包括股票、债券、投资基金券以及国务院确定的其他证券。

(一)股票

股票是指股份有限公司依法发行的,表明股东所持股份数额和权益的一种有价证券。其特点是:

1. 股票的发行主体是股份有限公司,股份有限公司以外任何经济组织均无权发行股票。

2. 股票是股东权的凭证,它代表股东对发行股票的公司投资的份额,股东借所持股票享有股东权。

3. 股票是一种永久性证券。股东一旦投资购买某一公司股票,在一般情况下,他不能中途要求公司退股,抽回投资,股东欲收回投资,可以通过证券市场将股票转让给其他投资者。

股票可根据不同标准,可以有不同分类。根据股东权内容不同,股票可以分为优先股和普通股。普通股是指股东拥有的权利、义务相等,无差别待遇的股份,它是股份公司最基本的股份,构成股份公司资本的基础。优先股是根据分配股利、公司清算之时剩余财产享有特别利益并优先于普通股实现的股份。优先股通常没有表决权，是在优先于普通股参与公司分配的权利，但收益率固定且一般较低，故其投资风险小于普通股，且当公司盈利丰厚时，收益率显著低于普通股。我国《公司法》没有对发行优先股作出规定，但《公司法》第132条规定："国务院可以对公司发行本法规定以外的其他种类的股份，另行作出规定。"可见，我国《公司法》并未禁止公司设置优先股的可能性。但国务院另行作出规定之前，股份有限公司发行的股份应为普通股。

依股东姓名是否记载于股票的标准，可将股份分为记名股与无记名股。记名股是将股东的姓名或名称记载于股票上的，无记名股是股票上不记载股东姓名或名称的股票。

记名股股票比较安全，这种股票丢失对股东造成的风险不大，因为其转让要通过背书或法律规定的方式才有效，还要办理公司名称登记过户手续，才能对公司产生对抗效力。无记名股票，股东丧失了股票，等于丧失了股权，即使他是一个真实的出资者，但无记名股票便于流通转让，在依法设立的证券交易场所交付时，股票的所有权和股权都发生转移。

我国《公司法》允许发行记名股和无记名股，《公司法》第130条规定，公司发行的股票，可以为记名股票，也可以为无记名股票。公司向发起人、法人发行的股票，应当为记名股票，并应当记载该发起人、法人的名称或者姓名，不得另立户名或者以代表人姓名记名。

依持股主体的不同为标准，可将股票分为国有股、法人股、社会公众股。国有股是国家授权投资机构，国有企业、事业及其他单位投资股份有限公司持有的股票。法人股是法人以其依法可支配的资产向股份公司出资形成或依法定程序而持有的股票。社会公众股是社会公众以其合法财产向股份公司投资或依法定程序而持有的股票。

（二）债券

债券是指政府、金融机构或公司依法向投资者出具的，在一定时期内按约定条件履行还本付息义务的一种有价证券。

根据发行人的不同，债券分为政府债券、金融债券和公司债券。

政府债券是指政府及政府机构为筹集资金而发行的按约定利率和期限等条件，向债券持有人还本付息的债务凭证，我国的政府债券主要是指中央政府发行的国债券，政府债券目前还不属于《证券法》的调整范围。

金融债券是指由银行和非银行金融机构为筹集资金而发行的，按约定利率和期限等条件，向债券持有人还本付息的债务凭证。

公司债券是指公司依照约定条件和程序发行的，按照约定利率和期限还本付息的债务凭证。

(三)证券投资基金

证券投资基金在我国是一种新兴的资本证券。它是一种利益共享、风险共担的集合证券投资形式,即通过发行证券投资基金单位集中投资者的资金,由基金托管人托管,由基金管理人管理和运用资金、从事股票、债券等金融工具投资。证券投资基金券是指证券投资基金发起人向社会公众发行的,表明持有人对基金就资产所有权、收益分配权和其他相关权利的有价证券。

证券投资基金依不同的标准,可作出不同的分类,按组织形式分,可分为契约型基金和公司型基金。契约型基金是根据设立共同基金的法律制度,在规定当事人权利和义务的投资信托契约的基础上,由受托人、委托人、受益人三方组成。公司型基金则通过向公众发行股份筹集资金,设立股份公司以从事各种证券投资。

按照经营方式分,可分为封闭式基金和开放式基金。封闭式基金是指事先确定发行总额,在封闭期内基金单位总数不变,基金上市后投资者可以通过证券市场转让、买卖基金单位的一种基金;开放式基金是指基金发起总额不固定,基金单位总数随时增减,投资者可以按基金的报价在国家规定的营业场所申购或赎回基金单位的一种基金;此外按照基金投资目标和风险偏好不同还可以分为成长型基金、收入型基金、平衡型基金和指数型基金等。

二、证券市场的构成与功能

证券市场是证券发行和交易的场所,是资本市场的重要组成部分,它由证券发行市场和交易市场两部分组成。

证券发行市场,又称一级市场,它是通过发行证券进行筹资活动的市场。其功能一方面为资本需求者提供融资渠道;另一方面为资本供给者提供投资场所。

证券交易市场,又称二级市场,是指对已经发行的证券进行买卖,转让的市场。其功能在于为证券持有人提供变现的机会,又为新的投资者提供投资机会。

证券交易市场包括场内交易市场和场外交易市场两种形式。场内交易市场是通过证券交易所进行集中交易的市场,它有固定的交易场所和交易时间,在该市场上交易的证券须符合严格的条件和程序,投资者通过证券商在证券交易所进行证券买卖。

场外交易市场(Over-the-Counter Market)又称:“OTC 市场”,是指依法设立的非上市证券(部分上市证券)进行交易的市场。“OTC 市场”泛指除证券交易所集中交易市场以外的一切非集中的、无形的证券交易市场,就形式而言包括证券持有者之间的直接证券交易市场,证券公司的证券交易柜台、自动报价、交易与清算系统等。

"OTC 市场"的基本特征：

1. 无固定交易场所、无市场组织形式、无确定交易时间的无形证券市场。

2. 交易证券种类复杂，包括股票、公司债券、国债券、认股权证及其他证券性质的金融工具，有不符合证交所上市条件的证券和一定量的上市证券。

3. 交易方式灵活，投资者既可以自己在"OTC 市场"直接交易，又可委托证券商进行。

4. 交易方式采用直接议价方式。证券交易所的股票交易以公开竞价方式进行。"OTC 市场"交易由客户与证券商之间、证券商相互之间直接议价方式进行。随着自动报价系统在"OTC 市场"的应用，各种证券交易的价格已公开化。

全美证券交易商协会（NASD）于 1971 年建立的自动报价系统（NASDAQ），目前拥有 3000 多个证券商，5000 多个经纪人和美国大部分投资银行家，其交易量仅次于纽约证券交易所，在美国位居第二，并已成为全球重要的证券交易系统。

三、证券监管法的基本原则

（一）证券监管立法

我国证券立法是以证券监管为中心的，证券法律体系的核心思想是公开。这与我国证券市场尚处在发展初期的现实状况相适应，自 20 世纪 90 年代开始，证券立法围绕着这一核心思想有序地进行，到 1998 年《证券法》的出台，已初步形成为以监管为中心的证券法律体系。主要有：

1. 证券基本法律，1998 年 12 月 29 日全国人大常委会第六次会议通过，并于 2005 年 10 月 27 日十届全国人大常委会第十八次会议修订的《中华人民共和国证券法》，自 1999 年 7 月 1 日起实施。

2. 关于发行外资股的法规：主要有《国务院关于股份有限公司境外募集股份及上市的特别规定》、《国务院关于股份有限公司境内上市外资股的规定》。

3. 关于信息披露的规章：主要包括《公开发行股票公司信息披露实施细则》以及陆续发布的关于信息披露的内容与格式准则等。

4. 关于证券交易所的规章：主要有《证券交易所管理办法》。

5. 关于证券投资基金法律：2003 年 10 月 28 日十届全国人大常委会第五次会议通过的《中华人民共和国证券投资基金法》。

6. 关于处罚证券违法行为的法规：主要有《禁止证券欺诈行为暂行规定》、《证券市场禁入暂行规定》以及我国《刑法》关于禁止证券犯罪的规定等。

(二)证券监管法的基本原则

证券监管法是从社会利益角度对证券市场主体及其行为进行监督和管理的法律,其立法宗旨是维护证券市场秩序,保护投资者的利益。

证券监管法的基本原则是贯穿于证券监管法始终的、对全部证券监管法律起统率作用的基本准则,它集中体现了证券监管的本质特征和根本价值。其具体内容有:

1.公开原则

公开是实现证券市场监管与管理的有效手段,是证券监管法的精髓。公开原则有两层含义:一是指监管部门依法确保证券发行人发行信息公开、上市信息公开、上市后持续信息公开、为投资者提供全面、准确的证券信息。二是指监管规则的公开、监管行为及其结果的公开。目前,我国监管规则公开做得比较好,但监管行为结果公开方面还有待改进,主要是在及时性方面做得不够。

2.公正原则

在证券市场中"公正"常常被误认为与"公平"同义。从词源学上说,它具有正直、正当、公正、公平,不偏不倚的含义。从哲学意义上说,公正源于正义与平等,因此,公正与公平有相似乃至相同的含义。但是作为一种法律原则,公正的立意与公平是有很大区别的。公平作为证券监管法的价值目标,主要指的是证券市场主体的权利平等、地位平等和机会平等。而公正原则则是对证券市场监管者和执法者权力或职责的赋予与约束。

公正原则是实现公开原则的保障,也是公平价值得以实现的前提,公正原则要求证券市场的监管者正确地行使法律赋予的职责,通过自身执行职务行为使法律的公平正义价值得以实现,具体包括三个方面内容:

(1)监管者在履行职责时,必须依据法律赋予的权限进行,既不能超越权限,也不能懈怠职责,否则证券市场就可能由于监管者的行为不当而丧失公正。

(2)监管者对所有被监管对象都应给予公正待遇,不偏护任何人,在适用法律上当事人一律平等。

(3)必须对监管者的权力进行制约,防止监管者权力过度膨胀和滥用权力。

3.适度和效率原则

适度原则要求将证券监管严格限制在证券市场可能失灵的范围内,对于证券市场能自行调节的,政府就没有必要插手。另外还必须充分发挥证券业自律机制和社会中介机构的作用。

效率原则要求监管者以较小的监管成本实现监管的目标,实现证券业的快速、健康的发展。效率原则应当贯穿证券监管法的始终。证券监管机构对证券发行的审核、批准,对证券市场的监督和管理,都应当以法律为依据高效地完成。

第二节 证券监管体制

证券监管体制是证券监管法律制度的核心，它是关于证券监管主体的地位、职责、权利和义务等一系列制度的总和，它决定证券监管的基本框架，一国证券监管体制的形成是由该国政治、经济、文化传统及证券市场发育程度等多种因素决定的，但从总体上看，证券监管体制分为两大类，即政府集中型证券监管体制和自律型证券监管体制，并且近年来，这两种监管体制出现了融合的趋势。

一、政府集中型监管体制

政府集中型监管体制是指政府通过制定专门证券市场管理法规，并设立全国性的专门证券监督管理机构来实现对全国证券市场的集中统一监管。美国是集中型证券监管体制的典型代表。

美国集中型监管体制形成于1929年爆发的金融大危机后，主要表现在以下两个方面：一是有完整系统的法律监管体系，如《1933年证券法》、《1934年证券交易法》、《1940年投资公司法》等一系列联邦法律，创立了美国政府集中型法律监管体系；二是设立了专门的联邦监管机构——美国证券交易委员会（the Securities and Exchange Commission of America）简称SEC。SEC是联邦政府中一个独立的部门，它不隶属于任何一个政府部门。其成员由总统任命，并由参议院批准通过。其任期为5年，除非他们有重大的行为不端、否则在职期间不得被免职。

SEC由5名委员组成，一般分属两党，不得兼职，也不得间接或直接从事证券业务活动。

SEC的主要职能有：

1.负责实施联邦证券法规，负责制定调整和解释有关证券管理各种规章；2.管理全国范围内的证券发行和交易，维护证券市场秩序，调查检查各种证券违法行为；3.收集和输送证券信息；4.促进自律组织的自我管理职能；5.管理投资银行、投资公司、证券交易商、证券经纪商、投资顾问等机构和个人。

国会授予SEC三项准司法权：

一是民事诉讼权：有权对违法者提起民事诉讼，还可依法向地方法院申请发出禁止令。

二是刑事检控权，对故意违法者可将该案转交司法部处理。

三是行政处罚权，对违法者采取暂停或取消注册资格，采取市场禁入措施等。

因此 SEC 具有极高的权威性，它集准立法权、执法权、准司法权于一身。其宗旨是：保护证券发行者、投资者、交易者的正当权益；防止证券活动中的过度投机行为；维持证券市场相对稳定的价格水平；配合美联储形成一个分工明确，灵活有效的金融监管体系。

美国集中型监管体制还辅之以自律组织的监管。美国最重要的自律组织有证券交易所和全国证券交易商协会(NASD)。

证券交易所主要通过会员制和上市制度实行自律管理。全国证券商协会全权管理 OTC 交易市场。其主要管理职能体现在会员管理和交易管理上。

会员管理：负责协会会员的注册，并监督会员的日常活动。

交易管理：利用电子系统监视场外交易各种证券交易量和交易价格的变化，防止发生不法交易。

目前，属于集中监管型体制的还有韩国和菲律宾、日本等国家，集中型监管体制的优点在于：能兼顾证券业和投资者利益，注重投资者利益的保护；能提高、促进全国统一市场的形成，提高资本流动性和证券市场的国际竞争力。

缺点：政府机关不能及时跟上市场的快速发展和变化，往往使监管滞后，政府在监管中起主导作用，导致监管成本过高。

二、自律型监管体制

自律型监管体制是指政府除了某些必要的立法外，较少干预证券市场，对证券市场的管理主要由证券交易所及证券商协会等组织自我管理，实行自律监管体制的典型代表是英国，其他原英联邦国家如新加坡、马来西亚都实行这一监管体制。

英国证券业强调“自我监管”、“自我约束”，自律监管分为两个层次：

第一层次是证券交易所的监管：证券交易所实际上行使着英国证券市场日常监管的职责。

第二层次：由三个非政府机构组成的监管系统。

1. 英国证券交易所协会。它由伦敦证交所和英国其他六个地方性证券交易所的经纪商和营业商组成，制定批准证券上市及发行公司经营活动规则。

2. 英国企业收购和合并问题专门小组。起草并负责解释、执行《管制企业收购、合并的规则》。

3. 英国证券业理事会。它是 1978 年由英格兰银行提议而成立的一个由 10 个专业协会代表组成的民间证券监管组织，其主要任务是制定、执行有关证券交易的各项规章制度，如《证券交易所行动规则》、《基金经理人个人交易准则》，该理事会下设一个常务委员会，负责调查有关投诉。

自律监管的优点：自律组织在证券市场第一线，了解证券市场的最新变化，监管的范围更广，更有效率，监管成本相对较低。

缺点：自律组织兼监管者与经营者于一身，易偏向于自身利益，缺乏对投资者利益的有效保障。

三、证券监管体制的国际趋势：政府型与自律型监管体制的融合

政府型证券监管体制与自律型监管体制各有优缺点，随着证券市场的日益国际化，各国都十分重视吸收其他类型的证券监管体制的优点，出现了证券监管体制融合的趋势。如美国是政府型监管体制的典型代表，但其证券商协会，证券交易所等也在证券监管中发挥相当的作用，特别是场外交易市场，主要靠证券商协会管理。英国是自律型监管体制的典型代表，但 1986 年通过的《金融服务法》，建立了证券和投资局，专门负责证券市场的管理，形成了贸工部国务大臣、证券和投资局，证券自律组织三级制的证券监管体制，吸收了政府型监管体制的许多做法。

四、我国的证券监管体制

我国现行证券监管体制起始于 1998 年国务院的机构改革，并在 1998 年 12 月《证券法》颁布后正式确立，证券监管体制实行政府集中统一监管体制，辅之以证券业协会，证券交易所的自律管理。

1. 政府集中统一监管制

《证券法》第 7 条规定，国务院证券监督管理机构依法对全国证券市场实行集中统一监督管理，国务院证券监督管理机构根据需要可以设立派出机构，按照授权履行监督管理职能。根据《证券法》的规定，证监会拥有下列职权：

(1)规则制定权：它是指证券监管机构依法制定有关证券市场监督管理的规章、规则；依法制定从事证券业务人员的资格标准和行为准则。

证券监管机构通过制定规则、办法，既可以从客观上对证券业进行监管，也可对证券具体行为，具体事务进行监管。

(2)审批核准权：对发行股票的核准权，对发行债券的审批权；批准境内企业直接或间接到境外发行证券或者将其证券在境外上市交易的权限；批准证券公司的设立或解散……

证券监管机构的这一权限直接决定证券的发行、交易以及证券市场主体的资格是否得以成立。它是我国证券监管机构职责中最为重要的一项权力。

(3)监督权：此项权力是指证券监管机构依法对证券的发行、交易、登记、托管、结算进行监督、管理。

(4)查处权:即依法对证券发行人、证券经营机构或服务机构、证券交易机构、证券投资者等违反法律、法规的行为进行调查、检查、处罚的权力。

(5)跨境监督管理:即和其他国家或者地区的证券监管机构建立监督管理合作机制,实施跨境监督管理。

2.证券业自律管理

证券业协会是在政府对证券发行、交易活动实行统一监督管理前提下依法设立的,证券行业的自律性组织是社会团体法人,证券公司应当加入证券业协会。证券业协会具有以下职责:

(1)教育和组织会员遵守证券法律、行政法规;

(2)依法维护会员的合法权益,向证券监督管理机构反映会员的建议和要求;

(3)收集整理证券信息,为会员提供服务;

(4)制定会员应遵守的规则,组织会员单位的从业人员的业务培训,开展会员间的业务交流;

(5)对会员之间、会员与客户之间发生的证券业务纠纷进行调解;

(6)组织会员就证券业的发展、运作及有关内容进行研究;

(7)监督、检查会员行为,对违反法律、行政法规或者协会章程的,按照规定给予纪律处分;

(8)证券业协会章程规定的其他职责。

第三节 证券发行监管

一、证券发行的概念和分类

证券发行是指证券发行者为筹集资金依法向投资者以同一条件招募和出售股票、公司债券以及其他证券的活动。

证券发行可按不同的标准进行分类,主要有(1)按证券的发行是否通过承销机构分为直接发行和间接发行。直接发行是指发行人不通过证券承销机构的中介而直接与证券购买人签订购买合同;间接发行是指发行人不直接与购买人发生关系,而委托证券承销机构代理发行证券。(2)按发行对象不同可分为私募发行与公募发行。私募发行是以特定的投资者为募集对象的发行,而公募发行则是发行人在同一条件向不特定投资者广泛募集资金的行为。(3)依发行价格不同可以分为平价发行,溢价发行和折价发行。

二、证券发行审核制度

按照当今世界各国公司立法及证券立法，证券发行均需经国家有关部门审核，但审核体制存在两种模式即注册制和核准制。

1. 注册制

它也称申报制，或完全公开主义（Full Disclosure）是指证券发行人在发行证券之前，必须按照法律规定向证券管理机构申请注册，并将其所有的有关资料公开。

注册制的基本内容有：

（1）发行人在准备发行证券时，必须将依法公开的各种资料完全、准确地向证券监管机关呈报并申请注册。

（2）证券监管机关的职责是按照信息公开原则，对申报文件的全面性，准确性、真实性和及时性进行形式上的审查，而对于发行人的盈利能力，发展前景，发行数量与发行价格等实质性问题均不作为审查的内容。

（3）提交申报文件后，经过法定期间，主管机关如未提出异议，申请即自动生效。

（4）证券发行注册的目的是向投资者提供会对其投资判断产生实质影响的信息，以便其在充分知情的情况下作出投资决定，只要发行公开方式适当，则投资风险由投资者自负。

注册制的基本理念来源于美国法学家路易斯·D·布兰迪，他认为："公开制度作为现代社会与产业弊病的矫正手段而被推崇，太阳是最有效的防腐剂，光亮是最有能力的警察。"证券发行注册制的理论基础即根据这一思想而形成，该理论认为证券投资者与其他市场经济主体一样，都是具有谋求自身利益最大化的经纪人，都会自觉地趋利避害，只有证券市场信息及时，完全和真实地公开，投资者会对证券价值作出判断和选择，监管者的职责只是保证信息公开、完整准确，并禁止信息滥用。注册制下证券市场效率较高，政府较少干预。

目前实行证券注册制的国家以美国为代表，英国、日本、中国香港也实行注册制。

2. 核准制

核准制又叫实质管理主义，是指证券发行不仅要满足信息公开的条件，而且还必须满足法律规定的实质条件，并经证券监管部门实质审查并核准。

核准制的基本内容：

（1）证券发行者必须提供完整、真实的与发行证券相关的信息。

（2）发行者资格的确认：连续多年亏损，资不抵债者不得公开发行新股。

(3)证券发行的实质审核:主要审核发行者的营业性质是否合法,资本结构是否合理,公司是否具有发展前景,管理人员是否具备相应的素质,公司是否具有竞争力。

(4)发行者的发行权利是由主管机关以法定方式授予。

核准制的理论基础:证券市场作为高风险市场,并非所有投资者都有足够的能力对市场信息作出准确的判断和正确的选择,因此,政府的职能是通过制度安排,尽可能排除品质较差证券进入市场,减少市场风险,保护投资者。核准制的目的是保证市场交易安全,维护公共利益,减少投资者的风险。核准制的缺点是不利于提高效率,从发行到核准时间较长,扩大了证券监管部门的寻租空间,产生腐败行为。投资者过于相信政府,产生依赖心理,不认真判断,一旦出现欺诈上市,损失惨重,会怨恨政府,损害政府形象。

3.我国的证券发行审核体制——从审批制到核准制

《证券法》颁布前,实行审批制,在核准的基础上增加发行额度的控制,每年由国家计委会同证监会确定年度和跨年度的证券发行总量,再将发行额度分配到各省市,各省市据此审批企业的发行申请。在核准的实质条件上,审查部门可以根据自己对发行申请人的认识和看法,而不完全看是否符合实质条件以及信息公开的真实、准确、完整,政府部门的权力非常大。

《证券法》颁布后,明确规定:公开发行股票,必须依照《公司法》规定的条件,报经国务院证券监督管理机构核准。对审批方式采取投票方式决定是否予以核准,增强了公开性、公正性。2000年额度制正式被取消,证券发行体制由审批制真正进入了核准制。

对发行价格,以前是按照市盈率,现在改为由发行人与承销商协商确定方式,能使发行价格接近证券投资价格,确保发行成功,好的发行公司能筹集更多资金,用友软件是我国第一个核准制下上市的公司。

三、证券发行的原则

根据我国《公司法》《证券法》的规定,证券发行必须遵循公开、公平、公正原则。

1.公开原则:指发行人发行证券时,应将与发行证券有关的一切情况向社会公开。

(1)公开的方式:发行人必须将证券发行的有关文件在指定的报刊上刊登,在网上公布,发行前必须进行网上路演,投资者有权通过合法途径获得有关资料。

(2)公开的内容:以招股说明书为主要内容。

(3)公开的意义:保护投资者,是贯彻公平、公正原则的前提。

2.公平原则:

(1)发行人发行的证券应当具有相同的权利,发行当事人法律地位平等。

(2)发行人发行的证券具有相同的发行价格和条件。

3.公正原则:

监管部门对不同的投资者严格按照监管法律一视同仁,监管规则应当公开。

四、证券发行的条件:

1.股票发行的条件

设立发行条件:其生产经营符合国家产业政策;其发行的普通股限于一种,同股同权;发起人认购的股本总额不少于公司发行投本总额的35%;发起人认购部分不少于人民币3000万元,但国家另有规定的除外;向社会公众发行的部分不少于公司拟发行股本总额的25%,其中股本总额超过4亿元的,公开发行股份的比例不少于拟发行总额的10%;发起人在近三年内没有重大违法行为。

公开发行新股的条件:具备健全且运行良好的组织机构;具有持续盈利能力,财务状况良好;最近三年内财务会计无虚假记载,无其他重大违法行为;经国务院批准的国务院证券监督管理机构规定的其他条件。

2.公司债券发行条件

《证券法》第16条规定:发行公司债券,必须依照《公司法》规定的条件,报经国务院授权的部门审批。

债券发行条件:(1)股份有限公司的净资产额不低于人民币3000万元,有限责任公司不低于6000万元;(2)公司累计发行的债券总额不超过公司净资产的40%;(3)前3年连续盈利,且最近3年平均可分配利润足以支付公司债券1年的利息;(4)所筹资金的投向符合国家产业政策;(5)债券的利率不得超过国务院限定的利率水平;(6)国务院规定的其他条件。有下列情形之一的,不得再次发行债券:(1)前一次发行的公司债券尚未募足;(2)对已发行的公司债券或其他债券有违约或者迟延支付本息的事实,且仍处于继续状态的。

第四节　证券交易监管

一、证券上市监管

证券上市是指发行公司与证券交易所之间订立上市契约,使发行公司能将其发行的有价证券,在证券交易所的集中交易市场买卖,而证券交易所得向发行公司收取上市费用的法律行为。

证券上市是联结证券发行市场与交易市场的纽带，它使证券持有人与其他证券投资者在证券交易所互相转移证券成为可能。对于证券监管机关而言，证券上市可使其通过对上市公司证券上市条件，上市程序的监管和通过上市公司法定信息披露制度以及二级市场交易情况，对所有上市公司、投资者、证券商进行监管，从而达到维护证券交易秩序和保障投资者利益之目的。

1. 证券上市条件

证券上市条件的监管，是指一国政府通过制定法律来规定公司发行股票或债券在证券交易所集中竞价交易所必须达到的条件，而实施对证券上市的监督和管理。

对证券上市条件国外由证券交易所规定，我国证券上市条件由《证券法》规定并辅之以沪深证券交易所的上市规则。

股票上市的条件：

第一，经营条件：通常包括一定的经营年限，财产净值占资本总额的比例，连续盈利能力，偿债能力等指标。如纽约证券交易所规定：申请上市公司上 1 年度的税前利润总额不应低于 250 万美元，并且近 2 年来的税前利润总额均不低于 200 万美元，我国证券法规定，股份有限公司申请其股票上市，必须开业时间 3 年以上，最近 3 年连续盈利。

第二，资本条件：各国都规定，公司资本须达到一定数额或股票发行量达到一定规模，才可申请上市。如纽约证券交易所规定，申请股票上市的公司的有形资产净值不低于 1800 万美元。我国证券法规定，公司股本总额不少于人民币 3000 万元才能上市。

第三，股权分散条件：即要求股东人数众多，并且达到规定的数量，如果股东人数太少，股票容易被操纵，纽交所规定股东总人数应在 2200 人以上，我国证券法规定向社会公开发行的股份为公司股份总额的 25%以上，公司股本总额超过人民币 4 亿元的，其向社会公开发行的股份的比例为 10%以上。

债券上市条件：《证券法》第 57 条规定，公司申请其公司债券上市交易必须符合下列条件：(1)公司债券的期限为 1 年以上；(2)公司债券实际发行额不少于人民币 5000 万元；(3)公司申请其债券上市时仍符合法定的公司债券发行条件。

2. 证券上市程序

证券上市程序监管，是指一国政府通过证券立法，规定证券发行者在其证券上市过程中必须履行的法定义务，从而达到对证券上市实施监管的目的。

股份有限公司申请其股票上市交易，必须报经证券交易所审核同意。国家鼓励符合产业政策同时又符合上市条件的公司股票上市交易。股份有限公司申请其股票上市交易，必须提交下列文件：(1)上市报告书；(2)申请上市的股东大会决议；(3)公司章程；(4)公司营业执照；(5)依法经会计师事务所审计公司最近3年的财务会计报告；(6)法律意见书和上市保荐书；(7)最近一次的招股说明书。

股票上市交易申请经证券交易所核准后，证券交易所应当在核准之日起6个月内安排股票上市交易。

股票上市交易申请经证券交易所同意后，上市公司应当在上市交易的5日前公告经核准的股票上市的有关文件，并将该文件置备于指定场所供公众查阅。上市公司除公告上述规定的上市申请文件外，还应当公告下列事项：股票获准在证券交易所交易的日期；持有公司股份最多的前10名股东的名单和持股数额；董事、监事、经理及有关高级管理人员的姓名及其持有本公司股票和债券的情况。

公司申请其发行的公司债券上市交易，必须报经国务院证券监督管理机构核准。公司申请其发行的公司债券上市交易，必须提交下列文件：(1)上市报告书；(2)申请上市的董事会决议；(3)公司章程；(4)公司营业执照；(5)公司债券募集办法；(6)公司债券的实际发行数额。公司债券上市交易申请经国务院证券监督管理机构核准后，发行人向证券交易所提交核准文件和上述文件。证券交易所应当接到核准文件和上述文件之日起3个月内安排该债券上市交易。另外，国务院证券监督管理机构也可直接授权证券交易所按照法定条件和法定程序核准公司债券上市申请。

公司债券上市交易申请经证券交易所同意后，发行人应当在公司债券上市交易的5日前公告公司债券上市报告、核准文件及有关上市申请文件，并将其申请文件置备于指定场所供公众查阅。

3.证券上市的暂停和终止

证券上市后，随着时间的推移，原本符合上市条件的证券可能因其发行主体的变化和交易过程中发生的变化，而不再符合上市条件，由证券交易所采取暂停或终止其上市的措施，以保护公众利益和证券市场的正常秩序。

(一)暂停上市

1.暂停上市原因

上市公司有下列情形之一的，由证券交易所决定暂停其股票上市：(1)公司股本总额、股权分布等发生变化不再具备上市条件；(2)公司不按规定公开其财务状况，或者对财务会计报告作虚假记载；(3)公司有重大违法行为；(4)公司最近3年连续亏损。

公司债券上市交易后，公司有下列情形之一的，由证券交易所决定暂停其公司债券上市交易：(1)公司有重大违法行为；(2)公司情况发生重大变化不符合公司债券上市条件;(3)公司债券所募集资金不按照审批机关批准的用途使用;(4)未按照公司债券募集办法履行义务;(5)公司最近2年连续亏损。

连续亏损的上市公司暂停上市,由证券交易所决定。上市公司最近2年连续亏损后,董事会预计第3年度将继续亏损的,应当及时做出风险提示公告,并在披露年度报告前至少发布3次风险提示公告,提醒投资者注意投资风险。

上市公司出现连续3年亏损的情况,自其公布第3年年度报告之日起(如公司未公布年度报告,则自法定的年度报告披露最后期限到期之日起),证券交易所应对其股票实施停牌,并在停牌后5个工作日内就该公司股票是否暂停上市作出决定。证券交易所作出暂停上市决定的,应当通知该公司并公告,同时报证券监管机构备案。上市公司应当在接到证券交易所股票暂停上市决定之日起2个工作日内,发布《股票暂停上市公告》。

上市公司在其股票暂停上市期间,应当依法履行上市公司的有关义务。在公司暂停上市期间,证券交易所可以为投资者提供股票特别转让服务,股票转让办法由证券交易所规定。

2.宽限期

上市公司被暂停上市后,可以在45天内向证券交易所申请宽限期以延长暂停上市的期限。公司向证券交易所申请宽限期的,应作出申请宽限期的决议,并向证券交易所说明近期盈利的可能性及公司采取的具体措施。证券交易所应自接到公司申请后3个工作日内做出是否给予公司宽限期的决定,通知该公司并公告。公司应自接到证券交易所上述决定之日起2个工作日内公告这一决定的主要内容。宽限期自暂停上市之日起为12个月。

3.恢复上市

暂停上市的公司申请其恢复上市,由证券监管机构发行审核委员会(以下简称发审委)审核,证券监管机构核准。暂停上市的公司在宽限期内第1个会计年度盈利的,可以在年度报告公布后,向证券监管机构提出恢复上市的申请。证券监管机构受理公司恢复上市的申请后,应当提交发审委审核,并在3个月内作出是否予以核准的决定。

在公司申请恢复上市期间,证券交易所应当暂时停止该公司股票的特别转让服务,并相应延长公司的宽限期。公司在接到证券监管机构恢复上市的决定后,应在2个工作日内发布《股票恢复上市公告》。公司股票在登载《股票恢复上市公告》后的第1个交易日恢复上市交易。

(二)终止上市

1.终止上市的原因

证券市场中上市证券的终止上市、退出市场主要有以下三种方式:(1)自然退出，如公司解散或债券、基金证券已经到期，自动清算或兑付；(2)自愿退出，上市公司由于自身的原因要求撤回上市或摘牌，包括公司对已发行并公开交易的可提前赎回债券实施提前回购；(3)强制退出，即法定终止上市。而强制退出的标准主要有三项：一是上市公司资本规模或股权结构发生重大变化而达不到上市条件；二是公司经营业绩或资产质量达不到要求；三是公司不遵守有关法规并造成恶劣影响。

在我国，上市公司有不按规定公开其财务状况或财务会计报告作虚假记载，或有重大违法行为，经查实后果严重的；或者公司股本总额、股权分布等发生变化不再具备上市条件，或公司最近3年连续亏损，在限期内未能消除，不具备上市条件的；以及公司决议解散、被行政主管部门依法责令关闭或者宣告破产的，均应终止其股票上市。

公司有重大违法行为、或未按照公司债券募集办法履行义务，经查实后果严重的；公司情况发生重大变化不符合公司债券上市条件、或公司债券所募集资金不按照审批机关批准的用途使用、公司最近2年连续亏损，在限期内未能消除的，以及公司解散、依法被责令关闭或者被宣告破产的，其债券应终止上市。

2.终止上市的权属

证券终止上市由证券交易所决定。暂停上市的公司在宽限期内第一个会计年度继续亏损的，或者其财务报告被注册会计师出具否定意见或拒绝表示意见审计报告的，由证券交易所作出其股票终止上市的决定。证券交易所自该公司公布年度报告之日起，暂停股票转让服务。公司有以下情形之一的，由证券交易所决定其股票终止上市：(1)公司决定不提出宽限期申请的；(2)自暂停上市之日起45日内未提出宽限期申请的或申请宽限期未获证券交易所批准的；(3)公司至宽限期截止日未公布年度报告的；(4)申请恢复上市未获证券监管机构核准的。

二、证券信息监管

证券市场在本质上是一个信息市场，证券市场的运转过程就是一个证券信息处理的过程。信息在证券市场运行过程中起着核心作用，而证券市场上存在严重的信息不对称，于是对证券信息的监管在证券监管法律制度的框架中居于基础性地位。

信息监管的基本形式

信息公开制度(Disclosure System of Information)

信息公开制度，是指证券监管法强制性要求证券发行公司在证券发行和上市交易的全过程中，依法以一定的方式向社会公众公开与该公司证券有关的一切真实信息，以便投资者能够获取该真实信息而作出的证券投资判断的证券监管制度。

信息公开的标准

真实性:是指发行者公开的信息资料应当准确、真实、不得有虚假的记载、误导或欺诈。

充分性:是指上市公司提供给投资人判断证券投资价值的相关资料,必须全面,不得故意隐瞒或有重大遗漏。

及时性:是指上市公司向投资大众公开的信息应当具备最新性,不得滞后。

信息公开的内容

(1)发行信息公开内容:招股说明书是发行信息公开的基本内容,它是股票发行人向社会公众公开股票时,依照规定格式、内容和程序向社会公众公开相关信息,并邀请公众认购公司股票的规范性文件。其特点是记载事项具有法定性,内容应当全面真实准确;说明书签署人不得作免责的规定。发行债券必须公布公司债券募集办法。证券上市时,必须公布上市公告书,上市核准文件等。

(2)持续信息公开内容:证券上市后,发行人必须持续公开证券信息,以保护投资者的利益,强化对发行人和上市公司的社会监督,防止证券欺诈行为,持续信息公开的基本内容有:

定期报告,主要指中期报告、年度报告和季度报告。股票或者公司债券上市交易的公司,应当在每一会计年度的上半年结束之日起 2 个月内,向国务院证券监督管理机构和证券交易所提交中期报告,并予以公告;在每一会计年度结束之日起 4 个月内,向国务院证券监督管理机构和证券交易所提交年度报告,并予以公告。

临时报告,主要指重大事件报告。发生可能对上市公司股票交易价格产生较大影响、而投资者尚未得知的重大事件时,上市公司应当立即将有关该重大事件的情况向国务院证券监督管理机构和证券交易所提交临时报告,并予公告,说明事件的实质。《证券法》对“重大事件”的范围作了规定,如公司的经营方针和经营范围发生重大变化、公司订立重要合同、公司的重大投资行为或重大的资产购置行为、公司发生重大债务或者重大亏损、重大诉讼、公司减资、合并、分立、解散、申请破产等,均属于重大事件,必须依法报告和公告。

依法必须作出的公告,应当在国家有关部门规定的报刊上或者在专项出版的公报上刊登,同时将其备置于公司住所、证券交易所,供社会公众查阅。

三、上市公司收购监管制度

(一)上市公司收购的概念和方式

上市公司收购是指投资者依法收购上市公司已发行股份以达到对该公司控

股或合并目的行为。

上市公司收购的方式：

要约收购方式：即收购者依法通过向上市公司股东发出收购要约的方式进行的收购；协议收购的方式，即依法同目标公司股东以协议方式转让股权进行上市公司收购。

（二）上市公司收购报告制度

1. 通过证券交易所的证券交易，投资者持有一个上市公司已发行的股票的5%时，应当在3日内，向证监会、证券交易所书面报告，通知该上市公司，并予以公告。

2. 投资者持有一个上市公司已发行股份5%后，通过证券交易所交易，其所持股份比例每增加5%或减少5%，应当报告和公告。

3. 投资者通过证交所的证券交易，持有一个上市公司已发行股份30%时，继续进行收购的，应当依法向该上市公司所有股东发出收购要约，并进行公告。

（三）强制要约收购义务

1. 通过证券所的证券交易，投资者持有一个上市公司已发行股份的30%时，继续进行收购的，应当依法向该上市公司所有股东发出收购要约，并向监管机构报告。目的是保护中小股东利益，上市公司被大股东控制时，其他股东拥有卖出股票的权利。经证监会批准可以免除要约收购人的收购义务。

2. 收购要约期满收购人持有的被收购公司的股份数达到该上市公司已发行股份的90%以上时，其余仍持有该上市公司股票的股东，有权向收购要约人以收购要约的同等条件，出售其股票，收购人应当收购。

（四）目标公司或目标公司股东的反收购措施

1. 发行新股：新股发行会导致目标公司，股份总数的增加，持相同数目的股份，其持股比例下降，造成收购成本增加，促使收购者放弃收购。

2. 提起反垄断诉讼：如果目标公司或其股东认为收购结果将会限制竞争，导致垄断，可以通过提起反垄断诉讼，利用竞争法对抗收购要约人。

3. 目标公司控制人提出竞争性要约：竞争性要约是第三人提出的，以高于原有收购要约提出的收购价格的价格，收购目标公司其他股东股份的要约。为维护公众投资者利益和价格优先原则，原收购要约无效，但竞争者必须承担收购义务。

4. 金降落伞和锡降落伞：金降落伞指在高级管理人员的雇用合同中规定，公司一旦被收购，必须向他们支付一笔数目可观的离职补偿金。锡降落伞则是指在公司普通员工雇佣合同中有类似内容。目的是增加收购人收购后的负担，促使收购人知难而退，放弃收购。

(五)上市公司收购的法律后果

1.目标公司控制权发生转移

上市公司被收购后往往导致公司控制权转移,而控制权转移则导致组织机构的变更,各国公司法规定,占公司一定比例(一般为10%)的股东可以要求召开临时股东会,提出要求改组董事会,修改公司章程的议案。

2.目标公司股票退市

我国《证券法》规定:要约收购期满或在协议收购完成后,收购人持股达到被收购公司股份总数的75%以上的,不具备上市资格即退市。

3.收购人对所持有的被收购公司的股票,在收购行为完成后的12个月内不得转让。

四、禁止的证券交易行为及其法律责任

《证券法》明确规定,证券发行、交易活动,必须遵守法律、行政法规;禁止欺诈、内幕交易和操纵证券交易市场的行为。这些被禁止的证券交易行为,不仅侵害正当的证券投资者的利益,破坏正常的证券市场秩序,而且会严重地影响国民经济的发展和社会秩序的稳定。

根据《证券法》的规定,禁止的证券交易违法行为主要有以下几种:

(一)内幕交易

内幕交易,是指知悉内幕交易信息的知情人员或者非法获取内幕信息的其他人员违反法律规定,泄露内幕信息、根据内幕信息买卖证券或者建议他人买卖证券的行为。《证券法》明确规定,禁止证券交易内幕信息的知情人员利用内幕信息进行证券交易活动。

知悉证券交易内幕信息的知情人员即内幕人员包括:发行股票或者公司债券的公司董事、监事、高级管理人员;持有公司5%以上股份的股东及其董事、监事、高级管理人员;发行股票公司的控股公司的董事、监事、高级管理人员;由于所任公司职务可以获取公司有关证券交易信息的人员;证券监督管理机构工作人员以及由于法定的职责对证券交易进行管理的其他人员;由于法定职责而参与证券交易的社会中介机构或者证券登记结算机构、证券交易服务机构的有关人员;国务院证券监督管理机构规定的其他人员。

证券交易活动中,涉及公司的经营、财务或者对该公司证券的市场价格有重大影响的尚未公开的信息,为内幕信息。下列各项信息皆属内幕信息:公司的经营方针和经营范围的重大变化;公司的重大投资行为和重大的购置财产的决定;公司订立重要合同,而该合同可能对公司的资产、负债、权益和经营成果产生重要影响;公司发生重大债务和未能清偿到期重大债务的违约情况;公司发生重大

亏损或者遭受超过净资产10%以上的重大损失;公司生产经营的外部条件发生的重大变化;公司的董事长,1/3以上的董事,或者经理发生变动;持有公司5%以上股份的股东,其持有股份情况发生较大变化;公司减资、合并、分立、解散及申请破产的决定;涉及公司的重大诉讼;法院依法撤销股东大会、董事会决议;公司分配股利或者增资的计划;公司股权结构的重大变化;公司债务担保的重大变更;公司营业用主要资产的抵押、出售或者一次报废超过该资产的30%;公司的董事、监事、高级管理人员的行为可能依法承担重大损害赔偿责任;上市公司收购的有关方案;国务院证券监督管理机构认定的对证券交易价格有显著影响的其他重要信息。

为股票发行出具审计报告、资产评估报告或者法律意见书等文件的专业机构和人员,在该股票承销期内和期满后6个月内,不得买卖该种股票。此外,为上市公司出具审计报告、资产评估报告或者法律意见书等文件的专业机构和人员,自接受上市公司委托之日起至上述文件公开后5日内,不得买卖该种股票。

持有一个股份有限公司已发行的股份5%的股东,应当在其持股数额达到该比例之日3日内向该公司报告,公司必须在接到报告之日起3日内向国务院证券监督管理机构报告;属于上市公司的,应当同时向证券交易所报告。前述股东,将其持有的该公司的股票在买入后6个月内卖出,或者在卖出后6个月内又买入,由此所得收益归该公司所有,公司董事会应当收回该股东所得收益。但是,证券公司因包销购入售后剩余股票而持有5%以上股份的,卖出该股票时不受6个月时间限制。如果公司董事会不按照以上规定执行的,其他股东有权要求董事会执行,而且,如果公司董事会不执行上述规定,致使公司遭受损害的,负有责任的董事依法承担连带赔偿责任。

知悉证券交易内幕信息的知情人员或者非法获取内幕信息的其他人员,不得买入或者卖出所持有的该公司的证券,或者泄露该信息或者建议他人买卖该证券。持有5%以上股份的股东收购上市公司的股份,《证券法》另有规定的,适用其规定。

证券交易内幕信息的知情人或者非法获取证券交易内幕信息的人员,在涉及证券的发行、交易或者其他对证券的价格有重大影响的信息尚未公开前,买入或者卖出该证券,或者泄露该信息或者建议他人买卖该证券的,责令依法处理非法获得的证券,没收违法所得,并处以违法所得1倍以上、5倍以下或者非法买卖的证券等值以下的罚款。构成犯罪的,依法追究刑事责任。证券监督管理机构工作人员进行内幕交易的,从重处罚。

(二)操纵市场

操作市场,是指单位或个人以获取利益或者减少损失为目的,利用手中掌握的资金、信息等优势或者滥用职权影响证券市场价格，制造证券市场假象，诱导或者致使投资者在不了解事实真相的情况下作出证券投资决定，扰乱证券市场秩序的行为。

根据《证券法》的规定，禁止任何人以下列手段获取不正当利益或者转嫁风险：通过单独或者合谋，集中资金优势、持股优势或者利用信息优势联合或者连续买卖，操纵证券交易价格；与他人串通，以事先约定的时间、价格和方式相互进行证券交易或者相互买卖并不持有的证券，影响证券交易价格或者证券交易量；以自己为交易对象，进行不转移所有权的自买自卖，影响证券交易价格或者证券交易量；以其他方法操纵证券交易价格。任何人违反规定，操纵证券交易价格，制造证券交易的虚假价格或者证券交易量，获取不正当利益或者转嫁风险的，没收违法所得，并处以违法所得 1 倍以上、5 倍以下的罚款。构成犯罪的，依法追究刑事责任。

（三）虚假陈述

虚假陈述，是指任何单位或者个人对证券发行、交易及其相关活动的事实、性质、前景、法律等事项作出不实、严重误导或者含有重大遗漏的和其他任何形式的虚假陈述或者诱导，致使投资者在不了解事实真相的情况下作出证券投资决定的行为。《证券法》规定，各种传播媒介传播证券交易信息必须真实、客观，禁止误导。禁止国家工作人员、新闻传播媒介从业人员和有关人员编造并传播虚假陈述，严重影响证券交易。证券交易所、证券公司、证券登记结算机构、证券交易服务机构、社会中介机构及其从业人员，证券业协会、证券监督管理机构及其工作人员，在证券交易活动中不得作出虚假陈述或者信息误导。编造并且传播影响证券交易的虚假信息，扰乱证券交易市场的，处以 3 万元以上、20 万元以下的罚款。构成犯罪的，依法追究刑事责任。证券交易所、证券公司、证券登记结算机构、证券交易服务机构、社会中介机构及其从业人员，或者证券业协会、证券监督管理机构及其工作人员，在证券交易活动中作出虚假陈述或者信息误导的，责令改正，处以 3 万元以上、20 万元以下的罚款；属于国家工作人员的，还应当依法给予行政处分。构成犯罪的，依法追究刑事责任。为证券的发行、上市或者证券交易活动出具审计报告、资产评估报告或者法律意见书等文件的专业机构，就其所应负责的内容弄虚作假的，没收违法所得，并处以违法所得 1 倍以上、5 倍以下的罚款，并由有关主管部门责令该机构停业，吊销直接责任人员的资格证书。造成损失的，承担连带赔偿责任。构成犯罪的，依法追究刑事责任。证券交易所、证券公司、证券登记结算机构、证券交易服务机构的从业人员、证券业协会或者证券监督管理机构的工作人员，故意提供虚假资料，伪造、变造或者销毁交易记录，诱骗投资者买卖证券的，取消从业资格，并处以 3 万元以上、5 万元以下的罚款；属于国家工作人员的，还应当依法给予行政处分。构成犯罪的，依法追究刑事责任。

（四）欺诈客户

《证券法》第79条规定，在证券交易中，禁止证券公司及其从业人员从事下列损害客户利益的欺诈行为：违背客户的委托为其买卖证券；不在规定时间内向客户提供交易的书面确认文件；挪用客户所委托买卖的证券或者客户账户上的资金；私自买卖客户账户上的证券，或者假借客户的名义买卖证券；为牟取佣金收入，诱使客户进行不必要的证券买卖；其他违背客户真实意思表示，损害客户利益的行为。证券公司违背客户的委托买卖证券、办理交易事项，以及其他违背客户真实意思表示，办理交易以外的其他事项，给客户造成损失的，依法承担赔偿责任，并处以1万元以上、10万元以下的罚款。证券公司、证券登记结算机构及其从业人员，未经客户的委托，买卖、挪用、出借客户账户上的证券或者将客户的证券用于质押的，或者挪用客户账户上的资金的，责令改正，没收违法所得，处以违法所得1倍以上、5倍以下的罚款，并责令关闭或者吊销责任人员的从业资格证书。构成犯罪的，依法追究刑事责任。

第五节　证券公司与证券交易所监管

一、证券公司的概念

证券公司是指依照《公司法》和《证券法》规定经批准的从事证券经营业务的有限责任公司或者股份有限公司。经营证券业务的证券商，在世界上分为两类：一类是投资银行，一类是证券公司。我国采用公司制。

二、证券公司的设立

各国法律对设立证券公司的制度可分为两大类：一为特许制，又称审批制；另一为注册制。审批制是指国家证券管理机关对申请人提出的设立证券公司的申请，不仅要求申请人按照法定程序提交法律规定必须提交的各种申请文件，还要对其提交的申请文件的真实性、准确性和完整性进行实质审查，对符合法定条件的设立申请予以批准，对不符合法定条件的设立申请不予批准的管理制度。注册制是指国家证券管理机关对申请人提出的设立证券公司的申请，不进行实质审查，只要申请人依照法定条件提交了法律规定必须提交的各种申请文件，并且申请文件所记载的事项符合法律的规定，对法律要求披露的事项作了充分披露，即可获准设立注册的管理制度。目前，以美国为代表的英美法系国家和欧美发达国家大部分实行注册制;以日本为代表的部分大陆法系国家和主要发展中国家大部分实行审批制。

我国《证券法》第122条规定:“设立证券公司,必须经国务院证券监督管理机构审查批准。未经国务院证券监督管理机构批准,任何单位和个人不得经营证券业务。”可见我国实行的是审批制。

证券公司的设立条件是:

1.有符合法律、行政法规规定的公司章程;

2.主要股东具有持续盈利能力,信誉良好,最近3年无重大违法违规记录,净资产不低于人民币2亿元;

3.有符合本法规定的注册资本;

4.董事、监事、高级管理人员具备任职资格,从业人员具有证券从业资格;

5.有完善的风险管理与内部控制制度;

6.有合格的经营场所和业务设施;

7.法律、行政法规规定的和经国务院批准的国务院证券监督管理机构规定的其他条件。

证券公司设立或撤销分支机构、变更业务范围或者注册资本、变更公司章程中的重要条款、合并、分立、变更公司形式或者解散,都必须经国务院证券监督管理机构批准。

三、证券公司的业务范围与风险监管

(一)业务范围

2005年《证券法》对证券公司不再分为综合类证券公司和经纪类证券公司,而是根据业务类型对证券公司进行管理,《证券法》规定证券公司经批准可以经营下列部分或全部业务:1.证券经纪;2.证券投资咨询;3.与证券交易、证券投资活动有关的财务顾问;4.证券承销与保荐;5.证券自营;6.证券资产管理;7.其他证券业务。

(二)风险监管

证券公司自营业务必须遵循的业务规则有:1.证券公司必须将经纪业务与自营业务分开办理,业务人员、财务账户均应分开,不得混合操作;2.证券公司的自营业务必须使用自有资金和依法筹集的资金;3.证券公司自营业务必须以自己的名义进行,不得假借他人名义或者以个人名义进行,不得将自营账户借给他人使用。

证券公司经纪业务必须遵循的业务规则有:1.证券公司接受委托卖出证券必须是客户证券账户上实有的证券,未经批准不得为客户融券交易;2.证券公司接受委托买入证券必须以客户资金账户上实有的资金支付，未经批准不得为客户融资交易；3.证券公司办理经纪业务，不得受客户的全权委托而决定证券买卖、选择证券种类、决定买卖数量或者买卖价格；4.证券公司不得以任何方式对客户证券买卖收益或者赔偿证券买卖的损失作出承诺；5.证券公司及其从业人员不得未经过其依法设立的营业场所私下接受客户委托买卖证券；6.客户的交易结算资金必须全额存入指定的商业银行，单独立户管理，严禁挪用；7.证券公司办理经纪业务，应当置备统一制定的证券买卖委托书，供委托人使用。采取其他委托方式的，必须作出委托记录。客户的证券买卖委托，不论是否成交，其委托记录应当按规定的期限，保存于证券公司。

证券公司的对外负债总额不得超过其净资产额的规定倍数，其流动负债总额不得超过其流动资产总额的一定比例；其具体倍数、比例和管理办法，由国务院证券监督管理机构规定。

证券公司从每年的税后利润中提取交易风险准备金，用于弥补证券交易的损失，其提取的具体比例由国务院证券监督管理机构规定。

四、证券交易所的概念和组织形式

证券交易所是依法设立的提供证券集中竞价场所的组织。证券交易所是法人组织，它本身不参与证券买卖，仅提供交易所服务，同时也兼有管理证券交易、维护交易市场秩序的职能。

1.公司制证券交易所。它是以盈利为目的的自负盈亏的企业法人，是由投资者以入股方式组建的，经营有价证券集中交易的有限公司。公司制证券交易所采用公司管理制，股东大会、董事会、监事会及经理机构各司其职，互相制衡。为保证交易的公正性，入场交易的证券机构的股东、高级职员或雇员不能担任证券交易所的高级职员。

2.会员制证券交易所。它是不以盈利为目的的社团法人，会员由同业的证券机构所组成。会员须向证券交易所交纳会费。在会员制证券交易所中，只有会员公司才能进入证券交易所大厅参与交易活动。会员制证券交易所采取自律性管理制，通常实行理事会领导下的总经理负责制。理事会为交易所的日常事务决策机构。

由于会员制证券交易所不以盈利为目的，收取的交易经费较低，故为世界上大多数国家所采用。我国《证券法》规定，证券交易所是提供证券集中竞价交易场所的不以营利为目的的法人。《证券法》明确证券交易所属会员制。

五、证券交易所的设立

设立证券交易所，由国务院决定。申请设立证券交易所，必须具备的条件是：有自己的名称；有一定数量的会员；有自己的章程；有自己的组织机构；有相应的高级管理人员、从业人员及场地、设备及资金。

六、证券交易所业务管理

作为有价证券集中交易场所的证券交易所，应当创造公开、公平、公正的市场环境，提供便利条件，以保证证券交易的正常运行。其职能包括：1. 为组织公平的集中竞价交易提供保障，即时发布证券交易行情，制作证券市场行情表并予公布；2. 核准证券上市申请，安排证券上市；3. 依法办理股票、公司债券的暂停上市、恢复上市或者终止上市的事务；4. 在出现突发事件或不可抗力事件时，可采取技术性停牌或决定临时停市；5. 对在交易所进行的证券交易实行实时监控，对上市公司披露信息进行监督；6. 依法制定证券集中竞价交易的具体规则。

证券交易所可以自行支配的各项费用收入，应当首先用于保证其证券交易场所和设施的正常运行并逐步改善。证券交易所的积累归会员所有，其权益由会员共同享有，在其存续期间，不得将其积累分配给会员。

进入证券交易所参与集中竞价交易的，必须是具有证券交易所会员资格的证券公司。证券交易所应当对上市公司披露信息进行监督，督促上市公司依法及时、准确地披露信息。证券交易所应当从其收取的交易费用和会员费、席位费中提取一定比例的金额设立风险基金。风险基金由证券交易所理事会管理。证券交易所应当将收存的交易保证金、风险基金存入开户银行专门账户，不得擅自使用。

第四编　宏观调控法律制度

第十三章 产 业 法

第一节 产业法概述

一、产业法的概念

产业法是调整基于产业政策而发生的社会关系的法律规范的总称。它是产业政策规范化、法治化的产物,因此又被称为产业政策法。产业法的基本目标是在最大限度地运用市场机制调节经济运行的基础上,综合利用多种政策和手段对不同的产业部门和地区产业的发展进行有区别的干预,以此进一步优化资源配置、提高经济运行效益,克服市场机制不能克服的经济运行中的不和谐因素,进而促进国民经济持续、快速、健康发展。

产业法的基本内容是产业政策。产业政策是一种重要的经济政策,是国家经济发展的基石。尽管各国赋予其不同的名称和内容,但都实践着各种各样的产业政策。产业政策作为经济政策体系的有机组成部分,与其他经济政策诸如财政政策、货币政策等有着共同的基础,这就是对市场缺陷的肯定和对政府干预必要性的认同。产业政策从本质上说是国家对产业实施的经济干预,这种干预包括对产业的规划、调整、保护、扶持、限制等,带有明显的政策性、时代性、民族性。从对象上看,产业政策是以产业为对象实施的政策。它源于产业,产业发展到一定程度和一定阶段,就自然会出现产业政策。

产业政策一词源于日本。此后,产业政策逐步为人们所接受,并不断扩展。现在,产业政策已经成为众多市场经济活动中国家干预经济的重要手段。

二、产业法的特征

产业法作为调整国家干预产业发展的基本法,具有如下法律特征:

(一)产业法是一种综合性的法律

产业法的综合性特点是基于:其一,产业法所调整的对象是产业,产业本身具有综合性,它涉及一国国民经济的整体,一国的国民经济整体就是由众多的产业综合构成的，产业的综合性决定了以此作为调整对象的产业法也必然具有综合性；其二，一国产业和产业政策都是一个有机整体，必须立足整体、把握全局、综合考虑、统筹规划、兼顾协调，一国的产业政策总是由产业扶持政策、产业保护政策、产业结构政策、产业组织政策、产业技术政策、产业布局政策等综合构成的。产业政策的综合性决定了以产业政策为内容的产业法也具有综合性；其三，产业法调整方法具有综合性，既包括诱导的方法，诸如计划、财政、金融、税收、指导、劝告等，又包括强制的方法诸如命令、强制等。其法律规范的表现形式，以体现间接调控特点的任意性规范、授权性规范和鼓励性规范为主，但也有一些限制性和义务性规范的形式。

（二）产业法是一种具有灵活性的法律

产业法以一国的产业政策为其基本的规范内容，而一国的产业关系在本质上总是处于不断的变动之中。随着经济与科技的发展，主导产业地位将发生更替，产业结构将随之发生变化，过去有利于经济发展的合理的产业结构和产业布局以及富有效率的产业组织形式都可能成为制约经济社会进一步发展的障碍，此时就需要国家通过各项政策和措施进行积极主动干预。这就决定了产业法较之其他宏观调控法具有更强的灵活性。具体表现在：在规范形式上大多以“临时措施法”的面目出现；在法律名称上，有很强的针对性，如可以针对机械工业而制定和实施《机械工业临时振兴法》，针对电子工业而制定和实施《电子工业振兴法》等等；在期限上，大多规定有效期限，而且这种期限性也常常直接表现在法律名称上，如日本的《电子工业振兴临时措施法》、《甜菜生产振兴临时措施法》等等。

（三）产业法以选择性规范为主

作为产业法构成内容的产业政策是一种宏观调控的重要措施。在市场体制下，产业政策必须立足市场、通过市场、利用市场，产业政策不同于指令性计划，它承认并考虑经济主体的独立利益，通过财政、金融、价格等政策手段带来的经济利益来引导，而不是通过直接命令的方式来左右，使经济主体的行为与产业法的政策性目标保持一致。因此，在产业法中存在着大量的以提供优惠政策为内容的选择性规范，以此来引导市场主体的逐利行为。选择性规范为主的特点，体现了产业法对经济规律和市场主体利益的尊重，以及对政府“看得见的手”与市场“看不见的手”的协调。

三、产业法的原则

产业法的原则是指统帅整个产业法的指导思想，也是产业法规范必须遵循的基本准则。我国产业法的基本原则应当包括以下几个方面：

(一)符合客观规律原则

一国产业发展总是与该国工业化和现代化进程相联系,因此,制定和实施产业法必须符合工业化和现代化进程的客观规律,密切结合我国国情和产业变化的特点。

(二)补充性原则

国家对产业的调节应当符合建立社会主义市场经济体制的要求,市场是产业的最佳配置者,必须通过市场才可能实现产业结构的优化,国家宏观调控不能面面俱到,而仅针对市场失败和市场的消极方面进行必要的干预、引导和调控。要在发挥市场机制对资源配置起基础性作用的前提下加强国家的宏观调控,补充市场机制的不足,促进产业结构的合理化。广泛无边的政府干预不利于产业资源的优化配置。

(三)社会效益原则

产业法作为一种宏观调控法,它所针对、着力的应该是重点产业、重点企业和重要产品,要集中力量解决关系国民经济全局的重大问题,制定和实施产业法必须突出重点,重视调节的实际效益。

第二节 产业法的基本制度

一、产业组织法

产业组织是同一产业内部企业之间的相互关系,这种关系包括交易关系、占有关系、行为关系等。产业组织法是同一产业组织政策的法律化,是以产业内部即企业之间资源最优配置为目标的法,其核心问题是处理竞争、规模经济与垄断的关系。产业组织法规范不仅反映在综合性产业法中,而且体现在单项产业法及相关法律中。但不论何种形式表现出来的产业组织法,一般都包含以下内容:

(一)产业组织的政策目标规定

例如我国的《90年代国家产业政策纲要》属于综合性的产业法,这个纲要所确定的20世纪90年代我国产业组织政策目标是:促进企业合理竞争,实现规模经济和专业化协作,形成适合产业技术经济特点和经济发展阶段的产业组织结构。对规模经济效益显著的产业,应形成以少数大企业(集团)为竞争主体的市场结构;对产品由大量零部件组成的产业,应形成大、中、小企业合理分工协作、规模适当的市场结构;对规模经济效益不显著的产业,应鼓励小企业的发展,形成大中小企业并存、数目较多的竞争性市场结构。

(二)同一产业内推动公平竞争的竞争法律规则

（三）同一产业内促进规模经济效益实现的法律规定

如对具有区域自然垄断性质的产业，要直接规制，包括进入规制、数量规制、质量规制等，并逐步引入市场机制，鼓励合理竞争。对规模经济效益显著的产业和产品，陆续制定最低经济规模标准。同时，要打破地区、部门分割，限制以至禁止不符合经济规模标准的项目建设，促进规模经济的实现。

（四）产业组织保护的法律规定

如对幼稚产业的国内企业实行各种保护政策，以减少国外企业对本国产业的冲击。对拥有名牌商标和经济技术实力的大企业，通过资本的运营和信息技术产品扩散，进行跨地区、跨部门、跨所有制的产业战略重组，实现强强联合，实现企业规模和产品领域的扩张，走规模化、集约化、多元化、国际化的发展道路，提高该产业国内企业在国际市场上的竞争力。

二、产业结构法

产业结构是指产业间的经济技术联系，是经济增长的关键因素，产业结构的变化受自然条件、资源禀赋、人口因素、技术进步、资金供应、商品供给、综合环境等供给因素和消费要求、投资需求因素以及政府政策等因素的影响。产业结构政策的宗旨之一就是把握这些因素去引导并促进产业结构向高级化和合理化变化发展。产业结构法就是产业结构政策的法律化，产业结构法所调整的对象是国家协调各产业部门在国民经济中的地位、规模比例和发展方向过程中所产生的社会关系。其基本制度包括产业结构调整的总体规划和战略目标，战略产业的扶持、保护制度、衰退产业的援助和转换制度。

（一）整体产业结构规划和战略目标

整体产业结构规划是国家或政府根据一定时期内社会经济发展的情况提出的产业结构的长期设想。整体产业结构规划直接影响到国民经济和社会发展的全局，因此必须遵循效率性、时间性和明确性这三个原则。所谓效率性，是指政府的整体产业结构规划应从中长期的经济发展着眼，具有经济效率性，充分体现资源的合理配置和产业结构合理化高级化的指导思想，维护社会经济发展的整体利益；所谓时间性，是指整体产业结构规划的实施有其时间性和阶段性，应根据不同时期内的经济社会发展情况及时予以修正；所谓明确性则是指应明确限定产业结构规划的范围，明确各主体的权利义务，并规定相应的法律责任以保证规划的实施。

（二）战略产业的扶持、保护制度

所谓战略产业是指对一国或地区经济长期发展起根本性、全局性作用的产业。扶持、保护战略产业是各国实现产业结构合理化调整的一项重要措施，国家应根据经济社会发展的整体规划和需要来制定相应的法律，确定战略产业。

影响国家确定战略产业的因素有：需求收入弹性、技术进步速度、产业关联度、高技术扩散与带动其他产业实现技术进步的能力以及动态比较优势等。在通常情况下，一国的战略产业主要包括：1.主导产业，即在一国或地区经济起飞或产业结构转换时期，对结构转换起主要推动作用的产业或产业群；2.支柱产业，即在较长时期内支撑国民经济发展的产业或产业群；3.新兴产业，即基于高科技而发展起来的富有生机和活力的产业或产业群。

战略产业确定以后，应采取相应的保护和扶持措施，以促进战略产业的发展，实现产业结构的合理化、高级化。这些措施主要有：1.产业保护手段，其实质是利用关税壁垒和非关税壁垒排除来自国外的竞争，保护本国产业，获取更大的比较利益，追求产业的生存与稳定；2.税收优惠，主要在税负上，给战略产业以特别优惠以鼓励该产业的发展；3.财政投资，即通过财政投资，优先为战略产业建设公共基础设施，引导投资方向，促进设备投资；4.倾斜的金融政策，即对于新兴的技术产业，给予低息贷款等金融优惠，以加速本国产业技术进步的进程。

(三)衰退产业的援助和转换制度

衰退产业，也称不景气产业，是指因经济形势的变化而发生衰退或处于困境中的产业。对衰退产业进行援助和调整是产业结构政策的重要组成部分。因为，产业结构政策是通过产业结构的调整与转换，协助或促进衰退产业顺利地实现产业规模的缩减，促使退出衰退业的资源向新的产业部门转移，同时通过对幼稚产业、新兴产业的培育与扶持，在国民经济中形成基础产业、新兴产业、幼稚产业、主导产业、支柱产业和衰退产业相互协调、相互促进的产业序列，从而求得产业资源的充分利用和优化配置，促进产业结构升级和合理化，不断地增强产业优势和综合国力。对衰退产业及时地进行援助和调整，有利于减少经济损失和社会动乱，因此，应根据不同产业的特点运用法律手段对衰退产业适时地进行援助和调整。

对衰退产业的援助、调整，可以采取调整内部结构、限制进口、财政补贴和减免税收等措施。

三、产业技术法

产业技术政策是产业政策的一项重要内容，其主要任务是明确一定时期内主要产业部门采用和推广的重大先进技术和应用技术，并制定相应的政策措施以实现政策目标，产业政策的核心在于促使产业进步，实现科技兴业。产业技术法是产业技术政策的法律化，其调整的对象为在推动科技与产业发展相互促进，推动产业结构优化和产业升级换代过程中产生的社会关系。《中华人民共和国科技进步法》是产业技术政策的综合性法律，该法的基本内容有：1. 国家制定科学技术规划，确定科学技术的重大项目，保证科学技术进步与经济和社会发展相协调；2. 国家选择对经济建设有重大意义的项目，组织科学研究和技术开发，对从事基础研究和其他重要科技开发的机构和科技工作者在经费、实验手段等方面给予支持，并保障他们的合法权益；3. 建立和发展技术市场，推动技术成果商品化，对科技成果的商品化，国家在信贷、税收方面给予支持；4. 鼓励科学研究，技术开发，推广应用技术成果，改造传统产业；5. 组织科技力量，实施高科技研究并推广其成果，建立高新技术开发区，对从事高技术产品开发、生产的企业和科研机构实行优惠政策；6. 逐步提高国家科技经费投入的总体水平，鼓励企业增加科技研究和开发的投入，企业的技术开发费计入成本费用；7. 优先发展对国民经济的技术进步起先导作用的产业，鼓励技术先进的部门、行业、地区和企业向技术相对落后的部门、行业、地区和企业进行技术转移；8. 加强政府在科技引进方面的指导作用，以税收、外汇等优惠政策和支持以多种方式引进先进科技；9. 建立科学技术进步奖励制度。

四、产业布局法

产业布局法也称产业地区结构法，它调整的是国民经济各产业在空间构造中的关系，其主旨在于实现产业与地区资源禀赋的有机结合，实现国民经济合理的区域分工，发挥地区比较优势，协调地区经济发展水平差异等。

由于多种因素的影响，我国东、西部地区的经济差距很大，这种经济发展不平衡的格局，严重制约着国民经济的发展，为此，党中央、国务院于 1996 年提出了“坚持区域经济协调发展，逐步缩小地区发展差距”的方针，并据此制定了一系列旨在促进地区经济合理布局和协调发展的具体政策措施。《中华人民共和国国民经济和社会发展第十个五年计划纲要》更是明确地提出了实施西部大开发、促进地区协调发展和实施城镇化、促进城乡共同进步的两大战略，这些政策措施绝大多数采取了行政法规和规章的形式，其中有的还采取了法律形式。根据这些法律、法规和规章，产业布局法的基本内容有：建立中央和地区投资基金，重点支持经济欠发达地区的农业综合开发、基础设施、资源综合开发、扶贫开发项目重点发放，切实落实外债清偿责任制；对欠发达地区、贫困地区进行财政、税收、信贷等方面的优惠政策；鼓励外商和发达地区向经济欠发达地区、贫困地区进行投资和从事贸易活动，并给予相应的优惠政策，对这些地区的生产用进口品规定比较低的关税以及放松配额限制；对经济欠发达地区的农产品经营制定相应的保护性市场规则；建立和健全有利于经济欠发达地区劳动力原地重新分配的制度，并在相关的职业培训、教育政策、大中专学生的分配上给予配套落实等。

第十四章 国有资产管理法

第一节 国有资产管理法概述

一、国有资产与国有资产产权的概念

(一)国有资产的概念及其形成方式

国有资产有广、狭两义之分。广义的国有资产与国家财产含义相同,是指依法归国家所有的一切财产,包括经营性财产和非经营性财产。狭义的国有资产,仅指经营性国家财产。所谓资产是指企业拥有或者控制的能以货币计量的经济资源,包括各种财产、债权和其他权利。在国有资产管理法中,对国有资产应当按狭义来理解,即国有资产是指经营性财产,即国家依法取得的或依国家权力取得的或者由国家投资等形成的各种形态的资产。

我国是以公有制为基础的社会主义国家,全民所有制占主导地位,国有资产主要通过以下方式形成:

1.国家依法取得和认定的属于国家所有的资产,主要包括依法没收的官僚资产和敌伪财产,依法宣布为国有的城镇土地、矿藏、海洋、水流以及人森林、大荒山等;依法赎买的资本主义工商业;依法征收.征用的土地;依法没收的其他财产;依法收入的罚金、罚款;依法认定和接收的无主财产和无人继承的财产等;

2.国家以各种形式投资及收益而形成的资产。包括国家投入的国有独资企业、中外合资合作企业、有限责任公司、股份有限公司以及其他形式的企业用于经营的资本金及其收益;

3.国家对行政机关、事业单位拨入经费而形成的资产;

4.国家接受馈赠形成的资产,包括公民、外国友人、社会团体及外国政府赠与国家的财产。

(二)国有资产产权及其形式

国有资产产权是指国家财产所有权及与国家财产所有权有关的财产权。它表明特定财产归特定主体独立支配的关系。它包括两个方面的含义:一是指财

产所有人依法对自己的财产享有占有、使用、收益和处分的权利;二是指与财产所有权有关的财产权。它是所有权权能在分离的情况下,非财产所有人对该项财产所享有的占有、使用以及在一定程度上依法享有收益和处分的权利。根据我国现行法律规定,国有资产产权有以下几种形式:

1.国家所有权。这是根据我国《宪法》和法律规定的国家对全民所有的财产所拥有的所有权。

2.国有企业的经营管理权。根据我国《全民所有制工业企业法》及相关法律规定:"企业经营权是指企业对国家授予其经营管理的财产享有占有、使用和依法处分的权利。"这些权利包括生产经营决策权、产品劳务定价权、产品销售权、物资采购权、进出口权等。

3.国有自然资源的使用权。根据我国有关法律规定,公民和法人组织有权依法使用国家所有的土地、森林、山岭、草原、荒地、滩涂、水面等自然资源;有权依法合理开采国家所有的矿藏。以上使用权包括对一定物的运用和收益,但不得处分。

4.国有行政事业性单位使用权。国有行政事业性单位对国家拨给和自己收入的财产依法享有使用权。

5.国有知识产权。全民所有制单位依法取得的知识产权,由国家所有、本单位持有。

由此可见,国有资产产权的含义不仅指国有财产的所有权,而且包括从属于国家财产所有权或者说派生于国有财产所有权的其他财产权。当判定不同所有制之间财产的归属时,产权的含义是指所有权,当判定全民所有制内部不同地区、企业、单位之间的财产归属时,产权又是指经营权、使用权或管辖权,管辖权是划分中央和地方的财产管辖权,并非国有资产所有权主体的分割和转移。

二、国有资产的分类

国有资产按照不同的标准可作如下分类:

(一)国有资产以其存在形态为标准可分为固定资产、流动资产、无形资产和其他资产

固定资产是指使用年限在一年以上,单位价值在规定标准以上,并在使用过程中保持原来物质形态的不易损耗的资产,如房屋、建筑物、机器设备、交通运输工具等。

流动资产是指在一个营业周期内变现或者耗用的易损耗的资产,如现金、原材料、存货等。

无形资产是指国有单位长期使用而没有实物形态的资产,包括专利权、非专

利技术、商标权、著作权、土地使用权、商誉权等。

其他资产是指上述以外的资产，主要是属国家所有的自然资源以及企业中不准备在一年内变现的长期投资和不能全部计入当年损益而应在以后年度分期摊销的递延资产等。

（二）国有资产以其收益程度为标准可分为经营性资产、行政事业性资产和资源性资产

所谓经营性资产是指从事产品生产、流通、经营服务，一般以盈利为目的，依法经营或使用，属于国家所有的一切资产。它既包括国家投入到企业中的资产，也包括投入到实行企业性管理的事业单位的经营性资产。经营性资产的运用目的一般是为了营利，以实现资产的增值保值，也可用于从事政策性经营或公益性经营。

行政事业性国有资产是指由行政机关事业单位占有、使用的，在法律上确认为国家所有，能以货币计量的各种经济资源的总和，它一般具有配制领域的非生产性，占有使用的无偿性特征。

资源性国有资产是指有开发利用价值的国家自然资源，它一般具有所有权上的垄断性、资源范围的相对性等特征。

三、国有资产管理法及其立法概况

国有资产管理，是指国家对属于国有资产的投资、运营、收益、处分等行为所进行的监管。目前我国对国有资产实行国家统一所有，政府分级监管，企业自主经营的管理方式。

国有资产管理法是指调整国有资产产权关系及国家管理国有资产过程中所发生的社会关系的法律规范的总称。其调整对象为国有资产产权关系及国家管理国有资产中发生的社会关系。由于国有资产管理法调整对象由两种性质不同的经济关系构成并以产权关系为主，表现在规范领域，国有资产管理法是一种财产法与管理法相结合的并以国有资产所有权为中心内容的法律制度。

我国目前尚无一部统一的《国有资产管理法》，其主要法律规范散见于国务院颁布的行政法规、国有资产主管部门及有关主管部门的部门规章及地方性法规。我国国有资产管理立法内容大致包括两个方面：一为基础性管理立法；另一为分类管理立法，但两者并非并列关系，而是交叉关系。前者是对管理工作按管理环节和管理内容进行相应立法，后者是对国有资产分类管理进行立法。基础性管理立法的内容大致包括国有资产清产核资制度、产权界定制度、产权登记制度、评估制度、统计制度、流失查处制度等；国有资产分类管理立法的内容包括经营性资产管理制度，如国企财产管理制度、公司国有股权管理制度、中外合资合

作企业国有产权管理制度、行政事业单位国有资产管理制度、资源性国有资产管理制度等。

国务院自1990年发布《关于加强国有资产管理工作的通知》以来，先后发布了《国有资产评估管理办法》、《国有企业财产监督管理条例》、《企业国有资产产权登记管理办法》。除此之外，国家国有资产管理部门单独和与有关部门联合以及其他有关机构和部门发布了100多件部门规章和规范性文件，主要包括《清产核资总体方案(试行)》、《关于清产核资中全民所有制企业资产清查登记有关问题的暂行规定》、《关于清产核资中全民所有制企业、单位对外投资的管理和界定的暂行规定》、《国有资产产权界定和产权纠纷处理暂行办法》、《企业国有资产产权登记管理办法》、《国有资产评估管理办法》、《关于企业兼并的暂行办法》、《国有企业财产监督管理条例》、《股份有限公司国有股权管理暂行办法》、《行政事业单位国有资产管理办法》等。

作为我国国有资产管理基本法的《国有资产法》已于1993年开始起草，并已列入全国人大近期立法规划。

四、国有资产管理模式

(一)国有资产管理模式的概念

国有资产管理模式是指国家在国有资产管理过程中关于国有资产投资、营运、收益、处分、管理等所选择的模式。包括机构设置、职责划分、机制选择以及方式、方法运用等有关制度。国家应根据政府的社会经济管理职能和国有资产所有者职能分开、政企职能分开，国有资产所有权与经营权分离的原则，确立国有资产管理模式。

(二)国有资产管理模式沿革

1.社会主义计划经济体制阶段(1949～1978年)

这一阶段的国有资产管理模式特点是：国家经济几乎控制所有行业和领域，企业主要由国家来办；政府通过按产品门类设置的经济部门以指令性计划统一组织国有企业的经济活动；财务上实行统收统支，企业盈亏都由国家负责；投资采取无偿办法，由国家统一安排。

这种管理体制对我国完成国民经济的奠基、积累和发展起过重要作用，但这种管理体制的弊端是政企职责不分，企业成为附庸；企业产权不明；资源配置效率低下。

2.过渡阶段或转轨阶段(1978～1992年)

1978年党的十一届三中全会后我国开始经济体制改革，国有资产管理模式相应改变。回顾这一阶段经济体制改革，基本上按照以下线索展开：一是政府逐步退出；二是国有企业人格逐渐独立；三是不同于计划体制阶段的国有资产管理模式逐渐形成。下列一些重要的、阶段性的规范性文件可使我们基本了解这个阶段的改革历程：

(1)中共中央《工业三十条》决定，企业全面完成国家计划后，可以按比例在利润中提取企业基金，主要用于集体福利事业。(2)1979 年国务院对企业产品自销、利润留成与职工利益直接挂钩，企业有权按计划指标录用职工和有权对内部机构设置等作出规定。(3)1983 年国务院规定，企业对所经营的国家财产依法行使占有、使用和处理的权利，承担国家规定的责任，并开始对国营企业实行“利改税”。(4)1984 年国务院规定进一步扩大国营工业企业自主权，并开始对国营企业实行第二步“利改税”，由利税并存过渡到以税代利。(5)1985 年中共中央关于“七五”计划的《建议》规定，要使企业真正成为相对独立的，自主经营、自负盈亏的社会主义商品生产者和经营者。(6)1988 年七届全国人大一次会议通过并公布了《全民所有制工业企业法》，明确企业对国家授予其经营管理的财产享有占有、使用和依法处分的权利。(7)国务院发布了《全民所有制工业企业承包经营责任制条例》，对全民所有制企业全面推行承包责任制。(8)建立了国有资产管理的专门机构，加强了国有资产的管理工作。(9)确立了国家统一所有，政府分级监管的体制。(10)1992 年颁布的《全民所有制企业转换经营机制条例》把企业经营权具体化为十四项权利，提供了法律保证。

3. 社会主义市场经济体制建立阶段(1992 年至今)

(1)党的十四届三中全会、五中全会

经济体制的根本性变化导致这一阶段关于国有资产管理模式的探索方兴未艾。党的十四届三中全会作出的《中共中央关于建立社会主义市场经济体制若干问题的决定》指出：“对国有资产实行国家统一所有、政府分级监管、企业自主经营的体制”，“按照政府的社会经济管理职能和国有资产所有者职能分开的原则，积极探索国有资产管理和经营的合理形式和途径。”十四届三中全会又明确提出了“出资者所有权与企业法人财产权分离”的原则，并把建立现代企业制度作为企业改革的方向。国务院确定了 100 家大型国有企业作为建立现代企业制度的试点。其目的是把企业真正变为自主经营、自负盈亏、自我约束、自我发展的法人实体和市场竞争主体。

党的十四届五中全会提出的《中共中央关于制定国民经济和社会发展“九五”计划和 2010 年远景目标的建议》指出：“搞好配套改革，重点是建立权责明确的国有资产管理、监督和营运体系。”

党的十四届五中全会提出的“国有资产管理、监督和营运体系”是对三中全会提出的“国家统一所有，政府分级监管，企业自主经营”管理体制的补充和发展。综合起来,这一阶段我国国有资产管理模式的框架大体是:国家统一所有,政府分级管理,多方进行监督,投资主体营运,企业自主经营。

(2)党的十五届五中全会

2000年10月党的十五届五中全会《关于制定国民经济和社会发展第十个五年计划的建议》提出:"国有企业改革是经济体制改革的中心环节。国有大中型企业要进一步深化改革,建立产权清晰、权责明确、政企分开、管理科学的现代企业制度,健全企业法人治理机构,成为市场竞争的主体。积极探索国有资产管理的有效形式,建立规范的监督机制。鼓励国有大中型企业通过规范上市、中外合资和相互参股等形式,实行股份制。进一步放开搞活国有中小企业。"从表述中可以看出,国有资产管理模式应当是适应市场经济体制的模式。

(三)国有资产管理模式选择

目前中央政府所采取的这种模式,应该只是在政府机构改革和向符合社会主义市场经济要求的国有资产监管、运营体制过渡的过程中,基于避免久持不下的部门利益冲突和撤并部门中相互攀比的权宜之举。从1998年国务院机构改革之前国有资产管理局的情况来看,其已有的运作机制和所处环境,也很难将其直接改造成能够适应社会主义市场经济要求的国有资产监管、运营体制中的国有资产监管主体。因此,撤销原有的机构,重新塑造国有资产监管主体也是必要的。目前我国的国有资产管理模式还有待于进一步完善:

第一,尽快将管理国有经济和国有资产的观念和方式,从管理国有企业转变为管理国有产权,并将其贯彻到目前的政府机构改革和政企脱钩的指导思想中。

第二,在国家层级组建冶金、化工、机械、金融、信息、建筑、轻纺、能源、电力、运输、军工等国有行业控股公司,由国务院国有资产管理委员会授权经营有关中央企业的国有资产,并作为这些企业的出资人,代表国有资产管理委员会行使国有资产出资者所有权。

第三,建立全国性的国有产权交易市场,以国有企业整体和上市公司、非上市公司的国有股权作为交易对象,以国有资产授权经营主体和各种非国有经济的投资主体作为会员单位,并将各地现有的区域性产权交易市场中国有企业与国有产权的交易均纳入全国性的交易市场。

第四,改变国有经济参与人员由人事部门选任和管理的现状,采取市场配置方式,加强对参与人员的外部监管。

第二节　国有资产管理基本法律制度

一、清产核资的法律规定

(一)清产核资的概念

清产核资,是指依法对国有资产进行清理、估价、核实、登记等以明确产权。通过清产核资活动可以清楚国力,为国家进行宏观决策,制定国民经济和社会发展计划提供依据,也为建立产权清晰的现代企业制度打下基础。清产核资的内容包括清产清查、资产价值重估、土地清查估价以及资金核实等工作。

(二)清产核资的任务、内容

1.清产核资的任务是:清查资产数额,界定资产所有权,重估资产价值,核实国家资金占有量,完善国有资产产权登记,建立严格的国有资产监督管理制度。其中包括资产优化配置,建立以国有资本金效益考核企业经营成果的国有资产管理办法,健全相应的会计核算、统计报告、责任奖惩等制度,促进经济工作真正转移到以提高经济效益为中心的轨道上来。

2.清产核资的内容是:(1)清查国有资产,做到账实、账账相符;(2)界定资产所有权,把所有国有资产纳入国有资产管理的范围;(3)使资产账面价值与实际价值基本相符;(4)做到国有资产价值总量真实,为按资本金效益考核企业经营成果提供依据;(5)推动资产优化组合,促进闲置资产有效利用;(6)按照社会主义市场经济的要求,健全各项国有资产基础管理制度,提高国有资产的经营效益。

在清产核资后,企业必须严格执行《企业财务通则》、《企业会计准则》和分行业的企业财务会计制度,企业的资产损失要及时计入当期损益,不准再出现新的挂账和潜亏。

(三)清产核资范围的法律规定

清产核资的范围是指清产核资的对象,包括占有国有资产的一切单位。其重点和主要对象是国有企业,其具体范围是:

1.各地区、各部门所属的国有企业和实行企业化管理的事业单位,以及各级国有企业、事业单位,以国有资产为主体投资举办并掌握实际控制权的各类国有控股企业。

2.各类国有金融企业,包括银行机构和各级政府、各业务部门及国有企业所属的信托投资公司、投资担保公司、财务公司、融资性租赁公司和证券公司等。

3.各地区、各部门和各国有企业、事业单位投资举办的境外企业和开设的各类境外机构。

4.各地区、各部门的各类行政、事业单位投资举办的具有企业法人资格的各种经济实体。

二、国有资产产权界定制度

(一)国有资产产权界定的概念

产权界定,是指国家依法划分特定财产的各种产权的归属,明确各类产权主体行使权利的财产范围和管理权限的一种法律行为。国有资产产权界定包括两层含义:其一,国有资产所有权的界定,即依法确认国有资产的所有权。我国法律规定,国有财产包括国家依法取得的财产,或由国家资金投入、资产收益、接受馈赠而取得的财产。其二,与国有资产所有权有关的其他财产权的界定,即依法确认各类国有企业、事业、行政单位及社会团体,作为对国有资产的经营、使用、管理主体,行使国有资产的占有、使用和依法处分的界限、范围和关系。国有资产产权一旦界定,任何机关和个人不得随意变更和废止,法律保护权利主体的合法权益。

就国有资产产权界定而言,产权界定的主体是国有资产管理部门,产权界定的客体是由企业等单位所占用的国有资产,产权界定的内容主要是划分国家所有权与其他所有权的界限,以及国有资产的所有权、经营权、使用权的归属。国有资产产权界定应坚持谁投资谁拥有产权、国有资产依法划转、维护资产所有者权益等原则。国有资产产权界定工作,按照资产的现行分级分工管理关系,由各级国有资产管理部门会同有关部门进行;省级以上国有资产管理部门成立产权界定和产权纠纷调处委员会,具体负责产权界定及纠纷处理。一般来讲,产权界定的程序分作三个阶段:首先,由占有国有资产的全民或其他单位对国有资产进行清理和界定,由其上级主管部门督促和检查,必要时也可由上级主管部门或国有资产管理部门直接清理和界定;其次,经清理和界定已明确属于国有资产的部分,按财务隶属关系报同级国有资产管理部门认定;最后,经认定的国有资产,须按规定办理产权登记等有关手续。

(二)界定国有资产产权的意义

1.维护国有资产产权,防止国有资产流失。目前,有相当一部分国有资产产权关系模糊,归属关系不清,许多国有资产没有登记入账,产权管理责任不清甚至已被划为集体以至个人财产,所以必须加以界定,确保国家财产不受侵蚀。

2.深化产权制度改革,便于“两权分离”。《企业法》虽然规定了国有资产的所有权和经营权分离,但在国有资产所有权尚未界定,所有权代表尚未明晰的情况下,不但国有资产所有权常受到侵害,企业经营权也常受到不正当干预。界定国有资产产权对落实“两权分离”有积极意义。

3. 为搞好国有资产管理奠定基础。在国有资产界定以前，国有资产和非国有资产的界限往往容易混淆，难以管理，产权界定后才便于专门化管理，提高国有资产的经营效果。

（三）国有资产产权界定的范围

1. 国有企业中的国有资产

根据有关法律规定，国有企业中的国有资产主要包括：(1)国家授权投资机构和部门以货币、实物和国有土地使用权、知识产权等向企业投资形成的国家资本金；(2)国有企业运用国家资本金、在经营中借入的资金等所形成的税后利润，经国家批准后留给企业作为增加投资的部分，以及从税后利润中所提的盈余公积金、公益金和未分配利润等；(3)以国有单位名义担保，完全用国内外私人资金投资创办的，或完全由其他单位借款创办的国有企业，其受益积累的净资产；(4)国有企业接受馈赠而增加的国家资本金及其利益；(5)国有企业从留利中提取的福利基金、职工奖励基金以及用公益金购建的集体福利设施而相应增加的所有者权益；(6)国有企业中党、政、工会组织等占用企业的财产。

2. 集体所有制企业中的国有资产

(1)国有单位以货币、实物和国有土地使用权、知识产权所创办的以集体所有制名义注册登记的企业单位，其资产所有权应界定为国家所有，但法律、法规和协议规定属于集体企业，并经国有资产管理部门认定属于无偿资助的除外；(2)国有单位用国有资产在集体企业中投资以及按照投资份额应取得的资产收益留给集体企业发展生产的资本金及其收益，应界定国有资产；(3)对供销合作社、信用合作社等单位中由国家拨入的资本金，应界定为国有资产；(4)集体企业和合作社改组为股份制企业时，由土地折价部分形成的国家股份和其他所有者权益，应界定为国有资产；(5)其他按法律、法规规定应属于国有的资产。根据有关规定，对集体企业中界定为国有资产的财产，企业可继续使用，国家不抽回，但应按一定方式，如交付占用费、交付收益、交付租金或作价入股等形式进行处理。

3. 中外合资经营企业和中外合作经营企业中的国有资产

(1)中方以国有资产出资投入的资本总额，包括现金、实物、场地使用权和无形财产应界定为国有资产；(2)中方以分得利润向企业再投资或者优先购买另一方股份的投资活动中所形成的资产；(3)可分配利润以及从税后留利中提取的各项资金，按中方投资比例所占的相应份额，但不包括已提取用于职工福利、奖励等分配给个人的部分；(4)中方职工的工资差额和企业中依法按中方工资总额提取的中方职工住房补贴等，应界定为国有资产。

4. 股份制企业和联营企业中的国有资产

(1)国有单位或者授权投资部门向企业投资形成的国有股份，界定为国有资产;(2)国有企业向企业投资形成的国有企业法人股份;(3)股份制企业公积金、公益金中,国有单位按投资应占有的份额也应界定为国有资产。

三、国有资产产权登记制度

(一)国有资产产权登记的概念

国有资产产权登记,是指国有资产管理部门代表国家对境内外国有资产进行登记,依法确认国家对国有资产的所有权以及企业单位占有、使用国有资产的法律行为。产权登记的主管机关是国有资产管理部门。根据统一领导、分级管理的原则,各级国有资产管理部门负责本级企业单位的国有资产产权登记。凡占有、使用国有资产,并已取得企业法人资格或申请取得企业法人资格的全民所有企业和实行企业化管理的事业单位,均必须按规定申办国有资产产权登记。产权登记分为开办产权登记、变动产权登记、注销产权登记。

(二)国有资产产权登记的意义

1.摸清"家底",可为国有资产管理奠定基础。产权登记是国有资产管理的一项基础性工作,只有摸清资产的存量分析、价值总量及增减变化情况,才能进行有效管理,使之发挥最大的经济效益。

2.摸清"家底",可为维护国有资产不受损害提供条件。当前,许多国有企业、单位或它们投资开办的集体企业,为了增加职工福利,不惜采取种种手段,隐瞒国有资产,账外设立小金库,使国有资产大量流失。又由于企业财务管理混乱,为不法分子侵吞国有资产提供了方便条件。进行产权登记,加强产权管理,对堵塞漏洞,保护国有资产,将产生重大作用。

3.摸清"家底",划清"两权",可为落实企业经营权提供法律依据。产权登记不仅摸清了国有资产的底数,而且在此基础上将由国有资产管理部门核发《国有资产授权占用证书》,将一定数量的国有资产授予企业经营管理,从而使企业的经营权获得了法律凭证。

4.摸清"家底",可为实施财政、工商管理部门的管理职能创造条件。通过产权登记,明确了企业对国有资产的占有量,并要求其对国有资产的保值、增值负责,财政部门就可以把应上缴的税后收益及时、足额集中在所有者手中,防止资产和收益的流失;工商管理部门就可以产权登记表作为资信证明,为核实企业注册资金提供依据。这对提高工商注册登记的准确性和权威性十分有利。

(三)国有资产产权登记的范围和种类

根据《企业国有资产产权登记办法》的规定,凡国有企业、国有独资公司,持有国家股权的单位以及其他形式占有国有资产的企业,应向国有资产管理部门申报、办理产权登记。产权登记可分为如下几类:

1.设立产权登记。占有和使用国有资产新设的企业以及新设立的行政事业单位，均应在批准成立后的30日内，向国有资产管理部门办理单位开办产权登记，并提交批准设立文件和国有资产总额及其来源证明，已办妥的土地、房产证明复印件及其他应提交的文件资料。

2.占有权登记。所有占有、使用国有资产的企业均应办理占有权登记，这是针对已经设立的占有使用资产的企业而言的。

3.变动产权登记。国有资产产权变动登记适用单位名称、住所、法定代表人、经济性质、主管单位等项事宜发生变化的单位。

4.注销产权登记。适用于撤销、被合并、被兼并以及破产等情况需要终止的企业单位。

5.产权登记的年度检查制度。为了更好地加强对国有资产的清理，严格企业产权登记制度，有关法规还规定产权年度检查制度。国有资产管理部门要按年度，对办理了产权登记的企业进行产权登记检查。

四、国有资产评估制度

(一)国有资产评估的概念

国有资产评估，即对国有资产在价值形态上的估价。具体讲，是指评估人按照特定目的，遵循公允的原则和标准，按照法定的程序，运用科学的方法，对被评估国有资产的现时价格进行评定和估算的法律行为。

国有资产占用单位有下列情形之一的，应当进行资产评估：1.资产拍卖、转让；2.企业兼并、出售、联营、股份经营；3.与外国公司、企业和其他经济组织或者个人开办中外合资经营企业或者中外合作经营企业；4.企业清算；5.按照国家有关规定需要进行资产评估的其他情形。除此之外，国有资产占有单位有下列情形之一，当事人认为需要的，可进行资产评估：1.资产抵押及其他担保；2.企业租赁；3.需要进行资产评估的其他情形。

(二)国有资产评估的原则和资产评估管理机构的职能

1.国有资产评估应遵循以下原则：(1)独立原则。评估机构依法独立评估，不受其他行政机关、社会团体和个人的干预。(2)真实性原则。评估工作所依据的数据、资料必须客观、真实、可靠，分析必须实事求是，以确保评估结果的真实可靠。(3)公正性原则。评估机构和评估人员，应站在第三者的立场上，依法评估。要坚持真理，刚正不阿，不受外部干扰和委托评估者意图的影响。(4)科学性原则。评估人员必须具备足够的资产评估知识和工作经验，全面掌握资产评估的有关资料，采取科学方法，做出正确的评估结论。(5)可行性原则。资产评估不仅为了摸清现有资产的“家底”，还要策划未来企业单位的发展，所以必须切实可行。

2.资产评估管理机构的职能。国家国有资产管理局是管理全国资产评估的总机构，它设置的资产评估中心，是具体为资产评估服务的机构，该中心的管理职能是：(1)研究制定资产评估工作的方针、政策、制度办法；(2)管理全国的资产评估工作和资产评估机构，印发“资产评估资格证书”，监督检查资产评估政策、法规的执行情况；(3)负责资产评估的立项、审核认证工作，调解资产评估中的纠纷，建立资产评估信息资料库；(4)培训管理资产评估人员，制定评估人员的管理办法，确认评估人员资格，组织评定资产评估人员的职称。

省一级和计划单列市国有资产管理部门，也要设置相应的机构，管理管辖区内的资产评估工作。其机构的职能，可比照国家国有资产管理局资产评估中心的职能拟定。

国有资产占有单位委托资产评估机构进行资产评估时，应当如实提供有关情况和资料。资产评估机构应对国有资产占有单位提供的有关情况和资料保守秘密。

国有资产评估组织工作，按照占有单位的隶属关系，由行业主管部门负责。具体从事国有资产评估业务的机构是持有国务院或者省、自治区、直辖市人民政府国有资产管理行政主管部门颁发的国有资产评估资格证书的资产评估公司、会计师事务所、审计师事务所、财务咨询公司，以及经国务院或者省、自治区、直辖市人民政府国有资产管理行政主管部门认可的临时评估机构。

(三)国有资产评估的程序

资产评估程序可概括为：申请立项；资产清查；评定估算；验证确认四个环节。

1.申请立项。国有资产占有单位，凡需要资产评估的，经主管部门审查同意后，应向同级国有资产管理局提交资产评估立项申请书及有关材料。国有资产管理局应自收到申请书之日起10日内进行审核，作出是否准予立项的决定，并通知申请单位及其主管部门。申请单位收到准予资产评估立项通知书后，可与资产评估机构签订“资产评估委托书”，委托其按立项通知书规定范围内的资产进行评估。

2.资产清查。一般由委托单位对其所占有并需要评估的资产的实有数量、质量等情况进行实地盘点，并作出清查报告。然后由评估机构核实清查工作的质量，并收集待评估资产的各种相关资料，进而对委托单位的资产、债权、债务进行全面清查和核对，掌握评估所需的第一手资料。

3.评定估算。即资产评估人员根据掌握有关资料，依据一定的标准和法定资产评估方法，对特定的评估目标，进行资产价值的评定和估算，并向委托评估单位提出资产评估结果报告书。评估报告是对资产的实际价格提出公证性的文件，由评估人员亲笔签署，并加盖评估机构公章，评估机构和人员应对所提出的评估报告承担法律责任。

4.验证确认。委托单位收到资产评估机构的资产评估结果报告书后，应当报告其主管部门审查。主管部门审查同意后，报同级国有资产管理局确认资产评估结果。国有资产管理局应当自收到占有单位报告的资产评估结果报告书之日起 45 日内组织审核、验证、协商，确认资产评估结果，并下达确认通知书。占有单位对确认通知书有异议的，可以在规定时间内向上一级国有资产管理局申请复核，并作出复核裁定。占有单位收到确认通知书或复核裁定通知书后，应根据资产评估的目的和国家有关财务、会计制度进行账务处理。至此，资产评估工作全部结束。

国有资产评估的方法包括：收益现值法、重置成本法、现行市价法、清算价格法以及国务院国有资产管理行政主管部门规定的其他评估方法。

五、国有资产收益管理

国有资产收益是国家以投入企业资本的所有者身份，参与分配而获得的收益。国有资产收益管理是整个国有资产管理制度中重要的一环，它主要解决国有资产收益权如何实现的问题，即通过收益分配实现国有资产收益权。主要包括对国有资产收益分配的管理，以国有资产收益确认与收缴的管理，对国有资产收益用途的管理等内容。

在现代企业制度下，企业缴纳所得税后的利润，一般按照下列程序分配：支付被没收的财务损失；支付各项税收的滞纳金和罚款；弥补以前年度亏损；提取法定盈余公积金；提取公益金；向投资者分配利润，企业以前年度未分配利润，可以并入本年度向投资者分配。

六、国有资产报告制度

(一)国有资产报告制度的概念

国有资产报告制度是指国家为准确掌握国有资产的运营状态，要求经营国有资产的单位按法定程序将国有资产的统计分析、前景预测、运营效益及资产、财务变动等情况上报有关部门的一种资产管理制度。

(二)国有资产报告形式和报告分析

国有资产报告形式主要采用国有资产年度报表、国有资产经营、使用情况报告、国有资产季度监测表、国有资产监测月报等形式实施。国有资产年度报表，是指由国家根据经营占用国有资产的单位类型、财务体制、会计制度等，对各级单位的国有资产运营状况进行统计分析、综合效绩评价和前景预测而制定的统一报表形式。分为经营性和非经营性两类。国有资产经营情况报告，是指国家投资企业在每年年度终了后，将本企业所经营、占用的国有资产在一个经营周期中的运营和效益情况向同级国有资产管理部门或机构作出的书面报告。国有资产使用情况报告，是指占用非经营性国有资产的行政事业单位在每年年终，向同级国有资产管理部门报送的本单位所占用的国有资产在该年度内的使用情况说明。国有资产季度监测表，是指国家通过有选择地对具有代表性国有企业的资产运营状况进行动态跟踪，准确地掌握部分企业在季度期间内经济、财务、资产等基本变动情况而统一制定的报表格式。国有资产监测月报，是指国有资产管理部门在做好国有资产季度监测工作的基础上，选择更具代表性的国有企业，对其资产运营主要指标进行动态监测、跟踪，掌握部分国有骨干企业在月度间资产、财务的主要变动情况的一项国有资产统计工作快报。

国有资产报告分析，即利用国有资产报告以及各种经济计划、经济信息与资料，对不同地区、部门、企业的国有资产营运情况进行比较、研究和分析，以便全面掌握国有资产的使用效果，为国家客观决策提供参数。

国有资产报告分析按内容可分为：固定资产分析、固定资产增减变化分析、固定资产变更情况分析、固定资产构成情况分析、固定资产占用率分析、固定资金利税率分析、国家流动资金占用结构分析、专项资产报告分析、国有资产销售收入率分析、资产负债率分析、利税率分析等。按时间可分为：月报分析、季报分析、年报分析。无论何种分析，均应包括：资产占用情况、资产负债情况、资产运营效益情况和综合评价。报告分析应实事求是，科学公正，为此，必须独立完成，不受外界影响。

（三）国有资产报告的意义

1.保证国有资产的完整性。它要求国有资产的占有、使用单位，对国有资产的进出、转移、折旧、修理、处置等，都应据实登记核算、妥善保管使用，如实汇总编报，从而使国有资产完全完整，不受损失。

2.为国家宏观决策提供科学依据。它要求各部门提供的报表必须及时准确、连续系统，这就为国家制定方针政策和国民经济计划提供了科学依据。

3.为国家预决算提供参与资料。通过年度汇总报表，可以检查预算执行情况，编制较为准确的决算报告，并为编制下期预算提供必要的资料。

七、企事业单位国有资产管理

（一）国有企业财产监管制度

国有企业财产监管制度是指国家为巩固和发展国有经济，保障国家对国有企业财产的所有权，落实国有企业经营自主权，实现国有资产的保值增值，而对国有企业财产采取的各种监测管理措施的总和。根据我国《国有企业财产监督管理条例》，国家国有资产管理部门、国务院有关经济管理部门和全国性总公司按照分级管理、分工监督的原则来监督管理国有企业财产。其中国家国有资产管理部门的主要职责是：会同有关部门拟订国有企业资产管理法规和制定国有企业资产的管理规章制度；汇总和整理国有资产信息，建立国有资产统计报告制度，并纳入国家统计体系；组织清产核资、产权登记、产权界定、资产评估等基础管理工作；对国有资产的保值增值状况进行监督检查，并对违法事件依法进行行政处罚；制定国有企业资产保值增值指标体系，从总体上考核国有资产经营状况；会同有关部门解决国有资产产权纠纷。

《国有企业财产监督管理条例》专门规定了国有企业的监事会，这是加强国有企业财产管理、防止国有资产流失的新措施。监事会是政府监督机构根据需要派出的对企业财产保值增值进行监督的组织，其职责主要是对企业财产保值增值进行监督。

(二)股份制企业国有资产管理

股份制企业国有资产管理是指对依《公司法》成立的有限责任公司或股份有限公司的国有股权进行管理。公司国有股权是指国家或国有法人基于出资在公司中享有的权利，按照其出资人不同，公司国有股权分为国家股和国有法人股。国家股是指国家授权投资的机构或者国家授权的部门以国有资产向股份公司出资形成或依法定程序取得的股份。国有法人股是指具有法人资格的国有企业、事业及其他单位以其依法占用的法人财产向独立于自己的股份公司出资形成或依法定程序取得的股份。国家股和国家法人股在股权管理方面有所不同，主要表现在国家股股权由国家授权投资的部门或者国家授权投资的机构行使，而国家法人股股权由持股的国有企业行使；国家股收益由国有资产管理部门会同财政部门收取，而国有法人股收益由持股的国有企业收取。国有股权管理是国家以国有资产所有者的身份，即股东的身份对国有股权实施产权管理。国有股权管理应当遵循以下原则：坚持以公有制为主体的原则；坚持国有股东与其他股东同权同利原则；坚持资本增值和高额回报的原则。公司国有股权管理的内容主要有两个方面：股份公司设立过程中的国有股权管理和股份公司设立后的国有股权管理。前者包括界定产权、管理资产评估、设置国有股权、明确股权结构、确立折股和新股发行方案等内容。后者包括建立国家股档案、制定国有股权管理制度、明晰国有股权收益及结构等内容。

(三)企业集团国有资产管理

企业集团是企业的联合组织，是若干企业互相保持独立性，并互相持股，在融资关系、人员派遣、原材料供应、产品销售、制造技术等方面建立互相联系且协调行动的企业集团。国有资产管理部门将企业集团中紧密层企业的国有资产统一授权由核心企业(集团公司)经营和管理。这样便于企业集团通过产权纽带集中财权和财力,优化资产配置,发挥整体优势,提高资产运营效益,达到理想的资产运营效果。国有资产管理部门在授权核心企业(集团公司)经营管理国有资产中的权利主要有:参加审定集团公司;界定企业集团的核心企业(集团公司)占用的国有资产及其投入紧密层企业和其他企业的国有资产,确认核心企业在全资子公司、控股子公司和持股、参股公司中拥有国有资产的产权关系;审批企业集团对外兼并、合并、购股、售股、资产交易和转让等重大产权变动事项;参与委派和确认企业集团的国有股权代表;核定企业集团占用的国有资产价值总量;与财政部联合审批集团公司的财务预决算和收益分配方案;指导集团公司对授权范围内国有资产自主进行经营管理。

被授权经营管理国有资产的核心企业(集团公司)实行董事会制,其主要权利有:拟订集团公司章程;办理产权登记和工商登记注册;依据公司章程规定,统一制定企业集团发展战略和发展规划,对企业集团国有资产保值增值负责;就集团公司和全资子公司的生产经营方式、资产配置及管理办法等重大事项作出决定或提出方案;聘任或解聘集团公司董事会各附属专门委员会、集团公司经理人员,确定它们的职权范围和工资待遇;制定集团内部资金、财务管理办法;就关系集团公司、全资子公司和企业集团的其他重大问题进行战略决策;参与决定控股子公司及持股、参股公司的同类事项;定期向授权方报告企业集团经营和发展情况,并提出改进管理的建议和方案。

(四)中外合资合作企业国有产权管理

中外合资合作企业国有产权是中外合资企业中方国有合营者的出资及其形成的财产权益和中外合作企业中方国有合作者的出资或提供的合作条件及其形成的财产权益。中外合资合作企业国有产权管理是指依据我国现行法律、法规和国有资产管理的有关规定,对中外合资合作企业中的国有资产进行的产权管理。目前,对中外合资合作企业国有产权的管理有待加强。需要深化外商投资企业国有资产管理模式改革;进一步理顺产权关系;合理确定国有产权持有单位;严格选聘中方管理人员;建立以国有资产保值增值考核为核心的外商投资企业考核体系。

(五)行政事业单位国有资产管理

根据行政事业单位国有资产的特征,行政事业单位国有资产管理的主要任务是:建立健全各项规章制度;明晰产权关系,实施产权管理;保障资产的完全和完善;推动资产的合理配置和节约、有效使用;对经营性资产实行有偿使用并监督其实现保值增值。行政事业单位国有资产管理的主要内容有:1.资产使用管理;2.资产处置管理;3.单位改变隶属关系、合并撤销、改制的资产管理。

(六)境外国有资产管理

境外国有资产是指我国企业、事业单位和各级人民政府及政府有关部门以国有资产向境外投资及其收益形成的或依法认定取得的国家所有者权益和其他资产。目前,我国对境外国有资产的统一管理措施主要体现在以下几个方面:1.境外国有资产的投资行为管理,包括对境外国有资产的境内投资单位的管理、对境外国有资产投资项目的管理、对以实物资产进行境外投资的管理等内容;2.境外国有资产的投资资金管理,包括对境外国有资产投资资金筹集的管理和对境外国有资产投资资金汇出的管理等内容;3.境外国有资产产权注册管理,即对境外国有资产所有权的管理。

八、国有资产流失查处法律制度

国有资产流失是指国有资产的投资者、占用者和管理者,出于故意或过失,违反法律、法规及国家有关国有资产管理、监督、经营的规定,造成国有资产损失或者使国有资产处于流失危险的行为。

国有资产流失行为主要有下述几类:1.国有资产应当评估而不评估,或者不按规定评估的行为。2.违反规定无偿或者低价转让、处置国有资产的行为。3.违反规定低价发包或租赁国有企业的行为。4.违反规定将国有资产低价折股、低价出售或无偿分给个人的行为。5.违反财务制度侵占国有资产的行为。6.滥用经营权,侵占国家所有权益的行为。7.对股份制企业或中外合资、合作企业中损害国有投资者权益现象不反对、不制止的行为。

国有资产管理部门在国有资产流失查处工作中的主要职责应为:第一,研究制定查处国有资产流失案件的政策和规章制度,汇总国有资产流失案件的查处情况,向本级政府报告。第二,配合本级监督机构查处国有资产流失案件,并对本级监督机构的查处工作进行指导。第三,直接查处重大、复杂和本级政府交办的国有资产流失案件。第四,对国有企业国有资产的保值增值状况进行监督检查,发现国有资产流失问题,及时依法予以纠正。国有资产流失查处应遵循的原则包括:坚持稳、准、狠的原则;坚持重在制止和挽回损失的原则;坚持依靠各级政府并与有关部门相互配合的原则。

第三节 国有企业资产监管机构职责及其法律责任

一、国有企业资产管理体制和监管原则

我国现行的国有企业资产管理体制是国务院1994年颁布的《国有企业财产监督管理条例》(以下简称《监管条例》)确定的。其主要精神是理顺企业财产的国家所有、分级管理、分工监督和企业经营的相互关系,在国务院的统一领导下,对企业国有资产实行分级管理。

根据《监管条例》的规定,国务院授权有关部门或者有关机构,对指定的或者所属的企业资产的经营管理实施监督。根据国务院的授权,省、自治区、直辖市人民政府可以确定有关部门或者有关机构,对指定的或者所属的企业财产的经营管理实施监督。具体说来,通过国家授权,明确政府有关部门(或有关机构)为企业财产监督机构,由监督机构向企业派出监事会,并对企业财产的保值增值状况进行考核。

国有企业财产的监督管理应当遵循以下原则:1.政企职责分开;2.政府的社会经济管理职能和国有资产所有者职能分开;3.企业财产的所有权与经营权分离;4.投资收益和产权转让收入用于资本的再投入;5.资本保全和维护所有者权益;6.企业独立支配其法人财产和独立承担民事责任。

二、国有企业财产监管机构及职责

《监管条例》确定了我国现行"分级管理和分工监督"的监管体制。其主要内容包括:

1.国务院国有资产管理部门履行下列职责:(1)会同有关部门拟订企业财产管理法规和制定企业财产管理规章、制度;(2)汇总和整理国有资产的信息,建立企业财产统计报告制度,并纳入国家统计体系;(3)组织清产核资、产权登记、产权界定、资产评估等基础管理工作,对国有资产保值增值状况监督检查,并对违法行为依法给予行政处罚;(4)制定企业财产保值增值指标体系,从总体上考核国有资产经营状况;(5)在国务院规定的职权范围内,会同有关部门协调解决国有资产产权纠纷;(6)国务院规定的其他职责。

地方各级人民政府可以根据国务院的规定设立国有资产管理部门,对地方管辖的国有资产依法实施管理。

2.国务院授权有关部门或有关机构(以下统称国务院授权的监督机构),对

国务院管辖的企业和国务院指定由其监督的地方管辖的企业实施分工监督。国务院有关部门对国务院指定由其监督的企业和企业集团履行下列监督职责：(1)对企业财产的保值增值状况实施监督；(2)依照法定权限和程序，会同有关部门提出厂长(经理)的任免(聘任、解聘)建议，或者决定厂长(经理)的任免(聘任、解聘)和奖惩；(3)向有关部门提出监事会的人员组成；需报国务院审定的，应当按照有关规定履行报审手续；(4)向企业派出监事会。国务院授权的全国性总公司对所属企业履行下列监督职责：(1)对企业财产的保值增值状况实施监督；(2)依照法定条件和秩序，决定或者批准厂长(经理)的任免(聘任、解聘)和奖惩；(3)向有关部门提出监事会的人员组成；(4)向企业派出监事会。

除由国务院授权的监督机构监督的企业外，省、自治区、直辖市人民政府可以根据规定，确定有关部门或者有关机构，对省级人民政府管辖的企业和省级人民政府指定由其监督的下级地方人民政府管辖的企业实施分工监督。

3. 国有资产管理部门和监督机构在履行职责时，不得干预企业的经营权。

三、国有企业监事会

国有企业监事会，是国有资产监督机构根据需要派出的，对企业财产保值增值状况实施监督的组织。

监事会履行下列职责：1. 审查经注册会计师验证的或者经厂长(经理)签署的企业财务报告，监督、评估企业经营效益和企业财产保值增值状况；2. 根据工作需要，查阅企业的财务账目和有关资料，对厂长(经理)和有关人员提出询问；3. 对厂长(经理)的经营业绩进行监督、评价和记录，向派出监事会的监督机构提出对厂长(经理)任免(聘任、解聘)及奖惩的建议；4. 根据厂长(经理)的要求，提供咨询意见。

国务院授权的监督机构对所监督的企业派出的监事会，其成员可以从下列人员中委派和聘请：1. 监督机构委派的代表；2. 财政部、国家经贸委和国家国有资产管理局等政府有关部门以及有关银行派出的代表；3. 监督机构聘请的经济、金融、法律、技术和企业经营管理等方面的专家；监督机构聘请的被监督企业的领导人和企业职工代表；4. 监督机构聘请的其他人员。省级人民政府确定的监督机构派出的监事会，其成员可以参照前述规定委派和聘请。监事应当符合下列条件：1. 能够维护所有者的权益；2. 坚持原则，清正廉洁，办事公道；3. 熟悉有关业务，有 10 年以上的从业经验。

国有企业监事会由 5 至 15 名的奇数成员组成。监督机构委派和政府其他部门派出的监事人数不得超过成员总数的 2/3。监事会每届任期 3 年，监事连任不得超过两届。监事会主席由政府或者监督机构在监事会成员中指定。

监事会对派出的监督机构负责，并定期向其报告工作。监事会履行职责的必要的开支，由派出的监督机构支付。监事必须执行监事会的决议，并不得泄露被监督企业的商业秘密。除被聘请担任监事的企业领导人和职工代表外，监事不得兼任被监督企业的任何职务，不得接受被监督企业的任何报酬。监事均须为兼职。

四、国有企业资产监管的法律责任

1. 国有资产管理部门有下列行为之一的，由政府责令改正；造成严重后果的，对主管领导人员和直接责任人员由上级机关或者所在单位给予行政处分：

(1)未按规定履行职责，对企业财产流失的总体情况不掌握、不反映、不提出相应建议的；(2)在组织开展清产核资、产权登记、产权界定和资产评估中，滥用职权，处罚不当，造成严重后果的；(3)超越权限干预企业经营权，侵犯企业合法权益的。

2. 监督机构有下列行为之一的，由政府责令改正；造成严重后果的，对主管领导人员和直接责任人员由上级机关或者所在单位给予行政处分：

(1)未按照规定履行监督职责，对被监督企业财产流失的情况不掌握、不反映、不采取相应措施的；(2)超越权限干预企业经营权，侵犯企业合法权益的。

3. 监事会及其监事有下列行为之一的，由监督机构责令改正；造成严重后果的，按照规定程序，改组监事会，免去或者解聘有关的监事：

(1)未按照规定履行监事会或者监事职责的；(2)超越监事会或监事职权，干预企业经营权，侵犯企业合法权益的；(3)泄露企业商业秘密，利用监事职权谋取私利；(4)以任何形式接受企业的报酬或者收受财物的。

4. 企业有下列行为之一的，由监督机构责令改正；造成严重后果的，对厂长(经理)和直接责任人员给予经济处罚，免除(解聘)其职务，或者给予降职、撤职处分：

(1)企业经营管理不善，连续两年亏损，亏损额继续增加的；(2)在承包、租赁、股份制改组、联营或者与外商合资经营、合作经营以及向境外投资过程中，弄虚作假，以各种名目侵占企业财产的；(3)向其他企业投资或者向境外投资，未在财务报告中如实反映收益状况或者未及时足额收取应得利润，造成企业财产流失的；(4)擅自转让企业产权的；(5)未按照规定进行清产核资、产权登记、资产评估以及不如实填报报表，隐瞒真实情况的。

第十五章　自然资源法

第一节　自然资源法的概述

一、自然资源的概念及其特征

自然资源是指在一定的技术经济条件下，自然界中能够被人类所利用的一切自然要素，如土地、水、矿物、森林、阳光和空气等。

自然资源虽然由自然界各种物质构成，但并不是所有的物质都构成自然资源。作为自然资源的物质有着其特定的自然和社会属性，主要表现在以下几个方面。

（一）自然资源具有可使用性

任何自然物质，只有在其能够被人类用来改善其生产和生活条件时，才能被称为自然资源。否则，不管这种物质再多，所包含的能量再大，也不能称为自然资源。

（二）自然资源具有相对性

一种物质是否是自然资源，不是一成不变的，它会随着时间和经济技术的发展而变化。在某一技术条件下不是自然资源的物质，在另一技术条件下就可能是资源。如随着原子核裂变原理的发现，人们可以通过提炼出来的铀来制造原子能，而成为人类发现的新能源。

（三）自然资源具有整体性

各种自然资源在自然界中都是相互依存、相互制约地构成一个综合体，人们在改变一种资源或是生态系统中的某些成分时，必然给其相关的其他资源带来影响。如人们在大量地采伐森林，不仅会直接改变林木和植物的状况，而且还必然引起土壤和径流的变化，对野生动物和气候都会产生不同程度的影响。因此，认识自然资源的整体性特征，可以使人类在开发利用一种自然资源时注意对其他资源的保护，以使整个自然资源系统朝着有利于人类生产和生活的方向发展。

（四）自然资源具有地域性

自然资源在自然界中并不是均衡分布的，受各种因素的影响，有的自然资源在有些地区十分丰富，而在另外一些地区又十分地匮乏。例如，石油资源在海湾地区十分丰富，而在非洲国家则十分匮乏。

（五）自然资源具有有限性

由于地区空间的有限性，就决定了自然资源在具体空间和时间范围内的有限性。尤其是资源分布的地域性差异和许多资源的不可再生性，就会使自然资源的有限性表现得更加明显。如随着石油资源的不断开采，其储量越来越少。针对自然资源的有限性，人类就必须采取一定的措施来保证这些资源的合理利用。

随着科学技术水平的提高，一些过去被认为是毫无用处的物质，现在得到了广泛地使用，一些物质虽然其价值早已被人们所认识，但因受到当时限制而难以利用的资源也得到了开发，还有一些已被利用的资源也将不断发现新的用途。由于人类利用和改造环境能力的不断提高，自然资源所包括的物质内容将不断扩大。

二、自然资源法

（一）自然资源法的概念

自然资源法是调整人们在自然资源开发、利用、保护和管理过程中所产生的各种社会关系的法律规范总称。其立法的主要目的是为了规范人们开发利用自然资源的行为，防止人类对自然资源的过度开发，改善与增强人类赖以生存发展的自然基础，协调人类与自然的关系，保障经济社会的可持续发展。

自然资源法是一个综合性的概念，它由各种资源法所构成，主要包括有土地资源、水资源、矿产资源、森林资源、草原资源、野生动物资源等方面的法律、行政法规、地方法规、规章等。因此，自然资源法不仅调整自然资源利用活动中人与人的社会关系，而且还通过对人与人关系调整来规范人类社会与自然的相互关系。

（二）自然资源法的调整对象

自然资源法所调整的社会关系十分广泛和复杂，但从法律的角度来看，概括起来，主要有以下几个方面：

1. 自然资源权属关系。人们在开发利用和保护各种资源的活动中，都要涉及自然资源的所有权、使用权、专项权益等；自然资源作为一种特殊的财产，其财产权属关系主要是由自然资源法特别规定的。

2. 自然资源的流转关系。由于自然资源与其他一般财产不同的权属关系，使得自然资源的流转过程中也出现了与一般财产不同的特点。

3. 自然资源管理关系。人们在开发、利用、保护各种自然资源的社会经济活动中，形成了复杂的资源管理关系，其中可以分为主要两种：一是专项资源管理关系，如土地管理；另一种是资源行业管理，如矿业管理、渔业管理等。

4. 自然资源的其他经济关系。人们在利用和保护自然资源的活动中，还会涉及财政、税收、金融、劳动等关系，其中有一些内容是有自然资源法所特别规定的，如水费、水资源费的财政关系。

三、自然资源法的基本制度

（一）自然资源中的财产权制度

1. 自然资源所有权

我国对自然资源的财产所有权分为两类：一是自然资源的国家所有权；另一种是自然资源的集体所有权。由于我国对这两种自然资源所有权设置的功能上的差异，不同自然资源所有权的取得、变更和消灭都有较大的区别。

2. 自然资源使用权

由于自然资源所有权有两种，以所有权为基础产生的自然资源使用权也应该区别对待。

3. 自然资源的专项权利

所谓自然资源的专项权利，是指针对特定的某项自然资源的开发、利用等而设置一项权利。如矿产资源法中的采矿权、森林法中的采伐权等等。

（二）资源利用中的补救、补偿制度

1. 资源补救制度

资源补救制度，是指自然资源法为保护自然资源而设立的，对因一定原因而造成的自然资源的损害和破坏，要求一定主体必须以补救、恢复自然资源为内容的义务和责任制度。

由于自然资源的整体性、有限性和可变性，自然资源遭受的损害不是简单的货币赔偿就可以弥补其实际损失的。而且自然资源损害所导致的不仅是权益主体的利益损失，更是给人类社会带来重大损害。因此，仅是以货币赔偿不能补偿人类社会所受的损害。设立资源补救制度的核心内容，在于强制义务或责任主体在自然资源遭受损害时，必须以实际行动来对自然资源进行救济，维护自然资源与人类社会的互动，维护人类社会的可持续发展。

2. 资源补偿制度

资源利用中的补偿是指在资源利用活动中，因合法的资源利用而对他人相应的损失应给予补偿。资源利用的补偿是合法行为应承担的义务，例如国家征用土地时应给予补偿，因此，资源利用的补偿不同于民法中的违法或违约而造成的损害赔偿。

另外，资源利用补偿也不同于资源的补救，它们之间的区别主要是：一是两者设立的依据不同，设立补救义务是基于资源损害和公共利益损害，目的在于保护资源；设立补偿义务的依据是个体利益的损害，其目的在于保护一定社会主体的个体利益；二是两者的义务内容不同，补救义务的内容是补救资源，补偿义务的内容是补偿利益损失；三是履行原则不同，资源补救最终必须履行，不能以金钱内容替代；补偿义务则可以在金钱内容予以履行。

（三）资源利用中的禁限制度

资源利用中的禁限制度，是指自然资源法根据自然资源的特点和保护自然资源的需要，对利用资源的行为方式、利用时间、利用范围、利用工具等所规定的禁止和限制的制度。

为了防止自然资源退化和对自然资源可持续利用，以法律方式强制性地禁止或限制一定资源利用方式，是维护人类与自然相互关系的重要内容。

（四）资源综合利用制度

资源综合利用制度，是国家关于开展综合利用的原则、措施、办法和程序等规定的一整套准则。

资源综合利用，是根据资源的特性、功能及贮存形式和分布条件，采取各种科学的手段和方法，对其进行综合开发、合理和充分利用，变一用为多用、小用为大用、无用为有用、有害为有利，实现物尽其用。

第二节　土地管理法

一、土地管理法概述

（一）土地资源及其特征

土地资源是由地形、土壤、气候、水文、植被等各种要素组成的自然综合体，是人类赖以生产和生活的天然物质基础。土地作为重要的自然资源，具有其自身固有的特点：

1.稀缺性。土地是不可再生的自然资源，土地的面积无论是在整个地球上还是在特定的地理区域内，其数量是恒定的，不会随着人类需求的增加而增加。

2.不可移动性，又称固定性。土地作为最典型的不动产，它总是固定在地球表面一定的位置，不能随意迁移和互换，只能就地利用。

3.异质性。由于土地不能移动，且其位置都是固定的，不可能存在两个完全相同的土地。

4.耐久性。土地资源能长期存在，正是由于这一显著的特征，土地资源被人们当作是保值增值的重要财产。

(二)土地管理法的概念

土地管理法是调整人们在开发、利用、保护和管理土地资源过程中所产生的法律规范的总称。土地管理法所调整的是人们在对土地开发、利用、保护和管理中的以土地为生产要素的各种社会关系。

目前，我国关于土地资源的立法主要有《土地管理法》及其实施细则、《水土保护法》及其实施条例、《土地复垦规定》、《基本农田保护条例》、《自然保护区土地管理办法》、《农村土地承包经营法》等，另外，在《农业法》、《矿产资源法》、《环境保护法》等法律中也有一些保护土地资源的法律规范。为了适应我国市场经济的不断发展，2007 年 3 月 16 日第十届全国人民代表大会第五次会议通过了《物权法》，对土地的权属等诸多内容作出了规范，而现行的《土地管理法》中诸多内容也必须尽快做出修改，目前我国《土地管理法》正在修改中。

二、土地管理法中的土地基本制度

(一)土地用途管制制度

土地用途管制制度是指国家为保证土地资源的合理利用，经济、社会和环境的协调发展，通过编制土地利用规划，划定土地用途区、确定土地使用限制条件，并要求土地的所有者、使用者严格按照国家确定的用途利用土地的制度。土地用途制度是世界上一些国家和地区广泛采用的土地利用管理制度。

第一，分类确立土地用途是用途管制的基础。即将土地按用途分为农用地、建设用地和其他土地。农用地是指直接用于农业生产的土地，包括耕地、林地、草地、农田水利用地、养殖水面等；建设用地是指建造建筑物、构筑物的土地，包括城乡住宅和公共设施用地、工矿用地、交通水利设施、旅游用地、军事设施等；未利用地是指农用地和建设用地外的土地。

第二，土地利用总体规划是土地用途管制的依据。土地利用应当符合国家和社会的整体利益，必须由代表全社会利益的国家通过制定土地利用总体规划来确定土地用途。为了统筹考虑土地利用上的地方和行业的需要，必须由中央政府来编定全国的土地利用总体规划，下级土地利用总体规划要依据上级土地利用总体规划编定。地方各级土地利用总体规划中的建设用地总量不得突破上一级土地利用总体规划确定的控制指标，耕地保有量不得低于上一级土地利用总体规划确定的控制指标。县乡级土地利用总体规划还要划定土地利用区，明确土地用途，落实到地块，实行地块控制。城市规划、村庄和集镇规划不得突破土地利用总体规划中限定的建设用地规模。

第三,农用地转用审批是实现用途管制的关键。建设需要占用农用地的,必须在土地利用总体规划确定的建设用地范围内安排,符合土地利用总体规划的方可批准农用地转为建设用地;不符合土地利用总体规划的,不予批准。通过农用地转用审批,保证农地农用,限制建设项目乱占滥用农地。

第四,土地登记是土地用途管制的保障。进行土地用途登记,使权利人土地用途的内容在法律上得到确认。登记为农用地的土地,只有享有农用地的使用权,农用地不得转变为建设用地;登记为建设用地的,才享有在土地上建筑的权利。

第五,法律责任是土地用途管制的后盾。对于非法占用土地新建建筑物和其他设施的,要按是否符合土地利用总体规划做出不同处理。对于符合土地利用总体规划的,可以没收建筑物及其他设施;对于违反土地利用总体规划擅自将农用地改为建设用地的,则必须拆除;对于在土地利用总体规划制定前已经建成的建筑物、构筑物,不符合土地利用总体规划的,不得重建、扩建,在一定时期实现土地利用总体规划确定的土地用途。

(二)耕地总量动态平衡制度

耕地总量只能增加不能减少既是土地管理法的重要原则,也是土地管理工作的主要目标。实现耕地总量动态平衡,确保耕地总量只能增加、不能减少,是根据我国的土地基本国情和经济社会可持续发展的战略提出的目标,是保证我国现有耕地总面积在一定时期内只能增加,不能减少,并逐步提高耕地质量,稳固农业基础,确保粮食安全,为可持续发展提供基本保障。

(三)土地执法监察制度

我国的土地管理部门对各种土地违法行为享有监督检查权,同时赋予土地管理部门查处土地违法行为的必要手段和执法保障。我国现行的《土地管理法》就监督检查设立专章,赋予土地管理部门执法监督权,完善法律责任体系。

我国的《土地管理法》主要是在以下几个方面加强了土地的执法:一是赋予土地管理部门对土地违法行为的监督检查权。《土地管理法》明确规定:“县级以上人民政府土地行政主管部门对违反土地管理法律、法规的行为进行监督检查。”对土地违法主体不再限于法人和个人。二是赋予要求被检查的单位或者个人提供有关土地权利的文件和资料,进行查阅或者予以复制。要求被检查的单位或者个人就有关土地权利的问题作出说明;进入被检查单位或者被非法占用的土地现场进行勘测;责令非法占用土地的单位或者个人停止违反土地管理法律、法规的行为。三是要求有关单位和个人必须配合监督检查。《土地管理法》规定:“有关单位和个人对土地行政主管部门就土地违法行为进行的监督检查应该支持与配合，并提供工作方便，不得拒绝与阻碍土地管理监督检查人员依法执行职务。”四是赋予土地管理部门行政处罚权。五是赋予土地管理部门制止权。对责令限期拆除在非法占用土地上新建的建筑物和其他设施继续施工的，做出处罚决定的土地管理部门有权制止。六是赋予土地管理部门对国家工作人员土地违法行为的行政处分权和行政处分建议权。对土地管理部门工作人员违反土地管理法律、法规的，土地管理部门可以直接处分；对政府领导人员或者其他部门工作人员违反土地管理法律、法规的，应当向同级或上级人民政府行政监察机关提出行政处分建议书，有关行政监督机关有责任依法作出行政处分。七是赋予土地管理部门对土地犯罪案件的移送权。《土地管理法》规定：“土地行政主管部门在监督检查工作中发现土地违法行为构成犯罪的，应当将案件移送有关机关，依法追究刑事责任；不构成犯罪的，应当依法给予行政处罚。”八是明确了土地行政主管部门不给予行政处罚的责任。《土地管理法》规定：“依照本法规定应当给予行政处罚，而有关土地行政主管部门不给予行政处罚的，上级人民政府土地行政主管部门有权责令有关土地行政主管部门作出行政处罚决定或者直接给予行政处罚，并给予有关土地行政主管部门的负责人行政处分。”

土地利用和管理方式的转变，对土地执法监察工作提出了更高的要求，土地执法监察工作必须适应这个历史性的转变，这就是必须从维护以限额审批制为核心的土地管理秩序向维护土地以用途管制为核心的新的土地管理秩序转变。

三、土地的权属

(一)土地所有权

与世界上其他许多国家的土地所有权制度相比较，我国土地所有权制度最显著的特点是实行严格的土地公有制度，禁止土地的私人所有。我国《土地管理法》第 2 条规定，“中华人民共和国实行土地的社会主义公有制，即全民所有制和劳动群众集体所有制。”我国的土地所有制式由我国社会制度性质所决定的，我国的土地所有权也分为土地国家所有和土地集体所有两者类型。

1. 土地国家所有权

城镇的国有土地属于国家所有，我国《土地管理法》第 8 条规定：“城市市区的土地属于国家所有。”随着城市化规模不断扩大，农村集体所有的土地也不断地被国家征收为国家所有。但是城镇与郊区农村之间没有一个明显的界线，同时也存在着城市中还存在着农村集体所有土地，即所谓的“城中村”。

2. 土地集体所有权

集体土地所有权是指农民集体组织对自己所有的土地依法占有、使用、收益和处分的权利。集体土地所有权是我国土地公有所有权的另一种形式。集体土地所有权是在20世纪50年代中期,我国开展社会主义改造运动中产生的,1956年的《高级农业生产合作社示范章程》将农民私有的主要生产资料转为合作社集体所有,故集体土地所有权是在农民私人土地所有权的基础上形成的。《宪法》第10条和《土地管理法》第8条规定,农村和城市郊区的土地,除由法律规定属于国家所有的以外,属于农民集体所有。这是从两个角度来规定的,农村和城镇郊区的土地,应当包括森林、山岭、草原、荒地、滩涂,这部分土地到底首先属于谁?一般认为,自然资源是天然的,任何人未加以投入,因此不能成为部分人的财产。从国际惯例来看,天然资源应属于国家所有,因此,荒山、荒地、荒滩等土地资源应首先属于国有,有证据能证明是集体的,才属于集体所有。

《土地管理法》第10条规定:"我农民集体所有的土地依法属于村农民集体所有的,由村集体经济组织或者村民委员会经营、管理;已经分别属于村内两个以上农村集体经济组织的农民集体所有的,由村内各该农村集体经济组织或者村民小组经营、管理;已经属于乡(镇)农民集体所有的,由乡(镇)农村集体经济组织经营、管理。农民集体所有的土地,由县级人民政府登记造册,核发证书,确认所有权。"

(二)建设用地使用权

建设用地使用权是因建筑物或其他工作物而使用国家所有或集体所有土地的权利。建设用地使用权具有以下的特征:

第一,建设用地使用权只能存在于国家或集体所有的土地上的用益物权。建设用地使用权的标的仅以土地为限,我国土地实行社会主义公有制,土地属于国家所有或集体所有,故建设用地使用权只能存在于国有土地和集体所有土地上。

第二,建设用地使用权是以保存建筑物或其他工作物为目的的权利。这里的建筑物或其他工作物是指在土地上下建筑的房屋及其他设施,建设用地使用权即以保存建筑物或工作物为目的。

第三,建筑物或其他工作物的有无与建设用地使用权的存续无关,即有了地上的建筑物或其他工作物后,固然可以设定建设用地使用权;没有地上建筑物或其他工作物的存在,也无妨于建设用地使用权的设立;即使地上建筑物或其他工作物灭失,建设用地使用权也不消灭,建设用地使用权人仍有依原来的使用目的而使用土地的权利。

根据承载建设用地使用权的土地法律属性的不同,可将建设用地使用权分为两大类:国有建设用地使用权和集体所有建设用地使用权。

1.国有建设用地使用权

国有建设用地使用权,是建设用地使用权人依法对国家所有的土地享有占有、使用和收益的权利，有权利用该土地建造建筑物、构筑物及其附属设施。在国家所有的土地上设立的建设用地使用权，它的产生方式包括划拨、出让和租赁。

(1)划拨方式。土地划拨是土地使用人只需按照一定程序提出申请，经主管机关批准即可取得土地使用权，而不必向土地所有人支付租金及其他费用。我国物权法规定，严格限制以划拨方式设立国有建设用地使用权。采取划拨方式的，应当遵守法律、行政法规关于土地用途的规定。《国有土地使用权出让和转让暂行条例》第 43 条规定："划拨土地使用权是指土地使用者通过各种方式依法无偿取得的土地使用权。"根据土地管理法的有关规定，可以通过划拨方式取得的国有建设用地包括：国家机关用地和军事用地；城市基础设施用地和公益事业用地；国家重点扶持的能源、交通、水利等基础设施用地；法律、行政法规规定的其他用地。上述以划拨方式取得建设用地，须经县级以上地方人民政府依法批准。

(2)出让方式。国有建设用地使用权出让是国家以土地所有人身份将建设用地使用权在一定期限内让与土地使用者，并由土地使用者向国家支付国有建设用地使用权出让金的行为。土地使用者通过这种出让国有建设用地使用权的行为即取得国有建设用地使用权。

国有建设用地使用权出让有四种形式：协议、招标、挂牌和拍卖。协议是由市、县人民政府土地管理部门（代表国家作为出让方），与土地使用人按照平等、自愿、有偿的原则协商一致后，签订建设用地使用权出让合同。招标和拍卖，应当先由市、县土地管理部门发出招标、拍卖公告，通过招标、拍卖程序，签订建设用地使用权出让合同。挂牌，是指出让人发布挂牌公告，按公告规定的期限将拟出让土地的交易条件在指定的土地交易场所挂牌公布，接受竞买人的报价申请并更新挂牌价格，根据挂牌期限截止时的出价结果确定土地使用者的民事法律行为。工业、商业、旅游、娱乐和商品住宅等经营性用地以及同一土地有两个以上意向用地者的，应当采取拍卖、招标、挂牌公开竞价的方式出让。

采取招标、拍卖、挂牌、协议等出让方式设立建设用地使用权的，当事人应当采取书面形式订立建设用地使用权出让合同。建设用地使用权出让合同一般包括下列条款：①当事人的名称和住所；②土地界址、面积等；③建筑物、构筑物及其附属设施占用的空间；④土地用途；⑤使用期限；⑥出让金等费用及其支付方式；⑦解决争议的方法。

(3)租赁土地使用权，是指国家在一定时期将国有土地出租给土地使用者并按期收取租金，土地使用者即取得租赁土地使用权。

建设用地使用权租赁与以出让方式取得的建设用地使用权出租不同，建设用地使用权租赁是国家以所有者身份将所有权中的土地使用权交予建设用地使用者,使用者取得的是土地使用权;以出让方式取得的建设用地使用权出租是建设用地使用权人将其享有的建设用地使用权出租给他人。

2.农村集体所有土地的建设用地使用权是指建设用地使用者依法取得集体所有土地的建设用地使用权。

(1)申请使用集体所有建设用地的范围

物权法第151条规定:“集体所有土地作为建设用地的,应当依照土地管理法等法律规定办理。”目前我国《土地管理法》对取得集体土地的建设用地的使用权有较为严格的限制范围。《土地管理法》第43条规定:“除农民集体办乡(镇)村企业和农民建住宅使用本农村集体土地,乡(镇)村公共设施和公益事业建设使用集体土地外,其他任何单位或个人都只能使用国有土地,即不能取得集体土地使用权。”但《土地管理法》第63条作出了例外规定,即“符合土地利用总体规划,通过兼并、破产、拍卖乡(镇)企业而取得其土地使用权的除外。”

(2)建设用地的审批程序

建设占用土地,涉及农用地转为建设用地的,应当办理农用地转用审批手续。省、自治区、直辖市人民政府批准的道路、管线工程和大型基础设施建设项目、国务院批准的建设项目占用土地,涉及农用地转为建设用地的,由国务院批准。

我国《土地管理法》正由国土资源部政策法规司修改当中。从目前已经完成的修改建议看,针对我国农村集体所有的建设用地使用权明确规定:“农民集体依法通过有偿取得的集体建设用地使用权可以转让、出租和抵押。农民集体成员通过无偿分配取得的集体建设用地使用权,经批准后可以转让、出租和抵押。”

(三)宅基地使用权

1.宅基地使用权概念和特点

宅基地使用权是指宅基地使用权人依法对集体所有的土地的占有和使用的权利,有权利用该土地建造住宅及其附属设施。宅基地使用权是我国特有的一种用益物权形式。由于我国实行国家所有和农村集体所有的双重所有权制度模式,农村村民建设住宅基本上都使用审批的宅基地,而我国农村人口和土地面积数量和规模庞大,因此,宅基地使用权是我国土地权属中重要的用益物权。

宅基地使用权具有以下基本特点:

第一,宅基地的所有权归农村集体所有。《中华人民共和国土地管理法》第8条规定:“城市市区的土地属于国家所有。农村和城市郊区的土地,除由法律规定属于国家所有的以外,属于农民集体所有;宅基地和自留地、自留山,属于农民集体所有。”

第二,宅基地使用权的主体只能是特定的农村居民。特定的宅基地只限于本集体经济组织特定成员享有使用权,我国禁止城镇居民购买宅基地而取得宅基地使用权。

第三,宅基地具有福利性。农村村民取得宅基地使用权基本上是无偿的,或只是缴纳了很少的费用。

2.宅基地使用权的流转问题

我国2007年颁布《物权法》第153条规定:"宅基地使用权的取得、行使和转让,使用土地管理法等法律和国家有关规定。"该规定意味着宅基地使用权的取得、行使和转让沿用现行《土地管理法》,但也被理解为为将来放开集体土地使用权流转预留了空间。许多学者提出要修改宅基地使用权的取得制度,并提出将宅基地使用权可以依法转让。目前我国土地管理法正由国土资源部政策法规司修改当中,对宅基地,修改建议提到:"宅基地使用权人依法对集体所有的土地享有占有和使用的权利,有权依法利用该土地建造住宅及其附属设施。经批准,宅基地使用权可依法转让、出租和抵押;但转让后,不得再申请宅基地。"该修改建议一旦落实,令人困扰的"小产权房"问题将不复存在,农民征地补偿标准将有具体的市场价值参照,"以土地换身份"、"农民社保"等问题或将迎刃而解。

(四)农村土地承包权

土地承包经营权是指农民或者其他单位或个人,通过与农民集体或其代表即发包方签订土地承包合同,确定承发包双方承包关系而取得承包经营使用集体所有的土地,并由县级以上地方人民政府向承包方颁发土地承包经营权证一项权利。

土地承包经营权是农民使用农业生产用地的主要形式,农业的生产特点主要依靠土地,并通过对土地的不断投入获取收益,靠土地的肥力,需要长期投入,投入产出的周期长,因此,需要有一个较长的,稳定的土地使用期限,才能使农民大胆投入提高地力,增加农业收获量。为了稳定和完善以家庭承包经营为基础、统分结合的双层经营管理体制,2002年8月29日第九届全国人大常委会第二十九次会议通过的《农村土地承包法》。随着承包期限的固定和承包经营权的可流转,实际上有人认为农村土地承包经营权已经是一项与土地使用权相同性质的权利。我国2007年3月16日新通过的《物权法》在第十一章专门规定了农村土地承包经营权,物权法不仅明确了土地承包经营权是一种用益物权,也明确规定了土地承包经营权的承包期限和流转方式。

(五)地役权

1.地役权的概念和特点

地役权是指为了自己的不动产的便利而使用他人不动产的权利。我国《物权法》第156条规定:"地役权人有权根据合同约定,利用他人的不动产,以提高自己的不动产的效益。"地役权具有以下基本特点:

(1)地役权具有从属性,地役权不得与需役地权利分离而单独存在,不得保留地役权而处分需役地的权利。

(2)地役权具有不可分性,无论地役权的发生或消灭,还是地役权的享有,均及于地役权与供役地的全部,不得分割为数部分。

2.地役权和相邻权的关系

相邻关系中的相邻权和物权体系中的地役权都是为了方便自己而利用邻人的土地,同样使用于土地所有权、土地使用权等权利人。地役权可以弥补相邻权的不足,即相邻权是对不动产最低程度限制,若最低程度限制不能满足时,可以约定设立地役权。地役权可以排除相邻权的适用,如相邻人不得设置屋檐或其他工作物使雨水直接注于相邻不动产,对这种相邻权,当事人完全可以通过设立地役权加以排除。

但是地役权和相邻权之间也存在着明显的区别:(1)产生原因不同。地役权是根据当事人之间的合同产生,具有意定性;而相邻权是根据法律规定产生具有法定性。(2)产生前提不同,地役权不需以需役地和供役地的相邻关系为前提,而相邻权则需以两不动产的相互毗邻为前提。(3)性质不同,地役权属于独立的他物权,可以单独产生和消灭,而相邻权则是法定对不动产的扩张和限制。(4)有偿性不同。地役权是有偿的,而相邻权是无偿的。(5)期限性不同,地役权通常是有期限的,而相邻权是无期限的。(6)登记要求不同,地役权作为他物权,可以向不动产登记机关申请地役权登记,而相邻权无需登记。

四、土地登记

(一)土地登记的概念

土地登记是国家土地行政管理机关依照规定程序将土地的权属、用途、面积、等级、价格等情况记录于专门簿册的一种法律行为。

目前世界上存在三种土地登记制度,一是以德国为代表的产权登记制度,是比较科学的制度,特点是土地登记具有强制性,必须登记,登记内容以地块为序,登记具有公信力,土地权属以土地登记簿为准,不发土地证书(发登记号);二是以澳大利亚为代表的托伦斯登记制度,其特点是不强制登记,但一旦土地权属发生变化的,不变更登记没有法律效力,登记以权利人为序造册,不强调土地的面积、价格等指标(地块分割有严格程序),登记具有公信力,登记机关颁发土地权利证书;三是以英国为代表的契约登记制度,契约登记是一种合同登记,类似公证,登记无公信力,如果登记结果违法或损害第三人,则登记结果无效,登记机关不负责任。我国的土地登记制度是产权登记制度和托伦斯登记制度的结合，既登记也发证，有强制力并具有公信力。

(二)土地登记的基本原则

1. 登记规则的统一性。土地登记是一种法律行为，要求有严格的操作程序和技术规范，对土地的权属性质、面积、界线、用途、等级、价格的认定必须有统一的标准，就是在全国范围内每一宗地之间登记的程序、登记的方法、登记的内容、登记的格式必须统一。

2. 登记机关的唯一性或称登记区域(空间上)的完整性。土地登记的法律特性，要求在一个登记区域内，只能有一个土地登记机关，只有这样，才能保证该区域内的土地不重不漏，资料统一完整，每一宗土地界线清楚、面积准确。

3. 登记时间上的连续性。土地权属不是一成不变的，因此土地登记也相应不断地随着发生变化，以保持资料的现势性，否则就将成为死档案，失去土地登记的法律意义。任何将土地登记在时间上进行割裂如分段登记的行为都是违背不动产登记法理的。

4. 登记效力的一致性。土地登记的内容具有法律效力，就是要求已经登记的每一宗土地、在社会的任何范围内都具有统一的效力，即每一宗土地登记结果的唯一性和法律地位的平等性。凡进行登记的每一宗土地，都受法律保护，不存在某一类或某一宗土地的效力高于其他土地的问题，无论是所有权登记还是使用权登记，登记效力都应当是相同的，其结果具有公信力。

第三节 水 法

一、水法概述

(一)水资源

《水法》中的水资源是指地表水和地下水。海水的开发、利用、保护和管理的有关规定不在《水法》范围内，因此，本章中所指的“水资源”是仅指陆地水。水是一切生命的源泉，是人类生存和发展所不可或缺的自然资源。作为资源，水是人和一切动植物赖以生存的环境条件，是人类社会生活和生产活动所必需的物质基础，也是维持人类社会发展的主要能源之一。

中国陆地水资源总量丰富，但人均量少，且在时空分布上极不均匀，是水资源相对短缺和水、旱灾害频繁的国家。

(二)水法的概念

水法是调整人们在开发利用、管理和保护、除治水害等活动中发生的各种社会关系的法律规范总称。水法所调整的社会关系是为水的开发利用和管理、保护过程中，中央政府和地方政府、水利企事业单位和其他社会组织或公民之间所发生的各种关系。我国水法的调整对象即包括水资源，也包括经过开发利用的商品水和经过工程调节的供水。

1988 年 1 月 24 日全国人大常委会通过的《中华人民共和国水法》，2002 年 8 月 29 日第九届全国人民代表大会常务委员会第二十九次会议通过了《中华人民共和国水法》修改，修改后的水法在 2002 年 10 月 1 日起实施。此外，与水资源相关的立法还有《水土保持法》、《河道管理条例》、《防汛条例》、《城市供水条例》、《城市节约用水管理规定》、《取水许可制度实施办法》等法律、法规和规章。除此之外，各地还根据当地的实践情况，在上述法律法规的基础之上，制定了许多规范水资源的地方法规和规章。

二、我国的水资源法律制度

(一)关于水资源权属的法律规定

水权是指水资源的所有权和各种水资源的使用权的权利总称。

1.水资源的国家所有权

水资源的国家所有权，对于水资源的国家所有权不能简单地归纳为占有、使用、收益和处分的权利，其主要的内容包括国家对水资源的统一调度和分配的权利，水资源开发利用和保护中国家管理等。

2.水资源的农村集体使用权

水资源的集体使用权，即农业集体经济组织对其修建的水塘、水库中的水，由村集体组织和成员使用。我国《水法》第 3 条规定："水资源属于国家所有。水资源的所有权由国务院代表国家行使。农村集体经济组织的水塘和由农村集体经济组织修建管理的水库中的水，归各该农村集体经济组织使用。"

3.取水权

所谓的取水权，是指以经过国家许可并以有偿方式直接从地下、江河和湖泊等水资源中取水的权利。

取水权的取得方式主要有两种：一种是家庭生活、畜禽饮用取水和其他少量取水的，该种方式的取水不需要申请取水许可，为法定享有的取水权。二是从地下、江河、湖泊直接取水的，该取水国家实行取水许可制度，通过取得取水许可证而享有取水权。《水法》第 7 条规定："国家对水资源依法实行取水许可制度和有偿使用制度。但是，农村集体经济组织及其成员使用本集体经济组织的水塘、水库中的水的除外。国务院水行政主管部门负责全国取水许可制度和水资源有偿使用制度的组织实施。"

（二）关于合理开发利用水资源的规定

1. 实行水资源开发利用的规划制度。《水法》第11条规定，开发利用水资源和防治水害，应当按流域或区域进行统一规划。规划分为综合规划和专业规划。

2. 对水资源进行综合科学考察和调查评价。为了充分发挥水资源的综合效益，防止在开发利用过程中对水资源的损害和引发水害，《水法》规定，开发利用水资源必须进行综合科学考察和调查评价。

3. 开发利用水资源时，要兼顾生态环境的保护和其他相关资源的保护。

（三）关于用水管理的规定

用水管理是指对社会各方面利用水量的分配调节，对直接从水资源取水和为了更有效利用水所进行的管理。《水法》专章规定了用水管理，主要内容有：

1. 实行计划用水。计划用水是用行政手段节制用水，防止水资源枯竭的措施。《水法》关于计划用水规定了两个方面的内容：一是用水的长期供求计划，二是水量分配方案。

2. 实行取水许可制度。取水许可制度是实行计划用水的一项基本制度，通过取水许可，国家既可以落实水量的分配方案，又可以规范取水行为，使取水符合长期供求计划和水资源开发利用的具体规划，控制和禁止不利于水资源保护的用水活动，从而达到合理开发利用水资源的目的。《水法》针对取水许可制度，规定了两种情况：一是国家对直接从地下或者江河、湖泊取水的，实行取水许可制度，但为了家庭生活、畜禽饮用取水和其他少量取水的，不需申请取水许可；二是新建、改建、扩建的建设项目，需要申请取水许可。

3. 征收水费和水资源费。对用水单位征收一定的费用，是国家利用经济杠杆刺激节约用水的措施。按照《水法》第34条规定，对使用供水工程供应水的单位和个人，收缴水费；对直接从地下或者江河、湖泊取水作为自备水源的自给水的用户，征收水资源费。通过对用户征收一定的费用，既可以促进用户节约和合理用水，又可以为水治理和水保护筹集一定的资金。

第四节　矿产资源法

一、矿产资源的概述

矿产资源是指贮藏于地壳内部或表层的由地质作用产生的可供人类利用的天然矿物。矿产资源与其他自然资源相比，具有不可再生性、不均衡性和对土地的依附性的特点。

二、我国的矿产资源立法

矿产资源法是调整人们在勘探、开采、利用和保护矿产资源的活动中所形成的各种经济关系的法律规范的总称。

我国现行的《矿产资源法》颁布实施于 1986 年，1996 年 8 月第八届全国人大常委会第二十一次会议修改并重新颁布了《矿产资源法》，并于 1997 年 1 月 1 日施行。1998 年 2 月国务院又发布了三个重要行政法规：《矿产资源勘查区块登记管理办法》、《矿产资源开采登记管理办法》和《探矿权采矿权转让管理办法》，使我国的矿产资源方面的立法不断更加完善，促进我国矿产资源的保护和管理。随着社会主义市场经济体制的逐步建立等重大体制变革，近年来矿产资源管理出现了许多新情况、新问题，修改矿产资源法十分必要。2003 年以来国土资源部就矿产资源法修改相关问题进行了大量前期调研，去年以来国土资源部加快了矿产资源法修改草稿起草工作，多次召开部长办公会和专题会议就重大问题进行研究，目前矿法修改已列入全国人大今后 5 年立法计划和国务院法制办立法计划。

三、我国矿产资源法律制度

(一)*矿产资源的权属*

1.矿产资源的国家所有权

《矿产资源法》规定：矿产资源属于国家所有，由国务院行使国家对矿产资源的所有权。地表或者地下的矿产资源的国家所有权，不因其所依附的土地的所有权或者使用权的不同而改变。凡我国领域及管辖海域的矿产资源均属于国家所有。矿产资源国家所有权具有主体的惟一性、客体的无限性、权利的独立性特征。矿产资源的国家所有权是我国矿产资源开发利用制度的监督管理的重要法律基础。

2.探矿权

探矿权，是指按法定的程序取得勘查许可证，在批准的勘查区块范围内和有效期限内，对批准的矿种及其伴生、共生矿产进行勘查的权利。依法取得勘查许可证的勘查主体为探矿权人。

探矿权的权利内容主要为：(1)取得探矿权和勘查主体在对一定区域内的一定勘查对象进行勘查行为的权利；(2)任何单位和个人不得进入探矿权人已取得探矿权的区域对探矿权所指向的对象进行同一勘查目的的勘查行为，不得进行妨害探矿权人进行正常作业的活动，但国家另有规定的除外；(3)探矿权人依据勘探行为所获得的勘探资料等，探矿权人依法享有所有权或法律规定的权利，可以依法进行有偿转让或以其他形式加以利用。

关于探矿权的转让,我国《矿产资源法》和《探矿权采矿权转让管理办法》对探矿权转让做了规定,即探矿权转让必须依法审批,且转让探矿权应具备以下条件:(1)自颁发勘查许可证之日起满2年,或者在勘查作业区内发现可供进一步勘查或者开采的矿产资源;(2)完成规定的最低勘查投入;已经缴纳探矿权使用费、探矿权价款;(3)探矿权属无争议;(4)国务院地矿主管部门规定的其他条件。

探矿权转让后,勘查许可证的有效期限,为原勘查许可证、采矿许可证的有效期减去已经进行勘查、采矿的年限的剩余期限。禁止将探矿权倒卖牟利。

3.采矿权

采矿权,是指按法定的程序取得采矿许可证,在批准的区域(矿区范围)和有效期限内开采被许可的矿产及其共生、伴生矿产的权利。依法取得采矿许可证的企业和公民称为采矿权人。

采矿权的权利内容主要为:(1)取得采矿权的主体有对一定区域内的一定种类的矿产进行采掘的权利;(2)任何单位和个人不得进入他人已取得采矿权的区域对采矿权指向的矿产进行开采活动,不得进行其他妨害采矿权人进行正常作业的活动,但国家另有规定的除外;(3)采矿权人对其进行采掘而获得的矿产品,依法享有所有权或经营权,并可以依法进行有偿转让;(4)对其享有的采矿权可以依法转让的权利等。

关于采矿权转让,我国《矿产资源法》和《探矿权采矿权转让管理办法》规定了探矿权和采矿权在限制条件下的转让,即采矿权转让必须经过审批,且转让采矿权应具备以下的条件:(1)矿山企业投入采矿生产满1年的;(2)采矿权属无争议;已经缴纳采矿权使用费、采矿权价款、矿产资源补偿费和资源税;(3)国务院资源管理部门规定的其他条件;(4)探矿权或采矿权转让的受让人,应当符合《矿产资源勘查区块登记管理办法》或者《矿产资源开采登记管理办法》规定的有关探矿权申请人或者采矿权申请人的条件。

采矿权转让后,采矿许可证的有效期限,为原勘查许可证、采矿许可证的有效期减去已经进行勘查、采矿的年限的剩余期限。禁止将采矿权倒卖牟利。

(二)矿产资源的权属登记管理制度

我国对矿产资源勘查和矿产资源开采实行统一的登记制度,登记管理是重要的矿政管理之一,对探矿权和采矿权的取得、变更、矿区及范围都必须依法进行登记,才能取得勘查许可证和采矿许可证,并确认和享有探矿权和采矿权。《矿产资源法》和国务院发布的《矿产资源勘查区块登记管理办法》、《矿产资源开采登记管理办法》,对矿权登记管理作出了具体规定。

(三)开采矿产资源的监督管理

1.矿产资源勘查的监督管理

矿产资源勘查是保障经济建设、国防建设和社会发展的基础性工作,《矿产资源法》规定:区域地质调查按照国家统一规划进行。区域地质调查的报告和图件按照国家规定验收,提供有关部门使用。要求矿产资源普查在完成主要矿种普查任务的同时,应当对工作区内包括共生或者伴生矿产的成矿地质条件和矿床工业远景作出初步综合评价;矿床勘探必须对矿区内具有工业价值的共生和伴生矿产进行综合评价,并计算其储量,未作综合评价的勘探报告不予批准。同时规定,矿产资源勘查的原始地质资料要妥善保护和保存。

2.矿产资源开采的监督管理

为了促进我国矿产资源利用程度的提高,矿产资源法规定开采矿产资源必须采取合理的开采顺序、开采方法和选矿工艺,矿山企业的开采回采率、采矿贫化率和选矿回采率应当达到设计要求,同时还规定在开采主要矿产的同时,对具有工业价值的共生伴生矿产应当统一规划,综合开采,综合利用,防止浪费,对暂时不能综合开采或者必须同时采出而暂时还不能综合利用的矿产以及含有有用组分的尾矿,应当采取有效的保护措施,防止损失破坏。

第五节　生物资源保护法

一、森林资源法

(一)森林资源法概述

森林是由乔木、灌木和花草等组成的绿色植物群体,其中以树木和其他木本植物为主。森林具有可永续利用性和生长的长周期性、多功能性的特点。

森林法是调整人们在森林保护、营造、合理利用和林业经济活动中所发生的各种经济关系的法律规范的总称。森林法是保护森林资源,保障森林权益,维护林业经济秩序的主要社会工具。

我国1984年制定并于1998年修改的《中华人民共和国森林法》,其后,又陆续发布了《中华人民共和国森林法实施细则》、《森林采伐更新管理办法》、《森林防火条例》、《森林病虫害防治条例》等,使我国的《森林法》配套法规逐步健全、完善。

(二)我国的森林法律制度

1.关于森林权属的规定

森林权属,又被简称为林权,是指社会主体对一定森林或林地、林木所享有的所有权、使用权、经营权等。

森林权属主要有两种分类方法：

第一种是以客体的不同来分，可以把森林权属分为：森林权、林地权和林木权。森林权是指森林所有权和森林经营权；林地权，包括林地所有权和林地使用权；林木权，主要为林木所有权。

第二种是以权属主体的不同来分，森林权属可以分为国家林权，包括国家森林所有权和国家林地所有权；单位林权，是指企事业单位、团体、机关、部队等对国有森林的经营权和林木所有权；集体经济组织林权，包括集体森林所有权，集体林地所有权，集体林木所有权，集体组织对国有林地的使用权，集体对国有森林的经营权等；个人林权，主要有个人林木所有权，个人承包森林经营权，个人对集体林地、国有林地的使用权等。

我国《森林法》第 3 条规定，国家所有的和集体所有的森林、林木和林地，个人所有的林木和使用的林地，由县级以上地方人民政府登记造册，发放证书，确认所有权或者使用权。《森林法》还规定：由法律规定的森林、林木和林地的使用权可以依法转让，也可以依法作价入股或者作为合资、合作造林、经营林木的出资、合作条件，但不得将林地改为非林地。

2. 关于林种的划定和林业建设方针的规定

林种的划定是森林资源清查工作中的一项重要内容。《森林法》第 4 条根据森林的用途和经营目的，将森林分为五种：防护林、用材林、经济林、薪炭林、特种用途林。林种的分类和划定，是森林经营管理的基础，也是确定森林采伐方式的依据，还是能否转让林权的依据，因此具有重要的法律意义。对不同的林种，法律规定了不同的保护、利用和经营管理制度。

我国《森林法》第 5 条规定了林业建设方针是“以营林为基础，普遍护林，大力造林，采育结合，永续利用”。

3. 关于植树造林和绿化的规定

我国是一个森林资源严重短缺的少林国家，目前，我国人均占有森林面积和蓄积量分别是只有世界人均水平的 15% 和 12%，森林覆盖率只有世界平均水平的一半左右，宜林荒山荒地面积仍达 10 亿多亩，国土荒漠化每年扩展达 2460 平方公里，绿化国土，提高森林覆盖率的基本途径之一是植树造林和绿化，《森林法》不仅在总则中，而且用专章规定了植树造林。

4. 关于森林保护措施规定

为了保护森林，除了采取植树造林和限额采伐的措施外，法律还规定一些其他森林保护措施。其中主要有：

(1)建立林业基金制

林业基金是国家为发展林业而设立的专项资金。该基金主要用于林区采伐迹地更新和林间空地、荒山、荒地造林和育林、护林等费用的支出。

(2)建立封山育林制度

封山育林是指对划定的区域采取封禁措施,利用林木天然更新能力使森林恢复的育林方法。按照规定,封山育林区和封山育林期由当地人民政府因地制宜划定。在封山育林区内,禁止或限制开荒、砍伐和放牧等活动。

(3)建立群众护林制度

《森林法》要求地方各级人民政府组织有关部门建立护林组织,负责护林工作,并督促有林地区和林区的基层单位订立护林公约,组织群众护林,划定护林责任区,配备专职或兼职护林员。

(4)建立森林防火制度

森林防火是指森林火灾的预防和扑救。根据《森林法》第 21 条和《森林防火条例》的规定:地方各级人民政府应当切实做好森林火灾的预防工作。规定森林防火期,在森林防火期内,禁止在林区野外用火;因特殊情况需要用火的,必须经过县级人民政府授权的机关批准。地方各级人民政府应在林区设置防火设施,一旦发生森林火灾,必须立即组织当地军民和有关部门扑救。因扑救森林火灾负伤、致残、牺牲的,由所在单位或由起火单位按国务院有关主管部门的规定给予医疗、抚恤。

(5)建立森林病虫害防治制度

森林病虫害防治是指对森林病害和虫害的预防和除治。《森林法》第 22 条和《森林病虫害防治条例》对森林病虫害防治进行了专门规定。要求各级林业主管部门负责组织森林病虫害的预防工作,林业主管部门负责规定林木种苗的检疫对象,划定疫区和保护区,对林木种苗进行检疫。各级林业主管部门可以根据森林病虫害防治的实际需要,建设森林病虫害防治设施。

(6)设立森林生态效益补偿基金

《森林法》规定,国家设立森林生态效益补偿基金,用于提供生态效益的防护林和特种用途林的森林资源、林木的营造、抚育、保护和管理。

(7)珍贵树木及其制品、衍生物的出口管制制度

国家禁止、限制出口珍贵树木及其制品、衍生物。禁止、限制出口的珍贵树木及其制品、衍生物的名录和年度限制出口总量,有国务院林业主管部门会同国务院有关部门制定,报国务院批准。凡出口列入目录的珍贵树木或者其制品、衍生物的,必须经出口人所在省、自治区、直辖市人民政府林业主管部门审核,报国务院林业主管部门批准,海关凭国务院林业主管部门的批准文件放行。如果进出口的林木或其制品、衍生物属于中国参加的国际公约限制进出口的濒危物种的,还须向国家濒危物种进出口管理机构申请办理允许进出口证明书,海关凭进

出口证明书放行。

(8)征收森林植被恢复费

《森林法》要求进行勘察、开采矿藏和各项工程建设的，应当不占或者少占林地。对必须占用或者征用林地的，经县级以上人民政府林业主管部门审核同意后，依照有关土地管理的法律、法规办理建设恢复费。

5.森林采伐

(1)森林年采伐限额

虽然森林是可再生资源，但由于其具有一定的更新周期，如果过度的采伐就使其因不能自然和人工更新而趋向枯竭。因此，要保证森林资源的永续利用，就必须控制林木的采伐量。

森林年采伐限额，是指国家根据用材林的消耗量低于生长量的原则，为严格控制森林年采伐量所确定的最高年采伐数额。它对木材生产计划和采伐许可证的发放有着法定效力。在法律上确立森林年采伐限额制度，是以法律方法强制林业生产遵循森林资源发展的客观规律的重要内容，是保障森林资源永续利用的重要方法。森林年采伐限额由一定的森林经营单位制定，经审核批准后生效。国家制定统一的年度木材生产计划，年度木材生产计划不得超过批准的年采伐限额。

(2)采伐许可证制度

采伐许可证制度，是指采伐林木者必须取得采伐许可证后才能进行林木采伐的制度。《森林法》规定，采伐林木必须申请采伐许可证，按许可证的规定进行采伐；农村居民采伐自留地和房前屋后个人所有的零星林木除外。审核发放采伐许可证的部门，不得超过批准的年采伐限额发放采伐许可证。对伐区作业不符合规定的单位，发放采伐许可证的部门有权收缴采伐许可证，中止其采伐，直到纠正为止。

(3)森林采伐方式

森林采伐，包括主伐、抚育采伐、更新采伐和低产林改造等方式。依照森林的生长规律、经营原理或利用目的，法律规定一定林种的采伐必须采用的方式，为森林采伐的法定方式。虽享有采伐权或取得采伐许可证，但未以法定方式采伐林木的，仍为违法的采伐行为。《森林法》第31条规定了不同林种的森林采伐的法定方式。

二、草原资源法

(一)草原资源法的概述

草原是指生长着多年生草植物群落的草地、草甸、荒漠、滩涂等作为畜牧业用地的总称。草原作为一种宝贵的自然资源和一类特殊的生态系统对人类的生存和发展起着重要的作用。

草原法是调整人们在草原开发利用、保护和牧业活动中所发生的各种经济关系的法律规范的总称。草原法不仅规范了草原作为一种自然资源的权属、行政管理关系，而且规范了牧业作为一项产业的各项活动。随着牧业从传统生产方式向现代生产方式的转变，以及对草原作为一种生态系统认识的加深，保护草原、经营草原，不再靠天养畜的新兴草原将成为草原法贯彻实施可持续发展战略的新内容。

1985 年 6 月 18 日，我国颁布了《中华人民共和国草原法》(以下简称《草原法》)，第九届全国人民代表大会常务委员会第三十一次会议于 2002 年 12 月 28 日修订通过了《草原法》，自 2003 年 3 月 1 日起施行。1993 年 10 月国务院发布了《草原防火条例》，2008 年 11 月 19 日国务院第三十六次常务会议修订通过了《草原防火条例》在 2009 年 1月 1 日起施行，此外各地的地方草原法规也是草原立法的重要组成部分。

(二)我国的草原法律制度

1.草原的权属规定

为了保护和利用草原资源，就必须明确草原的所有权和使用权。在规定草原所有权的基础上，又对草原的使用权作出了规定，即国家所有的草原，可以固定给集体长期使用；国家所有的草原、集体所有的草原和集体长期固定使用的国有草原，可以由集体和个人承包从事畜牧业生产。草原的所有权和使用权受国家法律的保护，任何单位和个人不得侵犯。

2.国家草原所有权

《草原法》第 9 条规定：“草原属于国家所有，由法律规定属于集体所有的除外。国家所有的草原，由国务院代表国家行使所有权。任何单位或者个人不得侵占、买卖或者以其他形式非法转让草原。”

3.集体草原所有权

集体草原是指一定的集体经济组织(主要为牧业集团组织)对一定草原的所有权。集体草原所有权的取得方式主要为法定所有，因集体经济组织的变更可以变更为新的集体经济组织所有。集体所有草原，由县级人民政府登记造册，核发证书，确认所有权。《草原法》第 11 条第 3、4 款规定：“集体所有的草原，由县级人民政府登记，核发所有权证，确认草原所有权。依法改变草原权属的，应当办理草原权属变更登记手续。”

4.草原使用权

草原使用权，是指一定社会主体对国家所有或集体所有的草原占有、使用、依法收益和处分的权利，其权能内容类似于经营权。草原使用权是草原和牧业经营方式的体现，按使用权产生的基础不同，又可分为国有草原使用权和集体草原使用权。

(1)国有草原使用权

一定社会主体对国有草原享有的使用权为国有草原使用权，按使用权主体划分，主要有：第一，全民所有制单位的国有草原使用权，指一定的全民所有制单位对国有草原的使用权；取得方式主要为划定取得，即由有权限的国家机构划定或确定一定的国有草原归一定的全民所有制单位使用。第二，集体单位的国有草原使用权，指一定的集体经济组织对国有草原的使用权，取得方式也主要为划定取得，《草原法》第11条第1款规定："依法确定给全民所有制单位、集体经济组织等使用的国家所有的草原，由县级以上人民政府登记，核发使用权证，确认草原使用权。"

(2)集体草原使用权

集体草原使用权是与集体草原所有权相分离时的相对独立的权利，是指集体经济组织以外或集体组织之内的一定主体依法律允许的方式所取得的对集体所有的草原的使用权。

5.草原的承包经营权

集体所有的草原或者依法确定给集体经济组织使用的国家所有的草原，可以由本集体经济组织内的家庭或者联户承包经营。在草原承包经营期内，不得对承包经营者使用的草原进行调整；个别确需适当调整的，必须经本集体经济组织成员的村(牧)民会议三分之二以上成员或者三分之二以上村(牧)民代表的同意，并报乡(镇)人民政府和县级人民政府草原行政主管部门批准。集体所有的草原或者依法确定给集体经济组织使用的国家所有的草原由本集体经济组织以外的单位或者个人承包经营的，必须经本集体经济组织成员的村(牧)民会议三分之二以上成员或者三分之二以上村(牧)民代表的同意，并报乡(镇)人民政府批准。

承包经营草原，发包方和承包方应当签订书面合同。草原承包合同的内容应当包括双方的权利和义务、承包草原四面界限、面积和等级、承包期和起止日期、承包草原用途和违约责任等。承包期届满，原承包经营者在同等条件下享有优先承包权。

承包经营草原的单位和个人，应当履行保护、建设和按照承包合同约定的用途合理利用草原的义务。

草原承包经营权受法律保护，可以按照自愿、有偿的原则依法转让。草原承包经营权转让应当经发包方同意。草原承包经营权转让的受让方必须具有从事畜牧业生产的能力，并应当履行保护、建设和按照承包合同约定的用途合理利用草原的义务。承包方与受让方在转让合同中约定的转让期限,不得超过原承包合同剩余的期限。

(三)国家对草原保护、建设、利用实行统一规划制度

国务院草原行政主管部门会同国务院有关部门编制全国草原保护、建设、利用规划,报国务院批准后实施。县级以上地方人民政府草原行政主管部门会同同级有关部门依据上一级草原保护、建设、利用规划编制本行政区域的草原保护、建设、利用规划,报本级人民政府批准后实施。经批准的草原保护、建设、利用规划确需调整或者修改时,须经原批准机关批准。

编制草原保护、建设、利用规划,应当依据国民经济和社会发展规划并遵循下列原则:1. 改善生态环境,维护生物多样性,促进草原的可持续利用;2. 以现有草原为基础,因地制宜,统筹规划,分类指导;3. 保护为主、加强建设、分批改良、合理利用;4. 生态效益、经济效益、社会效益相结合。

三、渔业资源法

(一)渔业资源法概述

渔业资源是指具有经济价值的可供渔业养殖和采捕的水生动植物资源及其适于发展渔业的自然条件,如水面、滩涂等。而渔业资源法是调整渔业经济活动中有关渔业生产的经济关系,以及与渔业发展有关的渔业资源的增殖和保护方面的经济关系的法律规范的总称。

1986 年,我国制定了《中华人民共和国渔业法》,其后又发布 了《中华人民共和国渔业法实施细则》。除了国家法律和行政法规外,各级地方颁布的有关渔业的地方法规也是渔业立法的重要构成。针对我国渔业发展所面临的新情况、新问题,2000 年 10 月 31 日第九届全国人民代表大会常务委员会第十八次会议通过了《关于修改〈中华人民共和国渔业法〉的决定》,对《渔业法》进行了第一次修改,在规范养殖业、捕捞业发展,加强渔业资源的增殖和保护,以及规范执法行为等方面作出了修改。2004 年 8 月 28 日第十届全国人民代表大会常务委员会第十一次会议通过《渔业法》修改决定,即将 第 16 条第 1 款修改为:"国家鼓励和支持水产优良品种的选育、培育和推广。水产新品种必须经全国水产原种和良种审定委员会审定,由国务院渔业行政主管部门公告后推广。"

(二)我国的渔业资源法律制度

1. 关于渔业资源权属规定

渔业资源权属,简称渔业权,是指进行渔业生产活动所应取得的权利。根据我国《渔业法》的规定,渔业权主要包括水面和滩涂所有权、养殖使用权、捕捞权。渔业权主要意味着权益人可以进行采捕、养殖水生动植物的行为,并通过有关行

为才能对渔获物进一步享有物的所有权。基于此，渔业权是一种区别于民法物权的特别物权，是由渔业法予以特别规范、赋予特定名称的专门内容的资源物权。

(1)水面和滩涂的所有权

我国的滩涂有两种所有权，即国家滩涂所有权和集体滩涂所有权。我国《宪法》规定："由法律规定属于集体所有的滩涂除外，滩涂属于国家所有。"《民法通则》规定：劳动群众集体所有的财产包括法律规定为集体所有的滩涂。

水面、滩涂的集体所有权的取得，主要为法定所有。水面、滩涂的国家所有权的取得，除法定所有外，还可以征用取得。《渔业法》第 14 条规定："国家建设征用集体所有的水域、滩涂，按照《中华人民共和国土地管理法》有关征地的规定办理。"

(2)水面和滩涂的养殖使用权

水面、滩涂的养殖使用权是指单位或个人为从事养殖水生动植物而对国有或集体所有的水面、滩涂利用的权利。

《渔业法》第 11 条规定："国家对水域利用进行统一规划，确定可以用于养殖业的水域和滩涂。单位和个人使用国家规划确定用于养殖业的全民所有的水域、滩涂的，使用者应当向县级以上地方人民政府渔业行政主管部门提出申请，由本级人民政府核发养殖证，许可其使用该水域、滩涂从事养殖生产。核发养殖证的具体办法由国务院规定。集体所有的或者全民所有由农业集体经济组织使用的水域、滩涂，可以由个人或者集体承包，从事养殖生产。"

(3)捕捞权

捕捞权是指单位或个人依一定程序取得捕捞许可证，按捕捞许可证的规定捕捞水生动植物，并进而获得捕获物所有权的权利。

海洋大型拖网、围网作业以及到中华人民共和国与有关国家缔结的协定确定的共同管理的渔区或者公海从事捕捞作业的捕捞许可证，由国务院渔业行政主管部门批准发放。其他作业的捕捞许可证，由县级以上地方人民政府渔业行政主管部门批准发放；但是，批准发放海洋作业的捕捞许可证不得超过国家下达的船网工具控制指标，具体办法由省、自治区、直辖市人民政府规定。捕捞许可证不得买卖、出租和以其他形式转让，不得涂改、伪造、变造。

到他国管辖海域从事捕捞作业的，应当经国务院渔业行政主管部门批准，并遵守中华人民共和国缔结的或者参加的有关条约、协定和有关国家的法律。

国家根据捕捞量低于渔业资源增长量的原则，确定渔业资源的总可捕捞量，实行捕捞限额制度。国务院渔业行政主管部门负责组织渔业资源的调查和评估，为实行捕捞限额制度提供科学依据。中华人民共和国内海、领海、专属经济区和其他管辖海域的捕捞限额总量由国务院渔业行政主管部门确定，报国务院批准后逐级分解下达；国家确定的重要江河、湖泊的捕捞限额总量由有关省、自治区、直辖市人民政府确定或者协商确定，逐级分解下达。捕捞限额总量的分配应当体现公平、公正的原则，分配办法和分配结果必须向社会公开，并接受监督。

国务院渔业行政主管部门和省、自治区、直辖市人民政府渔业行政主管部门应当加强对捕捞限额制度实施情况的监督检查，对超过上级下达的捕捞限额指标的，应当在其次年捕捞限额指标中予以核减。

2.渔政管辖和管理制度

(1)渔政管辖

渔政管辖，是指中央渔政主管部门与各级地方渔政主管部门及其所属的渔政管理监督机关根据水域、行政区划和渔业资源等所确定的监督管理分工和权限。

中央渔政管辖是指国务院渔政主管部门及其所属的渔政监督管理机构对一定海域、水域和渔业资源的管辖。地方渔政管辖是指各级地方渔政主管部门及其所属的渔政监督管理机构对一定海域、水域的渔业资源的管辖。根据《渔业法实施细则》的规定，地方渔政管辖的划分主要为：海域渔政管辖、内陆水域渔政管辖、渔业资源管辖。

(2)渔船、船员和渔港管理

渔船是渔业生产的基本生产资料之一，对渔业生产的安全、渔业资源保护有直接关系，对渔船管理是渔政管理的重要职责。渔船管理的内容主要为：制造、更新改造、购置、进口捕捞渔船的管理和检验，渔业船舶证书、航行签证簿、船舶户口簿等船舶有关证书、文件的管理等。

海船船员资格和船员配备，是渔业生产的技术保证和安全保证条件之一，渔船的职务船员未经考试合格，未取得职务船员证书，不得任职。

渔港是渔业生产、经营的基地和依托，对渔业经济活动、生产安全和渔业资源保护有重要意义。渔港的监督管理是渔政中的专门内容之一，应依照国务院渔政主管部门发布的专门行政法规或规章予以执行。

3.渔业资源的增殖与保护制度

(1)渔业资源的增殖的政府职责和费用

我国有大量的水域、滩涂，尚有相当的潜力未发掘利用。为了提高人均水产品拥有量，发展渔业，充分利用适于养殖、捕捞的水域、滩涂，《渔业法》第28条："县级以上人民政府渔业行政主管部门应当对其管理的渔业水域统一规划，采取措施，增殖渔业资源。县级以上人民政府渔业行政主管部门可以向受益的单位和个人征收渔业资源增殖保护费，专门用于增殖和保护渔业资源。渔业资源增殖保护费的征收办法由国务院渔业行政主管部门会同财政部门制定，报国务院批准后施行。”

(2)影响渔业资源的有关活动的限制和禁止

一些渔业活动可能对渔业资源造成不利影响时，应当对这些对渔业资源造成不利影响的渔业活动给予必要的限制，我国《渔业法》及其实施细则也对影响渔业资源的渔业活动进行了限制，主要体现在以下几个方面。

第一，建立水产种质资源保护区的特别保护机制。

国家保护水产种质资源及其生存环境，在具有较高经济价值和遗传育种价值的水产种质资源的主要生长繁育区域建立水产种质资源保护区。未经国务院渔业行政主管部门批准，任何单位或者个人不得在水产种质资源保护区内从事捕捞活动。

用于渔业并兼有调蓄、灌溉等功能的水体，有关主管部门应确定渔业生产所需的最低水位线。

第二，进行水下爆破、勘探、施工作业，对渔业资源有严重影响的，作业单位应事先同有关县级以上渔政主管部门协商，采取措施，防止或减少对渔业资源的损害；造成渔业资源损失的，由有关的县级以上人民政府责令赔偿。

第三，在“机动船底拖网禁渔区线”外侧建造人工鱼礁，必须经国务院渔政主管部门批准；在内侧建造人工鱼礁，必须经省级渔政主管部门或其授权单位批准。建造人工鱼礁，应当避开主要航道和重要锚地，并通知有关交通和海洋管理部门。

第四，定置渔业一般不得跨县作业；县级以上渔政主管部门应当限制其网桩数量、作业场所，并规定禁渔期；海洋定置渔业，不得越出“机动船底拖网禁渔区线”。另外，还有引用、用水的限制，建闸、筑坝的补救，围垦的禁止和限制等。

(3)渔业水域的环境保护

渔业水域，是指中华人民共和国管辖水域中的鱼、虾、蟹、贝类的产卵场、索饵场、越冬场、洄游通道和鱼、虾、蟹、贝、藻类及其他水生动植物的养殖场所。渔业水域的保护是渔业资源保护的重要事项，《渔业法》和《渔业法实施细则》对渔业水域环境保护作了规定，主要有：各级人民政府应当依照《海洋环境保护法》和《水污染防治法》等的规定，采取措施，保护和改善渔业水域的生态环境，防治污染，并追究污染渔业水域的单位和个人的责任。

四、野生动植物保护法

(一)野生动植物资源法概述

野生动植物是野生动物和野生植物的合称。所谓野生动植物资源，是指对人类生产和生活有用的一切野生动植物的总和。

野生动植物资源法，是指调整人们在保护、拯救濒危野生动物，保护、发展和合理利用野生植物资源中的各种经济关系的法律规范的总称。

1988年11月正式颁布了《中华人民共和国野生动物保护法》(以下简称《野生动物保护法》)，标志着我国野生动物保护立法的新发展。1987年，国务院发布了《野生药材资源保护管理条例》，对濒危野生药材物种作出了保护规定。1991年通过了《中华人民共和国进出境动植物检疫法》对进出口动植物检疫作出了全面的规定。1996年，国务院发布了《野生植物保护条例》。2004年8月28日第十届全国人民代表大会常务委员会第十一次会议《关于修改〈中华人民共和国野生动物保护法〉的决定》。

(二)我国野生动物资源的法律制度

1.野生动物的所有权

野生动物的所有权，是指野生动物资源，即生存于自然状态下的野生动物，尚未被人们合法获取时的所有权，与通过狩猎、养殖所享有的野生动物的所有权有根本的不同。《野生动物保护法》第3条规定："野生动物资源属于国家所有。国家保护依法开发利用野生动物资源的单位和个人的合法权益。"

从实际的内容来看，野生动物的国家所有权的意义在于：它是设立野生动物保护、拯救、管理的政府职责的法律基础，是一定的野生动物利用权益应经国家规定程序取得，并承担保护和合理利用野生动物资源的义务的法律依据，是国家有关机构管理权限和收取一定费用的法定原因。野生动物国家所有权的惟一主体是中华人民共和国，惟一取得方式是法定所有，除国家之外，任何主体不得以任何方式取得野生动物资源的所有权；野生动物的所有权是独立性权利，不因野生动物生存或进入土地、森林、草原、水域的所有权、使用权的权属不同而改变；国家一定机构依照法律的规定代表国家行使野生动物的国家所有权。

2.野生动物利用的权益

野生动物的利用权益，是指以经济利用或其他利用为目的，依法对野生动物资源享有的权益。主要包括狩猎和驯养繁殖权等。狩猎权是指依法取得狩猎许可，进行猎捕野生动物的行为，并根据猎捕行为对其猎获的野生动物享有的所有权或其他权益。驯养繁殖权，是指依法享有的驯养繁殖野生动物，并对驯养繁殖的动物或其产品拥有的所有权或其他权益。

3.野生动物利用中的禁止与限制

保护野生动物，除了野生动物利用权益的取得上述许可证制度外，《野生动物保护法》还规定了其他方面利用活动的禁止和限制，主要内容为：禁猎捕事项、出售、收购的禁止和限制，运输、携带和进出口的限制。

4.严格管理野生动物及其制品的经营利用和进出口活动

为了保护我国和世界上的野生动物资源，我国制定了许多野生动物保护管理办法。

(三)我国野生植物资源的法律规定

1.野生植物资源的保护方针和管理体制

《野生植物保护条例》第3条规定："国家对野生植物资源实行加强保护、积极发展、合理利用的方针。"

我国对野生植物资源的保护管理，实行分部门管理的体制。根据《野生植物保护条例》的规定：国务院林业行政主管部门主管全国林业野生植物和林区外珍贵野生植物的监督管理工作；国务院建设行政部门负责城市园林、风景名胜区野生植物的监督管理工作；国务院环境保护部门负责对全国野生植物环境保护工作的协调和监督；国务院其他有关部门依照职责分工负责有关的野生植物保护工作。

2.野生植物的分类分级保护及名录制度

《野生植物保护条例》规定，野生植物分为国家重点保护野生植物和地方重点保护野生植物。国家重点保护野生植物分为国家一级保护野生植物和国家二级保护野生植物。国家重点保护野生植物名录，由国务院林业主管部门、农业行政主管部门会同国务院环境保护、建设等有关部门制定，报国务院批准。地方重点保护野生植物名录，由省、自治区和直辖市人民政府制定并颁布，报国务院备案。

3.关于野生植物管理的规定

我国实行重点保护野生植物采集证管理和控制野生植物经营利用。

第十六章　财 政 法

第一节　财政法概述

一、财政的概念和职能

所谓财政，是指国家为满足实现自身职能的需要而凭借政治权力直接参与的社会产品或国民收入的分配和再分配所形成的一种特殊分配关系。作为一种国家行为，它表现为国家旨在满足实现其职能的需要而取得、使用和管理资财的活动。

财政是一个历史范畴，是人类社会发展到一定历史阶段的产物，它随着国家的产生、发展而产生、发展，始终依赖国家而存在。财政又是一个经济范畴，是与私人经济并存的公共经济，是国家为满足公共需要而进行的经济分配。它还是一个法律范畴，以法律为依据和保障，既是一种法律行为，也是一种法律制度。

理解财政的含义，应当明确下述要点：1. 主体。财政是以国家为主体的分配，分配的对象、范围和规则都由国家确定，分配的过程由国家行为作主导，分配的效力以国家强制力为后盾。2. 客体。财政是国家对社会产品或国民收入的分配，其中主要是对剩余产品的分配。3. 目的。财政是国家为了满足实现其职能的需要而进行的分配，申言之，国家通过对社会产品或国民收入的分配，为实现其政治、经济、社会职能提供必要的条件和手段。4. 内容。财政是财政收入、财政支出和财政管理的结合，是财产关系和行政关系的统一。5. 形式。在自然经济条件下，财政主要表现为实物形式和力役形式的分配；在市场经济和计划经济条件下，财政则表现为货币形式的分配。财政的上述各要点，亦即财政的基本要素。其中，主体和目的两要素直接表明财政的本质，即是说，财政的本质在于，它是以国家为主体并且以满足实现国家职能的需要为目的的分配。

财政的上述基本要素表明，财政具有下述特征：1. 强制性。即财政是国家凭借政治权力对社会产品或国民收入进行的强行分配，财政收入和财政支出都由国家单方决定并强制实施，无须国家财政机关与其相对人达成协议。2. 非营利性。即财政虽然具有经济内容,但不具有营利目的,国家进行财政收支和管理活动,并不是为了营利,而是为了满足公共需要,向社会提供公共产品,给公众增加社会福利,保障经济与社会的正常运行和协调发展。3.永续性。即财政是国家的一种永久连续性活动,在国家存续期间,财政必然连续运行而不可间断。4.量出为入性。即财政既然以满足实现国家职能的需要为目的,在财政收支关系上,就应当以支出决定收入,也就是根据一定时期内实现国家职能所需要的财政支出量来确定一定时期的财政收入量,从而做到财政收支平衡。

财政作为国家的宏观调控手段,具有下述三项基本职能:1.收入分配职能。即国家通过财政收支活动在全社会范围内分配社会产品或国民收入,调节各利益主体之间的物质利益关系,形成和调整特定的社会分配格局,以实现社会分配的相对公平,这是财政的最基本职能。财政的收入分配职能是经由财政收入和支出两个阶段实现的。2.资源配置职能。又称经济调节职能或经济杠杆职能,即国家通过分配社会产品或国民收入,引导资源流向,形成和调整特定的资产结构和产业结构,以实现资源的有效配置。主要表现为,国家运用税收、预算支出、国债、转移支付等财政手段,将全社会资源在公共经济和私人经济之间,以及公共经济内部各部门之间进行分配。3.保障稳定职能。即国家运用财政手段为实现经济和社会稳定创造条件,可以说,财政的保障稳定职能是财政实现其收入分配职能和资源配置职能的结果。在经济方面,运用财政手段有效地分配收入、配置资源,有助于保障经济领域的公平和效率,从而有助于物价稳定、充分就业、国际收支平衡等经济稳定目标的实现,进而有助于促进经济增长。在社会方面,运用财政手段有效地分配收入、配置资源,有助于保障社会公平和基本人权,有助于缓解社会矛盾,从而有助于保障社会稳定。

二、财政法的概念和特征

财政法,是调整财政收支和财政管理活动中所发生的社会关系的法律规范的总称。作为财政法调整对象的财政关系主要包括:

(一)财政收入关系

财政收入关系即国家筹集和取得财政资金的社会关系,具体表现为税务机关向纳税人征收税金的关系,以及财政机关向特定国家机关或社会组织收取规费收入、罚没收入或其他收入的关系,通过财政收入关系,形成国库财产。

(二)财政支出关系

财政支出关系即国家将财政资金分配给特定主体使用的社会关系,具体表现为财政机关向特定主体分配财政资金的关系,以及特定主体使用财政资金的关系。

（三）财政管理关系

财政管理关系即国家管理财政收支的社会关系。具体表现为财政管理组织关系（又称财政管理体制关系）、财政收支计划关系（又称财政预算关系）、财政收入存缴关系、财政支出拨付关系、财政收支监督关系。

上述三类社会关系相互联系，共同构成不可分割的财政关系总体，由财政法统一调整。

财政法在过去长时期内属于行政法范畴。过去国家的职能主要是政治性的，财政分配主要是为了满足国家实现其政治性职能对于经费的需要。但财政同社会经济的关系十分密切，它在组织财政收入和安排财政支出过程中，客观上对于社会资源的配置和社会经济的结构与运行产生重要影响。现代国家担负经济调节职能以后，必然要充分运用财政的这种作用。为此，国家制定和不断调整财政政策，运用各种财政杠杆，以实现各个时期的国家经济调节目标。自此，财政法被纳入经济法范畴。当然，现代国家的财政法仍然具有行政法性质。这里发生经济法同行政法两个部门法的交叉。一般说来，关于国家财政机构的设立、组织、职权等等的规定，更多地属于行政法性质；而关于国家财政政策及财政杠杆的运用的法律规范，则主要属经济法性质。

在经济法体系中，财政法具有同其他经济法部门相区别的许多特征：1. 财政法是公法。经济法在总体上是公法与私法兼容并且以公法为主的法律部门，在其体系中，各个市场规制法部门和金融法、国有资产法都以公法属性为主要属性，同时还兼有一定的私法属性。而财政法仅具有公法属性而不具有私法属性，因为在财政关系中，国家始终是居于主导地位的主体，完全排斥当事人的意思自治。2. 财政法是国家分配法。即国家凭借政权力量分配社会产品或国民收入是财政法特有的法域，这既不同于企业收入分配，也不同于国家作为资产所有者参与利润分配。计划法、金融法、国有资产法虽然都属于宏观调控法部门，但各自规范的宏观调控行为都不是以国家分配的方式所进行的宏观调控，它们虽然与国家分配有联系，但并不规范国家分配；至于竞争法、消费者权益保护法、产品质量法等市场规制法部门，则只规范市场行为和维护市场秩序，而不涉及国家分配。

三、财政法的体系

财政法体系，是由一国全部财政法律规范按照一定标准分类组合而形成的具有一定结构并和谐统一的有机整体。它主要由下述几个财政法部门所构成：

（一）财政管理体制法

它是设定财政管理体制的基本框架的法律部门，或者说，是确立中央和地方各级政府及其财政职能部门在财政分配系统中的法律地位的法律部门。它主要规定：中央和地方各级政府的财政分配权限划分；中央和地方各级财政职能部门的组织机构和权限；中央和地方各级财政职能部门与同级政府和相关行政部门的关系。

（二）预算法

它是调整关于财政收支计划的法律部门。主要规定：中央预算和地方预算的关系；预算内容的构成和依据；预算制定和执行的权限划分和程序。

（三）财政收入法

它是调整财政收入关系和财政收入管理关系的法律部门。财政收入的来源，最重要的是税收，其次是国债。与此相应，财政收入法主要是税收法和国债法。

（四）财政支出法

它是调整财政支出关系和财政支出管理关系的法律部门。主要规定：财政支出的范围和结构、财政支出过程的主要环节和程序、财政支出效果的考评和责任。其中的基本法律制度是财政投资法、财政转移支付法、政府采购法。

（五）财政监督法

它是调整国家对财政的监督管理关系的法律部门。主要规定财政监督机关的职权、监督的原则和方法、财政监督程序等内容。

关于财政法体系的结构，还需要说明下述两点：1. 上述五个财政法部门的划分只具有相对意义，也就是说，不同财政法部门之间，虽然各有特定主题而可彼此相对独立，但在调整范围和内容上都有一定交叉。2. 在财政法体系中，税收法由于其调整对象特别重要、法律规范多并且自成体系，而处于特别突出的地位，以至有必要将税收法从财政法体系中独立出来。这样，狭义的财政法体系不包括税收法，广义的财政法体系可称为财政法与税收法（简称财税法）体系。

第二节　财政管理体制

一、财政管理体制的概念和依据

财政管理体制，又称财政体制，是界定一国的财政级次，划分各个财政级次的财政责任、财政权力和财政利益，确立不同财政级次之间的财政分配关系的一系列制度，换言之，是由一国的各个财政级次及其财政责任、财政权力和财政利益所构成的财政体系。狭义财政管理体制中的财政级次，仅限于分别以中央政府和地方各级政府为主体的中央财政和地方各级财政；广义财政管理体制中的财政级次,还包括国有企事业单位财务。

财政管理体制的框架、要素和内容,在各国都由立法具体规定。各国财政管理体制都直接受本国政府职能的影响,而各国政府职能又受制于本国特定经济体制和政治体制。一般说来,经济体制和政治体制决定着政府职能的内容和范围,以及政府职能在各级政府之间的划分,由此就决定着政府的财政责任、财政权力、财政利益的大小和划分,亦即决定着财政分配额在整个社会产品量中所占比重的大小和在各级政府之间的划分。政府一般由多个级次组成,一级政府就有一级财政。通常的规则是,根据特定经济体制和政治体制的要求,划分中央和地方各级政府的职能;根据中央和地方各级政府的职能,确定各自的财政责任;根据中央和地方各级政府的财政责任,确定各自相应的财政权力和财政利益。这样,就可以形成使中央和地方各级政府各明其职(政府职能)、各负其责(财政责任)、各有其权(财政权力)、各得其利(财政利益)的财政管理体制。

二、财政管理体制的类型和内容

财政管理体制的核心问题是处理好中央和地方政府在财政分配及其管理上的集权与分权的关系。综观各国的财政管理体制,可大致分为三种类型:1.高度集中型。其特点是财政分配由中央政府"统收统支",即财权高度集中于中央政府,全部财政收入都由中央政府支配,地方政府财权很小。2.分级管理型。在明确各自职能的基础上,中央政府和地方政府各有其相应的财权,中央财政和地方财政相互独立,各有确定的收支范围。3.折中型。即以中央财政为主,绝大部分财政收支集中于中央政府,同时适当下放给地方政府一定的财权。我国的财政管理体制,曾属于高度集中型,而改革的目标模式,则为折中型。

三、我国现行财政管理体制的主要内容

(一)统一领导、分级管理的原则

我国财政管理体制的建立和改革一直坚持"统一领导、分级管理"的原则。"统一领导"是指中央政府有权对全国整个财政体系实行统一管理,即有权制定统一的财政法律政策、财政计划和财政规章制度,有权决定财政级次的划分和各个财政级次的财政权限及相互关系。"分级管理",是指一级政府实行一级财政,地方各级政府都具有与其政府职能相对应的财政收支和管理权限,有权统筹安排和调剂本级财政资金,有权支配和使用本地区机动财力,有权制定具体的财政措施。按照"统一领导、分级管理"的原则,地方政府分级管理是在中央政府统一领导下的分级管理,尽管中央财政将一部分财政收支划给地方政府自己去组织安排和使用,但各级地方财政都不是严格意义上的一级独立财政,而是中央财政

的附属物，惟有中央财政才是一级独立财政。这是因为，中央政府编制全国统一的预算，财政收支项目由中央政府统一确定，地方政府只是按照这些项目组织收入和安排支出，或者说只是替中央政府履行组织收入和安排支出的职责，地方政府绝大部分收入和支出的方向和规模仍由中央政府直接控制。

（二）分税制的基本内容

分税制是在确定各级政府职能的基础上，按照税种划分和明确各级政府财政收支范围的制度，它构成财政管理体制的主干部分。根据 1993 年国务院《关于实行分税制财政管理体制的决定》，分税制改革的原则是按照中央政府与地方政府的事权划分，合理确定各级财政支出范围，根据事权与财权相结合原则，将税种统一划分为中央税、地方税和中央地方共享税，并建立中央税收体系和地方税收体系，分设中央和地方两套税务机关分别征管，中央税和中央地方共享税由中央税务机关负责征收，共享税中的地方分享部分由中央税务机关直接划入地方金库，地方税由地方税务机关负责征收。其基本内容是：

1. 依据中央政府与地方政府的不同职能确定相应的财政支出

中央财政主要承担国家安全、外交和中央国家机关运转所需的经费，调整国家经济结构、协调地区发展、实行宏观调控所必要的支出，以及中央政府直接管理的事业发展支出。具体包括：国防费，武警经费，外交和援外支出，中央级行政管理费，中央统管的基建投资，中央直属企业的技术改造和新产品试制经费，地质勘探费，由中央财政安排的支农支出，由中央负担的国内外债务的还本付息支出，以及中央本级负担的公检法支出和文教卫科等各项事业费支出。

地方财政主要承担本地区政权机关运转所需支出以及本地区经济、事业发展所需支出。包括：地方行政管理费，公检法支出，部分武警经费，民兵事业费，地方统筹的基建投资，地方企业的技术改造和新产品试制经费，支农支出，城市维护和建设经费，地方文教卫科等各项事业费，价格补贴支出以及其他支出。

2. 依据中央政府与地方政府的不同职能及财政支出范围确定财政收入范围

为确保中央财政的宏观调控能力，将维护国家权益，实施宏观调控所需的税种划为中央税；将同经济发展直接相关的主要税种划为中央地方共享税；将适合地方征管的税种划为地方税。

中央收入包括：关税以及海关代征的消费税和增值税，消费税，中央企业所得税，地方银行、外资银行和非银行金融企业所得税，铁道部门、各银行总行、各保险总公司等集中交纳的营业税、所得税、利润和城市维护建设税。

地方收入包括：营业税除各银行总行、铁道部门、各保险总公司集中交纳的以外，地方企业所得税除地方银行、外资银行和非银行企业所得税以外，地方企业上缴利润，个人所得税，城镇土地使用税，固定资产方向调节税，城市维护建设税除各银行总行、铁道部门、各保险总公司集中交纳的以外，房产税，车船使用税，印花税，屠宰税，农牧业税，农业特产税，耕地占用税，契税，遗产和赠与税，土地增值税，国有土地有偿使用收入等。

中央与地方共享收入包括：增值税，中央分享 75％，地方分享 25％；资源税，按不同资源品种划分，大部分资源税作为地方收入，海洋石油资源税作为中央收入；证券交易税（目前暂时征收证券交易印花税），中央、地方各分享 50％。

第三节 预 算 法

一、预算的概念、内容和体系

预算或称国家预算，是指依法编制的，关于特定财政年度内财政收支及其平衡的具有法律效力的计划。理解此定义，应当明确下述要点：1. 预算以财政年度为计划期，财政年度又称会计年度或预算年度，通常为一年，有的国家采取公历年制，即从公历 1 月 1 日至 12 月 31 日，有的国家采取跨年制，具体确定预算年度的起止时间，如上一年的 4 月 1 日至下一年的 3 月 31 日。我国的预算采取公历年制。2. 预算以财政收支一览表为基本内容，即预算是依法定标准将财政收支项目分类列入特定表格，其中，财政收入反映着国家支配的财力规模和来源，财政支出反映着国家财力分配使用的方向和构成，财政收支对比反映着国家财力的平衡状况。3. 预算以立法文件为表现形式，即预算是国家权力机关依法定程序制定的具有法律效力的文件，它经国家权力机关审批生效后，各级政府财政收支活动的范围、方向和结果都要受约束。

预算也是国家的一种财政管理活动。财政管理过程主要表现为国家有计划地筹集、安排、使用财政资金的过程，在此意义上亦即国家依法制定和实施预算的过程。此过程分为预算准备、编制、审批、执行、调整、决算等阶段，每个阶段都应当严格遵循特定规则。为实现预算的规范化和法制化，国家制定了一系列的关于预算的法律法规，其中于 1995 年 1 月 1 日起施行的《中华人民共和国预算法》，是我国的预算基本法。

根据我国《预算法》的规定，预算由预算收入和预算支出组成。预算收入是纳入预算范围的、由国家从国民收入中取得的收入。依据分税制的要求，它分为中央预算收入、地方预算收入和中央与地方预算共享收入。依其来源分为：1. 税收收入；2. 依照规定应当上缴的国有资产收益，如国有股股息收入、国有企业上缴利润等；3. 专项收入，即国家为某项有专门用途的项目的实现而向有关单位收取的预算资金，如烧煤专项收入、铁道专项收入、下放港口以港养港收入等；4. 其他收入，如规费收入、罚没收入、捐赠收入等。预算支出是纳入预算范围的、由国家从国库资金中安排使用的支出。依其主体，可分为中央预算支出和地方预算支出；依其支出方式，可分为购买支出和转移支出。预算支出就其用途而言，有六种形式：1.经济建设支出，是预算支出的主要部分，其支出范围非常广泛，涉及各个领域，包括对工业、农业、交通运输、邮电通讯、能源、内外贸易等事业的各项拨款；2.事业发展支出，即对教育、科学、文化、卫生、体育等事业发展的各项拨款；3.国家管理费用支出，是为了保证国家行使其管理职能而从预算中支付的经费，分为行政支出和外交支出两部分，行政支出包括国家机关经费、业务费、干部培训费和其他行政费，外交支出包括外交行政经费、驻外机构经费、国际组织会费、外宾招待费、出国费和其他外事经费；4.国防支出，包括国防费、国防科研事业费、民兵建设费等；5.各项补贴支出，是国家为保障人民生活水平而进行价格补贴的资金，如粮棉油补贴、肉菜价差补贴、农业生产资料价差补贴等；6.其他支出，如人民防空经费、地方外事费、财政贴息支出、引进人才专项费用等。

我国《预算法》规定，国家实行一级政府一级预算。据此，我国预算体系由中央预算、省级预算、市级预算、县级预算、乡级预算五级构成，中央预算以外的四级预算称为地方预算。中央预算由中央各部门（含直属单位）的预算组成，包括地方向中央上缴的收入数额和中央对地方返还或补助的数额。地方预算由各省、自治区、直辖市的总预算组成。包括省级总预算在内的地方各级总预算，都由本级政府各部门（含直属单位）预算和汇总的下一级总预算组成，包括下级政府向上级政府上缴收入数额和上级政府对下级政府返还或补助数额。上述各级政府预算中所涉及的各部门预算，都由本部门所属各单位预算组成，单位预算即列入部门预算的国家机关、社会团体和其他单位的收支预算。

二、预算职权的划分

预算职权，又称预算管理权。即国家机关依法享有的制定和实施预算的权力，亦即对财政收支实行计划管理的权力。根据我国《预算法》规定，预算职权由中央和地方各级权力机关、政府及其财政职能部门和相关部门分工和共同行使。

（一）各级权力机关的预算职权

全国人大的预算职权为：1.审查权，即审查中央和地方预算草案和预算执行情况报告；2.批准权，即批准中央预算及其执行情况报告；3.变更撤销权，即变更或撤销全国人大常委会关于预算、决算不适当的决议。

全国人大常委会的预算职权为：1.监督权，即监督中央和地方预算的执行；2.审批权，即审查和批准中央预算调整方案和中央决算；3.撤销权，即撤销国务院、省级人大及其常委会制定的关于预算、决算的违法的规范性文件。

县级以上各级人大的预算职权为:1. 审批权,即审查和批准本级预算和预算执行情况报告;2. 变更撤销权,即变更或撤销本级人大常委会关于预算、决算的不适当的决议;本级政府关于预算、决算的不适当的决定和命令。

县级以上地方各级人大常委会的预算职权为:1. 监督权,即监督本级总预算的执行;2. 审批权,即审批本级预算调整方案和本级决算;3. 撤销权,即撤销本级政府关于预算、决算的不适当的决定和命令,下一级人大及其常委会关于预算、决算的不适当的决议。

乡级人大的预算职权为:1. 审批权,即审查和批准本级预算和预算执行情况报告;2. 监督权,即监督本级预算的执行;3. 撤销权,即撤销本级政府关于预算、决算的不适当的决定和命令。

(二)各级政府的预算职权

国务院的预算职权为:1. 编制权,即编制中央预算、决算草案和中央预算调整方案;2. 报告权,即向全国人大作关于中央和地方预算草案的报告;将各省级预算汇总后报全国人大常委会备案,向全国人大及其常委会报告中央和地方预算执行情况;3. 执行权,即组织中央和地方预算的执行;4. 决定权,即决定中央预算预备费的动用;5. 监督权,即监督中央各部门和地方政府执行预算;6. 变更撤销权,即变更或撤销中央各部门和地方政府关于预算、决算的不适当的决定和命令。

县级以上地方政府的预算职权为:1. 编制权,即编制本级预算、决算草案和本级预算方案;2. 报告权,即向本级人大作关于本级总预算的报告,将下一级预算汇总后报本级人大常委会备案,向本级人大常委会报告本级总预算执行情况;3. 执行权,即组织本级总预算的执行;4. 决定权,即决定本级预算预备费的动用;5. 监督权,即监督本级各部门和下级政府执行预算;6. 变更撤销权,变更或撤销本级各部门和下级政府关于预算、决算的不适当的决定和命令。

乡级政府的预算职权为:1. 编制权,即编制本级预算、决算草案和本级预算调整方案;2. 报告权,即向本级人大报告本级预算草案和本级预算执行情况;3. 执行权,即组织本级预算的执行;4. 决定权,即决定本级预算预备费的动用。

(三)各级财政部门的预算职权

各级财政部门的预算职权是本级政府的预算职权的具体化。主要内容为:具体编制本级预算、决算草案和本级预算调整方案;具体组织本级预算的执行;提出本级预算预备费动用方案。

三、预算制定和实施的主要程序

(一)预算的编制

根据预算编制的方式不同,分为单式预算和复式预算。单式预算,是将预算年度内全部收支汇集编入一个总预算内，而不按收支性质类别分别编制；复式预算，是按照收入或支出的性质不同分别编成两个或两个以上的预算，一般是先编制经常性预算并做到平衡后，再编制建设性预算。

各级总预算的编制，分别由各级政府负责并相应由各级财政部门具体进行。

中央预算的编制：中央各部门根据国务院下达的编制预算草案的指示和财政部门的部署，具体布置所属各单位编制预算草案，并负责汇总编制本部门预算草案，报财政部审核，财政部审核汇总中央各部门预算草案，编制出中央预算草案。

地方预算的编制：在本级政府下达编制预算的指示后，地方财政部门根据该指示和上级财政部门的部署，具体布置本级各部门和下级财政部门编制预算草案，并编制本级总预算草案，最后由财政部负责汇总。

（二）预算的审批

中央预算草案由财政部汇总后上报国务院，经国务院审核后由财政部向全国人大作关于预算草案的报告，全国人大经讨论通过，作出批准预算的决定。地方预算草案由本级财政部门交本级政府审定后，提请本级人大审议和批准。各级总预算经本级人大批准后，财政部门应当及时向本级各部门批复预算，各部门应当向本部门所属单位批复预算。

（三）预算的执行

各级财政部门应当在本级政府领导下做好预算执行工作。其主要环节是：1.组织预算收入，及时、正确、足额地把应征的收入纳入国库；2.按照计划拨付资金，保证用款单位的资金需要。在预算执行中，国库作为财政资金的出纳机构及时、准确地办理预算收入的收纳、划分、留解和预算支出的拨付。除经同级财政部门的许可，任何部门、单位和个人都无权动用或者以其他方式支配国库库款。

（四）预算的调整

在预算的执行过程中，由于某些特殊情况的出现而需要增加支出或减少收入，使总支出超过总收入或者原举借债务的数额增加，可依法定程序对已批准的预算进行调整。预算调整方案由各级财政部门提出，经本级人大常委会审批，地方预算调整方案经批准后，须由本级政府报上级政府备案。

（五）决算

在每一预算年度终了后，各级政府，各部门、各单位都要按国务院规定的时间编制决算草案。各部门对所属各单位的决算草案，应当审核并汇总编制本部门的决算草案，在规定期限内报本级财政部门审核。由各级财政部门汇总编制的决算草案，应当报送同级政府审定，审定后除乡级决算草案由本级人大审批外，其他均由本级人大常委会审批。决算批准后，各级财政部门要向本级各部门批复决算，地方各级政府还应当将决算报上级政府备案。

第四节 国债法

一、国债的概念和职能

国债，在我国又称公债或国家公债，是指国家为筹措财政资金而向国内外发行债券或借贷，从而承担的债务。它兼有财政和信用双重属性，或者说，是具有信用形式的财政手段。

我国的国债和西方国家的公债是两个不尽相同的概念。在现代西方国家，公债包括中央政府债务、地方政府债务和公共机构债务，其中前两种债务才可称国债。在我国，国债或公债仅限于中央政府债务，地方财政不是一级独立财政，故地方政府无权举债，另外按照政企分开、政事分开的要求，国有企事业单位的债务属于民间私债。

近几年我国发行的国债有以下三种：一是记账式国债，即通过证券交易系统来发行与流通的国债；二是无记名国债，即实物国债，不记名也不挂失，一般可上市流通；三是凭证式国债，即由财政部委托商业银行发行的储蓄国债，它可以记名，可以挂失，但不能上市流通。

国债属于财政收入，但不同于税收、罚没收入、规费收入等财政收入形式。因为国债具有债务、信用的一般属性，如契约性、偿还性等。

国债属于信用，但作为国家信用而不同于商业信用、银行信用、消费信用等信用形式。所谓国家信用，又称财政信用，是指国家（政府）作为债务人或债权人，以信用形式来筹集财政收入和使用财政支出。国债是国家信用的典型形式，国家（政府）作债务人以政府信誉作担保，构成财政收入，用作财政支出。

我国国债传统的基本职能是筹集建设资金，故称为建设型公债。即国家举债的目的是为了弥补财政开支不能满足大规模经济建设的需求缺口而动员和筹集财政资金。所以，国债被列作财政收入，然后又直接由国家安排投入特定建设项目中去。这样国债随着我国经济建设的强劲需求而成为具有刚性和经常性的财政收入。

西方国家公债的基本职能一直是通过弥补财政赤字而间接调控宏观经济，故称为间控型公债，即公债是被国家作为与财政赤字配合使用的手段而运用的，公债规模直接取决于预算所安排的财政赤字大小，间接取决于经济波动状况。当经济不景气时，政府为刺激经济回升而增大财政赤字，就随之扩大公债发行量；当经济过热时，政府为控制经济增长而减少财政赤字，就随之缩小公债发行量。于是,公债不列入预算收入而以预算赤字为依据,并且作为间接调控手段而具有弹性和临时性。所以,弥补财政赤字是公债的基本和主要作用,筹集建设资金只是公债的派生和次要作用。

我国国债与西方国家公债的职能差异,根源于经济体制和财政职能,我国正处于计划经济体制向市场经济体制转变的阶段,财政职能中的经济调节职能日益加强,这就要求我国国债相应发生职能转换,逐步由建设型国债向间控型国债过渡。

二、国债的发行

国债发行,是指售出国债或者国债被认购的法律行为。我国对国债发行实行严格的计划审批制。每年预算中都包括国债发行计划,由财政部代表中央政府向个人、银行、机构投资人和证券中介机构发行国债。

(一)国债发行方法

1.公募法。即由国家公开向社会公众募集国债的方法。可分为两种:(1)直接公募,是指由财政部门直接或通过邮政部门及其他通讯系统向社会公众募集国债,并由国库承担发行费用和全部损失。(2)间接公募,是指政府与金融系统事先约定,由金融系统承购全部国债,代理国家向社会公众募集国债,并依约定承担发行费用和风险责任。

2.公卖法。即政府通过委托经纪人在证券交易所出售国债的方法。公卖法与公募法的主要区别在于,公卖国债的价格由证券市场供求行情决定,具有波动性;公募国债的价格由国家确定,因而固定不变。

3.摊派法。即政府将国债发行额分配给各地区、各部门、各单位,或者用国债来全部或部分顶替现金偿还债务或支付经费的方法。这种发行方法具有一定的强制性。

上述各类发行方法中,公募法被较多采用,我国一般也采用此方法发行国债。

(二)国债发行价格

1.平价发行。即国债发行价格与国债票面额相同,因而发行收入额与今后还本额也相同。这样,未来的债权人和债务人都不会因购买和偿付公债而发生特别损益。在国债可自由流通的情况下,只有国债利率与市场利率相同时,才能平价发行国债。

2.折价发行。即国债发行价格低于国债票面价值,偿还时则按票面价值返还本金。在国债利率低于市场利率的情况下,只有折价发行国债,即降低国债发行价格,才能保证国债购买者的利益。但折价发行自始就使政府承担了折价损失,并且在发行后很难弥补。

3.溢价发行。即国债发行价格高于国债票面价值,偿还时仍按票面价值返还本金,因而使发行收入额大于未来还本额。只有在国债利率高于市场利率的前提下,国债才能溢价发行。国债溢价发行易使政府承受因高利率而导致的负债,也易使政府同市场主体争夺资金,因而较少被采用。

三、国债的转让

国债持有者在必要时可以到国债流通市场转让国债,办理国债转让业务的中介机构主要是各类证券公司,其中介转让方式主要有两种:1.自营买卖,即由中介机构用自己的资金向国债出售人买入国债,然后再将其售出。2.代理买卖,即由中介机构根据国债出售人或购买人的委托,按其指定的价格、数额和交易期限代其买卖国债。

四、国债的偿还

国债偿还,是指国家依法律规定和约定对到期国债支付本金和利息的法律行为,其中,偿还方法和资金来源特别重要。

(一)国债偿还的方法

1.市场收买偿还法。又称市场购销法,即在国债到期前,政府通过中央银行依市场价格在证券市场上陆续收买国债而实现偿还的方法。这种方法便于体现政府的经济政策,在宏观调控方面具有重要作用,但这种方法可能与原定偿还期限不符,以致出现偿还超前或滞后现象。

2.直接偿还法。即在国债到期时,政府按国债面值直接向国债持有者偿还的方法,包括:(1)比例偿还法,即政府按照国债的数据分期按比例偿还。(2)轮次偿还法,即政府按照债券号码的一定顺序分次偿还。(3)抽签偿还法,即政府通过定期抽签确定应清偿的国债,再予偿还。

(二)国债偿还的资金来源

1.基金偿还,即设立专门的偿债基金,以此作为偿债的资金来源。这种基金通常作为某种预算支出或财政收入的对应项目,逐年累积。

2.预算盈余偿还,即以预算盈余资金作为偿债的资金来源,其适用条件是预算有盈余或国债无期限规定。

3.国债调换偿还,即政府借新债还旧债,实质上并非偿还方式,只有在财政困难的情况下才可采用。

4.预算列支偿还,即政府将当年到期国债直接列入预算支出中,以预算资金抵偿国债。

五、国债的管理

国债管理贯穿于国债运行全过程，其主要目的是确保国债运行实现国家的财政政策，促进经济的稳定和增长，并兼顾投资者的利益。国债管理的主要内容，见诸以下几个方面：

（一）对国债总额的调控

国债总额，是指当年新债额与历年积累债额的总和。在国债总额调控理论中，一直有国债限额论和国债无限额论两种观点。基于国债限额论，才有必要调控国债总额。其主要方法有：1.国家规定国债总额上限，财政部不得逾越。2.财政部或中央银行在市场上买卖国债，以调节国债总额。

（二）对国债结构的调控

国债结构包括国债的类型结构、所有权结构和期限结构。国家在经济周期的不同阶段，可通过改变国债结构来达到稳定经济的目标。例如，个人持有国债一般不会引发通货膨胀，而商业银行持有国债则能使信用膨胀，所以，充分就业时可扩大个人持有国债份额，经济萧条时可增加商业银行持有国债份额。又如，中长期国债比短期国债有利于经济稳定，当经济稳定目标更重要时，就需要加大中长期国债的比重。

（三）对国债利率的调控

国债利率的高低，不仅会影响国家付息负担（即财政负担）的轻重，而且会影响人们对购买国债、投资和银行存款的选择，还会影响市场利率的变动。一种观点认为，对国债实行高利率，会加重国家付息的财政压力；减少私人投资，升高市场利率，这就不利于生产投资，不利于经济发展和充分就业。另一种观点认为，对国债实行高利率，能够给资本拥有者带来较高利息收入，提高人们的投资积极性，这有利于经济发展。目前一般认为，前一种观点较为可取，即国债利率不宜太高。

（四）对国债使用的监督

国家有关部门对国债资金使用单位实行严格监督，主要是审查和批准国债资金所投资的项目，检查国债资金是否按规定用途使用、有无浪费、是否违反财经纪律等。这有利于提高国债使用的经济效益和社会效益。

第五节　财政转移支付法

一、财政转移支付的概念

财政支出依据其在经济上能否直接获得补偿，可分为购买支出和转移支付两大类。财政购买支出，是指政府以购买者身份在市场上购进商品或劳务时所发生的支出，它以所获得的商品或劳务为直接补偿。鉴于《中华人民共和国政府采购法》已于2003年1月1日正式实施，所以关于政府采购的内容将在下一节作专门阐述。财政转移支付，是指政府通过一定形式和途径，把部分财政资金无偿地转移给居民或非居民所发生的支出，它不能在经济上直接获得补偿。

财政转移支付，一般表现为中央政府或地方政府将部分财政收入无偿地让渡给下级政府、企业和居民时所发生的财政支出。其主要特征是：1. 无偿性。转移支付又称无偿支出，通常表现为财政资金的无偿的、单方的转移，支出者得不到直接的经济补偿。但有人认为，某些特定建设项目的财政转移支付也可以是有偿的；2. 多层次性。在有多级财政层次的财政体制中，转移支付表现为中央政府对地方政府、上级地方政府对下级地方政府、各级政府对企业和居民的转移支付；3. 有条件性。无论哪个层次的转移支付，都只能发生在特定条件下，即只有在下级政府、企业、居民具备需要转移支付的法定条件时，才应当向其转移支付。

财政转移支付起因于财政失衡。所谓财政失衡，是指政府所拥有的财力与所负有的提供公共产品的责任不平衡，亦即财政收支状况不平衡，包括上下级政府之间的纵向财政失衡和同级不同地方政府之间的横向财政失衡。过度的财政失衡会带来严重的经济、社会和政治问题。为此，需要通过财政转移支付来解决财政失衡问题，使各级各地政府都能完满地履行其提供公共产品的职责。所以，财政转移支付具有配合其他财政手段实现财政平衡的职能。

在现代市场经济中，财政转移支付，尤其是政府对居民、企业的财政转移支付，还具有配合其他财政手段实现社会保障目标、产业政策目标和国际竞争目标的职能。

二、财政转移支付的主体和形式

财政转移支付的主体包括两类：1. 发动转移支付主体，即向下级政府、企业、居民转移支付的政府；2. 接受转移支付主体，即接受上级政府转移支付的下级政府和接受政府转移支付的企业、居民。可见，中央政府只是发动转移支付主体，地方各级政府既是发动转移支付主体又是接受转移支付主体，企业、居民只是接受转移支付主体。

在中央政府、地方各级政府、企业和居民之间，财政转移支付的形式可分为两大类，即政府间转移支付和财政补贴。

政府间转移支付，即上级政府的财政收入转作下级政府的财政收入来源并由下级政府作为本级财政支出来支付，简言之，上级政府对下级政府转移支付。此即狭义的财政转移支付。它在实践中一般表现为财政拨款或财政补助。根据转移支付的起因和目的之不同，政府间转移支付可划分为下述几种形式：1. 体制性转移支付，或称一般性转移支付，即基于现行财政体制中各级各地政府固有财政收支状况而存在的常规性纵向和横向财政失衡，而发生的上级财政向下级财政转移支付。2. 专项转移支付，即为实现某一特定经济政治目标或专项任务，上级财政向下级财政进行专项拨款或支付相应配套资金。3. 特殊转移支付，即在遭遇自然灾害、社会动乱等非常情况，以及国家重大政策调整而影响地方财政利益时，由上级财政给下级财政以特殊补助。4. 建设性转移支付，即为支持经济建设，提高资金使用效率，对能够产生经济效益的项目予以财政性扶持而作出的有偿支付。严格说来，这已不是传统意义的转移支付。

财政补贴，即各级政府向企业、居民作出的财政转移支付，也就是政府将部分财政资金转移给企业、居民的无偿支出。根据补贴对象和目的的不同，财政补贴可分为两种形式：1. 居民补贴，又称社会保障支出，是政府基于社会保障目的向居民支付的补贴。它主要用于社会保险和社会救济支出，与市场上的相对价格结构基本没有联系或联系不密切，故对市场上的相对价格结构没有影响。2. 企业补贴，即狭义财政补贴，是政府基于一定目的而在一定领域支付给企业的补贴。它包括直接补贴和间接补贴，前者如农产品价格补贴、外贸出口价格补贴等，后者如减免税、税收抵免、税前还贷、亏损结转等。企业补贴源于产业政策、价格体系不合理、支持出口等经济原因，直接影响市场上的相对价格结构，进而影响需求结构和供给结构。

三、财政转移支付的条件和数额确定

财政转移支付的条件，亦即接受转移支付主体的资格。就企业而言，必须从事法定为补贴对象的生产经营项目；就居民而言，必须具有享受社会保险或社会救济待遇的身份，并且已发生应当支付社会保险或社会救济待遇的法定事实；就地方政府而言，必须处在其地方税收能力指数小于其财政收支平衡指数的财政年度。

财政转移支付的数额，应当遵循法定的标准和计算规则予以确定。一般认为各种形式的转移支付，都有特定的相关因素，在确定转移支付的数额时，应当全面和综合考虑各种相关因素，本着科学、公平、合理的原则，确定各种相关因素与特定形式转移支付数额之间的函数关系，再依此函数关系计算出具体数额。

在具体确定特定形式财政转移支付的数额时，下述因素对转移支付的意义尤其值得重视：1.财政供给人口。即需要由财政负担的人口数量，它直接制约着财政支出水平，能明确反映地方财政负担状况；2.总人口。地方财政提供公共物品的支出通常与本地区总人口数量成正比，因而，地区总人口数量对地方财政水平有重大影响。3.少数民族人口。为了加强民族团结，维护国家统一和社会安定，必须向少数民族地区投入更多财力，以促进其经济和社会发展。因而，少数民族人口越多的地区，对其转移支付的数量就应当越大。4.贫困人口。在贫困人口众多的地区，财政状况不好，社会事业欠账特别多，因而，贫困人口数量与向贫困地区转移支付数量也应当成正比例关系。5.疆域面积。一般说来，疆域面积越大，基础设施建设、国土保护等方面支出就越多，并且待开发面积也越大，从而需要上级政府财力支持的量就越多。6.农业产值。在现阶段，农业提供财政收入相对较少，而需要财政投入相对较多。因而，农业产值越大的地区，对政府财力支持的需求就越大。

四、财政转移支付的方式和监管

财政转移支付的方式，可因转移支付形式不同而有差异。就政府间转移支付而言，体制性转移支付可采取就地抵留的方式来实现，即各地享有的体制性转移支付的财政资金，直接从本级财政应上缴中央国库的财政资金中就地转库支用，以充抵应上缴财政资金，而不是先缴入中央国库再由中央财政逐月拨付，这样，可以避免财政资金上解下划的在途时间损失，满足地方财政的正常支出需要；至于其他形式的转移支付，都属于非常规性转移支付，只宜采用由中央财政及时足额向地方财政追加资金的方式，来满足地方财政的需要。

财政转移支付的资金来源是上级财政，因而，上级财政部门应当是财政转移支付的最主要、最经常的监管主体。

财政转移支付监管的方式，因财政转移支付形式不同而有差异。就政府间转移支付而言，体制性转移支付因其标的是就地抵留的财政资金，是地方固有财力的组成部分，可以由地方财政独立安排使用，因而，对体制性转移支付的监管，只能依据《预算法》通过同级人大及其常委会和上级财政部门对预算、决算的监督来实现；至于其他形式的转移支付，则可以由上级财政部门采用跟踪检查、验收项目、考核效益、总结销号等方式进行监管。

第六节　政府采购法

一、政府采购的概念和特征

政府采购是指各级国家机关、事业单位和团体组织，使用财政性资金采购依法制定的集中采购目录以内的或者采购限额标准以上的货物、工程和服务的行为。其中"采购"是指以合同方式有偿取得货物、工程和服务的行为；"货物"是指各种形态和种类的物品，包括购买、租赁、委托和雇佣等；"工程"是指建设工程，包括建筑物和构筑物的新建、改建、扩建、装修、拆除和修缮等；"服务"是指货物和工程以外的其他政府采购对象。

政府采购和一般性商业采购相比，具有以下的一些特征：1. 政府采购资金来源于政府的财政拨款，也就是由纳税人缴纳的税收所形成的财政资金，具有公共性；2. 政府采购的目的是为了实现政府职能和公共利益，具有非营利性；3. 政府采购各个环节和行为都要在一系列法律及制度下进行，具有严格的限定性；4. 政府采购的有关法律和程序都是公开透明的，一切采购活动都在公开的状态下进行，所有采购信息都是公开的，具有最大程度的公开性；5. 政府采购要符合国家经济与社会发展的需要和计划，是实现国家政策的组成部分，具有很强的政策性；6. 政府采购的对象非常广泛，既包括货物，也包括工程和各种服务，具有广泛性和复杂性；7. 政府采购动用的资金一般占本年 GDP 的 10%左右，有时甚至更高，具有资金使用的大宗性，所有这些特征都决定了政府采购在国家经济和社会发展过程中的重要性。

二、政府采购法的概念和原则

广义的政府采购法是指一切规范政府采购行为的法律规范的总称，狭义的政府采购法是指《中华人民共和国政府采购法》。

政府采购在市场经济国家已有 200 多年的历史，随着 1994 年一些世贸组织的成员国签署 WTO《政府采购协议》和联合国贸易法委员会当年通过的《货物、工程和服务采购示范法》，市场经济发达国家的政府采购进一步向规范化、国际化的方向发展，法律制度越来越完善，采购规模也越来越大，一些国家每年用于政府采购支出已达财政支出的 30%左右。政府采购已成为许多国家包括发展中国家管理公共支出、调节经济运行、维护本国利益的基本制度和重要手段。结合我国近几年政府采购试点工作的情况来看，我国于 2002 年 6 月 29 日九届全国人大常委会第二十八次会议通过，并于 2003 年 1 月 1 日开始正式实施的《中华人民共和国政府采购法》已成为规范政府采购行为，提高政府采购资金的使用效益，维护国家利益和社会公共利益，保护国内产业发展，保护政府采购当事人的合法权益，反腐倡廉的一部重要法律。

根据《政府采购法》的规定，我国政府采购应遵循以下基本原则：

（一）公开透明原则

在政府采购中采购的法律、政策、程序和采购活动都要公开，并接受公众的监督。公开透明的采购具有可预测性，使招标者可以计算出其参加采购活动的代价和风险，从而提出最适当的价格，公开透明还可防止采购机构的随意性，使采购活动具有稳定性。

（二）公平竞争原则

通过公平竞争可以促使投标人提供更好的商品和技术，并设法降低产品和投标报价，从而使采购方可以以较低价格采购到良好的商品，实现政府采购目标。

（三）公正原则

公正原则是建立在公开和公平的基础之上的，只有公开和公平，才能达到公正的结果。公正原则主要靠政府采购方（包括政府采购管理机关、采购机关和中介机构）实现。

（四）诚实信用原则

诚实信用原则约束的采购活动的各方当事人，采购机关在项目公布、信息传达、评标审标过程中要真实，不得有任何虚假；供应商在其提供采购物品、服务时要达到投标时所作出的承诺，参加政府采购的当事人都应诚实守信，不得弄虚作假与实施欺骗行为。

三、《政府采购法》的内容

（一）政府采购的模式

政府采购的基本模式为集中采购和分散采购。集中采购是国家行政机关所使用的一切物资或服务的采购都集中于所设立的特定机构进行的一种采购方式。确立和形成集中采购制度是由政府采购的经济性和有效目标决定的，由于集中采购可以集中供应商品以满足使用机关的需要，使采购数量增多，可以降低采购价格，便于采购程序标准化，减少分散采购的重复和浪费，从而降低采购成本。分散采购则是每一个部门都有权利自行进行采购，其优点是易于沟通，采购反应迅速。我国《政府采购法》规定的是集中采购与分散采购相结合的模式。只是在集中采购中采购单位对纳入集中采购目录的政府采购项目，必须委托集中采购机构进行代理采购，而分散采购则是采购单位对未纳入集中采购目录的政府采购项目自行组织的采购。

(二)政府采购的当事人

政府采购的当事人是指在政府采购活动中享有权利和承担义务的各类主体,包括采购人、供应商和采购代理机构等。

1.采购人

采购人是指用财政性资金采购符合法律规定的货物、工程和服务的各级国家机关、事业单位和社会团体。需要特别指出的是,考虑到国有企业和国有控股企业的特殊情况,《政府采购法》并未将其纳入调整范畴。

2.采购代理机构

采购代理机构是集中采购机构。我国实行集中与分散采购相结合的政府采购模式,而集中采购机构就是集中采购的代理机构。根据《政府采购法》的规定,"设区的市、自治州以上的人民政府根据本级政府采购项目组织集中采购的需要设立集中采购机构。集中采购机构是非营利性事业法人。"即采购人和集中采购机构是委托代理关系。采购人对纳入集中采购目录的政府采购项目,必须委托集中代理机构代理采购;对未纳入的,则可以自行采购,也可以委托集中采购机构代理采购。

3.供应商

供应商是指向采购人提供货物、工程或者服务的法人、其他组织或者自然人。根据《政府采购法》的规定,参加政府采购的供应商应具备下列条件:(1)具有独立承担民事责任的能力;(2)具有良好的商业信誉和健全的财务会计制度;(3)具有履行合同所必需的设备和专业技术能力;(4)有依法缴纳税收和社会保障资金的良好记录;(5)参加政府采购活动前三年内,在经营活动中没有重大违法记录;(6)法律、行政法规规定的其他条件。另外,两个以上的自然人、法人或其他组织可以组成一个联合体,以一个供应商的身份共同参加政府采购,并对采购人承担连带责任。

(三)政府采购的方式

政府采购方式是指政府使用财政性资金采购货物、工程和服务时根据不同的情况应当采用的法定方式。我国《政府采购法》规定,政府采购采用以下方式:

1.公开招标

所谓公开招标采购,是指采购人按照法定程序,通过发布招标公告的方式,邀请所有潜在的不特定的供应商参加投标,采购人通过某种事先确定的标准从所有投标中择优评选出中标供应商,并与之签订政府采购合同的一种采购方式。这种采购方式一般具有程序复杂、规模大、透明度高、竞争性强、效率高、耗时较长、费用较高等特点。由于公开招标是通过公开政府采购信息,广泛邀请供应商,从而形成公平竞争,最终获得质优价廉的货物、工程和服务,充分体现了平等、信誉、正当合法的现代竞争模式。所以,《政府采购法》将其规定为政府采购的主要采购方式。

2.邀请招标

所谓邀请招标采购,是指采购人根据供应商的资信和业绩,选择若干供应商向其发出投标邀请书,由被邀请的供应商投标竞争,从中选定中标者的招标方式。如前所述,公开招标在其公开程度、竞争的广泛性等方面具有较大的优势;但公开招标也有一定的缺陷,对于采购标的较小的项目来说,采用公开招标的方式往往得不偿失,而且对于有些专业性较强的项目,具备资格的潜在供应商较少,或者需要在较短时间内完成采购任务等,也不宜采用公开招标的方式。邀请招标的方式则在一定程度上弥补了这些缺陷,同时又能够相对较充分地发挥招标的优势。这种采购方式一般具有以下特点:一是采购人在一定范围内邀请特定的供应商投标;二是邀请招标无须发布公告,采购人只要向特定的潜在投标人发出投标邀请书即可;三是竞争的范围有限,采购人拥有的选择余地相对较小;四是招标时间大大缩短,招标费用也相应降低。

3.竞争性谈判

所谓竞争性谈判采购,是指采购人通过与多家供应商进行谈判,最后从中确定最优供应商的一种采购方式。这种采购方式主要适用于招标后没有供应商投标或者没有合格标的或者重新招标未能成立的、技术复杂或者性质特殊不能确定详细规格或者具体要求的、采用招标所需时间不能满足用户紧急需要的以及不能事先计算出价格总额的采购项目。

4.单一来源采购

所谓单一来源采购,是指虽然达到了招标采购的数额标准,但由于所采购项目的来源渠道单一,或者发生了不可预见的紧急情况不能从其他供应商处采购,以及必须保证原有采购项目一致性或者服务配套的要求,需要继续从原供应商处添购且添购资金总额不大等特殊情况,只能由一家供应商提供的采购方式,因为它是一种没有竞争的采购,所以也叫直接采购。

5.询价

所谓询价采购,是指采购人向有关供应商发出询价单让其报价,然后在报价的基础上进行比较并确定最优供应商的一种采购方式,也就是我们通常所说的货比三家,它是一种相对简单的采购方式。这种采购方式主要适用于采购的货物规格、标准统一、现货货源充足且价格变化幅度小的采购项目。

6.国务院政府采购监督管理部门认定的其他采购方式

由于政府采购的每个项目情况各不相同,还有其他一些适合的采购方式也是可以采用的，例如批量采购、小额采购和定点采购等等，因此为适应不同情况下政府采购的实际需要，法律作出了这项原则性规定。需要强调的是，虽然其他采购方式有很多，但只有经国务院政府采购监督管理部门认定的方式才可以用于政府采购。

（四）政府采购合同

政府采购合同是指采购人或者由采购代理机构代理采购人与供应商之间基于平等、自愿的原则就双方的权利、义务所达成的协议。

与一般民事合同相同的是政府采购合同也是民事合同，也必须适用《合同法》的一般规定，合同当事人的地位完全平等；但政府采购合同也具有特殊性，还必须同时适用《政府采购法》。根据该法规定，政府采购合同都为要式合同，必须采用书面形式；政府采购合同的必备条款由国务院政府采购监督管理部门会同国务院有关部门确定；政府采购合同的双方当事人不得擅自变更、中止或者终止合同，只有当其继续履行将损害国家利益和社会公共利益时，才能变更、中止或者终止合同，上述规定表明了政府采购合同在其订立、变更以及终止过程中的严格法定性，与一般民事合同有很大的差异。

另外，《政府采购法》还对通过公开招标、邀请招标、竞争性谈判、单一来源采购以及询价等方式的政府采购程序，供应商对采购人就政府采购活动事项的质疑和向政府采购监督管理部门的投诉程序，政府采购监督管理部门的职责与权限以及供应商、采购人、采购代理机构、政府采购监督管理部门及其工作人员违反《政府采购法》所应承担的民事赔偿、行政和刑事责任等诸多问题都作了具体规定。

第十七章 税收法

第一节 概 述

一、税收的概念、特征和作用

税收是国家为实现国家职能，凭借政治权力，按照法律规定的标准，无偿取得财政收入的一种特定分配方式。税收体现的是作为主体的国家与社会集团、社会成员之间的一种特定收入分配关系，它是国家财政收入的主要形式和调节经济的重要杠杆。

税收具有强制性、无偿性和固定性三个特征。

1.强制性。税收是国家以社会管理者的身份，凭借政治权力，通过颁布法律或法规的形式来征收的。社会集团和社会成员依法负有纳税义务，必须遵守国家税法的规定，否则应税未税或应税不税，就会因为违法而受到国家法律的制裁。

2.无偿性。国家征税所取得的税款是财政收入最重要的组成部分，并按照“取之于民，用之于民”原则，通过财政预算拨款的途径，用于政治、社会、经济等公共事务的管理，造福于民。纳税义务人缴纳税款是履行依法纳税的义务，国家不再将税款归还纳税人，也不再向纳税人支付报酬。

3.法定性。税收法定是税法的基本原则，国家在征税之前，预先以法律的形式规定了征税的范围、征收的比例、征收的程序与方法，便于征纳双方共同遵守。纳税义务人依法纳税，税收征税机关依法征税，自由裁量权的行使受到相应的程序制约与监督。

税收不仅具有组织国家财政收入的功能，而且具有调节经济、监督管理和维护国家政权等的作用。税率和利率、汇率均是国家进行经济的宏观调控的重要杠杆，税率的高低直接反映着国家对某个领域、某个行业，甚至某个产品的今后发展的鼓励或限制，是经济调控的有效手段。通过税务检查和对税收违法行为的处罚，则对于校正企业、公司等经济组织在经济活动中的违规违法行为，具有重要意义。依法纳税的基础是依法会计，在市场经济条件下企业以追求利益最大化为最高目标，企业的财务会计管理已经和人事管理一样，成为企业管理的核心，规范财务会计的管理，不仅对于企业自身的生存和发展，而且对于培养税源，扩大税基，有效地组织财政收入，以维护国家机器的正常运作具有促进作用。

二、税收的分类

税收的分类是按照一定的标准对于不同税种进行归类。对不同的税收进行分类，有利于正确理解和认识税收，掌握各个税种之间的内在规律，为制定科学、合理的税收法律制度服务。我国对税收的分类，依据不同的标准，通常有以下几种主要分类方法：

（一）按征税对象分类

根据征税对象的不同，税收要分为流转税类、所得税类、财产税类、资源税类和行为税类五种类型。

流转税是以商品生产、商品流通和劳动服务的流转额为征税对象的一类税收。流转额包括两种：一是商品流转额，即商品交易的金额或数量；二是非商品流转额，即各种劳务收入或服务性业务收入的金额。流转税以商品流转额或非商品流转额为计税依据，在生产经营及销售环节征收，收入不受成本费用变化的影响，而对价格变化较为敏感。我国现行的增值税、消费税、营业税、关税等都属于流转税。

所得税也称收益税，是以纳税人的各种收益额为征税对象的一类税收。所得税属于终端税种，税负不能转嫁，只能由纳税人自行承担。它体现了量能负担的原则，即所得多的多征，所得少的少征，没有所得的不征，目前已经成为世界各国税收制度中的主要税种。所得税的特点是：征税对象不是一般收入，而是总收入减除准予扣除项目后的余额，即应纳税所得额，征税数额受成本、费用、利润高低的影响较大。对纳税人的应纳税所得额征税，便于调节国家与纳税人之间的利益分配关系，能使国家、企业、个人三者的利益分配关系很好地结合起来。我国现行的企业所得税、个人所得税、农（牧）业税等属于所得税范畴。但目前我国的农（牧）业税并不以净收入，而是以总收入作为征税对象。

财产税是以纳税人拥有的财产数量或财产价值为征税对象的一类税收。其特点是：税收负担与财产价值、数量关系密切，体现调节财富、合理分配等原则。我国现行的房产税、土地增值税等属于财产税。

资源税是以自然资源和某些社会资源为征税对象的一类税收。其特点是：税负高低与资源级差收益水平关系密切，征税范围的选择比较灵活。我国现行资源税属于这类税收。

行为税也称特定行为目的税，它是国家为了实现某种特定目的，以纳税人的某些特定行为为征税对象的一类税收。其特点是：征税的选择性较为明显，税种较多，具有较强的时效性。我国现行的屠宰税、筵席税、印花税、车船使用税、车船使用牌照税、船舶吨税、城镇土地使用税、城市维护建设税、契税、耕地占用税等都属于行为税。

（二）按征收管理体系分类

按照征收管理的分工体系，税收可分为工商税、关税和农业税。

工商税是以工业品、商业零售、交通运输、服务性业务的流转额为征税对象的各种税收的总称，是我国现行税制的主体部分。该类税收由税务机关负责征收管理。工商税主要包括：增值税、消费税、营业税、资源税、企业所得税、个人所得税、城市维护建设税、房产税、城市房地产税、车船使用税、车船使用牌照税、土地增值税、城镇土地使用税、印花税、屠宰税、筵席税、车辆购置税等税种。

关税是对进出国境的货物、物品所征收税收的总称，主要包括：进出口关税、由海关代征的进口环节增值税、消费税和船舶吨税。该类税收由海关负责征收管理。

农业税是对参与农业收入分配和调节农业生产的各种税收总称，主要包括农（牧）业税、耕地占用税和契税。从 1996 年开始，原由财政部负责的农业税收征收管理职能划归国家税务总局，但省级以下有关农业税收征管工作的归属由地方政府根据实际情况确定。

（三）按税收的征收权限和收入支配权限分类

按照税收的征收权限和收入支配权限，税收可分为中央税、地方税和中央地方共享税。这种划分明确了在财政收支管理权上中央与地方的关系，有利于调动中央和地方的积极性。

中央税是由中央立法、收入划归中央并由中央政府征收管理的税收。如：关税，海关代征的进口环节消费税和增值税，消费税，铁道部门、各银行总行、各保险总公司集中缴纳的营业税、所得税和城市维护建设税等。

地方税是由中央统一立法或授权立法、收入划归地方并由地方负责征收管理的税收。如：营业税、城镇土地使用税、城市维护建设税、房产税、车船使用税、车船使用牌照税、城市房地产税、契税、土地增值税等。

中央地方共享税是税收收入支配由中央和地方按比例或法定方式分享的税收。如：增值税、资源税、对证券（股票）交易征收的印花税等。

（四）按计税标准分类

按照计税标准的不同，可以把税收划分为从价税、从量税和复合税。从价税是以征税对象的价值或价格为计税依据征收的一种税，一般采用比例税率和累进税率，如我国的增值税、营业税、个人所得税等都采取从价计征方式；从量税是指以征税对象的实物量作为计税依据征收的一种税，一般采用定额税率，我国的资源税、耕地占用税、城镇土地使用税等均实行从量计征方式；复合税是指对征税对象采取从价和从量相结合的复合计税方法征收的一种税，如对卷烟、白酒征收的消费税采取从价和从量相结合的复合计税方法。

三、税法

(一)税法的概念

税法是国家制定的用以调整国家与纳税人之间在征纳税方面的权利义务关系的法律规范的总称。税法是国家法律的重要组成部分，它是国家税务机关及一切纳税单位和个人依法征税、依法纳税的行为规则。

税法是税收的法律依据和法律保障。税收必须以税法为其依据和保障，而税法又必须以保障税收活动的有序进行为其存在的理由和依据。此外，税收作为一种经济活动，属于经济基础范畴；而税法则是一种法律制度，属于上层建筑范畴。国家和社会对税收收入与税收活动的客观需要，决定了与税收相对应的税法的存在；而税法则对税收活动的有序进行和税收目的的有效实现起着重要的法律保障作用。

税法的调整对象就是税收关系。税收关系是代表国家行使其职权的各级财税机关，向负有纳税义务的单位和公民个人，在强制无偿征收税款(或实物)过程中所形成的征纳关系。这实质上是国家强制参与国民收入分配的一种分配关系，是具有行政权力因素的特殊经济关系。其中既包括国家最高权力机关或其授权的最高行政管理机关和地方行政管理机关之间因制定和实施税法而形成的关系，也包括各级征收机关之间因征收权责而发生的管理关系和税收监督关系等。具体地讲，我国税法调整的税收关系主要包括：

1. 国家最高权力机关(全国人大及其常委会)或其授权的最高行政管理机关(国务院)之间因制定税法而形成的关系。

2. 代表国家行使其职权的财税机关与企业、事业单位、社会团体、自然人等各种纳税人之间因征纳税款而形成的税收关系。

3. 国家权力机关、国家行政机关、各级财税机关以及他们各自的上下级之间因税收监督而发生的关系。

(二)税法的分类

按税法的立法目的、征税对象、权限划分、适用范围、功能作用的不同，可将税法作出不同的分类。通常采用按照税法的功能作用的不同，将税法分为税收实体法和税收程序法两类。

税收实体法主要是确定税种的立法，具体规定各税种的征收对象、征收范围、税目、税率、纳税地点等的法律。例如《中华人民共和国企业所得税法》、《中华人民共和国个人所得税法》就属于税收实体法。

税收程序法是指税收征收与管理方面的法律，具体规定税收征收管理、纳税程序、发票管理、税务争议处理等内容。如《中华人民共和国税收征收管理法》、《中华人民共和国海关法》、《进出口关税条例》就属于税收程序法。

（三）税收法律关系

税收法律关系体现为国家征税与纳税人纳税的利益分配关系。在总体上，税收法律关系与其他法律关系一样，也是由主体、客体和内容三个方面构成。

1.主体是在税收法律关系中享有权利和承担义务的当事人。在我国税收法律关系中，一方主体是代表国家行使征税职责的国家机关，包括国家各级税务机关、海关和财政机关；另一方主体是履行纳税义务的人，包括法人、自然人和其他组织。对义务主体的确定，我国采取属地兼属人原则，即在华的外国企业、组织、外籍人、无国籍人等凡在中国境内有所得来源的，都是我国税收法律关系的主体。

2.客体是主体的权利、义务所共同指向的对象，也就是课税对象。如所得税法律关系的客体就是生产经营所得和其他所得；流转税法律关系客体就是货物销售收入或劳务收入。

3.内容是主体所享受的权利和所应承担的义务，这是税收法律关系中最实质的东西，也是税法的灵魂。它具体规定了主体可以有什么行为，不可以有什么行为，如果违反了税法的规定，应该如何处罚等。

（四）税法的构成要素

税法的构成要素是税法应当具备的必要因素和内容。税法的构成要素一般包括：征税人、纳税义务人、征税对象、税目、税率、计税依据、纳税环节、纳税期限、纳税地点、减免税、法律责任等。其中，纳税义务人、征税对象、税率是构成税法的三个最基本的要素。

1.征税人

征税人是代表国家行使税收征管职权的各级税务机关和其他征收机关。因税种的不同，可能有不同的征税人。如增值税的征税人是税务机关，关税的征税人是海关，农业税的征税人是财政机关。

2.纳税义务人

纳税义务人也称纳税人，是税法规定的，直接负有纳税义务的单位和个人。纳税义务人可以是自然人，也可以是法人或其他社会组织。纳税义务人是税收制度中区别不同税种的重要标志之一，因此，每个税种都应明确规定各自的纳税义务人。

3.征税对象

征税对象又称课税对象，是对什么征税，是税收法律关系中权利义务所指的对象。征税对象包括物或行为，它是区别不同类型税种的主要标志。不同的征税对象构成不同的税种。根据征税对象的不同，可分为对流转额征税、对所得额征税、对财产征税、对资源征税、对特定行为征税等。

4.税目

税目是税法中规定的征税对象的具体项目，是征税的具体根据，它规定了征税对象的具体范围。制定税目的基本方法一般有两种：一是列举法，即按照每种商品或经营项目分别设置税目，必要时还可以在一个税目下设若干子目；二是概括法，即把性质相近的产品或项目归类设置税目，如按产品大类或行业设置税目等。

5.税率

税率是应纳税额与征税对象的比例或征收额度，它是计算税额的尺度。税率是税法的核心要素，税率的高低，直接关系到国家收入的多少和纳税义务人的负担轻重，因此，每一种税的适用税率都必须在税法中明确规定。

税率有名义税率与实际税率之分。名义税率是税法规定的税率，是应纳税额与课税对象的比例；实际税率是实际缴纳税额与实际课税对象的比例。在实际征税中，由于计税依据等要素的变动和减免税等原因，名义税率与实际税率可能不一致。

我国现行的税率主要有：

(1)比例税率。比例税率是指对同一课税对象，不论其数额大小，均按同一个比例征税的税率。税率本身是应征税额与计税金额之间的比例。这里所说的比例税率是相对累进税率、定额税率而言。在比例税率中根据不同的情况又可划分为不同的征税比例，有行业比例税率、产品比例税率、地区差别比例税率、有免征额的比例税率、分档比例税率和幅度比例税率等。我国的增值税、营业税、企业所得税等采用的是比例税率。

(2)累进税率。累进税率是根据课税对象数额的大小，规定不同等级的税率。即课税对象数额越大，税率越高。累进税率又分为全额累进税率、超额累进税率和超率累进税率三种。

全额累进税率是按课税对象金额的多少划分若干等级，并按其达到的等级的不同规定不同的税率。课税对象的金额达到哪一个等级，即全部按相应的税率征税。目前，我国的税收法律制度中已不采用这种税率。

超额累进税率把征税对象按数额的大小划分为若干个等级，每一等级规定一个税率，税率依次提高，但每一纳税人的征税对象则依所属等级同时适用几个税率分别计算，将计算结果相加后得出应纳税款。目前采用这种税率的有个人所得税。

超率累进税率是以征税对象数额的相对率划分若干级距，分别规定相应的差别税率，相对率每超过一个级距的，对超过的部分就按高一级的税率计算征税。目前，采用这种税率的是土地增值税。

(3)定额税率是对单位征税对象规定固定的税额，而不采用百分比的形式。它适用于从量计征的税种。目前采用定额税率的有资源税、车船使用税等。

6.计税依据

计税依据也称计税标准是计算应纳税额的依据或标准，即根据什么来计算纳税人应缴纳的税额。计税依据与征税对象虽然同样反映征税客体，但两者解决的问题不同。征税对象规定对什么征税，计税依据则在确定征税对象之后解决如何计量的问题。计税依据可以分为从价计征、从量计征、复合计征三种类型。

(1)从价计征。计税金额是从价计征应纳税额的计税依据，主要包括收入额、收益额、财产额、资金额等。

(2)从量计征。计税数量是从量计征应纳税额的计税依据。计税数量因征税对象不同，所包含的内容也不同，有重量、容量、面积等。

(3)复合计征。征税对象的价格和数量均为其计税依据。

7.纳税环节

纳税环节是指税法规定的征税对象在从生产到消费的流转过程中应当缴纳税款的环节。如流转税在生产和流通环节纳税；所得税在分配环节纳税等。

8.纳税期限

纳税期限是指纳税人发生纳税义务后，应依法缴纳税款的期限。为了保证国家税收收入的及时入库，各税种都根据具体情况和特点，规定了纳税期限。纳税期限可以分为两种：一是按期纳税。如增值税的纳税期限是根据纳税人的生产和经营情况与税额的大小分别核定为 1 天、3 天、5 天、10 天、15 天、1 个月为一期，逐期计算缴纳。二是按次纳税。如进口商品应纳的增值税，是在纳税人发生纳税义务后，按次计算缴纳。

9.纳税地点

纳税地点是指纳税人依据税法规定向征税机关申报纳税的具体地点。它说明纳税人应向哪里的征税机关申报纳税以及哪里的征税机关有权进行税收管辖的问题。通常，在税法上规定的纳税地点主要是机构所在地、经济活动发生地、财产所在地、报关地等。

10.减免税

减免税是指国家对某些纳税人和征税对象给予鼓励和照顾的一种特殊规定。制定这种特殊规定,一方面是为了鼓励和支持某些行业或项目的发展;另一方面是为了照顾某些纳税人的特殊困难。减免税可以看作是对税率的补充和延伸。税率具有统一性和相对固定性,它要求有适当的灵活性与之相补充,以便能灵活地处理一些特殊的征税问题。减免税就是对税率所作的一种灵活延伸。它主要包括三个方面的内容:

(1)减税和免税。减税是指从应征税额中减征部分税款;免税是指对按规定应征收的税款全部免除。减税和免税具体又分为两种情况,一种是税法直接规定的减免税优惠;另一种是依法给予的一定期限内的减免税优惠,期满后仍按规定纳税。

(2)起征点。起征点是指对征税对象达到一定数额才开始征税的界限。征税对象的数额没有达到规定数额的不征税,征税对象的数额达到规定数额的,就其全部数额征税。如《营业税暂行条例》规定,按期纳税的起征点为月营业额200至800元,按次纳税的起征点为每次(日)营业额50元。

(3)免征额。免征额是指对征税对象总额中免予征税的数额。即将纳税对象中的一部分给予减免,只就减除后的剩余部分计征税款。如《个人所得税法》规定了免征额制度。

11.法律责任

法律责任是对违反国家税法规定的行为人采取的处罚措施。一般包括违法行为和因违法而应承担的法律责任两部分内容。违法行为是指违反税法规定的行为,包括作为和不作为。因违反税法而承担的法律责任包括行政责任和刑事责任。纳税人和税务人员违反税法规定,都将依法承担法律责任。

第二节　流转税法律制度

一、增值税法律制度

增值税是以增值额为征税对象的一种税。1984年9月18日国务院发布了《中华人民共和国增值税条例(草案)》,1993年我国对增值税进行了改革,国务院于1993年12月13日发布了《中华人民共和国增值税暂行条例》,自1994年1月1日起施行。由于生产型增值税已与经济的转型升级不相适应,同时为了应对国际金融危机对我国实体经济所造成的影响,国务院决定实施增值税转型改革,2008年11月5日国务院第34次常务会议修订通过了新的消费型《中华人民共和国增值税暂行条例》,并于 2009 年 1 月 1 日起施行。

1. 纳税主体。在我国境内销售货物或者提供加工、修理修配劳务以及进口货物的单位和个人,为增值税的纳税主体。单位,是指国有企业、集体企业、私有企业、股份制企业、其他企业和行政单位、事业单位、军事单位、社会团体及其他单位。个人,是指个体经营者及其他个人。进口货物的收货人或办理报关手续的单位和个人,为进口货物增值税的纳税人。在中国境内销售货物或者提供加工、修理修配劳务以及进口货物的外商投资企业和外国企业,也为增值税的纳税人。

在流转税中增值税与营业税是并列的关系,而与消费税则是递进的关系,从征税对象来看,动产、不动产和服务三大类中,在国内买卖或进口(为鼓励出口,出口货物实行零税率)属于动产的货物所发生的流转额,属于增值税的征收范围;在提供各种各样的服务中,只有提供加工、修理修配劳务属于增值税的征收范围,其他服务或买卖不动产或无形资产所发生的流转额均属于营业税的征收范围。消费税是调节生活消费的税收,法律在增值税征收范围内有选择地确定了买卖或进口特定的货物,在征缴增值税的基础上再征缴消费税。

增值税的纳税人分为一般纳税人和小规模纳税人两种,符合下列条件的纳税人是小规模纳税人:(1)从事货物生产或者提供应税劳务的纳税人,以及以从事货物生产或者提供应税劳务为主,并兼营货物批发或者零售的纳税人,年应征增值税销售额在 50 万元以下(含本数)的;(2)其他纳税人,年应税销售额在 80 万元以下的。以从事货物生产或者提供应税劳务为主,是指纳税人的年货物生产或者提供应税劳务的销售额占年应税销售额的比重在 50%以上。

2. 征税对象。增值税的征税对象是纳税人取得商品的生产、批发、零售和进口收入中的增值额。

具体的征收范围:

(1)购进货物或进口货物,是指有偿转让货物的所有权。货物,是指除土地、房屋和其他建筑物等不动产之外的有形动产,包括电力、热力、气体在内。不动产是指不能移动或者移动后会引起性质、形状改变的财产,包括建筑物、构筑物和其他土地附着物。纳税人新建、改建、扩建、修缮、装饰不动产,均属于不动产在建工程。不动产的销售,则征收营业税和土地增值税。购进货物,不包括既用于增值税应税项目(不含免征增值税项目)也用于非增值税应税项目、免征增值税(以下简称免税)项目、集体福利或者个人消费的固定资产。固定资产,是指使用期限超过 12 个月的机器、机械、运输工具以及其他与生产经营有关的设备、工具、器具等。个人消费包括纳税人的交际应酬消费。

(2)提供加工、修理修配劳务,又称销售应税劳务,是指在中国境内有偿提供加工、修理修配劳务。但不包括非增值税应税项目,即提供非增值税应税劳务、转让无形资产、销售不动产和不动产在建工程。

下列几种特殊的销售行为也征收增值税:

(1)视同销售行为:将货物交付其他单位或者个人代销;销售代销货物;设有两个以上机构并实行统一核算的纳税人,将货物从一个机构移送其他机构用于销售,但相关机构设在同一县(市)的除外;将自产或者委托加工的货物用于非增值税应税项目;将自产、委托加工的货物用于集体福利或者个人消费;将自产、委托加工或者购进的货物作为投资,提供给其他单位或者个体工商户;将自产、委托加工或者购进的货物分配给股东或者投资者;将自产、委托加工或者购进的货物无偿赠送其他单位或者个人。

(2)混合销售行为:是指一项销售行为既涉及货物,又涉及非应税劳务的行为。从事货物的生产、批发或者零售的企业、企业性单位和个体工商户的混合销售行为,视为销售货物,应当缴纳增值税;其他单位和个人的混合销售行为,视为销售非增值税应税劳务,不缴纳增值税。销售自产货物并同时提供建筑业劳务的行为,或财政部、国家税务总局规定的其他情形的混合销售行为,应当分别核算货物的销售额和非增值税应税劳务的营业额,并根据其销售货物的销售额计算缴纳增值税,非增值税应税劳务的营业额不缴纳增值税;未分别核算的,由主管税务机关核定其货物的销售额。

(3)兼营行为:纳税人兼营不同税率的货物或者应税劳务,应分别核算不同税率货物或应税劳务的销售额。一般纳税人兼营免税项目或者非增值税应税劳务而无法划分不得抵扣的进项税额的,按下列公式计算不得抵扣的进项税额:不得抵扣的进项税额=当月无法划分的全部进项税额×当月免税项目销售额、非增值税应税劳务营业额合计÷当月全部销售额、营业额合计。

3.税率。增值税采用比例税率,一般有基本税率、低税率和零税率三种。纳税人销售或进口货物、提供加工、修理修配劳务的,适用基本税率17%。适用低税率13%的产品包括销售、进口下列5类产品:(1)粮食、食用植物油;(2)自来水、暖气、冷气、热水、煤气、石油液化气、天然气、沼气、居民用煤炭制品;(3)图书、报纸、杂志;(4)饲料、化肥、农药、农机、农膜;(5)国务院规定的其他货物,如1994年,国务院决定将农业产品、金属矿采选产品、非金属矿采选产品的增值税率由17%调整为13%。零税率是一种税收优惠政策,一般只适用于出口货物。小规模纳税人增值税的征收率为3%。

4.增值税实行价外计征的办法。应纳税额的计算公式分别为:(1)一般纳税人销售货物或者提供应税劳务,其应纳税额为当期销项税额抵扣当期进项税额后的余额。应纳税额计算公式为:应纳税额=当期销项税额-当期进项税额。

因当期销项税额小于当期进项税额不足抵扣时，其不足抵扣部分可以结转下期继续抵扣；(2)进口的应税货物，按照组成计税价格和规定的增值税税率计算应纳税额。应纳税额计算公式为：应纳税额＝组成计税价格×税率；(3)小规模纳税人销售货物或者提供应税劳务，按照销售额和规定的征收率，实行简易办法计算应纳税额，不得抵扣进项税额。计算公式为：应纳税额＝销售额×征收率。

销项税额是纳税人销售货物或者应税劳务，按照销售额和增值税税率计算，并向购买方收取的增值税额。销项税额计算公式：销项税额＝销售额×税率

增值税销售额及其计算方法：(1)增值税销售额。销售额是纳税人销售货物或者应税劳务向购买方收取的全部价款和价外费用，但是不包括收取的销项税额。如果销售货物是消费税应税产品或进口产品，则全部价款中包括消费税或关税。价外费用包括价外向购买方收取的手续费、补贴、基金、集资费、返还利润、奖励费、违约金、滞纳金、延期付款利息、赔偿金、代收款项、代垫款项、包装费、包装物租金、储备费、优质费、运输装卸费以及其他各种性质的价外收费。但下列项目不包括在内：第一，受托加工应征消费税的消费品所代收代缴的消费税。第二，同时符合以下条件的代垫运输费用：承运部门的运输费用发票开具给购买方的；纳税人将该项发票转交给购买方的。第三，同时符合以下条件代为收取的政府性基金或者行政事业性收费：由国务院或者财政部批准设立的政府性基金，由国务院或者省级人民政府及其财政、价格主管部门批准设立的行政事业性收费；收取时开具省级以上财政部门印制的财政票据；所收款项全额上缴财政。第四，销售货物的同时代办保险等而向购买方收取的保险费，以及向购买方收取的代购买方缴纳的车辆购置税、车辆牌照费。(2)纳税人进口货物，以组成计税价格为计算其增值税的计税依据。其计算公式如下：组成计税价格＝关税完税价格＋关税＋消费税。(3)一般纳税人销售货物或者提供应税劳务，采用销售额和销项税额合并定价方法的，按以下公式计算销售额：销售额＝含税销售额÷(1＋税率)。(4)混合销售行为且按规定应当征收增值税的，其销售额为货物与非应税劳务的销售额的合计；兼营非应税劳务且按规定应当征收增值税的，其销售额为货物或者应税劳务与非应税劳务的销售额的合计。(5)纳税人销售货物或者提供应税劳务的价格明显偏低并无正当理由的，或者视同销售行为而无销售额的，由主管税务机关核定其销售额。税务机关可按下列顺序确定销售额：①按纳税人最近时期同类货物的平均销售价格确定；②按其他纳税人最近时期同类货物的平均销售价格确定；③按组成计税价格确定。组成计税价格的公式为：组成计税价格＝成本×(1＋成本利润率)；属于应征消费税的货物，其组成计税价格中应加计消费税额。公式中的成本是指销售自产货物的为实际生产成本，销售外购货物的为实际采购成本。公式中的成本利润率由国家税务总局

确定。

纳税人购进货物或者接受应税劳务支付或者负担的增值税额，为进项税额。准予从销项税额中抵扣进项税额的项目：(1)从销售方取得的增值税专用发票上注明的增值税额；(2)从海关取得的海关进口增值税专用缴款书上注明的增值税额；(3)购进农产品，除取得增值税专用发票或者海关进口增值税专用缴款书外，按照农产品收购发票或者销售发票上注明的农产品买价和13%的扣除率计算的进项税额，进项税额计算公式：进项税额＝买价×扣除率；(4)购进或者销售货物以及在生产经营过程中支付运输费用的，按照运输费用结算单据上注明的运输费用金额和7%的扣除率计算的进项税额。进项税额计算公式：进项税额＝运输费用金额×扣除率。准予抵扣的项目和扣除率的调整，由国务院决定。

不得从销项税额中抵扣进项税额的项目：(1)用于非增值税应税项目、免征增值税项目、集体福利或者个人消费的购进货物或者应税劳务；(2)非正常损失的购进货物及相关的应税劳务；(3)非正常损失的在产品、产成品所耗用的购进货物或者应税劳务；(4)国务院财政、税务主管部门规定的纳税人自用消费品；(5)上述第(1)项至第(4)项所涉货物的运输费用和销售免税货物的运输费用。非正常损失，是指因管理不善造成被盗、丢失、霉烂变质的损失。纳税人自用的应征消费税的摩托车、汽车、游艇，其进项税额不得从销项税额中抵扣。

5. 征收环节。增值税实行多环节征税，其纳税环节为货物或应税劳务销售环节和进口货物的报关进口环节。进口货物应纳的增值税由海关代征。

6. 免税。下列项目免征增值税：(1)农业生产者销售的自产农产品；(2)避孕药品和用具；(3)古旧图书；(4)直接用于科学研究、科学试验和教学的进口仪器、设备；(5)外国政府、国际组织无偿援助的进口物资和设备；(6)由残疾人的组织直接进口供残疾人专用的物品；(7)销售的自己使用过的物品。除此之外增值税的其他免税、减税项目，由国务院规定，任何地区、部门均不得规定免税、减税项目。纳税人兼营免税、减税项目的，应当分别核算免税、减税项目的销售额；未分别核算销售额的，不得免税、减税。纳税人可以放弃免税，依照条例的规定缴纳增值税；放弃免税后，36个月内不得再申请免税。

7. 起征点。纳税人销售额未达到国务院财政、税务主管部门规定的增值税起征点的，免征增值税；达到起征点的，依照规定全额计算缴纳增值税。增值税起征点的适用范围限于个人。增值税起征点的幅度规定如下：(1)销售货物的，为月销售额2000～5000元；(2)销售应税劳务的，为月销售额1500～3000元；(3)按次纳税的，为每次(日)销售额150～200元。

二、消费税法律制度

(一)消费税条例

消费税是指对一些特定消费品征收的一种税。根据当时的经济发展状况与消费结构,1993年12月13日国务院发布了《中华人民共和国消费税暂行条例》,并于1994年1月1日起施行。2006年,我国的消费税政策作了较大的调整,体现了我国产业结构、消费结构以及节能、环保等方面的要求。2008年为了拉动内需、刺激国内消费、节约资源和加强环境保护的需要,同时使消费税制度与增值税的转型相适应,国务院重新修订了《中华人民共和国消费税暂行条例》,并自2009年1月1日起施行。新的消费税条例调整的主要内容:第一,金银首饰、铂金首饰、钻石及钻石饰品的消费税调整在零售环节征收。第二,对卷烟和白酒实行复合计税办法。应纳税额=销售额×比例税率+销售数量×定额税率。其中,纳税人自产自用的应税消费品组成计税价格=(成本+利润+自产自用数量×定额税率)÷(1-比例税率);委托加工的应税消费品,组成计税价格=(材料成本+加工费+委托加工数量×定额税率)÷(1-比例税率);进口的应税消费品,组成计税价格=(关税完税价格+关税+进口数量×消费税定额税率)÷(1-消费税比例税率)。第三,税目由11项调整为14项,细目增多,范围更广。甲类卷烟和乙类卷烟增加从量计征0.003元/支规定,乙类卷烟税率从40%降到30%;不再区分粮食白酒与薯类白酒,粮食白酒、薯类白酒的比例税率统一为20%。定额税率为0.5元/斤(500克)或0.5元/500毫升,从量定额税的计量单位按实际销售商品重量确定;新增高尔夫球及球具、高档手表、游艇、木制一次性筷子、实木地板税目;取消汽油、柴油税目,增列成品油税目,新增石脑油、溶剂油、润滑油、燃料油、航空煤油五个子目;取消护肤护发品税目,将原属于护肤护发品征税范围的高档护肤类化妆品列入化妆品税目;调整小汽车税目税率、取消小汽车税目下的小轿车、越野车、小客车子目,在小汽车税目下分设乘用车、中轻型商用客车子目;调整摩托车税率,将摩托车税率改为按排量分档设置;调整汽车轮胎税率,将汽车轮胎10%的税率下调到3%。第四,在销售和有偿转让的定义、外汇销售额的折算、价外费用、纳税义务发生时间等方面的规定与增值税条例进行衔接,保持一致,如将纳税申报期限从10日延长至15日。

(二)消费税条例的具体内容

1.纳税义务人

消费税的纳税人是在我国境内生产、委托加工和进口规定的消费品的单位和个人,以及国务院确定的销售本条例规定的消费品的其他单位和个人。纳税人生产的应税消费品,于销售时纳税;自产自用的应税消费品,用于连续生产应税消费品的不纳税，用于其他方面的，于移送使用时纳税；委托加工的应税消费，受托方在向委托方交货时代收代缴税款；进口的应税消费品，于报关进口时纳税，税款由海关代征。

2.征收范围与税目

(1)烟。分卷烟、雪茄烟和烟丝，其中卷烟又分甲类卷烟和乙类卷烟。

(2)酒及酒精。分白酒、黄酒、啤酒、其他酒和酒精，啤酒分甲类啤酒和乙类啤酒。

(3)化妆品。

(4)贵重首饰及珠宝玉石。分金银首饰、铂金首饰和钻石及钻石饰品，其他贵重首饰和珠宝玉石。

(5)鞭炮、焰火。

(6)成品油。分汽油、柴油、航空煤油、石脑油、溶剂油、润滑油和燃料油，其中汽油分含铅汽油和无铅汽油。

(7)汽车轮胎。

(8)摩托车。分气缸容量(排气量，下同)在250毫升(含250毫升)以下和气缸容量在250毫升以上。

(9)小汽车。分乘用车和中轻型商用客车。

(10)高尔夫球及球具。

(11)高档手表。

(12)游艇。

(13)木制一次性筷子。

(14)实木地板。

3.税率

(1)甲类卷烟45%加0.003元/支，乙类卷烟30%加0.003元/支；雪茄烟25%；烟丝30%。

(2)白酒20%加0.5元/500克(或者500毫升)，黄酒240元/吨，甲类啤酒250元/吨，乙类啤酒220元/吨，其他酒10%，酒精5%。

(3)化妆品30%。

(4)金银首饰、铂金首饰和钻石及钻石饰品5%，其他贵重首饰和珠宝玉石10%。

(5)鞭炮、焰火15%。

(6)含铅汽油0.28元/升，无铅汽油0.20元/升，柴油0.10元/升，航空煤油0.10元/升，石脑油0.20元/升，溶剂油0.20元/升，润滑油0.20元/升，燃料油0.10元/升。

(7)汽车轮胎3%。

(8)摩托车分气缸容量(排气量,下同)在250毫升(含250毫升)以下的3%,气缸容量在250毫升以上的10%。

(9)小汽车。乘用车气缸容量(排气量,下同)在1.0升(含1.0升)以下的1%,气缸容量在1.0升以上至1.5升(含1.5升)的3%,气缸容量在1.5升以上至2.0升(含2.0升)的5%,气缸容量在2.0升以上至2.5升(含2.5升)的9%,气缸容量在2.5升以上至3.0升(含3.0升)的12%,气缸容量在3.0升以上至4.0升(含4.0升)的25%,气缸容量在4.0升以上的40%;中轻型商用客车5%。

(10)高尔夫球及球具10%。

(11)高档手表20%。

(12)游艇10%。

(13)木制一次性筷子5%。

(14)实木地板5%。

4.征收方式

消费税实行从价定率、从量定额,或者从价定率和从量定额复合计税的办法计算应纳税额。应纳税额计算公式:实行从价定率办法计算的应纳税额=销售额×比例税率,实行从量定额办法计算的应纳税额=销售数量×定额税率,实行复合计税办法计算的应纳税额=销售额×比例税率+销售数量×定额税率。纳税人销售的应税消费品,以人民币计算销售额,纳税人以人民币以外的货币结算销售额的,应当折合成人民币计算。

三、营业税法律制度

营业税是对在我国境内提供应税劳务、转让无形资产和销售不动产的单位和个人,就其营业收入征收的一种税。1984年9月18日国务院发布了《中华人民共和国营业税条例(草案)》,1993年我国对营业税进行了改革,国务院于1993年12月13日发布了《中华人民共和国营业税暂行条例》,自1994年1月1日起施行。为了适应拉动内需、配合增值税转型的需要,2008年国务院重新修订了营业税条例,新的营业税条例已于2009年1月1日起开始实施。其内容主要是:

(一)营业税的纳税义务人

在中华人民共和国境内提供本条例规定的劳务、转让无形资产或者销售不动产的单位和个人,均是营业税的纳税人,应当依法缴纳营业税。

（二）营业税的征税范围

1. 劳务。劳务是指属于交通运输业、建筑业、金融保险业、邮电通信业、文化体育业、娱乐业、服务业税目征收范围的劳务，即应税劳务。

2. 转让无形资产。

3. 销售不动产。

（三）特殊情况的处理

1. 视同应税行为。对单位或者个人将不动产或者土地使用权无偿赠送其他单位或者个人；或单位或者个人自己新建建筑物后销售，其所发生的自建行为；及财政部、国家税务总局规定的其他视同发生应税行为的行为，应缴纳营业税。

2. 混合销售行为。混合销售行为是指一项销售行为如果既涉及应税劳务又涉及货物。

从事货物的生产、批发或者零售的企业、企业性单位和个体工商户的混合销售行为，视为销售货物，不缴纳营业税；其他单位和个人的混合销售行为，视为提供应税劳务，缴纳营业税。但纳税人提供建筑业劳务的同时销售自产货物的行为或财政部、国家税务总局规定的其他混合销售行为，应当分别核算应税劳务的营业额和货物的销售额，其应税劳务的营业额缴纳营业税，货物销售额不缴纳营业税；未分别核算的，由主管税务机关核定其应税劳务的营业额。

3. 兼营行为。纳税人兼有不同税目的应当缴纳营业税的劳务、转让无形资产或者销售不动产，应当分别核算不同税目的营业额、转让额、销售额；未分别核算营业额的，从高适用税率。

（四）税率

1. 交通运输业 3%；2. 建筑业 3%；3. 金融保险业 5%；4. 邮电通信业 3%；5. 文化体育业 3%；6. 娱乐业 5%～20%；7. 服务业 5%；8. 转让无形资产 5%；9. 销售不动产 5%。

（五）征收方式

纳税人提供应税劳务、转让无形资产或者销售不动产，按照营业额和规定的税率计算应纳税额。应纳税额＝营业额×税率。营业额＝营业成本或者工程成本×（1＋成本利润率）÷（1－营业税税率）。

四、关税法律制度

关税是指设在边境、沿海口岸或国家指定的其他水、陆、空国际交往通道的海关，按照规定，对进出国境的货物、物品征收的一种税。关税分为进口税和出口税。关税法主要有 1987 年 1 月 22 日六届全国人大常委会第十九次会议通过、2000 年 7 月 8 日九届全国人大常委会第十六次会议修正的《中华人民共和国海关法》,国务院于1985年3月7日发布、1987年9月12日第一次修订、1992年3月18日第二次修订发布的《中华人民共和国进出口关税条例》等。关税税率分为进口税税率和出口税税率。进口关税的税率有普通和优惠之分。出口关税的税率没有普通和优惠之分。关税由海关征收。

第三节 所得税法律制度

一、企业所得税法律制度

企业所得税是对我国境内,企业和其他取得收入的组织,征收的一种税。我国内资企业所得税制是1984年以后逐步建立起来的,按不同经济性质分别设立了国营企业所得税、国营企业调节税、集体企业所得税和私营企业所得税等。1993年税制改革,分别制定了内外有别企业所得税制度,即《中华人民共和国企业所得税暂行条例》和《中华人民共和国外商投资企业与外国企业所得税法》,为了建立公平的市场竞争机制,更好培育税源,妥善处理所得税领域中偷税、避税问题,维护正常的税收法律秩序,2007年3月16日第十届全国人民代表大会第五次会议通过了《中华人民共和国企业所得税法》,并于2008年1月1日正式生效。

1.纳税主体。在我国境内的企业和其他取得收入的组织,个人独资企业、合伙企业不包括在内。企业分为居民企业和非居民企业。依照中国法律、法规在中国境内成立,或者依照外国(地区)法律成立但实际管理机构在中国境内的企业,为居民企业。依照外国(地区)法律、法规成立且实际管理机构不在中国境内,但在中国境内设立机构、场所的,或者在中国境内未设立机构、场所,但有来源于中国境内所得的企业,为非居民企业。

2.征税对象。企业所得税的征税对象是企业的生产经营所得和其他所得。居民企业应当就其来源于中国境内、境外的所得缴纳企业所得税。非居民企业在中国境内设立机构、场所的,应当就其所设机构、场所取得的来源于中国境内的所得,以及发生在中国境外但与其所设机构、场所有实际联系的所得,缴纳企业所得税。非居民企业在中国境内未设立机构、场所的,或者虽设立机构、场所但取得的所得与其所设机构、场所没有实际联系的,应当就其来源于中国境内的所得缴纳企业所得税。应纳税所得额等于企业每一纳税年度的收入总额,减除不征税收入、免税收入、各项扣除以及允许弥补的以前年度亏损后的余额。

(1)收入总额。企业收入总额是其以货币形式和非货币形式从各种来源取得的收入,包括:销售货物收入;提供劳务收入;转让财产收入;股息、红利等权益性投资收益；利息收入；租金收入；特许权使用费收入；接受捐赠收入；其他收入。但财政拨款；依法收取并纳入财政管理的行政事业性收费、政府性基金；国务院规定的其他不征税收入，为企业不征税收入。

非居民企业在中国境内未设立机构、场所的，或者虽设立机构、场所但取得的所得与其所设机构、场所没有实际联系的，按照下列方法计算其应纳税所得额：第一，股息、红利等权益性投资收益和利息、租金、特许权使用费所得，以收入全额为应纳税所得额；第二，转让财产所得，以收入全额减除财产净值后的余额为应纳税所得额；第三，其他所得，参照前两项规定的方法计算应纳税所得额。

(2)准予扣除项目。企业实际发生的与取得收入有关的、合理的支出，包括成本、费用、税金、损失和其他支出，准予在计算应纳税所得额时扣除。发生的公益性捐赠支出，在年度利润总额 12％以内的部分，准予在计算应纳税所得额时扣除。在计算应纳税所得额时，企业按照规定计算的固定资产折旧、无形资产摊销费用，准予扣除。已足额提取折旧的固定资产的改建支出，租入固定资产的改建支出，固定资产的大修理支出，其他应当作为长期待摊费用的支出，作为长期待摊费用，按照规定摊销的，准予扣除。企业使用或者销售存货，按照规定计算的存货成本，准予在计算应纳税所得额时扣除。转让资产，该项资产的净值，准予在计算应纳税所得额时扣除。

(3)不准扣除项目。下列支出不得扣除：第一，向投资者支付的股息、红利等权益性投资收益款项；企业所得税税款；税收滞纳金；罚金、罚款和被没收财物的损失；本法第 9 条规定以外的捐赠支出；赞助支出；未经核定的准备金支出；与取得收入无关的其他支出。第二，下列固定资产不得计算折旧扣除：房屋、建筑物以外未投入使用的固定资产；以经营租赁方式租入的固定资产；以融资租赁方式租出的固定资产；已足额提取折旧仍继续使用的固定资产；与经营活动无关的固定资产；单独估价作为固定资产入账的土地；其他不得计算折旧扣除的固定资产。第三，下列无形资产不得计算摊销费用扣除：自行开发的支出已在计算应纳税所得额时扣除的无形资产；自创商誉；与经营活动无关的无形资产；其他不得计算摊销费用扣除的无形资产。第四，企业对外投资期间，投资资产的成本在计算应纳税所得额时不得扣除。

3.税率。企业所得税采用比例税率，税率为 25％；非居民企业在中国境内未设立机构、场所的，或者虽设立机构、场所但取得的所得与其所设机构、场所没有实际联系的，应当就其来源于中国境内的所得缴纳企业所得税，适用税率为 20％。

4.税收优惠。统一了税收优惠制度，明确对国家重点扶持和鼓励发展的产业和项目，给予企业所得税优惠。

(1)免税收入。国债利息收入;符合条件的居民企业之间的股息、红利等权益性投资收益;在中国境内设立机构、场所的非居民企业从居民企业取得与该机构、场所有实际联系的股息、红利等权益性投资收益;符合条件的非营利组织的收入。

(2)可以免征、减征企业所得税的收入。从事农、林、牧、渔业项目的所得;从事国家重点扶持的公共基础设施项目投资经营的所得;从事符合条件的环境保护、节能节水项目的所得;符合条件的技术转让所得;本法第3条第3款规定的所得。

(3)扶持中小企业。符合条件的小型微利企业,减按20%的税率征收企业所得税。国家需要重点扶持的高新技术企业,减按15%的税率征收企业所得税。

(4)税收优惠决定权。民族自治地方的自治机关对本民族自治地方的企业应缴纳的企业所得税中属于地方分享的部分,可以决定减征或者免征。自治州、自治县决定减征或者免征的,须报省、自治区、直辖市人民政府批准。

(5)允许企业支出在计算应纳税所得额时的加计扣除。开发新技术、新产品、新工艺发生的研究开发费用;安置残疾人员及国家鼓励安置的其他就业人员所支付的工资。创业投资企业从事国家需要重点扶持和鼓励的创业投资,可以按投资额的一定比例抵扣应纳税所得额。企业的固定资产由于技术进步等原因,确需加速折旧的,可以缩短折旧年限或者采取加速折旧的方法。企业综合利用资源,生产符合国家产业政策规定的产品所取得的收入,可以在计算应纳税所得额时减计收入。企业购置用于环境保护、节能节水、安全生产等专用设备的投资额,可以按一定比例实行税额抵免。

5.特别纳税调整。特别纳税调整是新企业所得税法修改的一项重要内容,目的是为了规范企业关联交易的纳税行为。基本的内容:

(1)企业与其关联方之间的业务往来,不符合独立交易原则而减少企业或者其关联方应纳税收入或者所得额的,税务机关有权按照合理方法调整。

(2)企业与其关联方共同开发、受让无形资产,或者共同提供、接受劳务发生的成本,在计算应纳税所得额时应当按照独立交易原则进行分摊。

(3)预约定价制度。企业可以向税务机关提出与其关联方之间业务往来的定价原则和计算方法,税务机关与企业协商、确认后,达成预约定价安排。

(4)企业向税务机关报送年度企业所得税纳税申报表时,应当就其与关联方之间的业务往来,附送年度关联业务往来报告表。税务机关在进行关联业务调查时,企业及其关联方,以及与关联业务调查有关的其他企业,应当按照规定提供相关资料。

(5)企业不提供与其关联方之间业务往来资料，或者提供虚假、不完整资料，未能真实反映其关联业务往来情况的，税务机关有权依法核定其应纳税所得额。

(6)由居民企业，或者由居民企业和中国居民控制的设立在实际税负明显低于税率25%水平的国家(地区)的企业，并非由于合理的经营需要而对利润不作分配或者减少分配的，上述利润中应归属于该居民企业的部分，应当计入该居民企业的当期收入。

企业从其关联方接受的债权性投资与权益性投资的比例超过规定标准而发生的利息支出，不得在计算应纳税所得额时扣除。

(7)企业实施其他不具有合理商业目的的安排而减少其应纳税收入或者所得额的，税务机关有权按照合理方法调整。

(8)税务机关依照规定作出纳税调整需要补征税款的，应当补征税款，并按照国务院规定加收利息。

6.亏损弥补和税收抵免。纳税人发生年度亏损的，可以用下一纳税年度的所得弥补；下一纳税年度的所得不足弥补的，可以逐年延续弥补，但是延续弥补期最长不得超过5年。5年内不论是盈利或亏损，应连续计算弥补的年限。纳税人来源于中国境外的所得，已在境外缴纳的所得税税款，准予在汇总纳税时，从其应纳税额中扣除，但是扣除额不得超过其境外所得依照《中华人民共和国企业所得税暂行条例》规定计算的应纳税额。

7.税收征管。企业所得税按纳税年度计算。企业所得税分月或者分季预缴。企业应当自月份或者季度终了之日起15日内，向税务机关报送预缴企业所得税纳税申报表，预缴税款。企业应当自年度终了之日起5个月内，向税务机关报送年度企业所得税纳税申报表，并汇算清缴，结清应缴应退税款。企业在报送企业所得税纳税申报表时，应当按照规定附送财务会计报告和其他有关资料。

二、个人所得税法律制度

个人所得税，是指对个人(即自然人)取得的各项应税所得征收的一种税。1980年9月10日五届全国人大第三次会议通过、1993年10月31日八届全国人大常委会第四次会议第一次修正、1999年8月30日九届全国人大常委会第十一次会议第二次修正并发布的《中华人民共和国个人所得税法》(以下简称《个人所得税法》)，以及国务院于1994年1月28日发布的《中华人民共和国个人所得税法实施条例》(以下简称《个人所得税实施条例》)，构成我国个人所得税的基本法律制度。

根据《个人所得税法》和《个人所得税法实施条例》等的规定，个人所得税的纳税义务人包括中国公民、个体工商户、合伙企业、个人独资企业以及在中国有所得的外籍人员(包括无国籍人员)和香港、澳门、台湾同胞。个人所得税的征税对象包括下列个人所得:1.工资、薪金所得;2.个体工商户的生产、经营所得;3.对企事业单位的承包经营、承租经营所得;4.劳务报酬所得;5.稿酬所得;6.特许权使用费所得;7.利息、股息、红利所得;8.财产租赁所得;9.财产转让所得;10.偶然所得;11.经国务院财政部门确定征税的其他所得。

个人所得税实行超额累进税率与比例税率相结合的税率体系。具体规定如下:1.工资、薪金所得,适用超额累进税率,税率为5%至45%;2.个体工商户的生产、经营所得和对企事业单位的承包经营、承租经营所得,适用5%至35%的超额累进税率;3.稿酬所得,适用比例税率,税率为20%并按应纳税额减征30%;4.劳务报酬所得,适用比例税率,税率为20%。对劳务报酬所得一次收入畸高的,可以实行加权征收;5.特许权使用费所得,利息、股息、红利所得,财产租赁所得,财产转让所得,偶然所得和其他所得,适用比例税率,税率为20%。

所得额的计算。1.工资、薪金所得,以每月收入额减除费用2000元后的余额,为应纳税所得额。2.个体工商户的生产、经营所得,以每一纳税年度的收入总额,减除成本、费用后的余额,为应纳税所得额。3.对企事业单位的承包经营、承租经营所得,以每一纳税年度的收入总额,减除必要费用后的余额,为应纳税所得额。4.劳务报酬所得、稿酬所得、特许权使用费所得、财产租赁所得,每次收入不超过4000元的,减除费用800元;4000元以上的,减除20%的费用,其余额为应纳税所得额。5.财产转让所得,以转让财产的收入额减除财产原值和合理费用后的余额,为应纳税所得额。6.利息、股息、红利所得,偶然所得和其他所得,以每次收入额为应纳税所得额。其中,凡个人直接从各商业银行、城市信用合作社、农村信用合作社等办理储蓄业务的机构以及邮政企业等依法办理储蓄业务的机构取得的储蓄存款利息,应按照国务院《对储蓄存款利息所得征收个人所得税的实施办法》的规定计算缴纳储蓄存款利息所得个人所得税,但为了保证和支持社会保障制度和住房制度改革的顺利实施,按照国家或省级地方政府规定的比例缴存的住房公积金、医疗保险金、基本养老保险金、失业保险基金存入银行个人账户所取得的利息收入免征个人所得税。个人将其所得对教育事业和其他公益事业捐赠的部分,按照国务院有关规定从应纳税所得中扣除。对在中国境内无住所而在中国境内取得工资、薪金所得的纳税义务人和在中国境内有住所而在中国境外取得工资、薪金所得的纳税义务人,可以根据其平均收入水平、生活水平以及汇率变化情况确定附加减除费用2800元。纳税义务人从中国境外取得的所得,准予其在应纳税额中扣除已在境外缴纳的个人所得税税额,但扣除额不得超过该纳税义务人境外所得依照个人所得税法计算的应纳税额。

在我国,比较重要的税种还有财产税中的土地增值税。土地增值税是指对转让国有土地使用权、地上建筑物及其附着物，并取得收入的单位和个人，就其转让房地产所取得的增值额征收的一种税。土地增值税的特点是：增值多的多征，增值少的少征，无增值的不征。1993 年 12 月 13 日国务院通过了《中华人民共和国土地增值税暂行条例》，自 1994 年 1 月 1 日起施行。1995 年 1 月 27 日财政部发布了《中华人民共和国土地增值税暂行条例实施细则》，并于发布之日起施行。

根据《土地增值税暂行条例》的规定，土地增值税的纳税义务人为转让国有土地使用权、地上建筑物及其附着物并取得收入的单位和个人。单位包括各类企业、事业单位、国家机关和社会团体及其他组织；个人包括个体经营者。土地增值税的征税范围包括：(1)转让国有土地使用权；(2)地上的建筑物及其附着物连同国有土地使用权一并转让。土地增值税实行以下四级超率累进税率：(1)增值额未超过扣除项目金额 50%的部分，税率为 30%；(2)增值额超过扣除项目金额 50%、未超过扣除项目金额 100%的部分，税率为 40%；(3)增值额超过扣除项目金额 100%、未超过扣除项目金额 200%的部分，税率为 50%；(4)增值额超过扣除项目金额 200%的部分，税率为 60%。

第四节　税收程序法

税收程序法，就是规范税收征收管理程序的法律规范的总称。1992 年 9 月 4 日七届全国人大常委会第二十七次会议通过了《中华人民共和国税收征收管理法》(以下简称《税收征管法》)，并于 1993 年 1 月 1 日起施行。1993 年 8 月 4 日，国务院发布了《中华人民共和国税收征收管理法实施细则》(以下简称《实施细则》)，自发布之日起施行。1995 年 2 月 28 日八届全国人大常委会第十二次会议又作了修改，通过了《关于修改税收征收管理法的决定》。2001 年 4 月 28 日九届全国人大常委会第二十一次会议重新修订了《税收征管法》，修订后的《税收征管法》自 2001 年 5 月 1 日起施行。该法适用于依法由税务机关征收的各种税收的征收管理。我国税收程序法的主要内容包括税务管理、税款征收、税务检查、法律责任、税务争议的解决等。

一、税务管理

(一)税务登记

税务登记，是纳税人应当向税务机关办理书面登记的法定手续。办理税务登记是为了建立正常的征税秩序。通过税务登记，意味着纳税人的生产经营活动得到税法的认可，其合法权益受税法的保护。

税务登记是税收程序的重要环节。《税法》规定，一切经工商行政管理部门批准，从事生产、经营的单位和个人，以及不从事生产、经营活动但依照法律、行政法规规定负有纳税义务的单位和个人，必须在规定的时间内向税务机关书面申报办理税务登记，如实填写税务登记表，应根据不同情况，按不同规定办理税务登记。

1. 凡经工商行政管理部门批准，从事生产、经营的纳税人，应自领取营业执照之日起 30 日内向所在地税务机关申报办理税务登记。

2. 非从事生产、经营的单位和个人，应当自依照税收法律、行政法规的规定成为法定纳税人之日起 30 日内向所在地主管税务机关办理税务登记。

3. 纳税人办理税务登记后，如发生税务登记内容变化时，在工商行政管理部门办理注册登记的，应当自工商行政管理部门办理变更登记之日起 30 日内，持有关证件向原税务登记机关申报办理变更税务登记；按照规定纳税人不需要在工商行政管理部门办理注册登记的，应当自有关机关批准或者宣布变更之日起 30 日内，持有关证件向原税务登记机关申报办理变更税务登记。

4. 纳税人发生解散、破产、撤销以及其他情形，依法终止纳税义务的，应当在向工商行政管理部门办理注销登记前，持有关证件向原税务登记机关申报办理注销税务登记；按照规定不需要在工商行政管理部门办理注册登记的，应当自有关机关批准或者宣告终止之日起 15 日内，持有关证件向原税务登记机关申报办理注销税务登记。

5. 纳税人因住所、经营地点变动而涉及改变税务登记机关的，应当在向工商行政管理部门办理变更或注销登记前或者住所、经营地点变动前，向原税务登记机关申报办理注销税务登记，并向迁达地税务机关申请办理税务登记。

6. 纳税人被工商行政管理部门吊销营业执照的，应当自营业执照被吊销之日起 15 日内，向原税务登记机关申报办理注销税务登记，纳税人在办理注销税务登记前，应当向税务机关结清应纳税款、滞纳金、罚款，缴销发票和其他税务证件。

（二）账簿、凭证管理

账簿是用以记录各项经济业务的簿籍，是编制报表的依据。凭证是指会计凭证，它是记载经济业务的发生，明确经济责任，作为记账依据的书面证明。《税法》规定，从事生产、经营的纳税人应自领取营业执照之日起 15 日内按国务院财政、税务主管部门的规定设置账簿，根据合法、有效凭证记账，进行核算。生产规模小又确无建账能力的个体工商户，可以聘请注册会计师或者税务机关认可的财会人员代为建账和办理账务；仍有困难的，经县级以上税务机关批准，可以按照税务机关的规定，建立收支凭证粘贴簿、进货销货登记簿等。

从事生产、经营的纳税人应当自领取税务登记证件之日起15日内，将其财务、会计制度或财务、会计处理办法报送税务机关备案。扣缴义务人应当自税收法律、行政法规规定的扣缴义务发生之日起10日内，按照所代扣、代收的税种，分别设置代扣代缴、代收代缴税款账簿。

发票由税务机关统一管理，未经省、自治区、直辖市人民政府税务主管部门批准，不得自行印刷、出售或承印发票。增值税专用发票由国家税务总局统一印制。

从事生产、经营的纳税人和扣缴义务人必须按照国务院财政、税务主管部门规定的保管期限保管账簿、会计凭证、完税凭证及其他有关资料。

(三)纳税申报

纳税申报就是纳税人就纳税事项向税务机关提出书面报告。它是纳税人履行纳税义务的法定程序，也是税务机关核定应征税额和填开应税凭证的主要依据——纳税人。扣缴义务人必须在法律、行政法规规定的或者税务机关依照法律、行政法规确定的申报期限内，到主管税务机关办理纳税申报或者报送代扣代缴、代收代缴税款报告表。纳税申报的方式有直接申报、邮寄申报、数据电文申报和其他法定方式。

纳税人享受减税、免税待遇的，在减、免税期间也应当按照规定办理纳税申报。

纳税人、扣缴义务人按照规定的期限办理纳税申报或者报送代扣代缴、代收代缴税款报告表确有困难，需要延期的，应当在规定的期限内向税务机关提出书面延期申请，经税务机关核准，在核准的期限内办理。如果是纳税人、扣缴义务人因不可抗力的原因而不能如期办理的，可延期办理，但是，应当在不可抗力情形消除后立即向税务机关报告，税务机关查明事实后，予以核准。

二、税款征收

税款征收是指税务机关按照税款规定将纳税人应纳的税款收缴入库。税款征收是税收征收管理的核心环节。

(一)征收税款方式

税务机关可以采取查账征收、查定征收、查验征收、定期定额征收、委托代征以及其他方式征收税款。如按正常的征收方式难以征收税款，可以采取核定税额的办法。

(二)延期纳税

《税法》规定，纳税人、扣缴义务人应在规定的期限内缴纳或者解缴税款，纳税人因有特殊困难，不能按期缴纳税款的，经县以上税务局(分局)批准，可以延期缴纳税款，但最长不得超过3个月。税务机关征收税款和扣缴义务人代扣、代收税款时，必须给纳税人开具完税凭证。

(三)税款征收措施

1.加收滞纳金

纳税人未按期纳税的，税务机关除责令限期缴纳外，从滞纳税款之日起，按日加收滞纳税款0.5‰的滞纳金。

2.税收保全措施

《税法》规定，税务机关有根据认为从事生产、经营的纳税人有逃避纳税义务行为的，可以在规定的纳税期之前，责令限期缴纳应纳税款；在限期内发现纳税人有明显的转移、隐匿其应纳税的商品、货物以及其他财产或者应纳税的收入的迹象的，税务机关可以责成纳税人提供纳税担保。如果纳税人不能提供纳税担保的，经县以上税务局(分局)局长批准，税务机关可以采取以下税收保全措施：(1)书面通知纳税人开户银行或者其他金融机构冻结纳税人的金额相当于应纳税款的存款；(2)扣押、查封纳税人的价值相当于应纳税款的商品、货物或者其他财产。对于采取税收保全措施不当，或者纳税人在限期内已缴纳税款，税务机关未立即解除税收保全措施，使纳税人的合法利益遭受损失的，税务机关应当按《国家赔偿法》有关规定承担赔偿责任。

3.税收强制执行措施

税务机关实施税收强制执行措施，必须按照一定的程序办理。当从事生产、经营的纳税人或扣缴义务未按照规定的期限缴纳或者解缴税款，纳税担保人未能按照规定的期限缴纳所担保的税款，经过税务机关责令限期缴纳，逾期仍未缴纳的，经县以上税务局(分局)局长批准，税务机关可以采取以下强制措施：(1)书面通知其开户银行或者其他金融机构从其存款中扣缴税款；(2)扣押、查封、拍卖其价值相当于应纳税款的商品、货物或者其他财产，以拍卖所得抵缴税款。

4.出境清税

当欠缴税款的纳税人需要出境时，应在出境前向税务机关结清应纳税款或者提供担保。未结清税款，又不提供担保的，税务机关可以通知出境管理机关阻止其出境。

5.税款追征

因税务机关的责任，致使纳税人、扣缴义务人未缴或者少缴税款的，税务机关在3年内可以要求纳税人、扣缴义务人补缴税款，但不得加收滞纳金。因纳税人、扣缴义务人计算错误等失误，而未缴或者少缴税款的，税务机关在3年内可以追征；有特殊情况的，追征期可以延长到10年。纳税人、扣缴义务人和其他当事人因偷税未缴或少缴的税款或骗取的退税款，税务机关可以无限期追征。

6.其他有关税款征收的规定

(1)税务机关征收税款,税收优先于无担保债权,法律另有规定的除外;纳税人欠缴的税款发生在纳税人以其财产设定抵押、质押或者纳税人的财产被留置之前的,税收应当先于抵押权、质权、留置权执行。

(2)纳税人欠缴税款,同时又被行政机关决定处以罚款、没收违法所得的,税收优先于罚款、没收违法所得。

(3)欠缴税款的纳税人因怠于行使到期债权,或者放弃到期债权,或者无偿转让财产,或者以明显不合理的低价转让财产而受让人知道该情形,对国家税收造成损害的,税务机关可以依照《中华人民共和国合同法》的有关规定行使代位权、撤销权。税务机关依照有关规定行使代位权、撤销权的,不免除欠缴税款的纳税人尚未履行的纳税义务和应承担的法律责任。

(4)纳税人有合并、分立情形的,应当向税务机关报告,并依法缴清税款。纳税人合并时未缴清税款的,应当由合并后的纳税人继续履行未履行的纳税义务;纳税人分立时未缴清税款的,分立后的纳税人对未履行的纳税义务应当承担连带责任。

(5)纳税人超过应纳税额缴纳的税款,税务机关发现后应当立即退还;纳税人自结算缴纳税款之日起3年内发现的,可以向税务机关要求退还多缴的税款并加算银行同期存款利息,税务机关及时查实后应当立即退还;涉及从国库中退库的,依照法律、行政法规有关国库管理的规定退还。

(6)对审计机关、财政机关依法查出的税收违法行为,税务机关应当根据有关机关的决定、意见书,依法将应收的税款、滞纳金按照税款入库预算级次缴入国库,并将结果及时回复有关机关。

三、税务检查

税务检查是税务机关对纳税人、扣缴义务人履行纳税义务、扣缴义务情况进行审查监督。随着纳税申报和税务代理制度的逐步推行,税务检查在税收征管中日趋重要。

税务机关有权根据职权范围的规定对纳税人、扣缴义务人履行义务情况进行检查。纳税人、扣缴义务人必须接受税务机关依法进行的检查,如实反映情况,提供有关资料,不得拒绝、隐瞒。税务机关依法进行税务检查时,有关部门和单位应当支持、协助,如实反映有关情况,提供有关资料及证明材料。但税务人员进行税务检查时,必须出示税务检查证,否则,纳税人、扣缴义务人及其他当事人有权拒绝检查。

四、税务行政处罚、税务行政复议和行政诉讼

公民、法人或者其他经济组织有违反税法行为，尚未构成犯罪，依法应当承担行政责任的，由税务机关给予罚款、没收非法所得等行政处罚。

《税法》规定，纳税人、扣缴义务人、纳税担保人和其他税务争议当事人（以下简称“申请人”），对税务机关作出的征税行为不服的，应先依照税务机关根据法律、行政法规确定的税款缴纳或者解缴税款及滞纳金，然后在收到税务机关填发的缴款凭证之日起60日内向上一级税务机关申请复议。申请人对税务机关作出的税收保全措施、税收强制执行措施和行政处罚决定等具体行政行为不服的，可以在接到处罚通知之日起或者税务机关采取税收保全措施、税收强制执行措施之日起15日内向上一级税务机关提出复议申请；申请人也可以在接到处罚通知之日起或者税务机关采取税收保全措施、税收强制执行措施之日起15日内直接向人民法院起诉。复议和诉讼期间，税收强制执行措施和税收保全措施不停止执行。

受理复议申请的税务机关应当在收到复议申请之日起60日内作出复议决定。申请人对复议决定不服的，可以在接到复议决定书之日起15日内向人民法院起诉。

第十八章 银行法

银行是专门经营存款、贷款和汇兑等货币信用业务，充当信用中介和支付中介的金融机构。它是商品经济的产物，也是商品经济快速、稳健发展不可或缺的前提条件之一。银行法即是调整银行组织机构、业务经营和监督管理过程中发生的各种社会关系的法律规范的总称。就其调整对象而言，可以说，银行法是银行体制的法制化，即国家通过立法对各类银行及非银行金融机构的种类、性质、地位、职能、作用、组织、业务及其相互关系予以规定或确认，并严格依法规范和管理的一种制度体系。银行体制是一国金融体制的核心，因为金融活动主要是通过各类银行和非银行金融机构进行的。因而，银行法也就成为金融法体系的核心，是经济法的重要组成部分。

第一节 中央银行法

一、中央银行概述

（一）中央银行的概念

中央银行(Central Bank)是在一国金融体系中居于主导地位，负责制定和执行国家货币政策，调节和控制全国的货币流通和信用活动，依法实施金融监管的特殊金融机构。它是国家控制经济、监督金融的职能机构，是现代金融体制的核心。目前，世界各国几乎都设有中央银行。

从历史上看，中央银行制度最早萌芽于17世纪中叶。最先具有中央银行名称的是瑞典国家银行，1688年瑞典将一家商业银行改组为国家银行，它是欧洲第一家发行银行券的银行。实际上，最先执行中央银行职能的是1694年成立的英格兰银行。1844年英国通过的《英格兰银行条例》则是世界上最早的中央银行法，该条例正式确立了英格兰的中央银行地位。19世纪以后，世界各国大都采用了中央银行制度，但所用名称各有不同。

我国的中央银行是中国人民银行。新中国成立后，我国设立了中国人民银行。但长期以来，它是一个综合性的国家银行，既执行中央银行的职能，担负领导和管理全国金融事业的职责，又兼营工商信贷、储蓄和结算业务。1983年9月，国务院作出了《关于中国人民银行专门行使中央银行职能的决定》。根据这个决定，中国人民银行专门行使中央银行的职能，不再办理工商信贷业务、结算业务和储蓄业务，从而确立了中国人民银行为中央银行的法律地位。社会主义市场经济体制建立以后，为了确定中国人民银行的地位和职责，保证国家货币政策的正确制定和执行，建立和完善中央银行宏观调控体系，加强对金融业的监督管理，制定了《中华人民共和国中国人民银行法》，该法于1995年3月18日通过，并于2003年12月27日第十届全国人民代表大会常务委员会第六次会议进行修正。

（二）中央银行的职能

中央银行的职能以不同的标准来划分，就有不同的表述。

1. 按照中央银行的性质来看，中央银行的职能应分为服务、监管和调控的三大职能。

调控职能是指中央银行运用货币政策工具，对国家的货币、信用活动进行调控，进而影响宏观经济，实现预期的货币政策目标。监管职能主要指中央银行作为国家金融管理机关，负责监管金融机构和金融市场。其一是对商业银行和其他金融机构的监督和管理；其二是对金融市场的设置、业务活动、运行机制进行的监管。服务职能，主要指对政府、普通银行及社会公众提供金融服务。

2.根据中央银行在国民经济中所承担的任务，中央银行的职能可分为发行的银行、银行的银行、政府的银行三大职能。

发行的银行，是指中央银行垄断国家法定货币的发行权，垄断的发行有利于稳定币值，建立良好的通货发行与流通秩序，保证通货的投入量与商品流转的需求相适应。但也有少数国家，比如美国、日本，由财政部发行铸币。

银行的银行，是指中央银行只与普通银行和非银行金融机构发生业务往来，不与工商企业发生直接的信用关系。这项职能主要体现在：依法集中保管金融机构缴存的存款准备金；对全国金融机构承担最后贷款人责任；主持全国金融机构之间的票据清算。

政府的银行，是指中央银行履行政府管理职能，并把政府作为其直接客户。这项职能主要表现在：受托经理国库，担任国库出纳；以法律允许的条件、额度和方式对政府提供信用；代理政府公债的发行和还本付息事宜；代表政府参与有关的国际金融活动；代表政府买卖黄金、外汇、管理国家黄金、外汇储备；担任政府的金融事务顾问。

《中国人民银行法》第2条规定了中国人民银行的两大基本职能，即金融宏观调控和对金融业的监督管理。第4条又规定了中国人民银行的基本职责。综合起来看，中国人民银行具备中央银行应具备的一切职能。

二、中央银行的法律地位

（一）中央银行的法律性质

关于中央银行的性质，各国的规定不一，理论界也有不同的认识和主张。主要分歧在于中央银行是政府机关还是企业，或者两者兼而有之的界定上。综合目前世界上大多数国家的实际情况看，中央银行在性质上应属于调节宏观经济、监督管理金融业的特殊的国家金融监管机关。

1. 作为国家机关，中央银行与一般的政府机构相比，有其显著的特殊性，也就是带有银行即金融企业的性质，主要体现在三个方面：首先，中央银行履行其职能主要是通过金融信用业务活动实现的，调控工具是货币政策工具等间接杠杆，这与主要依靠行政手段直接管理的一般政府机构有明显区别；其次，中央银行办理金融信用业务，如存款、贷款、再贴现、票据清算等，实行资产负债管理，有资本、收益，这就有了普通银行的一般属性，使之与政府机关不同；再次，中央银行因其职能、业务的特殊性和重要性，一般都具有相对独立的法律地位。货币政策制定和实施、监督制约关系等，都不像一般政府机关那样直接隶属于政府。

2. 作为金融机构，中央银行虽具有金融企业的一般性质，但它又与普通银行相区别，更多地体现出国家机关的性质。这表现在以下三个方面：首先，中央银行不经营普通银行业务，它只对政府、普通银行和其他金融机构办理业务，这与普通银行不同；其次，中央银行的经营目标、经营原则与普通银行不同，各国银行法一般都规定中央银行不以盈利为目的；再次，国家加强控制中央银行的资本，现代中央银行的资本逐步国有化，即使有私人股份的中央银行，私人股东的权利也受到很大限制，既无决策权也无经营管理权，只是按规定取得固定股息；而中央银行的高级领导人逐步改由政府、议会任命，其任免程序往往与政府机构行政首长的任免程序相类似。

（二）中央银行的相对独立性问题

在谈论中央银行的法律性质之时，中央银行独立性问题近年来备受瞩目。20世纪特别是二战结束以来，确立并维护中央银行对于政府的相对独立性，成为世界各国中央银行制度发展的一大主流。而近一二十年来，中央银行的独立性趋势，在全球范围内更显得突出。

首先，人们对于中央银行相对独立于政府的必要性的认识也更加清晰和深刻，已在更广泛的基础上达成共识。国外学者利用实证方法，分析发现中央银行独立程度与经济的良性发展之间具有相关关系，只有保持中央银行高度的相对独立性，才能在低通货膨胀的条件下，实现适度的经济增长和低的失业率。其次，金融监管上的独立性，也成为中央银行独立性的新内容和要求。1997 年 9 月，巴塞尔银行监管委员会发布《银行业有效监管的核心原则》明确指出："在一个有效的银行监管体系下，参与银行组织监管的每个机构要有明确的责任和目标，并应享有工作上的自主权和充分的资源。""为有效执行其任务，监管者必须具备操作上的独立性、现场和非现场收集信息的手段和权力以及贯彻其决定的能力。"最后，从各国实践来看，就连过去中央银行独立性较弱的一些发达国家或东亚国家，比如英国、日本、韩国等，在经历了大的金融冲击或金融危机以后，都纷纷加快推进金融改革，在改革过程中，又都把加强中央银行的独立性放在了首位。

（三）中国人民银行的法律地位

中国人民银行的法律地位是指中国人民银行在国家机构体系中的地位。根据《中国人民银行法》第 2 条、第 6 条的规定，中国人民银行是在国务院领导下的相对独立的国家金融行政管理机关，这就明确了中国人民银行的法律地位及同其他国家机关的关系。我国中央银行的法律地位不同于其他国家的中央银行法律地位类型中的任何一种，具有自己的特色。

1. 中国人民银行直接隶属于中华人民共和国中央政府即国务院，是国务院的一个职能部门。《中国人民银行法》第 2 条第 2 款规定："中国人民银行在国务院领导下，制定和执行货币政策，防范和化解金融风险，维护金融稳定。"这就明确了中国人民银行是国务院的直属机构，是对金融实施宏观调控的一个职能部门。人民银行法对中国人民银行的地位和权限的进一步规定，充分表明了这一点。

(1)中国人民银行就年度货币供应量、利率、汇率和国务院规定的其他重大事项作出的决定，须报国务院批准后方可执行。

(2)中国人民银行的货币政策决策机构——货币政策委员会，其职责、组成和工作程序，由国务院规定，上报全国人大常委会备案。

(3)中国人民银行的行政首长即行长，须由国务院总理提名、由全国人大或其常委会决定、国家主席任免。副行长须由国务院总理任免。

(4)中国人民银行的资本为国家所有。在我国由国务院代表国家行使投资者权利，因此，中国人民银行的利润上缴中央政府财政部门。

2. 中国人民银行是依法享有相对独立权的国务院职能部门。中国人民银行虽然隶属于国务院，但作为中国银行，负有调控宏观经济的职能。因此，与政府其他部门相比，应有较大的独立性。《中国人民银行法》从立法上赋予了中国人民银行这种独立性。这表现在由依法规定的中国人民银行与政府其他部门的关系上。

(1)中国人民银行独立于其他国家行政机关。

(2)中国人民银行独立于各级地方政府。

3. 中国人民银行独立于社会团体和个人。

4. 中国人民银行向全国人大常委会提出有关货币政策情况和金融运行情况的工作报告，以加强全国人大对中国人民银行工作的直接监督指导。

三、中国人民银行的组织机构

根据履行中央银行金融调控、稳定金融、提供服务职能的需要，中国人民银行的组织机构分为三个层次，即最高权力机构和决策咨询机构，总行内部的职能机构和分支机构。这种组织机构形式属于管理学上的"直线——职能制"。这种组织体制既有利于集中统一，又有利于调动各级银行和职能部门的积极性，加强管理的专业分工，适应现代管理的需要。

(一)最高权力机构

1995 年 3 月 18 日全国人大颁布的《中国人民银行法》规定了中国人民银行设立行长 1 人，副行长若干人，并实行行长负责制。这实际上等于规定了中国人民银行的领导机构及领导体制。

1. 行长。中国人民银行行长是中国人民银行的最高行政领导人，是中国人民银行的法定代表人，同时，他又是国务院的重要组成人员。

2. 行长负责制。中国人民银行实行行长负责制，由行长全权领导中国人民银行的工作，享有对内管理和执行中国人民银行内部事务、对外代表中国人民银行的权力。

(二)咨询议事机构

中国人民银行设立货币政策的咨询议事机构，即货币政策委员会。根据《中国人民银行法》第 12 条的规定，中国人民银行设立货币政策委员会。1997 年 4 月 15 日，国务院发布《中国人民银行货币政策委员会条例》。条例规定了货币政策委员会的性质和地位、职责、组织机构、委员的权利和义务以及工作程序。货币政策委员会的基本职责是，在综合分析国家宏观经济形势的基础上，依据国家的宏观经济调控目标，讨论货币政策事项，并提出建议。

(三)中国人民银行的内设职能机构

总行共设有 18 个职能司局。它们是办公厅、条法司、货币政策司、金融市场司、金融稳定局、调查统计司、会计财务司、支付结算司、科技司、货币金银局(国务院反假货币联席工作会议办公室)、国库局、国际司、内审司、人事司、研究局、征信管理局、反洗钱局(保卫局)、党委宣传部。

（四）中国人民银行的分支机构

在《中国人民银行法》颁布前，中国人民银行主要是按行政区来设立分支机构的，一般是在省、自治区、直辖市设立一级分行，深圳经济特区设立一级分行；在地市级城市设立二级分行；在县（含县级市）设支行。这样的设置有其弊端，最大的问题在于中国人民银行的分支机构与地方政府关系过于密切，难以独立地行使其金融监管的职能。为此，1995年《中国人民银行法》规定，中国人民银行根据履行职责的需要设立分支机构。1998年，中共中央和国务院决定改变中国人民银行分支机构按行政区层层设置的状况，撤销中国人民银行省级分行，在全国设立若干跨省分行。设立跨行政区划的中国人民银行分行遵循3个原则：其一，精简，高效；其二，根据工作量划分辖区，分行管辖范围确定的主要依据是金融监管工作量的多少，而不是区域的大小；其三，机构不重复设置，中国人民银行总行所在地不设分行。根据此原则，1998年国务院批转了《中国人民银行省级机构改革事实方案》，在9个中心城市设立分行，作为中国人民银行的派出机构，并划定其所辖监管的区域。9个分行是：天津分行、沈阳分行、上海分行、南京分行、济南分行、武汉分行、广州分行、成都分行、西安分行。

（五）中国人民银行的工作人员

中国人民银行作为中央银行，实质上是属于国家机关。因此中国人民银行的工作人员应属于国家公务员。中国人民银行的工作人员是指除机关工勤人员以外的所有从事金融管理活动的公务人员。

四、中央银行的货币发行和信用调控

（一）货币概述

货币是充当一般等价物的特殊商品，具有价值尺度、流通手段、贮藏手段、支付手段和世界货币五种功能。其中价值尺度和流通手段是货币的基本功能。在现代社会，货币不仅包括纸币和铸币（流通中的纸币和铸币统称通货），而且包括存款货币，即商业银行（以及其他特定的金融机构，下同）的支票活期存款。存款货币可以通过存户开出的支票在市场上流通转让，执行货币的流通手段和支付手段职能。在发达的商品经济社会，商品和劳务交易的90%以上是以存款货币为媒介实现的，通货只占很小的比例。现在随着计算机技术特别是网络技术在金融领域的应用，在小额支付领域已出现了电子货币。就目前而言，电子货币还不是独立的货币形态，仅是代替现金货币进行支付职能。

人民币是中国人民银行依法发行的货币，包括纸币和硬币。《中国人民银行法》第16条规定："中华人民共和国的法定货币是人民币，以人民币支付中华人民共和国境内的一切公共和私人债务，任何单位和个人不得拒收。"这一规定明确地表明了人民币的法律地位，即人民币是中华人民共和国的法定货币。人民币的法律地位具体包括下面几个方面：

1. 人民币是我国唯一的合法货币。在我国，除因有涉外因素并有国家法律、行政法规的特殊规定外，市场上只允许人民币流通，境内的一切货币收付、计价、结算、记账、核算等，都必须以人民币或以人民币为本位。我国法律禁止各种变相货币的发行及计价流通，禁止金银、外汇的计价流通与私下买卖。同时，国家禁止外国货币在境内私自流通。未经允许，人民币不准出境。

2. 人民币的主币和辅币均具有无限清偿的能力。任何社会组织和个人均不得以任何理由拒绝接受任何一种面额的人民币。

3. 人民币是不兑现的信用货币。

(二)人民币的发行

我国人民币的发行要坚持以下三大原则：

第一，集中统一发行原则。集中，是指人民币的发行权集中于代表国家的中央政府——国务院；统一，是指国家授权人民银行统一垄断货币发行。除国务院和中国人民银行外，任何地区、部门、单位和个人，都无权决定发行货币和变相货币，无权动用发行基金向市场投入货币。

第二，计划发行原则。货币发行要根据国民经济发展的要求，有计划的发行。具体由中国人民银行总行提供货币发行计划，根据国务院批准后实施。计划发行原则的贯彻，可以保证市场物价和币值稳定，有利于国家货币政策目标的实现。

第三，经济发行原则。这指国务院和中国人民银行要根据国家经济发展正确制定与批准货币发行计划，要根据市场上流通手段和支付手段对货币的需求量发行人民币，使市场上的货币流通量与商品流通相适应，避免用发行人民币的方法来弥补财政赤字或用来缓解财政支出紧张，保证货币流通的正常进行和人民币币值的问题。

要坚持经济发行原则，就必须正确处理财政赤字和财政支出紧张的问题，杜绝财政发行现象。《中国人民银行法》第 29 条规定：“财政部门不得向人民银行透支、人民银行不得直接认购、包销国债和其他政府债券。”

人民币的发行程序，是人民币发行的步骤和方法，属于人民币发行制度的重要组成部分。根据《中国人民银行法》和中国人民银行发布的《货币发行管理制度(试行)》的规定，人民币的发行须经过以下四个环节：

1. 中国人民银行提出人民币的发行计划，确定年度货币供应量；

2. 国务院批准中国人民银行报批的货币供应量计划；

3. 进行发行基金的调拨。发行基金是中央银行为国家保管的待发行的货币,它由设置发行库的各级人民银行保管,总行统一掌管。发行基金的调拨是组织货币投放的准备工作,是发行库与发行库之间发行基金的转移。

4.普通银行业务库日常现金收付。人民币的货币发行主要是通过商业银行和现金收付业务活动来实现的。各商业银行将人民银行发行库的发行基金调入业务库后,再从业务库通过现金出纳支付给各单位和个人,人民币就进入了市场,这就称为现金投放。同时,各商业银行每日都要从市场上回收一定的现金,当业务库的库存超过规定限额时,超出部分要送交发行库保管,这称为现金归行。

(三)中央银行的信用调控制度

如前所述,货币不仅包括通货,而且包括存款货币。存款货币的存在和流通虽然是客户将通货存入商业银行(原始存款)的结果,但商业银行所能形成的存款货币数量,并非仅等于原始存款,而是原始存款的若干倍。也就是说,商业银行具有创造派生存款亦即存款货币的功能。商业银行之所以能够创造派生存款,有两个方面的原因:首先,商业银行对所吸收的存款,只需保留部分现金准备,其余部分可用于贷款等业务;其次,商业银行发放贷款,可以以贷记借款人存款账户的方式进行,借款人不提取或不全部提取现金。决定商业银行创造派生存款能力的有两个变量:一是基础货币,另一个是货币创造乘数。基础货币又称强力货币,是商业银行准备金和流通中通货的总和。而货币创造乘数则是货币供应量与基础货币之间的比值。中央银行信用调控的核心内容,就是通过货币政策工具的运用,控制商业银行的存款货币创造运动,调节货币供应量,维护货币的稳定,并以此促进经济的发展。

所谓货币政策,是指中央银行为实现特定的经济目标所采取的各种控制和调节货币供应量或信用量,进而影响宏观经济的方针、政策和措施的总和。

1.货币政策目标

货币政策目标是一国中央银行据以制定和实施货币政策的目的。货币政策目标可以分为终极目标和中介目标。根据多数学者的观点,中央银行货币政策所要达到的最终目标一般来说有4个:

稳定物价。所谓稳定物价就是使一般物价水平在短期内不发生显著的或急剧的波动。

充分就业。充分就业并非指一切有劳动能力的人全部就业,而是指将失业率控制在合理的范围内。

经济增长。经济增长是指一国或一个地区在一定时期内产品和劳务的增加。

国际收支平衡。国际收支平衡是指一国外汇收支相抵基本持平或略有顺差或逆差。

《中国人民银行法》第 3 条规定："货币政策目标是保持货币币值的稳定，并以此促进经济增长。"这具体指出：第一，中国人民银行首要的和直接的货币政策目标是保持货币币值稳定，这是中国人民银行制定和实施货币政策的出发点和归宿点；第二，中国人民银行制定和实施货币政策，不是为了稳定币值而稳定币值，而是为了促进经济增长而稳定币值；第三，稳定币值和促进经济增长之间是有层次的，稳定币值是货币政策的第一层次而促进经济增长则为第二层次。

2. 货币政策工具

我国《人民银行法》第 23 条对可运用的货币政策工具作了明确的规定：

(1)存款准备金制度。存款准备金制度，是指中央银行依据法律的授权，要求商业银行和其他非银行金融机构按规定的比率在其吸收的存款总额中提取一定的金额缴存中央银行，并借以间接地对社会货币供应量进行控制的制度。提取的金额被称为存款准备金，准备金占存款总额的比率被称为存款准备金率。

存款准备金制度之所以能成为货币政策工具，那是因为人民银行调高存款准备金率，商业银行和其他金融机构在中央银行的法定准备金就会增加，超额储备就会减少，用于贷款等业务的资金就会相应减少，整个金融体系的可用资金量随之减少，从而达到收紧银根，减少社会货币供应量，抑制或预防通货膨胀的目标。反之，如果中央银行调低存款准备金，金融机构用作放款的资金就会相应增多，社会货币供应量随之增加，从而有利于经济的增长。

(2)基准利率。基准利率，是指中央银行对金融机构的存贷款利率。它在整个社会利率体系中处于最低水平。基准利率的水平的确定与变动，对整个利率体系中各项利率都具有影响，它是中央银行利率政策最主要的部分。中央银行提高基准利率，就会直接影响商业银行向中央银行筹资的成本，从而迫使商业银行调高放款利率；同时也意味着向资本市场和货币市场发出中央银行收紧银根的信号，引导资金市场的价格上升，抑制社会资金向短期资金市场和长期资本市场流入。这两者综合作用的结果是减少货币投入，抑制信用总量，预防和抑制通货膨胀。反之，降低基准利率会起到增加货币投放，促进经济增长的作用。

(3)再贴现制度。再贴现，是指商业银行或者其他金融机构以贴现所获得的未到期票据向中央银行作票据转让。再贴现，对中央银行而言，是一种信用业务，买进商业银行或其他金融机构的票据；对金融机构而言，再贴现是出让已贴现的票据解决一时资金短缺的困难，引导资金的投向。再贴现之所以成为货币政策工具，是因为中央银行通过调节再贴现率，可达到调节信用规模，实现对宏观经济调控的作用。

(4)向商业银行提供贷款。中央银行向商业银行提供贷款，同样是中央银行的一项重要的货币政策工具。中央银行以货币发行、吸收财政存款、收缴存款准备金等获得再贷款的资金来源，然后通过确定贷款的对象、种类、利率、金额，不仅能够调控贷款数量，制约社会总需求的增长，还能在不增加贷款总量的条件下，调整增量的投向或贷款存量的结构，以稳定货币，合理地控制和调剂社会信用，实现货币政策的目标和社会总需求与总供给的基本平衡。

(5)公开市场业务。公开市场业务是指中央银行在证券市场上公开买卖有价证券，从而起到调节货币供给与信用作用的一种业务活动。公开市场业务的作用首先是对货币供应量的影响。当经济发展需要放松银根时，中央银行可以通过公开市场买进有价证券，这实际上等于向社会投入一定数量的基础货币，间接地促进社会信用的扩张；当银根需要收紧时，中央银行可以通过公开市场上卖出有价证券，减少市场上相应数量的基础货币，引起社会信用的收缩。同时，公开市场业务还可以间接地影响利率水平和利率结构。

(6)其他货币政策工具。除上述5种货币政策工具外，中央银行还可以运用其他的货币政策工具，如信用控制工具、消费信用控制工具、证券信用控制工具和不动产信用控制工具等。

五、中央银行的金融监管

新中国成立以来到1984年，中国实行的是大一统的人民银行体制，当时没有监管当局，没有监管对象，也没有监管法律法规，因此，这期间中国基本上没有现代意义上的金融监管。

1984年开始，我国形成中央银行、专业银行的二元银行体制，中国人民银行行使中央银行职能，履行对银行业、证券业、保险业、信托业的综合监管。1992年10月国务院证券委员会和中国证券监督管理委员会宣告成立，证券业的监管职能自此从中国人民银行分离出去。1998年11月中国保险监督管理委员会正式成立，专司对中国保险业的监管，将原来由中国人民银行履行的对保险业的监管职能分离出来，中国人民银行主要负责对银行、信托业的监管。2002年2月，中共中央、国务院召开第二次全国金融工作会议，提出金融监管是金融工作的重中之重。2003年3月，第十届全国人民代表大会第一次会议通过《关于国务院机构改革方案的决定》，批准国务院成立中国银行业监督管理委员会，履行原来由人民银行履行的监督管理的相关职责。2003年12月修改后的《中国人民银行法》保留了中国人民银行为履行央行职能所必需的部分金融监管职能。

中国人民银行金融监管范围主要包括以下几个方面：第一，监管银行间同业拆借市场和银行间债券市场；第二，监督管理黄金市场；第三，实施外汇管理，监管银行间外汇市场；第四，管理支付结算、清算。

第二节　商业银行法

一、商业银行概述

(一)商业银行的概念和特点

商业银行是以金融资产和负债为经营对象,以利润最大化或股东收益最大化为主要目标,提供多样化服务的综合信用中介机构。由于历史发展时期和国度的不同,商业银行的称谓和业务范围有较大的差异。我国《商业银行法》第2条规定:"本法所称的商业银行是指依照本法和《中华人民共和国公司法》设立的吸收公众存款,发放贷款,办理结算业务的法人。"按上述定义性规定,我国商业银行具有以下几个方面的特点:

1.商业银行是企业。商业银行与一般工商企业一样,是以营利为目的而从事商品(包括服务)经营活动的机构,它区别于不以营利为目的的国家机关和事业单位,商业银行必须具有业务经营所需的自有资金,必须依法设立、经营、纳税,自担风险,自负盈亏。

2.商业银行是金融企业。商业银行其特殊性表现为商业银行的经营对象不同于一般企业,它经营的是特殊商品——货币和货币资本,是以各种金融资产和金融负债为经营对象的,经营内容包括货币收付、借贷以及各种与货币运动有关的金融服务。所以它的成立不仅要符合《公司法》的规定,还要符合特殊的行为规范——《商业银行法》的规定,有着更为严格的法定条件。

3.商业银行是一种特殊的金融企业。现代金融中介机构包括多种形式,如专业银行、投资银行、储蓄银行、保险公司、财务公司、融资租赁公司、证券公司等等,其法律形式是现代金融企业法人的范畴,但与它们相比,商业银行又具有自己的特点:(1)其业务更综合,功能更齐全,特别是它可以吸收公众存款、经营一切"零售"业务(门市业务)和"批发"业务(大额信贷),为顾客提供了广泛的金融服务,而其他金融企业法人不能吸收公众存款;(2)商业银行具有法人资格,以法人形式成立,"以其全部法人财产独立承担民事责任",这表明:商业银行以其包括注册和经营积累的全部财产独立承担责任,出资者包括国家出资者以其出资额承担有限责任,不承担无限责任,我国法律不允许存在以承担无限责任或无限连带责任的个人独资或合伙性质的商业银行,这和其他金融企业也有所不同。

(二)中国商业银行制度的建立

新中国的商业银行制度,是改革开放以后建立和发展起来的,它初创于20世纪80年代中后期,成长发展于90年代中期,在90年代后期初步走向成熟和完善。

为了适应有计划商业经济发展的需要，1984 年 10 月，我国提出了要建立与工、农、中、建四大专业银行并行的新型全国性银行。1986 年 7 月 24 日，国务院批复重新组建交通银行，定性为社会主义的股份制综合性银行。1987 年 2 月，中信实业银行成立，仍称为综合性银行。从 1987 年到 1988 年上半年，全国批准组建广东发展银行、福建兴业银行、深圳发展银行等区域性综合性银行。1992 年 11 月国务院在北京召开“全国加快第三产业发展工作会议”，提出我国金融业改革发展方向“进一步健全中央银行的宏观调控体系，完善中央银行为领导、国有商业银行为主体、各种金融机构分工协作的金融业体系……”。至此，“商业银行”一词第一次在国务院文件中出现。这期间批准成立了光大银行、浦东发展银行和华夏银行这三家商业银行。1993 年 12 月国务院《关于加快金融体制改革的决定》中又一次提出建立以国有商业银行为主体的金融体系。1995 年 5 月《中华人民共和国商业银行法》的颁布，以法律的形式确定了商业银行这一名称，并规定了商业银行的组织规则和行为规则，最终确立了我国商业银行制度。

(三)商业银行的职能

商业银行作为金融组织体系的基本主体，其职能主要包括：信用中介、支付中介、信用创造和金融服务 4 项基本职能。

1.信用中介职能。商业银行以负债业务集中社会闲散资金，转而以资产业务加以运用，沟通了资金供求，促进了资金的融通。商业银行的信用中介职能，克服了直接融资在数量和期限上难以达成一致的困难，扩大了资金融通的规模和范围，促进了闲置资金向生产建设资金、货币向资本转化。商业银行按市场原则所从事的信贷活动，强化了市场对资源优化配置作用。信用中介职能是商业银行最基本和最主要的职能。

2.支付中介职能。向社会提供有效率的支付机制，是商业银行的又一大基本职能。商业银行基于支票活期存款账户，以转账方式为客户提供的收付服务，减少了现金使用，节约了流通费用，加速了资金周转，保障了交易安全，促进了商品流转。同时，支付服务也为商业银行带来了巨额廉价的信贷资金来源，为其履行信用中介职能创造了条件。

3.信用创造职能。商业银行对所吸收的存款，在缴存法定准备金和留足备付金之后，可将其余部分用于贷款等业务。贷款等业务在转账结算和票据流通的基础上，又会转化为银行系统新的存款。这个过程周而复始，即在整个银行系统创造出若干倍于原始存款的派生存款。商业银行的信用创造功能具有积极的作用，但如果失控，将会导致通货膨胀，影响国民经济的健康发展。因此，商业银行也就成为中央银行信用调控的重点。

4.金融服务职能。随着金融市场竞争的加剧,表外业务日益受到商业银行的重视,并已成为其新的利润增长点。所谓表外业务,是指金融机构不动用资金,不计入资产负债表,凭借其机构网络、卓越信用、信息优势、专业技能等,以收取佣金或手续费为目的,向客户提供金融服务的业务,如代收代付款项、提供信用证服务、发行信用卡、出租保管箱、提供信息咨询和投资策划等。

二、商业银行的组织形式

我国《商业银行法》规定,商业银行的组织形式适用《中华人民共和国公司法》的规定,即商业银行的组织形式为公司。

1.有限责任公司形式的商业银行

有限责任公司形式的商业银行是指股东以其出资额为限对公司承担责任,而银行则以其全部资产对公司的债务承担责任的普通银行形式。在西方国家,这种形式主要是一些中小型的普通银行所采用。

我国的有限责任公司分为两种,一种是一般有限责任公司,一种是国有独资公司,因而商业银行也有两种,一种是有限责任公司商业银行,一种是国有独资商业银行。国有独资公司形式的商业银行是有限责任公司形式商业银行的特殊表现形式,它只有一个股东,即国家。国有独资商业银行的章程由国家授权投资的机构或者国家授权的部门依照公司法的规定制定,或由董事会制定,报国家授权投资的机构或者国家授权的部门批准。国家授权投资的机构或者国家授权的部门依照法律、行政法规的规定,对国有独资商业银行的国有资产实施监督管理。

2.股份有限公司形式的商业银行

股份有限公司形式的商业银行是指银行的全部资本分为等额股份,股东以其所持股份为限对银行承担责任,银行则以其全部资产对银行的债务承担责任的商业银行。这种形式是目前商业银行采取的主要组织形式。

三、商业银行的设立、变更、接管与终止

(一)商业银行的设立

商业银行的设立是指商业银行创办人依照法律规定的程序,通过筹建商业银行并使商业银行取得法律关系主体资格的法律行为。根据《商业银行法》的规定,设立商业银行必须具备以下条件:

1.有符合《商业银行法》和《公司法》规定的章程。商业银行的章程是商业银行依照法定程序制定的,以书面形式规范商业银行行为的基本准则。

2.有符合《商业银行法》规定的注册资本最低限额。《商业银行法》第13条

规定:“设立全国性商业银行的注册资本最低限额为10亿元人民币。设立城市商业银行注册资本最低限额为1亿元人民币,设立农村商业银行的注册资本最低限额为5000万元人民币。注册资本应为实缴资本。国务院银行业监督管理机构根据审慎性监管的要求可以调整注册资本最低限额,但不得少于前款规定的限额。”

3.有具备任职专业知识和业务工作经验的董事、高级管理人员。董事、高级管理人员的状况,是决定商业银行能否安全、稳健经营,能否取得良好经营业绩的重要因素。我国商业银行法要求董事、高级管理人员应“具备任职专业知识和业务工作经验。”2000年3月24日,中国人民银行发布《金融机构高级管理人员任职资格管理办法》规定:担任商业银行的董事、高级管理人员应满足以下条件:能正确贯彻执行国家的经济、金融方针政策;熟悉并遵守有关经济、金融法律和法规;具有与担任职务相适应的专业知识和工作经验;具备与担任职务相称的组织管理能力和业务能力;具有公正、诚实、廉洁的品质,工作作风正派。

4. 健全的组织机构和管理制度。

5. 有符合要求的营业场所、安全防范措施和业务有关的其他设施。

以上条件满足之后,依据《商业银行法》第12条第2款,设立商业银行还应符合其他审慎性条件的规定,中国银监会审批时,还应考虑经济发展的需要和银行业竞争的状况,决定批准与否。

(二)商业银行的变更

商业银行的变更包括商业银行的事项变更和主体变更。所谓事项变更是指商业银行在某些重大事项上有所变动。

《商业银行法》第24条规定,下列事项的变更,应经中国银监会批准:

1. 变更名称;

2. 变更注册资本;

3. 变更总行或分行所在地;

4. 调整业务范围;

5. 变更持有资本总额或股份总额5%以上的股东(由此对应第28条规定,任何单位和个人购买商业银行股份总额5%以上的,应当事先经中国银监会批准);

6. 修改章程;

7. 中国人民银行规定的其他事项变更。

所谓主体变更是指商业银行的分立与合并。《商业银行法》第25条规定,商业银行的分立、合并适用《中华人民共和国公司法》的规定,并经中国人民银行审查批准。商业银行的分立是指商业银行依照有关法律规定分成两个或两个以上商业银行的行为，而商业银行的合并是指两个或两个以上的商业银行通过订立合并协议，按照有关法律规定组成一个新的商业银行的行为。

（三）商业银行的接管

接管是指中国人民银行在商业银行已经或者可能发生信用危机，严重影响存款人利益时，对该银行采取的整顿和改组等措施。接管的目的是为了保护存款人的利益，恢复商业银行的正常经营能力，正因为人民银行的接管是为了存款人的利益，恢复银行的正常营业能力，不以盈利为目的，所以《商业银行法》第 64 条第 2 款规定："被接管的商业银行的债券债务关系不因接管而变化。"

1. 接管事由。《商业银行法》第 64 条规定了有下列情形之一的商业银行，人民银行可以对其实行接管：(1)商业银行已经发生信用危机，严重影响存款人的利益；(2)商业银行可能发生信用危机，严重影响存款人的利益。

2. 接管程序。

(1)接管决定。接管由中国银监会以书面形式作出决定，接管决定的内容是：被接管商业银行的名称；接管理由；接管组织；接管期限。对于接管决定银监会应予公告。

(2)接管的执行。接管由中国银监会组织实施，中国银监会既可以自己实施接管，也可以授权给分支机构实施接管。接管从接管决定实施之日起开始，从该日起，被接管商业银行不再行使其经营管理权，其经营管理权由行使接管权的组织代为行使。

(3)接管期限。接管期限由中国人民银行确定，但最长不得超过 2 年（含延期）。

3. 接管终止。接管终止是指由于发生法律规定的情形而停止接管工作。根据我国商业银行法的规定，有下列情形之一的，接管终止：

(1)接管决定规定的期限届满或者银监会决定的接管延期届满。

(2)接管期限届满前，该商业银行已经恢复正常经营能力。

(3)接管期限届满前，该商业银行被合并或被依法宣告破产。

1995 年 10 月，中国首例接管案发生。中国人民银行宣布对中银信托公司实施接管。1996 年 10 月结束接管由深圳发展银行全部接收。

（四）商业银行的终止

商业银行的终止是指商业银行因出现解散、被撤销和被宣告破产等法律规定的情形，消灭其法律主体资格的法律行为。

1. 终止的原因。商业银行因下列原因而终止：

(1)解散。解散是指银行由于出现了法定事由或公司章程规定的情况，而停止对外的经营活动，清算未了结的债权债务，使银行法人资格消灭的法律行为。

商业银行主要因分立、合并和公司章程规定的解散事由出现而解散。解散由银行股东会决议通过，就其行为性质而言属民事行为。但商业银行应向中国银监会提出申请，并附解散的理由和支付存款的本金和利息等债务清偿计划，经中国银监会批准后解散。

(2)被撤销。撤销是指中国银监会对经其批准设立的具有法人资格的商业银行依法采取行政强制措施，终止其经营活动，并予以解散。撤销是行政强制行为。《商业银行法》第 74、75、76、77 条规定，商业银行违法违规经营，拒绝或者阻碍检查监督、提供虚假的或者隐瞒重要事实的财务会计报告、报表和统计报表的、未遵守资产负债比例管理规则等，且情节严重的中国银监会可以责令吊销许可证，中国人民银行也可以建议银监会吊销其许可证。2001 年 11 月 23 日，国务院公布《金融机构撤销条例》。该条例规定了金融机构撤销的条件、撤销决定的做出、清算组的成立及职责、财产的清理和评估、清算方案的制订、债务的清偿、注销登记及责任人员的追究等问题。

(3)破产。商业银行因不能支付到期债务，可以经中国银监会同意后，由人民法院依法宣告破产，商业银行因破产而终止。

2. 商业银行的清算

商业银行解散的，应当成立清算组进行清算。清算组对外代表银行进行经营活动，依法进行债权和债务的处理，按照经过中国银监会批准的清偿计划及时偿还存款本金和利息等债务。为保证清算过程依法进行，中国银监会应当监督清算过程防止损害存款人和其他客户的违法行为出现。商业银行被撤销的，中国银监会应当及时组织成立清算组，进行清算。清算组成员由中国银监会决定，并依公司法的有关规定进行清算。商业银行被宣告破产的，由人民法院组织中国银监会等有关部门和有关人员成立清算组进行清算，这样有利于保护商业银行和存款人的合法权益。

四、商业银行的业务

(一)商业银行的基本经营原则

1. 商业银行实行自主经营、自担风险、自负盈亏和自我约束的经营原则。自主经营，是商业银行作为独立的金融经营者所应具备的基本条件。自主经营是指商业银行在符合国家产业政策和发展政策要求的前提下，能够根据市场的需要，自主地对经营计划、投资安排、公积金公益金的支配、金融产品开拓、利率和劳务定价以及银行内部的劳动、人事、工资奖金分配等作出决策并组织实施的权利。自担风险，是指商业银行能够正确识别和认定资产的经营风险，建立并强化风险的防范、控制和清收、补偿机制，降低资产风险，减少资产损失，提高资产质量。自负盈亏，是指商业银行能够对其经营后果独立享有相应的权利和承担相应责任的行为。商业银行能否实现自负盈亏，是其作为独立法人的标志。自我约束，是指商业银行能够遵守国家的法律法规和监管机关的有关规定，正确处理银行与国家、银行与员工的关系，兼顾全局利益和局部利益、当前利益和长远利益，自觉规范商业银行经营管理行为的内在机制。

2.根据国民经济和社会发展的需要，在国家产业政策指导下开展信贷业务。产业政策是政府为了促进国民经济稳定协调地发展，对产业结构和产业组织结构进行某种形式干预的政策。国家的产业政策离不开货币政策的配合，货币政策也离不开产业政策的指导。因此，商业银行的信贷活动，无论从内部的长远利益，还是从国家全局的客观要求上，都应当遵循国民经济和社会发展的需要及国家产业政策的指导。

3.业务往来遵循平等、自愿、公平和诚实信用的原则。商业银行与客户是平等的民事主体，不存在从属依附关系；从事的金融活动也属民事法律行为。因此，商业银行与客户的业务往来应当遵循民事法律行为的基本准则。

4.保障存款人权益的原则。保护存款人的合法权益是我国金融法的一项基本原则。存款是商业银行的主要资金来源，存款人是商业银行的基本客户。商业银行作为债务人，是否充分尊重存款人的利益，严格履行自己的债务，切实承担保护存款人利益的责任，不仅关系到银行自身的经营，而且直接关系到社会公众对银行体系的信任程度，并进而关系到资金的正常融通甚至社会的稳定。

5.银行独立经营原则。商业银行依法开展业务，不受任何单位和个人的干涉。如银行不得接受任何单位和个人的干涉。

6.公平竞争的原则。公平竞争是提高市场效率的前提。商业银行在处理与其他商业银行以及非银行金融机构的关系上，应当坚持公平竞争的原则，不得从事不正当的竞争行为。

(二)商业银行的法定业务范围

我国的《商业银行法》从两个方面对商业银行的业务范围作出了规定，一是商业银行可以经营的业务；二是禁止商业银行经营的业务。

1.商业银行可以从事的业务，《商业银行法》第3条第1款列举了商业银行可以从事的14项业务：

(1)吸收公众存款；

(2)发放短期、中期、长期贷款；

(3)办理国内外结算；

(4)办理票据承兑与贴现；

(5)发行金融债券；

(6)代理发行、代理兑付、承销政府债券;

(7)买卖政府、金融债券;

(8)从事同业拆借;

(9)买卖、代理买卖外汇;

(10)从事银行卡业务;

(11)提供信用证服务及担保;

(12)代理收付款项及代理保险业务;

(13)提供保管箱服务;

(14)经国务院银行业监督管理机构批准的其他业务。

2.禁止商业银行经营的业务:

(1)信托投资业务;

(2)股票业务;

(3)房地产业务;

(4)向其他企业和非银行金融机构投资。

五、商业银行的监督管理

(一)商业银行的监督管理的概述

商业银行是“高负债、高风险”型的金融企业,同时,其客户涉及各个行业和部门,尤其是居民个人,又是社会公共性的企业,因此,必须加强对其监督管理,以保障其稳健经营。根据银行业监管的国际惯例和我国《商业银行法》第六章的规定,商业银行的监督管理主要包括商业银行的内部自律管理和银行同业组织他律监管、国家金融监管机关的监管、中央银行、审计机关的外部监管。此外,还包括财政、税收征管、工商行政管理等部门的监督管理,这些构成商业银行的监管体系。

(二)商业银行的内部控制

商业银行的内部控制,被认为是商业银行安全经营的“第一道防线”。近些年来,在国际上出现了一系列内部控制缺陷导致的严重的金融事件,引起了国际社会对银行内部控制系统有效性问题的高度关注。1998 年 9 月,巴塞尔银行监管委员会发布《银行内部控制系统框架》,就银行内部控制系统的建设向银行界和各国监管当局提供指南。

商业银行内部控制建设方面应遵循以下的原则:

1.有效性原则。各种内部控制制度必须符合国家和监管部门的规章,真正落到实处,成为所有员工严格遵守的行动指南;执行内部控制不能存在任何例外,任何人不得拥有超越制度或违反规章的权力。

2.审慎性原则。内部控制的核心是有效的防范各种风险，它的建立当以审慎经营为出发点。

3.全面性原则。内控制度必须渗透到银行的各项业务过程和各个操作环节，覆盖所有的部门和岗位，不能留有死角。

4.及时性原则。新设立的金融机构或开办新的业务种类，首先要建立规章制度，采取有效的控制措施。

5.独立性原则。内部控制的检查、评价部门必须独立于内部控制的建立和执行部门，直接的操作人员和直接的控制人员必须适当分开，并向不同的管理人员报告工作。

（三）国家审计机关的审计监督

《商业银行法》规定，商业银行应当依法接受审计机关的审计、监督。

第三节　银行业监督管理法

一、银行业监督管理法概述

（一）银行业监管的概念

银行业监管，是指一国金融监管当局或者银行业专门监管机构对商业银行及其他金融机构的组织主体和业务经营行为进行的监督和管理。具体地说，监督是对银行业金融机构合法经营情况和风险状况的监测、评估和控制。管理是通过制定相关的监管法规来规范银行业金融机构及其行为，并决定银行业金融机构的市场准入和退出。

银行业监管有广义和狭义之分。广义银行业监管包括对银行业金融机构的内部监管和外部监管，既包括他律监管也包括自律监管，而狭义的监管仅指国家金融监管当局对金融机构从外部的他律监管，不包括商业银行和金融机构的自律监管。本节介绍的是狭义的银行业监管。

（二）中国《银行业监督管理法》的性质、立法宗旨和目标

在我国，对银行业进行监督管理的基本法律是2003年12月27日第十届全国人民代表大会常务委员会第六次会议通过的、2006年10月31日经第十届全国人民代表大会常务委员会第二十四次会议修订的《中华人民共和国银行业监督管理法》。该法分为总则、监督管理机构、监督管理职责、监督管理措施、法律责任和附则。从其体例结构和内容来看，该法是从金融监管角度规范监管和被监管者的权力、职责和义务的一部金融专门法。其与《中国人民银行法》和《商业银行法》构成我国银行业法律体系的三部基本法律。

《银行业监督管理法》第1条规定了其立法宗旨，即加强对银行业的监督管理，规范监督管理行为，防范和化解银行业风险，保护存款人和其他客户的合法权益，促进银行业健康发展。

银行业监督管理的目标是促进银行业的合法、稳健运行，维护公众对银行业的信心。银行业监督管理应当保护银行业公平竞争，提高银行业竞争能力。

（三）我国《银行业监督管理法》的基本特征

《银行业监督管理法》体现了如下特征：

1.借鉴国际银行业的先进管理理念。《银行业监督管理法》大量吸收和借鉴了巴塞尔银行监管委员会的《有效银行监管的核心原则》，并参阅了巴塞尔委员会发布的其他指导性文件及美、英、德等国家关于银行监管的法律制度。

2.特别授权有利于解决银行业的一些特殊问题。《银行业监督管理法》规定：监管机构有权区别不同情况，对未遵守审慎经营规则的银行业金融机构采取监督强制措施；有权对被接管、指令合并或撤销的机构直接负责的董事、高级管理人员和其他直接责任人员采取强制措施或者申请司法协助等。

3.对监督权力的运作和约束进行规范。《银行业监督管理法》规定银行业监管机构及其派出机构和从事监管人员履行职责要廉洁、保密和内部监督，同时规定了不履行上述义务应承担的法律责任。

二、中国银行业监督管理的原则

根据《银行业监督管理法》的规定，我国银行业监管应该坚持四条原则。

（一）依法、公开、公正和效率的原则

依法原则的含义是：监管职权产生应该源于法律的授权；监管职权的行使应严格依据法律、遵守法律；监管职权的授予及其运用都必须依据法律。公开原则即透明度原则，是指监管行为除依法应当保密的以外，应当一律公开进行。公正原则是指银行业金融市场的参与者具有平等的法律地位，银监会进行监管活动时应当平等对待所有参与者。效率原则是指银监会在进行监管活动中要合理配置和利用监管资源，提高监管效率，既要保证全面履行监管职责，确保监管目标的实现，又要降低监管成本，把监管成本控制在合理范围之内，不给纳税人、被监管对象带来负担，为国家、社会和行政相对人带来益处。

（二）独立监管原则

独立监管原则是指中国银监会及其从事监督管理工作的人员依法独立履行监督管理职责，地方政府、各级政府部门、社会团体和个人不得干涉。

（三）监管信息共享和监管协调原则

监管信息共享原则是指中国银监会应当和中国人民银行、中国证监会、中国保监会将各自在依法履行职责过程中掌握的金融机构、金融市场和金融管理信息互相进行交流的一种制度安排。金融监督管理协调机制是指在中央银行、各金融监管机构之间建立的协调合作机制。参与协调机制的有关各方面就维护金融稳定、重大监管事项和跨行业监管等问题定期进行协商,交流和沟通有关信息,目的在于货币政策和金融监管以及对银行业、证券业和保险业的监管政策之间进行协调,为金融机构创造公平竞争的金融环境,从而维护整个金融体系的稳定、效率和竞争力。

(四)国际合作与跨境监管的原则

在银行业国际化的背景下,金融风险在国家之间相互转移、扩散的趋势不断增加,加强银行业监管的国际化合作尤为重要,银行的跨境监管就成为各国银行业监管机构的重要工作内容。所谓跨境监督管理是指各国的银行监管当局要同时负责对境内外资银行监管和对本国银行的境外分支机构监管,即在某些情况下担当母国监管者的角色,在另外一些情况下担当东道国监管的角色。

三、中国银监会的机构设置

目前,中国银行业监督管理委员会设主席一人,副主席四人。银监会机关内设15个职能部门:办公厅、政策法规部(研究局)、银行监管一部、银行监管二部、银行监管三部、非银行金融机构监管部、合作金融机构监管部、统计部、财务会计部、国际部、监察部、人事部、宣传工作部、群众工作部和监事会工作部;另设3个事业单位:信息中心、培训中心和机关服务中心。主要业务部门监管对象划分:银行监管一部,承办对国有商业银行及资产管理公司等的监管工作;银行监管二部,承办对股份制商业银行、城市商业银行的监管工作;银行监管三部,承办对政策性银行、邮政储蓄机构以及外资银行等的监管工作;非银行金融机构监管部,承办对非银行金融机构(证券、期货和保险类除外)的监管工作;合作金融机构监管部,承办对农村和城市存款类合作金融机构的监管工作。

中国银监会根据履行职责的需要设立派出机构,并对派出机构实行统一领导和管理。派出机构为监管局、监管分局和监管办事处。目前,中国银监会在全国31个省(自治区、直辖市)和大连、青岛、厦门、深圳、宁波5个计划单列市设银监局,在地、市设银监分局,在部分县市设监管办事处。

四、银行业监督管理机构的监管职责

我国银监会的基本职责是统一监督管理商业银行、政策性银行、金融资产管理公司、信托投资公司以及其他存款类金融机构,维护银行业的安全、合法、稳健运行。其主要职责为:制定有关银行业金融机构监管的规章制度和办法;审批银行业金融机构及分支机构的设立、变更、终止及其业务范围；对银行业金融机构实行现场和非现场监管，依法对违法违规行为进行查处；审查银行业金融机构高级管理人员任职资格；负责统一编制全国银行数据、报表，并按照国家有关规定予以公布；会同有关部门提出存款类金融机构紧急风险处置的意见和建议；负责银行业、国有重点金融机构监事会的日常管理工作；承办国务院交办的其他事项。

五、银行业监督管理措施

银行业监督管理措施，也称银行业监督管理手段、方法，即银行业监督管理机构为履行监督管理职责而采用的具体方法以及相关程序。监管方法和程序是实施监管的操作规程，也是树立监管机构和监管人员权威和公正的基本要件。巴塞尔银行监管委员会《有效银行监管的核心原则》第四节“持续性银行监管的安排”中的“持续进行的银行监管手段”就是关于监管措施的规定。我国借鉴了《有效银行监管的核心原则》的规定，在《银行业监督管理法》第四章专门规定了九项监管措施。

(一)要求银行业金融机构按照规定报送监管所需各种报表资料

银行业监督管理机构赋有非现场监管和金融调查统计的职责，为此，中国银监会应充分掌握银行业金融机构的财务状况和经营管理状况的各种信息资料。可见，要求银行业金融机构按照规定报送监管所需各种报表是中国银监会进行非现场监管、建立监督管理信息系统和进行统计调查的重要措施。

(二)现场检查措施

《银行业监督管理法》第 34 条规定了银监会的四项措施：第一，进入银行业金融机构进行检查；第二，询问银行业金融机构的工作人员，要求其对有关检查事项作出说明；第三，查阅、复制银行业金融机构与检查事项有关的文件、资料，对可能被转移、隐匿或者毁损的文件、资料予以封存；第四，检查银行业金融机构运用电子计算机管理业务数据的系统。

(三)审慎性监管谈话

审慎性谈话是介于非现场检查和现场检查之间的重要监管手段，它有利于监管部门在两次现场检查之间实际了解银行类金融机构的经营状况，预测其发展趋势，使监管部门可以持续跟踪监管，提高监管效率。《有效银行监管的核心原则》规定：“监管者必须与银行管理层保持经常性接触，全面了解该机构的经营情况”，监管会谈制度就是保持经常接触的重要手段。

(四)强制信息披露

强制信息披露，是指银行业监督管理机构依法要求银行业金融机构按照规定如实向社会公众披露财务会计报告、风险管理状况、董事和高级管理人员变更以及其他重大事项等信息。强制信息披露的目的在于加强对银行业金融机构的市场约束和监管，增加金融运行的透明度，这是银行监管的有效补充。

《银行业监督管理法》第 36 条规定："银行业监督管理机构应当责令银行业金融机构按照规定，如实向社会公众披露财务会计报告、风险管理状况、董事和高级管理人员变更以及其他重大事项等信息。"

（五）对违法审慎经营规则的处理措施和程序

审慎经营是指银行业金融机构在经营活动中，应使其业务经营的性质、规模与其所能够承担的风险水平和风险管理能力的相适应，从而将经营风险控制在可以承受的范围内的一种经营思想和经营模式。借鉴巴塞尔委员会和各国银行监管当局的经验和做法，我国《商业银行法》提出了审慎经营的要求。中国银监会也制定了一系列审慎性经营规则。

对违反审慎经营规则的，巴塞尔委员会和各国金融监管当局都规定有严格的制裁措施。《银行业监督管理法》第 37 条规定了对银行业金融机构违反审慎经营规则的处理措施和程序。根据该条规定，当银行业金融机构违反审慎经营规则，被限期责令改正而未按期改正时，或其行为严重危及该银行业金融机构的稳健运行、损害存款人和其他客户利益的，中国银监会或者其省级银监局可以区别情况，采取以下管理和制裁措施：

1. 责令暂停部分业务、停止批准开办新业务；

2. 限制分配红利和其他收入；

3. 限制资产转让；

4. 责令控股股东转让股权或者限制有关股东的权利

5. 责令调整董事、高级管理人员或者限制其权利；

6. 停止批准增设分支机构

（六）接管或者重组有问题银行业金融机构

所谓有问题银行业金融机构，是指违反审慎经营规则或者经营不善，已经或者可能发生信用危机，不能支付到期存款或偿还其他到期债务的银行业金融机构。接管或重组有问题银行业金融机构是银行业监督管理机构对有问题银行业金融机构的行政救助行为。目的在于促使该银行业金融机构尽快恢复正常经营能力或融入其他经营正常的银行业金融机构，从而避免金融机构倒闭、破产，以维护金融体系的安全，保障存款人的利益。

（七）撤销银行业金融机构

银行业金融机构的撤销，是指中国银监会对经其批准设立的具有法人资格的金融机构依法采取行政强制措施，终止其经营活动，并予以解散的行为。撤销是一种有权机关的行政处罚行为,适用于严重违反法律和行政法规的行政相对人,旨在最终消灭行政相对人的法人主体资格,以化解风险、消除影响。

(八)限制被接管、重组、被撤销的银行业金融机构的董事、高级管理人员及其他直接责任人员的行为

《银行业监督管理法》第40条规定,银行业金融机构被接管、重组或者被撤销的,中国银监会有权要求该银行业金融机构的董事、高级管理人员和其他工作人员按照其要求履行职责。同时,在接管、机构重组或者撤销清算期间,经中国银监会或其派出机构负责人批准,对直接责任的董事、高级管理人员和其他直接责任人员,可以采取特别措施,以限制其行为:1,直接负责的董事、高级管理人员和其他直接责任人员出境将对国家利益造成重大损失的,通知出境管理机关依法阻止其出境;2,申请司法机关禁止其转移、转让财产或者对其财产设定其他权利。

(九)查询、冻结

《银行业监督管理法》第41条规定,银监会可以对被监管检查的银行业金融机构实施查封、冻结措施。

第十九章 价格法

第一节 价格法概述

一、价格的一般理论

(一)有关价格的理论学说

价格是一个历史范畴,它不是从人类社会一开始就有的,而是商品生产和商品交换发展到一定历史阶段的产物。尽管在公元前4世纪的古希腊奴隶制时代和我国的春秋战国时期就有了一些关于商品交换和价格的理论①,但真正意义上的价格理论的诞生和揭示,则是在进入资本主义社会以后。随着商品经济的发展、繁荣,古典经济学家发现了价格波动的轴心,从而奠定了劳动价值论的初步基础。其间主要的代表人物有威廉·配第、亚当·斯密、大卫·李嘉图②等。而后,马克思、恩格斯在总结前人研究成果,尤其是在批判地继承和吸收了古典经济学的价值理论精华的基础上,创建了科学而系统的劳动价值论③。20世纪30年代,凯恩斯宏观经济理论的创立④,为日后各西方资本主义国家制定稳定物价、抑制通货膨胀政策提供依据,使价格理论从微观管理领域扩展到宏观调控领域。

(二)价格的本质和作用

1.价格的本质

价格是商品价值的货币表现,是商品与货币交换的比例或比率,是市场条件

---

① 古代西方价格理论的代表人物如色偌芬、柏拉图、亚里士多德,其著作分别有《〈经济论〉·雅典的收入》、《理想国》、《尼科马赫伦理学》。我国春秋时期管仲的"轻重"理论:"齐桓公用管仲之谋,通轻重之权。""轻重"即商品价格的贵贱。战国时期墨家理论:"买无贵,说在反其贾。"即买卖是彼此交易商品。

② 见威廉·配第《赋税论》、亚当·斯密《国民财富的性质和原因的研究》、大卫·李嘉图《政治经济学及赋税原理》。

③ 见马克思《资本论》。

④ 见凯恩斯《就业、利息和货币通论》。

下人们交换关系的体现，也是各经济主体在市场约束下利益分配关系的反映。

(1)价值是价格形成的基础。价值规律是价格运动的基础，对价格运动起着内在的支配作用。价值规律是商品生产和商品交换的基本规律。商品的价值量是由生产商品的社会必要劳动时间决定的，商品的价格随着供求关系的变化围绕着价值而上下波动。

(2)价格是商品价值与货币价值的交换比例指数。货币之所以能表现商品的价值，是因为货币本身就是商品，也具有价值。价格体现了商品与货币的等价关系。商品的价格不仅取决于商品价值，还取决于货币的价值。

(3)价格体现了交换关系，反映了商品交换中各主体之间的物质利益关系，因此价格关系也是市场主体间的利益分配关系。

2.价格的作用

在市场经济中，价格的作用是多层次、多方位的。它存在于社会经济的每个角落，影响着国家、生产经营者和每一个人的利益。从某种意义上说，市场经济就是价格经济。

价格对社会经济生活的作用具有两重性，即正效应和负效应。反映价值规律要求的合理的价格关系，不仅能促进社会生产的正常进行和商品的流通，还能合理配置社会资源，使国民经济能够健康协调的发展。同样，不合理的价格关系则会阻碍社会进步，导致商品流向不合理，造成供求不平衡以及社会资源的严重浪费。因此，在推动社会主义市场经济过程中，不仅要建立起符合社会主义市场经济的价格机制，同时还应把它纳入法制建设的轨道。

二、价格法的概念及调整范围

(一)价格法的概念

价格法是调整价格关系的法律规范的总称。价格关系是因价格的制定、执行、监督而在国家、经营者、消费者之间而产生的社会关系。

价格是市场经济的核心和基础，是市场经济中最重要、最敏感、最灵活的调节杠杆。它既涉及每个生产者、经营者、消费者的利益，也影响着整个国民经济的稳定和发展，因而受到各国立法的普遍重视。一些西方国家专门制定法律加以规范，如日本的《物价统制令》，法国的《价格放开和竞争条例》，奥地利、瑞典等国的《价格法》等。我国的价格立法在计划经济时期，由于奉行行政手段管理和高度集中的经济政策，价格立法未受重视。改革开放以后，随着价格改革的起步，价格立法开始重视。1982 年国务院发布了《物价管理暂行条例》，以法规形式赋予企业一定的定价权(但仍以国家定价为主)，初步确立了价格监督检查制度以及价格违法责任制度。1984 年 10 月，中央作出了关于经济体制改革的决定后，出台了三次较大的价格改革方案，把市场机制引入价格形成机制和管理过程中，确立了国家定价、国家指导价和市场调节价三种价格形式并存的价格形成机制和管理体制。为了适应改革的要求，国务院在总结《物价管理暂行条例》的实践经验的基础上，发布了新的《价格管理条例》，比较全面、系统地规定了价格管理的指导思想、管理制度、原则、各主体的权利义务以及价格违法行为的监督检查和处罚措施。随后还陆续发布了《重要生产资料和交通运输价格管理暂行规定》、《价格违法行为的处罚规定》、《关于商品和服务实行明码标价的规定》及其实施细则、《制止牟取暴利的暂行规定》等等，然而随着市场经济体制的确立和完善，《价格管理条例》中的内容已不能适应改革和发展的需要，立法的层次也显得过低，因此国家计委印发了《关于加快价格法律体系建设的若干意见》，提出了建立以《价格法》为核心，以政府制定价格条例、行政性收费管理条例、事业性收费管理条例、房地产价格管理条例、价格调节基金条例、农产品价格保护条例、重要商品储备条例、经营者价格行为规则、价格监督检查条例等为配套法规的完整的价格法律体系。经过数年努力，国务院有关部门起草了《中华人民共和国价格法(送审稿)》并于 1995 年 6 月上报国务院审议，国务院于 1997 年 6 月提请全国人大常委会审议，1997 年 12 月 29 日，全国人大常委会正式通过了《中华人民共和国价格法》(以下简称《价格法》)。为配合价格法的实施，国家计委又先后发布了《价格违法行为行政处罚规定》、《价格违法行为举报规定》、《禁止价格欺诈行为的规定》、《政府制定价格行为规则(试行)》、《政府价格决策听证办法》等规章。

(二)价格法适用范围

1. 价格法的空间效力。《价格法》第 2 条第 1 款规定:“在中华人民共和国境内发生的价格行为，适用本法”。由此可见，《价格法》适用于中华人民共和国的全部领域，包括全部领土、领海、领空以及根据国际法和国际惯例视为我国的一切领域，但根据《香港特别行政区基本法》、《澳门特别行政区基本法》，《价格法》不在港澳两地实施。

2. 价格法的时间效力。根据《价格法》第 48 条:“本法自 1998 年 5 月 1 日起施行。”

3. 价格法的适用对象。《价格法》的适用对象是价格行为。根据《价格法》第 2 条第 2、3、4 款的规定:“本法所称的价格包括商品价格和服务价格”。商品价格是指各类有形产品和无形资产的价格。有形产品是指消费品、生产资料(包括土地)等实物形态和物质载体的产品，包括农产品价格、工业产品价格、房屋等建筑产品价格等；无形资产是指长期使用能产生经济效益而没有实物形态的资产，包括专利、非专利技术、商标权、著作权、经济信息等。服务价格是指各类有偿服务的收费，包括企业、事业单位以盈利为目的，提供经营性服务而收取的费用以及事业单位向社会提供公共服务的过程,按国家规定收取的费用。根据《价格法》第47条的规定,以下价格和收费行为不适用《价格法》:(1)国家机关的收费。国家机关的收费又叫"行政性收费",是一种特殊的价格形式,由于复杂的原因,由国务院另行规定;(2)利率、汇率、保险费率、证券及期货价格,适用有关法律、行政法规。

三、价格法的功能

价格法是国家为了规范市场价格秩序、制止不正当价格行为、保护消费者的合法权益和促进公平竞争而制定的法律规范,是国家为了进一步完善宏观调控、减少和约束政府对市场的直接干预而制定的法律规范。因此,它是市场秩序管理法的范畴,又是宏观调控法的范畴。它是社会主义经济法律体系中的重要组成部分。其功能主要表现在两方面:

(一)规制了市场价格秩序

价格法在规制价格秩序上主要表现在两方面:一是用法律形式确立了以市场为主体的价格形成机制,从而实现市场机制对资源配置的基础性作用,使价格真正成为市场配置社会资源的指示器和调节器;二是规范了各定价主体的定价行为以及监督处罚机构及措施,为各市场主体创造了公平的竞争环境,使价格真正实现其在市场经济中的应有职能,同时也保护了经营者和消费者的合法权益。

(二)保障了国家宏观调控职能

价格法在确立以市场为主体的价格机制的同时,为克服和避免市场机制的自发、盲目、滞后及整体运行不稳定等缺陷,明确了国家的宏观调控的职能。"国家支持和促进公平、公开、合法的市场竞争,维护正常的价格秩序,对价格活动实行管理、监督和必要的调控",同时明确规定了国家宏观调控的范围和形式,如调控市场价格总水平、价格异常时的紧急干预措施、政府定价权等,以确保国民经济稳定、健康的发展。

第二节　价格法的基本制度

一、价格体系法律制度

价格体系是指由一定内在联系的价格所组成的统一体。在现实生活中通常表现为按国民经济部门划分所形成的价格体系以及按定价主体划分形成的价格体系。

(一)按国民经济部门划分所形成的价格体系

按国民经济部门划分所形成的价格体系,包括农产品价格、工业产品价格、交通运输价格、房地产价格、饮食业价格、劳务价格等等。从横向看，国民经济各部门的不同商品和劳务价格及它们之间的联系，形成比价关系，保持各类商品之间的合理比价关系，既是价值规律的要求，也是供求关系的要求。它对调整产业结构、合理配置资源有重要作用。从纵向看，同种商品在不同的流通环节、不同的地区、季节、质量之间的价格及其相互联系，形成差价关系。合理的差价有利于商品流通环节的合理化，提高经营者的积极性。新中国成立后，我国在很长时期内实行集权型的计划经济体制，与此相适应的价格体系，在运行中也显露不少弊病，如比价不合理，价格与价值背离，同类商品质量差价小等，尤其是工农业产品的价格"剪刀差"问题，使得城乡差别加大。近几年，随着农产品收购价格和农业劳动生产率的提高，"剪刀差"逐步缩小。同时，为保护农民的利益，《价格法》第 29 条也明确规定，政府在粮食等重要农产品的市场购买价格过低时，可以在收购中实行保护价格，并采取相应的经济措施保证其实现。

（二）按定价主体不同而形成的价格体系

按定价主体不同而形成的价格体系，包括政府定价、政府指导定价和经营者定价。

政府定价是指依法由政府价格主管部门或者其他有关部门，按照定价权限和范围制定的价格。政府定价属指令性计划价格，具有强制执行性。一般适用于在国计民生中具有特别重要地位或者生产经营中具有高度垄断以及供求关系中具有长期的弱弹性的商品和服务价格。

政府指导定价是指依法由政府价格主管部门或者其他有关部门，按照一定定价权限和范围规定基准价及其浮动幅度，指导经营者制定的价格。其形式主要有浮动价格、最高限价、最低保护价以及差价、利润率等。政府指导价是一种指导性的计划价格。其实质是在政府有关主管部门的决策导向下的企业定价。主要适用于一些对人民生活和国计民生比较重要的商品价格和服务标准。

经营者定价又称市场调节价，是指由从事生产、经营商品或提供有偿服务的法人、其他经济组织和个人自主制定的，通过市场竞争形成的价格。目前主要包括企业定价和集市贸易价格两种形式。

经营者定价的特征表现为：定价主体是经营者。因为经营者是市场竞争的主体，在市场经济中，依法自主经营、自负盈亏，同时，市场竞争中，商品价格受多种因素影响，市场情况瞬息万变，只有赋予经营者自主定价权，才能使经营者根据商品成本、供求关系等变化，及时、灵活地调整商品价格，取得市场竞争的优势，从而真正实现其自主经营的权利。经营者定价是通过市场竞争形成的，它对经营者提高生产经营效率以及产品和服务质量有重大促进作用。社会主义市场经济应充分尊重和发挥市场的作用，完善由市场形成的价格机制，使大多数的商品和服务的价格由经营者自主制定。为此,《价格法》第3条规定:"国家实行并逐步完善宏观经济调控下主要由市场形成价格的机制。""大多数商品和服务实行市场调节价"。但经营者定价往往会因为经营者自身或市场竞争机制本身趋利性、盲目性、自发性的缺陷,对社会经济产生一些消极影响。因此,价格法不仅规定经营者价格行为的依据和基本准则,同时从兼顾效率与公平出发,以维护社会的整体利益和国家安全为目的,规定对与国计民生关系重大的极少数商品、资源稀缺的少数商品、自然垄断经营的商品、重要的公用事业以及重要的公益性服务,实行政府定价或政府指导价。对实行政府定价的商品和服务,必须执行政府定价,经营者不得自行定价。对实行政府指导价的商品和服务,经营者必须在指导价幅度中自行选择定价。经营者定价、政府定价的有机组合改变了计划经济时代单一的依靠政府行政手段直接制定和管理价格的模式,建立了符合社会主义市场经济要求的以市场为导向的经营者定价为主和政府的宏观调控相结合的价格体系。

二、价格行为法律制度

价格行为法律制度是指价格法律关系主体在制定和实施价格时应遵循的普遍准则,这些准则是确定价格行为是否合法的依据。其中包括经营者应遵循的准则和政府应遵循的准则。

(一)经营者应遵循的准则

1.经营者定价,应当遵循公平、合法和诚实信用的原则。

2.经营者应当以生产经营成本和市场供求状况为基本依据制定其价格,根据其经营条件建立、健全内部价格管理制度,准确记录与核定商品和服务的生产经营成本,不得弄虚作假。

3.经营者进行价格活动,应当遵守法律、法规,执行依法制定的政府指导价、政府定价和法定的价格干预措施、紧急措施。

4.经营者销售、收购商品和提供服务,应当按照政府价格主管部门的规定明码标价、注明商品的品名、产地、规格、等级、计价单位、价格或服务的项目、收费标准等有关情况,不得在标价之外加价出售商品,不得收取任何未予标明的费用。

5.经营者不得有下列不正当价格行为:(1)相互串通、操纵市场价格,损害其他经营者或消费者的合法权益;(2)在依法降价处理鲜活商品、季节性商品、积压商品等商品外,为了排挤竞争对手或者独占市场,以低于成本的价格倾销,扰乱正常的生产经营秩序,损害国家或者其他经营者的合法权益;(3)捏造、散布涨价信息、哄抬物价、推动商品价格过高上涨;(4)利用虚假的或者使人误解的价格手段，诱骗消费者或者其他经营者与其进行交易；(5)提供相同商品或服务，对具有同等交易条件的其他经营者实行价格歧视；(6)采取抬高等级或压低等级等手段收购、销售商品或者提供服务，变相提高或压低价格；(7)违反法律、法规规定牟取暴利；(8)法律、行政法规禁止的其他不正当价格行为。

(二)政府价格行为应遵循的准则

我国是一个社会主义国家，由于历史的原因，在价格体系中政府历来扮演着重要角色。在计划经济体制下，90%以上商品价格由政府直接制定和调整，企业被排斥在价格决策系统之外，由于政府定价在信息获取和实施手段上的缺陷，势必导致价格与市场要求的背离，阻碍市场竞争，使生产力低下，经济结构不合理。因此在市场经济条件下，必须规范政府在价格领域的干预程度，确保以市场为主的价格机制的形成。同时在确需由政府干预的重要的商品和服务领域，也应明确规范其定价权限和程序，以保证其决策的科学、合理。因此《价格法》第3章专章规定了政府价格行为应遵循的准则。2001年12月16日，国家发展计划委员会也专门制定了《政府制定价格行为规则(试行)》，自2002年2月1日起施行。

1.政府定价范围应严格遵循法律规定的范围。《价格法》明确规定，国家实行并逐步完善宏观经济调控下主要由市场形成的价格机制，大多数商品和服务价格实行市场调节价，极少数商品和服务价格实行政府指导价或者政府定价。政府定价和指导价的范围限于：(1)与国民经济发展和人民生活关系重大的极少数商品的价格；(2)资源稀缺的少数商品的价格；(3)自然垄断经营的商品价格；(4)重要的公用事业价格；(5)重要的公益性服务价格。政府定价、政府指导价的定价权限和具体适用范围，以中央和地方的定价目录为依据。

2.政府定价主体必须合法。政府定价分中央定价和地方定价。中央定价权属国务院价格主管部门和其他有关部门；地方定价权属省、自治区、直辖市人民政府价格主管部门和其他有关部门。市、县人民政府可以根据省、自治区、直辖市人民政府的授权，按照地方定价目录规定权限和具体范围制定在本地区执行的政府指导价、政府定价。

3.制定政府定价、政府指导价应有合法的依据和程序。价格法规定，制定或调整价格应当遵循公平、公正和效率的原则。政府在制定价格时应当依据有关商品或者服务的社会平均成本和市场供求状况、国民经济与社会发展要求以及社会承受能力，实行合理的购销差价、批零差价、地区差价和季节差价；与国际市场联系紧密的，还应当参考国际市场价格。政府价格主管部门和其他有关部门制定政府指导价、政府定价时，应当开展价格、成本调查，听取消费者、经营者和有关方面的意见；制定关系到群众切身利益的公用事业价格、公益性服务价格、自然垄断经营的商品价格等政府指导价、政府定价时，应当建立听证会制度，征求消费者、经营者和有关方面的意见，论证其必要性、可行性；有定价权的政府部门应建立价格审议委员会或其他集体审议方式，负责听取制定或调整价格的汇报，咨询有关情况，审议并作出是否制定或调整价格的决策意见。政府指导价、政府定价制定后，由制定价格的部门向消费者、经营者公布。

4.适时调整政府定价、政府指导价。由于政府定价、政府指导价带有强制性，一旦作出，生产者、经营者必须执行，为确保政府定价、政府指导价符合市场变化的需求，政府部门应根据社会经济运行情况，按照规定的权限和程序适时调整。

三、价格总水平调控的法律制度

(一)价格总水平的定义

价格水平是通过价格指数表现出来的价格的动态反映。价格水平包括单个商品价格水平、分类商品价格水平和价格总水平。单个商品价格水平反映的是各种具体商品价格的动态；分类商品价格水平反映的是各种类别商品的动态；价格总水平则反映社会全部商品价格的动态。各种各类商品的价格水平与价格总水平是相互联系、相互制约、互相影响的。

价格总水平作为综合反映价格变化状况的经济参数，是国民经济状况的综合反映，也是国家进行宏观经济决策和实施经济政策的重要依据之一。保持市场价格总水平的基本稳定，是国民经济协调、健康、持续发展，社会稳定的重要条件和基本保证。价格总水平的大幅度上涨和下降，都会导致通货膨胀或通货紧缩，给国民经济的发展带来严重的危害，因此，世界各国政府都把控制价格总水平的波动，使之保持稳定，作为国家宏观经济政策的一项基本内容。我国的《价格法》也明确规定："稳定市场价格总水平是国家重要的宏观经济政策目标。国家根据国民经济发展的需要和社会承受能力，确定市场价格总水平调控目标，列入国民经济和社会发展计划，并综合运用货币、财政、投资、进出口等方面的政策和措施，予以实施。"

(二)价格总水平调控的措施

价格总水平的运动是各种因素综合作用的结果，因此国家调控价格总水平的手段和方法也是多样的。具体主要表现为：

1.建立重要商品储备制度，设立价格调节基金

重要商品是关系国计民生的社会产品，如粮食、棉花、盐、石油、防灾物资等，这类商品在市场上的价格波动过大，会直接影响到人民的生活和社会的安定。因此，建立重要商品的储备制度，对平抑物价、安定人民生活、防灾赈灾有着重要意义。目前我国已重点设立专项粮食储备制度。价格调节基金是各级政府专门

设立的用于平抑市场物价的专项基金。价格调节基金的主要来源有国家专项补贴、副食品价格补贴、中央财政用于菜篮子工程的预算拨款、外来劳务人员交纳的城市增容费以及从工商企业事业单位的销售或者收入中按比例收取的资金。价格调节基金主要用于平抑副食品市场物价,对临时和突发性市场价格波动以及重大节假日的副食品市场价格进行补贴;加强主要蔬菜基地和生猪、鸡、奶牛等畜禽基地建设;加强农贸批发市场和专业批发市场建设以及部分重要商品储备设施建设等。价格调节基金的建立,对我国各级政府运用经济手段调节市场,保持物价稳定,保护消费者和经营者利益,维护社会安定发挥着重要作用。

2. 建立价格监测制度,对重要商品、服务的变动进行监测

价格监测是获取市场价格以及与之相关的经济信息的重要手段。完整、准确的经济信息则是政府宏观决策的科学依据,尤其是涉及重要商品、居民生活必需品及相关的服务的价格信息。因此,国家计委在1994年就专门发布了《城市基本生活必需品和服务收费价格监测办法》(1996年再进行了修订),规定监测的范围是各省、直辖市、计划单列市、省会城市和自治区首府城市,监测品种主要是与城市居民生活密切相关的基本生活必需品和服务项目。1996年国家计委又发布了《部分重要商品生产区价格监测办法》,规定对与国民经济密切相关的部分重要商品,包括粮、棉、生猪和猪饲料、煤炭等进行产地价格的监测。价格监测制度为各级政府的宏观经济决策和管理,提供可靠依据,尤其是对政府及时调整物价、控制价格总水平起了重要作用。因此,《价格法》把建立价格监测制度作为一项法律制度加以明确。《价格法》第28条规定,为适应价格调控和管理的需要,政府价格主管部门应当建立价格监测制度,对重要商品、服务价格的变动进行监测。为科学、有效地组织价格监测工作,保证价格监测数据的准确性、及时性,1999年2月4日,国家计委制定了《价格监测规定》。该《规定》要求:价格监测以周期性价格监测报表和定点监测为基础,并开展专项调查、临时性调查、非定点监测等,收集、整理价格监测资料。国务院价格主管部门制定全国统一的价格监测制度,规定价格资料和价格政务信息采集、收集、汇总、计算、传输、报告、分析、公布、使用和信息服务的具体办法,以及相应的价格监测项目、指标、代码、表式的统一标准。地方价格主管部门按照国家确定的统一制度和标准,确定价格监测地区和定点监测单位,并可根据本行政区域内经济活动的实际情况和价格调控的需要,制定补充的价格监测标准,但不得与国家制定的价格监测标准相抵触。国家建立全国统一的价格监测系统,各级人民政府要有计划地加强和支持价格监测的信息处理、传输设备和技术现代化建设;县级以上各级人民政府价格主管部门根据价格监测工作的需要完善价格监测职能,配备相应的价格监测人员。有关国家机关、企业、事业单位以及其他组织应按照价格主管部门的要求

指定专兼职价格监测人员，负责本单位的价格信息收集与报告工作。价格监测人员应当坚持实事求是的工作作风，具备履行价格监测职责所需的专业知识。除国家机密和企业商业秘密的价格资料外，价格监测资料由价格主管部门发布或由价格主管部门委托的价格信息机构按有关制度以价格主管部门的名义向社会公布部分价格监测资料。价格主管部门还应充分利用价格监测资料和价格信息发布为社会服务，引导市场经营主体的生产经营和投资活动，为工程建设估算、概算、预算、工程编标、审标、价格评估提供价格依据。

3.重要农产品的价格保护制度

保护价即是政府规定的最低收购价。重要农产品的保护价制度是指当重要农产品的市场价格低于保护价时，有关部门应按保护价予以收购的法律制度。

农业是我国国民经济的基础。农产品价格，特别是粮食等重要农产品的价格，对价格总水平，对市场价格有重要影响，同时也直接关系到农民的利益，关系到农业生产的发展。但由于农产品自身的生产特点，如生产周期长，受自然条件影响大，生产高度分散等，如果完全受市场调节，则极易大起大落。为此，我国在1993年7月公布施行的《中华人民共和国农业法》就明确规定："国家对粮食、食品等关系到国计民生的重要农产品实行保护价收购制度"，并在实践中得以推行。《价格法》继续肯定了重要农产品保护价制度。《价格法》第29条规定："政府在粮食等重要农产品的市场购买价格过低时，可以在收购中实行保护价格。"农产品保护价的实施，保护了农民的利益，稳定了农业的发展，保障了粮食的供应，从而对整个物价的稳定发挥了重要作用。

实施重要农产品的保护价要注意：(1)保护价的制定应以补偿生产成本并有适当利润、有利优化品种结构并考虑国家财政承受能力为原则。保护价的范围限于原国家定购的和专项储备的粮食。(2)保护价由国务院和各省、自治区、直辖市人民政府规定。(3)针对实践中存在的"打白条"、拖欠粮食款现象，政府应采取相应的经济措施保证保护价制度的实施。

4.政府的价格干预

价格干预是指政府在市场价格出现显著上涨或可能出现显著上涨，且其他措施不能保证物价稳定时而采取的措施。

价格波动是市场经济的正常现象，但价格的急剧上涨，尤其是重要商品和服务价格的急剧上涨，会引发通货膨胀，影响国民经济的稳定和人民生活的安定，因此，对重要商品和服务价格的干预，是政府宏观调控的重要内容。几乎所有发达的市场经济国家都对价格实行不同程度的干预。我国《价格法》规定的价格干预制度的内容包括：(1)有权行使价格干预的机关是国务院以及省、自治区、直辖市人民政府，省、自治区、直辖市人民政府采取干预措施的，应当报国务院备案；

(2)实行价格干预的前提是重要商品和服务价格显著或可能显著上涨;(3)干预的对象是实行市场价格的商品和服务中重要的商品价格和服务价格;(4)干预的手段主要是限定差价率或利润率、规定限价、提价申报和调价备案等;(5)价格干预措施是一种临时措施,一旦消除情形后应及时解除干预措施。

5.实施价格紧急措施

价格紧急措施是指国务院在市场价格总水平出现剧烈波动等异常状态时实施的紧急措施。采取紧急措施的前提必须是价格总水平出现急剧波动;采取措施的机关只能是国务院。紧急措施主要有两种:一是临时集中定价权限,即将经营者定价或地方政府定价的权限上收集中到国务院,由国务院定价;二是全面或部分冻结价格,即由国务院规定,将某类商品或服务价格固定在一个数值上,任何单位和个人在经营中不准随意变动。

价格紧急措施,一般发生在战时或严重自然灾害、恶性通货膨胀时。政府对价格市场采取紧急措施,也是市场经济国家通行做法,如日本在战后,为解决物资匮乏、物价飞涨就曾经建立以米和煤价为主的冻结物价制度。

四、价格监督法律制度

价格监督法律制度是法律规定的各级人民政府、社会组织以及个人依法对行为人的价格行为的合法性进行监督的法律制度。建立和完善价格监督法律制度是确保价格法实施的重要手段。

价格监督根据监督主体的不同分为政府职能监督和社会监督。

(一)政府职能监督

政府职能监督是指依法享有监督处罚权职能的各级人民政府价格主管部门,根据法律的规定,对相对人的价格活动进行监督检查,并对违法行为实施处罚的行为。根据《价格法》的规定,有权行使价格监督职能的机关是县以上各级价格主管部门。政府价格主管部门进行价格监督检查时,可以行使下列职权:

1.询问当事人或有关人员,并要求其提供证明材料和价格违法行为有关的其他资料。

2.查询、复制与价格违法行为有关的账簿、单据、凭证、文件及其他资料,核对与价格违法行为有关的银行资料。

3.检查与价格违法行为有关的财物,必要时可以责令当事人暂停相关营业。

4.在证据可能灭失或者难以取得的情况下,可以依法先行登记保存,当事人或有关人员不得转移、隐匿或销毁。

经营者接受价格主管部门的监督检查时,应如实提供价格监督检查所必需的账簿、单据、凭证、文件以及其他资料。

各级人民政府价格主管部门进行监督检查时，执法人员不得少于两人，并应当向经营者或者有关人员出示证件，不得将依法取得的资料或者了解的情况用于依法进行价格管理以外的任何其他目的，不得泄露当事人的商业秘密，对价格违法行为应当依法作出处罚。

（二）社会监督

价格的社会监督是指国家机关以外的各社会组织、团体、公民通过合法手段对行为人的价格行为所进行的监督。社会监督并不具有直接的法律效力。

社会监督的主体非常广泛，包括消费者组织、职工价格监督组织、居民委员会、村民委员会以及社会群众和新闻单位。

监督的方法有：对经营者的价格行为提出建议、意见或检举、控告；对政府价格主管部门及其工作人员提出批评、建议；对其失职行为进行检举、控告；对经营者、政府的价格行为进行舆论监督等。

为积极发挥社会监督的作用，《价格法》还规定了建立价格违法举报制度。2001 年 11 月 1 日国家计委专门发布了《价格违法行为举报规定》。规定任何单位和个人均有权对价格违法行为进行举报，举报可以采用书信、电话、电子邮件、来访等形式。政府价格主管部门对举报人员应当给予鼓励，并负责为举报者保密。对社会影响大的价格举报典型案例，政府价格主管部门可以通过新闻媒体予以公布。

第三节　违反价格法的法律责任

一、违反价格法法律责任的概念和分类

违反《价格法》的法律责任是指行为人违反《价格法》及相关法律的规定，实施了法律所禁止的价格行为或不履行法律所规定的义务，而依法应承担的法律后果。依法承担责任的性质不同，违反《价格法》的法律责任可分为：民事责任、行政责任和刑事责任。民事责任是指行为人的价格违法行为损害了其他人的合法权益而应承担的《民法》上的法律后果。《价格法》第 41 条规定："经营者因价格违法行为致使消费者或者其他经营者多付价款的，应当退还多付部分；造成损害的，应当依法承担赔偿责任。"行政责任是行为人违法实施价格行为应承担的行政法上的法律后果，包括行政处罚和行政处分。行政处罚是行政机关对行政相对人的价格违法行为依照行政法所实施的法律制裁措施。根据《价格法》和 1999 年 8 月 1 日起实施的《价格违法行为行政处罚规定》，其处罚方法包括警告、罚款、责令停业整顿、吊销营业执照。行政处分是一种行政政纪责任，是行政

机关对其公务员尚不构成犯罪的违法行为所实施的制裁措施，包括警告、记过、记大过、降级、撤职和开除。刑事责任是指价格工作人员违反《价格法》构成犯罪的行为依照刑法所应承担的法律责任。主要指泄露国家机密泄露商业机密以及滥用职权、徇私舞弊、玩忽职守、索贿受贿等犯罪。

依照承担责任的主体不同，违反《价格法》的法律责任可分为：经营者的责任、政府及其部门的责任以及个人法律责任。

二、违反《价格法》法律责任的具体规定

（一）经营者的法律责任

1. 经营者违反《价格法》第 14 条的规定，有下列行为之一的，责令改正，没收违法所得，可以并处违法所得 5 倍以下的罚款；没有违法所得，给予警告，可以并处 3 万元以上 30 万元以下的罚款；情节严重的，责令停业整顿，或者由工商行政管理机关吊销其营业执照：

(1)相互串通，操纵市场价格，损害其他经营者或者消费者的合法权益；

(2)除依法降价处理鲜活商品、季节性商品、积压商品外，为了排挤竞争对手或独占市场，以低于成本的价格倾销，扰乱正常的生产秩序，损害国家利益或者其他经营者的合法权益的；

(3)提供相同商品或者服务，对具有同等交易条件的其他经营者实行价格歧视的。

2. 经营者违反《《价格法》》第 14 条的规定，捏造、散布涨价信息，哄抬价格，推动商品价格过高上涨的，或者利用虚假的或者使人误解的价格手段，诱骗消费者或者其他经营者与其进行交易的，责令改正，没收违法所得，可以并处违法所得 5 倍以下的罚款；没有违法所得的给予警告，可以并处 2 万元以上 20 万元以下的罚款；情节严重的，责令停业整顿，或者由工商行政管理机关吊销营业执照。

3. 经营者违反《价格法》第 14 条的规定，采取抬高等级压低等级等手段销售、收购商品或者提供服务，变相提高或者压低价格的，责令改正，没收违法所得，可以并处违法所得 5 倍以下的罚款；没有违法所得的，给予警告，可以并处 1 万元以上 10 万元以下的罚款；情节严重的，责令停业整顿，或者由工商行政管理机关吊销营业执照。

4. 经营者不执行政府指导价、政府定价，有下列行为之一的，责令改正，没收违法所得可以并处违法所得 5 倍以下的罚款；没有违法所得的，可以处 2 万元以上 20 万元以下的罚款；情节严重的，责令停业整顿：

(1)超出政府指导价浮动幅度制定价格的；

(2)高于或者低于政府定价规定价格的；

(3)擅自制定属于政府指导价、政府定价范围内的商品或者服务价格的;

(4)提前或者推迟执行政府指导价、政府定价的;

(5)自立收费项目或者自定标准收费的;

(6)采取分解收费项目、重复收费、扩大收费范围等方式变相提高收费标准的;

(7)对政府明令取消的收费项目继续收费的;

(8)违反规定以保证金、抵押金形式变相收费的;

(9)强制或者变相强制服务并收费的;

(10)不按照规定提供服务而收取费用的;

(11)不执行政府指导价、政府定价的其他行为。

5.经营者不执行法定的价格干预措施、紧急措施,有下列行为之一的,责令改正,没收违法所得,可以并处违法所得5倍以下的罚款;没有违法所得的,可以处4万元以上40万元以下的罚款;情节严重的,责令停业整顿:

(1)不执行提价申报或者调价备案制度的;

(2)超过规定的差价率、利润率幅度的;

(3)不执行规定的限价、最低保护价;

(4)不执行集中定价权限措施的;

(5)不执行冻结价格措施的;

(6)不执行法定的价格干预措施、紧急措施的其他行为。

以上1至4项中违法者为个人经营者的,对其没有违法所得的价格违法行为,可处5万元以下的罚款。

6.经营者违反法律、法规的规定牟取暴利的,责令改正,没收违法所得,可以并处违法所得5倍以下的罚款;情节严重的,责令停业整顿,或者由工商行政管理机关吊销营业执照。

7.经营者违反明码标价规定,有下列行为之一的,责令改正,没收违法所得,可以并处5000元以下的罚款:

(1)不标明价格的;

(2)不按照规定的内容和方式明码标价的;

(3)在标价之外加价出售商品或者收取未标明的费用的;

(4)违反明码标价规定的其他行为。

8.经营者因价格违法行为致使消费者或者其他经营者多付价款的,责令限期退还;难以查找多付价款的消费者、经营者的,责令公告查找;公告期限满仍无法退还的价款,以违法所得论处。

9.经营者拒绝提供价格监督检查所需资料或者提供虚假资料的,责令改正,给予警告;逾期不改正的,可以处 5 万元以下的罚款,对直接负责的主管人员和其他直接责任人员给予纪律处分。

10.政府价格主管部门进行价格监督检查时,发现经营者的违法行为的同时具有下列三种情形的,可以依照《价格法》第 34 条第 3 项的规定责令其暂停相关营业:

(1)违法行为情节复杂或者情节严重,经查明后可能给予较重处罚的;

(2)不暂停相关营业,违法行为将继续的;

(3)不暂停相关营业,可能影响违法事实的认定,采取其他措施又不足以保证查明的。

价格执法部门在对经营者实施行政处罚时,还应考虑违法者违法行为的具体情节,对主动消除或者减轻违法行为危害后果、受他人胁迫的违法行为、配合行政机关查处违法行为有立功表现的应当依法从轻或者减轻处罚;对价格违法行为严重或者社会影响较大,屡查屡犯,伪造、涂改或者转移、销毁证据,转移与价格违法行为有关的资金或者商品的,应当予以从重处罚。

经营者对政府价格主管部门作出的处罚决定不服的,应当先依法申请行政复议;对行政复议决定不服的,可以依法向人民法院提起诉讼。

(二)政府及其有关部门、有关责任人员的法律责任

地方各级人民政府或者各级人民政府有关部门违反《价格法》规定,超越定价权限和范围擅自制定、调整价格或者不执行价格干预措施、紧急措施的,责令改正,并可通报批评;对直接负责的主管人员和其他责任人员,依法给予行政处分。

价格工作人员在价格执法过程中泄露国家秘密、商业秘密以及滥用职权、徇私舞弊、玩忽职守、行贿受贿,构成犯罪的,依法追究刑事责任;尚不构成犯罪的,依法给予行政处分。

第二十章 审计法

第一节 审计法概述

一、审计的概念、特征和分类

审计是独立的经济监督活动，是社会经济发展到一定阶段的产物。当资源财产所有权与经营管理权相分离后，出现了授权或委托经营、管理，即形成了受托责任关系。资源所有者需要对受托人管理和使用资源财产的情况进行有效监督，资源经营管理者也需要向委托人证明自己有效管理和使用资源的情况，这都需要一个具有独立身份、具备专业技能的第三人加以检查和评价，这样审计就应运而生。因此说，受托责任关系是审计产生的客观基础和根本动因。

审计是独立检查会计账目，监督财政、财务收支真实、合法、效益的行为。审计具有以下特征：

1. 审计是独立于被审计单位之外的经济监督行为。独立性是审计监督的本质特征。审计机构在组织、人员、工作和经费上独立于被审计单位，独立行使审计监督权，不受其他行政机关、社会团体和个人的干涉。

2. 审计的主体是专门机构或专职人员。审计监督不与其他管理活动结合进行，是一种专职的行为，这是审计监督区别于其他经济监督的重要标志。财政监督、税务监督、物价监督、会计监督等其他经济监督都是结合专业的具体经济或行政管理活动进行的，是为了执行具体业务而进行的监督。

3. 审计的客体是财政收支、财务收支。审计监督的对象或客体是以货币为计量、反映的国家参与国民收入分配和再分配的活动即财政收支，以货币计量、反映的国有企业和行政事业单位的经济活动即财务收支。

4. 审计的职能是监督、评价和鉴证。审计是独立于被审计单位之外、不参与具体管理活动、对财政、财务收支专司监察和督促的行为，监督是审计的基本职能。在履行监督职能的同时，必然涉及对某些管理职能履行情况的评价，监督的结果客观上也是一种鉴证，所以评价和鉴证职能是审计监督职能的衍生形式或派生物。

按照不同的标准，审计有不同分类：

1. 按审计内容分类，可分为财政财务收支审计、财经法纪审计和经济效益审计。

2. 按审计主体分类，可分为国家审计、内部审计和社会审计。

3. 按审计范围划分，可分为全部审计和局部审计。

4. 按审计时间分类，可分为事后审计、事中审计和事前审计。

5. 按审计地点分类，可分为就地审计和报送审计。

6. 按审计组织方式分类，可分为授权审计和委托审计。

二、审计组织体系

审计组织是为了实现审计目标而设置的机构、配备的人员和授以职责权限的有机整体。审计组织体系是由众多的审计组织相互联系、相互制约而构成的整体。在我国审计组织体系中，有三种类型的审计组织：国家审计机关、内部审计机构和社会审计组织。三者既相互联系，又各自独立，各司其职，共同承担整个社会的审计任务，构成一个社会的审计监督网络，保证国民经济的健康发展。

1. 国家审计机关。我国在国务院和地方各级人民政府设立审计机关。审计机关是代表国家依法行使审计监督权的行政机关，它是由国家授权开展工作，并体现国家意志的组织，是国家政权的一个组成部分，属于上层建筑范畴，这是审计机关与其他审计组织的显著区别之一。审计机关依照法定职权和程序进行审计。

2. 内部审计机构。内部审计机构是部门、单位内部从事审计业务的专门组织，代表部门或单位利益开展审计工作，是该部门或单位的一个组成部分。根据《审计署关于内部审计工作的规定》，国务院各部门和地方各级人民政府各部门、国有的金融机构和企业事业组织应当设立内部审计机构，配备审计人员。内部审计机构在本部门、本单位主要负责人的领导下，对本部门、本单位及其下属单位的财务收支的真实、合法、效益进行审计。

内部审计工作应当接受审计机关的业务指导和监督。

3. 社会审计组织。社会审计组织是指依法设立、接受委托独立承办审计业务的组织。社会审计组织具有独立性，既不隶属于政府，也不隶属于任何部门或单位，而是独立的组织。根据《中华人民共和国注册会计师法》规定，在我国只允许成立有限责任会计师事务所和合伙会计师事务所。

审计机关依法对社会审计组织的审计业务质量进行监督检查。

三、审计法的概念

审计法是调整在经济监督、评价和鉴证活动中形成的审计关系的法律规范的总称。广义的审计法是指所有审计法律规范的总称，包括《审计法》、《审计法实施条例》、《国家审计准则》以及《预算法》、《会计法》、《中国人民银行法》、《税收征收管理法》等其他法律、法规、规章中关于审计的规定。狭义的《审计法》即指1994年8月31日第八届全国人民代表大会常务委员会第九次会议通过、自1995年1月1日起施行、2006年2月28日经第十届全国人民代表大会常务委员会第二十次会议修订的《中华人民共和国审计法》。一般所称的《审计法》是就狭义而言。

1982年的《中华人民共和国宪法》规定我国建立审计监督制度。1983年9月，国务院正式成立中华人民共和国审计署。此后国务院先后颁布《关于审计工作的暂行规定》和《中华人民共和国审计条例》。在总结十年审计经验的基础上，1994年8月31日《中华人民共和国审计法》出台，这是新中国第一部审计法律，标志着我国《审计法》的发展进入到一个新的时期。1997年10月21日，国务院发布施行了《中华人民共和国审计实施条例》，对《审计法》的原则性规定进行了具体化。为全面贯彻执行《审计法》，审计署又陆续颁布了《中华人民共和国国家审计基本准则》等一系列国家审计准则，建立了国家审计准则体系。

审计监督在维护国家财政经济秩序，促进廉政建设，保障国民经济健康发展中，发挥了重要作用，而《审计法》的制定和完善，规范了审计工作，提高了审计质量，从而促进了审计事业的发展。

四、审计监督原则

(一)依法审计原则

依法审计原则是指审计机关依照法律规定的职权和程序进行审计监督。依法审计原则包括：

1.职责要合法。审计机关必须依照法律规定的职责进行审计监督，既不能超越法定职责，又不能不履行法定职责，否则构成越权或失职。

2.对象要合法。审计机关审计的对象应当是法律规定的有关单位。

3.权限要合法。审计机关行使权限必须符合法律规定，没有规定的权限不得行使。

4.程序要合法。审计机关实施审计，从发出审计通知书到出具审计意见书、作出审计决定的全过程，都必须符合法定程序。

(二)独立审计原则

独立审计原则是指审计机关依照法律规定独立行使审计监督权,不受其他行政机关、社会团体和个人的干涉。

1.领导关系独立。审计署只受国务院总理领导,地方各级审计机关只受本级政府行政首长和上一级审计机关领导。

2.工作独立。审计机关自行安排审计项目和审计人员,依法独立出具审计意见书,作出审计决定。

3.经费独立。审计机关履行职责所需经费由本级人民政府予以保证,列入财政预算。

第二节 审计机关的职责

一、审计机关的具体职责

审计机关的职责是国家法律、行政法规规定的审计机关应当完成的任务和承担的责任。审计机关的基本职责是对国家的财政收支和与国有资产有关的财务收支的真实、合法和有效进行监督。

所谓真实是指有关会计资料反映的财政、财务收支活动是真实存在、符合客观实际的,不存在虚假。所谓合法是指财政、财务收支符合国家各种法律、法规和制度规定,会计资料的编报符合会计准则、财务通则及有关制度规定。所谓有效是指效益,包括:1.资金的使用效果,即有关资金的使用是否达到预期的目的;2.资金运用的效率,即资金的合理利用程度;3.用于经营的资金产生的效益,即经济效益。

审计机关的职责具体包括:

1.对本级各部门(含直属单位)和下级政府预算执行情况和决算,以及预算外资金的管理和使用情况进行审计监督。本级各部门包括与本级人民政府财政部门直接发生预算缴款、拨款关系的国家机关、军队、政党组织和社会团体。

2.审计署在国务院总理领导下,对中央预算执行情况进行审计监督,向总理提交审计结果报告;地方各级审计机关在本级政府行政首长和上一级审计机关领导下,对本级预算执行情况进行审计监督,向本级人民政府和上一级审计机关提出审计结果报告。这就是同级财政审计,每一预算年度终了后都要进行。根据审计结果报告,国务院和县级以上人民政府应当每年向本级人民代表大会常务委员会提出审计机关对预算执行情况和其他财政收支的审计工作报告。

3.审计署对中央银行及其分支机构的财务收支进行审计监督。审计机关对国有金融机构的资产、负债、损益进行审计监督。国有金融机构包括国家政策性银行、国有商业银行、国有非银行金融机构、国有资产占控股地位或主导地位的银行或非银行金融机构。

4.对国有企业的资产、负债、损益进行审计监督,对国有资产占控股地位或主导地位的企业依法进行审计。“国有资产占控股地位或主导地位”是指国有资本占企业资本总额的50%以上,或国有资本占企业资本总额的比例不足50%,但是国有资产投资者实质上拥有控制权。

5.对国家的事业单位的财务收支进行审计监督。国家事业单位是由国家创办的非赢利性组织,不管财政采取的是全额预算拨款、或差额预算拨款或由单位自收自支的预算管理,这些国家事业单位都属于审计机关审计监督范围。

6.对政府投资和以政府投资为主的建设项目预算的执行情况和决算进行审计监督。

7.对政府部门管理的和其他单位受政府委托管理的社会保障基金、社会捐赠资金以及其他有关基金、资金的财务收支进行审计监督。社会保障基金包括养老、医疗、工伤、失业、生育等社会保险基金,救济、救灾、扶贫等社会救济基金,以及发展社会福利事业的社会福利基金。社会捐赠资金包括境内外企业、团体、个人捐赠用于社会公益事业的货币、有价证券和实物。对这些基金、资金进行审计监督,一是因为其中有国家财政资金;二是这些基金、资金涉及社会稳定;三是这些基金、资金是以国家财政担保或以国家财政资金弥补其不足的。

8.对国际组织和外国政府的援助、贷款项目的财务收支进行审计监督。与我国发生援助、贷款项目的国际组织主要包括世界银行、亚洲开发银行、国际农业发展基金会等国际金融组织。审计机关主要对援助、贷款项目的国外资金及国内配套资金的财务收支进行审计。

9.按照国家有关规定,对国家机关和依法属于审计机关审计监督对象的其他单位的主要负责人,在任职期间对本地区、本部门或者本单位的财政收支、财务收支以及经济活动应负经济责任的情况进行审计监督。

10.对其他法律、行政法规规定应当由审计机关审计的事项进行审计监督。《审计法》之外的其他有关审计的法律、法规、政策等规定也是审计机关行使审计监督权的依据,如审计机关根据1999年中共中央办公厅、国务院办公厅印发的《县级以下党政领导干部任期经济责任审计暂行规定》和《国有企业及国有控股企业领导人员任期经济责任审计暂行规定》,开展经济责任审计。

11.对与国家财政收支有关的特定事项,向有关地方、部门、单位进行专项审计调查,并向本级人民政府和上一级审计机关报告审计调查结果。专项审计调查是审计机关主要通过审计方法,对与国家财政收支有关或者本级人民政府交办的特定事项,向有关地方、部门、单位进行的专门调查活动。专项审计调查的目的是解决一些具有普遍性的问题,因此审计机关调查后要形成专项审计调查报告,报本级人民政府和上一级审计机关。

二、审计管辖

审计管辖是审计机关之间的审计权限的分工,明确哪些审计项目由哪一级审计机关进行审计,由哪一个审计机关进行审计。确定审计管辖范围的原则有三项:

1. 财政财务隶属关系原则。按照我国的财政管理体制,国家实行一级政府一级预算,各级预算由本级各部门(含直属单位),即一级预算单位的预算组成,这种预算组成关系即预算关系。预算关系决定了决算关系,预算、决算关系统称为财政隶属关系。按照财政隶属关系,各部门、各单位的财政收支属于哪一级政府,则由那一级审计机关管辖。一级预算单位下设若干级核算单位,即二、三级预算单位,他们与一级预算单位之间存在着财务上的报账核批关系或会计核算上的汇总与被汇总关系,这就是财政财务隶属关系。按照这种关系,对二、三级单位的财务收支的审计,由对一级预算单位有审计管辖权的审计机关管辖。

2. 国有资产监督管理关系原则。为适应社会主义市场经济体制的要求,政府逐步转变职能,实行政企分开,政府不再直接管理企业,这样无主管部门的国有企业逐渐增多,这些企业与政府及其部门不存在财政、财务隶属关系,但企业的国有资产接受国家授权投资的机构或国家授权的部门监督管理,这就形成了国有资产监督管理关系。某单位的国有资产受哪级国家授权投资的机构或授权的部门监督管理,其财务收支就属于对该授权投资的单位或授权的部门有审计管辖权的审计机关管辖。

3. 指定管辖原则。是指当两个以上审计机关对审计管辖范围发生争议时,由其共同的上一级审计机关确定由哪一个审计机关管辖的原则。

在实际运用中,一般是按照财政、财务隶属关系原则确定审计管辖范围,在财政、财务隶属关系不清或没有财政、财务隶属关系时,按照国有资产监督管理关系原则确定;发生管辖争议时,按照指定管辖原则确定。

除了上述三项原则外,《审计法》还规定了审计管辖权的转移,即上级审计机关可以将其审计管辖范围内的部分审计事项授权下级审计机关进行审计,上级审计机关对下级审计机关管辖范围内的审计事项,可以直接进行审计。

第三节 审计机关的权限

一、审计权限的概念、特征

审计机关的权限是宪法和法律赋予审计机关在实施审计过程中享有的权能。审计权限具有以下特征：

1.法定性。审计机关的权限是宪法和法律规定的。

2.行政性。审计机关是行政执法机关,审计机关行使的权限是行政权。

3.专属性。审计机关的权限只能由审计机关行使,而且只能在审计监督过程中行使。

4.广泛性。审计机关权限的内容广泛,种类较多。

二、审计机关权限的内容

1.要求报送资料权。审计机关有权要求被审计单位按照规定报送预算或财务收支计划、预算执行情况、决算、财务报告,社会审计机构出具的审计报告,运用电子计算机储存、处理的财政收支、财务收支电子数据和必要的电子计算机技术文档,在金融机构开立账户的情况,社会审核机构出具的审计报告,以及其他与财政收支或财务收支有关的资料。

2.检查权。审计机关审计时,有权检查被审计单位与财政、财务收支有关的资料和资产。资料包括会计凭证、会计账簿、会计报表,运用电子计算机管理财政、财务收支的财务会计核算系统(包括运用电子计算机储存、处理的财政、财务收支电子数据以及有关资料)和其他有关资料。

3.调查取证权。审计机关进行审计时,有权就审计事项的有关问题向有关单位和个人进行调查并取得证明材料。包括有权查询被审计单位在金融机构的各项存款。

4.行政强制措施权。包括制止权、采取取证措施权、暂时封存账册资料权、通知暂停拨付款项权、责令暂停使用款项权。

(1)制止权。制止权在三种情况下行使:一是被审计单位正在进行违反国家规定的财政、财务收支行为;二是被审计单位转移、隐匿、篡改、毁弃会计资料及其他有关资料;三是被审计单位转移、隐匿违法取得的资产。制止无效时,应进一步采取其他措施。

(2)采取取证措施权。当审计机关有根据认为被审计单位可能转移、隐匿、篡改、毁弃会计资料及与财政、财务收支有关的资料,有权采取取证措施。这里的取证措施包括先行登记保存。

(3)暂时封存账册资料权。审计机关发现被审计单位可能违法处理会计资料及其他有关资料的,必要时,经审计机关负责人批准,有权暂时封存被审计单位与违反国家规定的财政、财务收支有关的账册资料。

(4)通知暂停拨付款项权、责令暂停使用款项权。审计机关对被审计单位正在进行违反国家规定的财政、财务收支行为,经制止无效后,有权通知财政部门和有关主管部门暂停拨付与该行为直接有关的款项;已经拨付的,责令暂停使用该款项。

5.申请权。申请权包括申请法院采取保全措施权和申请法院强制执行权。被审计单位转移、隐匿违法取得的资产的,审计机关有权申请法院采取财产保全措施。被审计单位未按规定期限和要求执行审计决定的,审计机关有权申请人民法院强制执行。

6.处理处罚权。审计机关有权对被审计单位违反《审计法》的行为、违反国家规定的财政、财务收支行为依法予以处理、处罚。

(1)审计处理权。审计处理是审计机关对被审计单位违反国家规定的财政、财务收支行为采取的纠正措施。

(2)审计处罚权。审计处罚是指审计机关对被审计单位违反国家规定的财政、财务收支行为和违反《审计法》的行为采取的行政制裁措施。审计处罚不同于审计处理,具有惩罚性。

7.建议权。建议权包括:

(1)建议纠正违法规定权。审计机关发现被审计单位所执行的上级主管部门有关财政、财务收支的规定与法律、法规相抵触的,应当建议有关主管部门纠正;有关部门不予纠正的,应当提请有权处理的机关依法处理。

(2)建议给予行政处分或纪律处分权。对被审计单位违反国家规定的财政收支、财务收支行为或违反《审计法》的行为负有直接责任的主管人员和其他直接责任人员,审计机关认为依法应当给予行政处分或纪律处分的,应当提出给予行政处分或纪律处分的建议;被审计单位或其上级机关、监察机关应当依法及时作出决定,并将结果书面通知审计机关。

(3)建议处理、处罚权。对被审计单位及其负有直接责任的有关直接责任人员违反国家规定的财政收支、财务收支行为或违反《审计法》的行为,对社会审计组织审计质量问题等,应当由有关主管部门处理、处罚的,审计机关应当依法作出审计建议,要求有关主管部门给予处理、处罚。有关主管部门不予处理、处罚的,审计机关应当提请有权处理的机关依法处理。

8.通报或公布审计结果权。通报审计结果是指审计机关有权向本级政府有关部门、下级政府及其有关部门告知审计管辖范围内的重要审计事项的审计结果。可以通报的审计结果有：模范遵守国家财经法规的单位和个人，经济效益好的单位，严重违反国家规定的财政收支、财务收支行为及其处理情况，严重损失浪费问题及其处理情况，针对审计查明问题提出加强和改进管理的意见和建议，其他需要通报的审计结果。

公布审计结果是指审计机关将审计管辖范围内的重要审计事项的审计结果首次向社会公众公布。可以公布的审计结果有：本级人民政府或上级审计机关要求向社会公布的审计事项，社会公众关注的审计事项，法律法规规定应当向社会公布的其他审计事项的审计结果。

审计机关通报或公布审计结果，应当保守国家秘密和被审计单位的商业秘密。

第四节 审计程序

审计程序是审计机关和审计人员为达到审计目的所采取的所有工作步骤的总和，是审计过程中必须遵循的法定顺序、形式和期限等。规范审计程序是保证审计质量、降低审计风险的客观要求，是提高审计效率、减少资源消耗的有效途径，是保障审计人员和被审计单位合法权益的手段，也是依法审计的基本要求。审计程序包括制定审计项目计划、准备阶段、实施阶段和报告阶段。

一、制定审计项目计划

审计项目计划是审计机关每年对审计项目和审计调查项目作出的统一安排。审计机关根据法律、法规和国家其他有关规定，按照上级审计机关和本级人民政府要求的职责，确定审计工作重点，编制年度审计项目计划。

二、审计准备阶段

1.组成审计组，进行审前学习和调查。审计机关根据年度审计项目计划确定的审计事项，选派审计人员组成审计组，并指定审计组长。审计组实行审计组组长或主审负责制。审计组在实施审计前应当熟悉有关的法律、法规和政策，通过调查了解被审计单位的基本情况。

2.编制审计方案。审计方案是审计机关为了顺利完成审计任务，达到预期审计目的，在实施审计前对审计工作所作的计划和安排。审计方案包括审计工作方案和审计实施方案。审计工作方案是审计机关为了统一组织多个审计组对部门、行业或专项资金等审计项目实施审计而制定的总体工作计划。审计实施方案是审计组为完成审计项目任务，从发出审计通知书到处理审计报告全部过程的工作安排。

审计组在审前调查了解情况的基础上，通过初步进行分析性复核、初步评估重要性水平和审计风险，编制审计实施方案，确定审计范围、内容、步骤和方法。审计组编制的审计实施方案经审计组所在部门负责人审核，报审计机关主管领导批准后，由审计组负责实施。

3.送达审计通知书。审计通知书是审计机关制发的，对被审计单位实施审计的书面通知，是审计组进入被审计单位履行审计职责的依据。审计机关应在实施审计 3 日前，向被审计单位送达审计通知书。经济责任审计项目，审计通知书还应送达被审计者个人。

4.提出书面承诺要求。为明确被审计单位和审计机关的责任，审计机关在送达审计通知书时，应当书面要求被审计单位法定代表人和财务主管人员就与审计事项有关的会计资料的真实、完整和其他相关情况作出承诺。

三、审计实施阶段

审计实施阶段是审计人员按照审计实施方案规定的要求和日程实施审查和取证的过程。审计实施阶段是审计程序中的关键阶段。

1.实施审计与取证。审计人员通过检查、监盘、观察、查询及函证、计算、分析性复核等审计方法，审查被审计单位的银行账户、会计凭证、会计账簿、会计报表，查阅与审计事项有关的文件、资料，检查现金、实物、有价证券和被审计单位运用电子计算机管理财政收支、财务收支的财务会计核算系统，向有关单位和个人调查，取得证明材料。收集的审计证据应当具有客观性、相关性、充分性和合法性。

2.编制审计工作底稿。审计工作底稿是审计人员在实施审计过程中形成的与审计事项有关的工作记录。审计人员在收集、归纳、综合审计证据的基础上，编制审计工作底稿，真实、完整地反映审计人员实施审计的全部过程，记录与审计结论或审计查出问题有关的所有事项，以及审计人员的专业判断及其依据。

四、审计报告阶段

1.编制审计报告。审计报告是审计组对审计事项实施审计后，就审计实施情况和审计结果向派出的审计机关提出的书面报告。审计组对审计事项实施审计后，应当及时向审计机关提出审计报告，提出的时间一般不超过 60 日。审计组向审计机关提交审计报告前，应当征求被审计单位对审计报告的意见。被审计单位应当自收到审计报告之日起 10 日内提出书面意见；在规定期限内没有提出书面意见的，视同无异议。

2.审定审计报告，出具审计意见书和作出审计决定。审计报告经专职复核机构或复核人员复核后，由审计机关审定。一般审计事项的审计报告，由主管领导审定；重大事项的审计报告，应当由审计会议讨论决定。

审计机关审定审计报告后，对审计事项作出评价，出具审计意见书；对违反国家规定的财政收支、财务收支行为需要依法给予处理处罚的，依法作出处理、处罚的审计决定或提出审计建议。

审计决定自送达之日起生效，一般应于90日内执行完毕。被审计单位如果对审计决定不服，可以依法申请行政复议；对复议决定仍不服的，可以依法向人民法院提起行政诉讼。

第五节　法律责任

法律责任是指行为人违反法律规定的义务而应承担的法律后果。《审计法》规定的责任指行政责任和刑事责任，包括两方面内容：违反《审计法》的法律责任和违反国家规定的财政收支、财务收支的法律责任。

一、违反审计法的法律责任

违反《审计法》的法律责任是指被审计单位或审计人员违反《审计法》应承担的法律后果。

1.被审计单位违反《审计法》的法律责任

被审计单位违反《审计法》的行为主要有以下四种类型：

(1)拒绝或拖延提供与审计事项有关的资料的，或者提供的资料不真实、不完整的，或拒绝、阻碍检查的；

(2)转移、隐匿、篡改、毁弃会计凭证、会计账簿、会计报表以及其他与财政收支、财务收支有关的资料；

(3)转移、隐匿所持有的违法取得的资产；

(4)报复陷害审计人员。

被审计单位有第一类行为的，审计机关有权责令纠正，可以通报批评，给予警告；拒不改正的，对被审计单位处以5万元以下的罚款。

被审计单位有第一、二、三类行为之一的，审计机关认为对负有直接责任的主管人员和其他直接责任人员应当给予行政处分或纪律处分的，应当向被审计单位或其上级机关、监察机关提出给予行政处分的建议；构成犯罪的，由司法机关依法追究刑事责任。

有第四类行为的，构成犯罪的，依法追究刑事责任；不构成犯罪的，给予行政处分。

2. 审计人员违反《审计法》的法律责任

审计人员应当依法执行职务，正确履行职责，办理审计事项时应当客观公正、实事求是、廉洁奉公、保守秘密。如果审计人员滥用职权、徇私舞弊、玩忽职守，构成犯罪的，依法追究刑事责任；不构成犯罪的，给予行政处分。审计人员违法、违纪取得的财物，依法予以追缴、没收或责令退赔。

二、违反国家规定的财政收支、财务收支的法律责任

对被审计单位违反国家规定的财政收支、财务收支的行为，审计机关依法应当予以处理、处罚。构成犯罪的，依法追究刑事责任。

审计处理的种类有：责令限期缴纳、上缴应当缴纳或上缴的财政收入；责令限期退还被侵占的国有资产；责令限期退还违法所得；责令冲转或调整有关会计账目；采取其他纠正措施。

审计处罚种类有：警告、通报批评、罚款、没收违法所得，依法采取的其他处罚。

对被审计单位负有直接责任的主管人员和其他直接责任人员，审计机关认为应给予行政处分或纪律处分的，应当提出给予行政处分或纪律处分的建议，被审计单位或其上级机关、监察机关应当依法及时作出决定。

第二十一章 会计法

第一节 会计法概述

一、会计法的概念及调整对象

会计是以货币计量为基本形式，采用专门方法，连续、完整、系统地反映和控制单位的经济行为，进而达到加强经济管理，提高经济效益目的的一种管理活动。

广义的会计法是指调整会计关系的法律规范的总称。狭义的会计法是指《中华人民共和国会计法》。《中华人民共和国会计法》于1985年1月21日由第六届全国人民代表大会常务委员会第九次会议通过，1993年12月29日第八届全国人民代表大会常务委员会第五次会议对该法作了修改，1999年10月28日第九届全国人民代表大会第十二次会议再次对该法作了修改。新《会计法》共7章52条，主要对会计工作总的原则、会计核算、会计监督、会计机构、会计人员和法律责任等作了规定。

《会计法》调整国家机关、社会团体、公司、企业、事业单位和其他组织（以下统称单位），在办理会计事务中产生的经济关系。这种关系包括上述单位内部的会计事务关系、上述单位之间在办理会计事务中产生的经济关系、上述单位与国家会计管理机关和有关行政管理机关之间在会计事务管理中产生的行政管理关系等。

二、会计法的基本原则

（一）各单位必须依法办理会计事务

根据《会计法》的规定，单位办理会计事务必须依照《会计法》的规定进行。无论何种单位在进行独立核算，独立记载经济业务，独立办理会计事务时，都必须依照《会计法》的规定进行。

（二）各单位必须依法设置会计账簿，并保证其真实、完整

根据《会计法》的规定，国家机关、社会团体、公司、企业、事业单位和其他组织都必须依法设置会计账簿，并保证其真实、完整。会计账簿是指具备一定格式，用以记载各项经济业务的账册。会计账簿是重要的会计信息，它既是编制会计报表的主要依据，同时也是审计工作的重要依据，因此，各单位必须依法设置会计账簿。

（三）单位负责人对本单位的会计工作和会计资料的真实性、完整性负责

会计法所指的单位负责人是指一个单位的最高领导者。国家机关的负责人是指该机关的最高行政首长；社会团体的负责人是指该社会团体的行政事务负责人；企业单位和事业单位的负责人是指其法定代表人；其他组织的负责人是指该组织的最高行政负责人等。根据《会计法》的规定，单位负责人既要对本单位的会计工作担负责任，同时还要对本单位保存和提供的会计资料的真实性、完整性担负责任。对本单位的会计工作负责，是指对本单位的会计工作负领导责任，即要领导本单位的会计机构、会计人员和其他有关人员认真执行《会计法》，按照国家规定组织好本单位的会计工作，支持本单位的会计机构和会计人员依法独立开展会计工作，并保障会计人员的职权不受侵犯。对本单位的会计资料的真实性和完整性负责，即要保证本单位的会计资料不存在弄虚作假、隐瞒等情况。

（四）会计机构、会计人员依法进行会计核算，实行会计监督

会计机构和会计人员应依照《会计法》的规定进行会计核算，实行会计监督。任何单位或者个人不得以任何方式授意、指使、强令会计机构、会计人员，伪造、变造会计凭证、会计账簿和其他会计资料，提供虚假财务会计报告。任何单位或者个人不得对依法履行职责、抵制违反本法规定行为的会计人员实行打击报复。

（五）对认真执行会计法，忠于职守，坚持原则，做出显著成绩的会计人员，给予精神的或物质的奖励

由于会计人员所负的双重责任，使会计人员时刻处在处理各种利益关系的特殊位置，常常处于矛盾的交点处，既要按单位领导的意见办，又要严格执行国家财会法规；既要站在本单位的角度开展工作，又要站在国家的角度来处理经济业务事项。有些事务如处理不当，不是违反国家规定，就是违背领导意志，或是触犯本单位的利益，在这种情况下，不是要受到国家的制裁，就是有可能遭受打击报复，这就需要他们具有高度的原则性。为了充分调动会计人员依法做好本职工作的积极性，提高会计人员的地位，《会计法》突出了对认真执行本法、忠于职守、坚持原则，做出显著成绩的会计人员，给予精神的或物质的奖励的基本精神。

三、会计管理体制

(一)统一领导和分级管理

《会计法》规定,国务院财政部门主管全国的会计工作;县级以上地方各级人民政府财政部门管理本行政区域内的会计工作。因此,会计工作的主管机关为各级财政部门,在全国为财政部,在地方为县级以上地方各级人民政府财政部门。各级财政部门应当依照《会计法》的规定,自觉地管理好会计工作。财政部门虽然是会计工作的主管部门,但并不排斥国家其他部门对会计工作进行管理,如国家审计机关,证券监督机构等。

(二)会计制度制定权限

根据《会计法》的规定,国家统一的会计制度由国务院财政部门根据会计法制定并公布,各地方、各部门都不得自搞一套,自行其是。对有些对会计核算和会计监督有特殊要求的行业,允许国务院有关部门依照本法和国家统一的会计制度制定具体办法或者补充规定,但必须报经国务院财政部门审核批准。军队实施国家统一的会计制度的具体办法,由中国人民解放军总后勤部制定,但须报国务院财政部门备案。

第二节　会计法律关系

一、会计法律关系及其分类

会计法律关系是当事人之间按照会计法律规范而形成的一种权利义务关系。根据不同标准对会计法律关系可以做多种不同分类。

(一)按会计法律关系是否存在于单位内部,可以分为内部会计法律关系与外部会计法律关系

内部会计法律关系是指主体均在单位内部的会计法律关系,如会计人员之间、会计人员与单位负责人之间、会计人员与业务人员之间等因会计核算而发生的法律关系。其主体是内部与会计工作有关的工作人员及内部组织机构。由于会计工作的特殊性,《会计法》明确规定会计机构是法人应当设立的专门机构,会计信息的真实完整依赖于单位内部的会计核算,各种会计方面的法律、法规均规定了单位内部会计人员与会计机构的权利和义务,因此单位内部的会计机构和会计人员也是会计法律关系的主体。

外部法律关系是指主体不在同一组织内的会计管理机关、投资者、债权人等组织因会计管理、实行会计监督、使用会计信息等而与会计信息提供单位发生的

会计法律关系。如会计主管机关、税务机关等因会计管理、利用会计信息进行计税、纳税而发生的法律关系；债权人、投资者、其他会计信息的使用者与会计信息的提供者之间因会计信息的使用而产生的会计法律关系。

(二)按法律关系的主体之间是否存在管理与被管理关系，可以将会计法律关系划分为会计管理法律关系与平等者之间的会计法律关系

国家会计主管机关、税务机关对会计单位的会计工作实行从会计工作人员资格到单位会计制度的制定和登记备案等一系列管理，并由这些管理行为的实施形成了管理机关与被管理单位之间产生了具有行政性质会计管理法律关系。

平等的主体之间因会计信息的使用等发生的会计法律关系。这种会计关系主体之间没有隶属关系、也无管理关系，通常是以合同为依据而产生或者是因履行合同义务(有时为法定义务)而产生的。例如，投资者订立了投资合同并出资后，就产生了股东的有权了解被投资公司会计资料的权利；债权人与债务人订立设定债权的合同后，债权人有权根据合同的约定要求债务人定期向债权人提交真实、完整的会计资料，甚至在合同中订明提供不真实、不完整会计资料的行为视为违约行为等。

(三)按会计法律关系的内容，可将会计法律关系划分为会计核算法律关系、会计信息使用法律关系、会计管理法律关系

会计核算法律关系，是主体之间因会计核算而发生的权利义务关系。如会计人员与业务人员有关办理原始凭证审查而产生的权利义务关系。

会计信息使用法律关系，是主体之间根据合同或法定要求因使用单位发布的会计信息而产生的权利义务。如证券市场投资者有权了解上市公司的财务会计信息，而上市公司负有向上市公司股东和证券市场投资者提供公司真实、准确和完整会计信息的义务。债权人依据合同的规定有权取得债务人的会计信息资料，而债务人则有义务按合同规定提供会计信息。

会计管理法律关系，主要是根据法律规定负有监督管理的机构对会计主体进行监督管理而形成的在管理者与被管理者之间的权利义务关系。如会计管理机关与会计单位之间的管理与被管理关系，证券监督机构与被监督单位在会计信息的权利义务上的监督与被监督关系。

二、会计法律关系的构成要素

(一)会计法律关系的主体

根据《会计法》及其他会计法律规范的规定，会计法律关系的主体主要有：1.在会计信息获取过程中承担权利和义务者。需要会计法律关系主体具有一定收集编制会计信息的资格，如有资格担任会计工作办理会计核算的人员。2.依照

会计法律规范，对会计工作具有管理监督协调职能的会计管理监督机构，如财政机关，税务机关，证券监督管理机构等。3.会计信息的使用者，如投资者、政府机构、单位的债权债务人等。

由于许多会计信息是公开信息，任何能获得该信息的人均可以成为会计信息的使用者，但并非所有的会计信息的使用者均是会计法律关系的主体。例如，会计研究人员可以利用会计信息进行研究，如果由于会计人员的错误导致会计信息失真，会计研究人员的研究结果也因此发生错误，在这种情况下会计人员并不需要对会计研究人员的研究成果错误结果承担责任。对于会计信息的使用者要成为会计法律关系的主体必须要有法律规定。会计信息的使用者是法律规定的拥有因会计信息错误而获得请求权的主体，而且特定的会计信息使用者因会计信息使用而产生了损失，损失与会计信息错误之间有必然的因果关系。在这种条件下会计信息的使用者才会成为会计法律关系的主体。如《证券法》规定，对提供虚假信息而导致投资者投资失误则需要虚假信息的提供者承担责任。

会计法律关系的主体可以是自然人，也可以是法人、行政机关。无论是自然人，还是法人或行政机关只能是法律赋予或依据双方订立的合同中有规定具有法律上的权利和义务时才能成为会计法律关系的主体。

（二）会计法律关系的内容

权利是为法律所设定及保护，由特定人享有的利益。义务则表现为法定的一种限制，包括作为和不作为。在会计法律关系中权利义务具有下列特征：

1.权利义务法定，在《会计法》中，不论是会计权利还是会计义务均由法律加以规定。

2.权利义务存在于会计信息的产生和使用整个过程，在整个过程中，不断地存在着围绕会计信息而产生的各主体之间的权利义务。《会计法》上的义务大多是积极义务。

3.会计信息是会计权利义务关系的核心。

（三）会计法律关系的客体

在整个会计过程中，始终围绕着会计信息而产生的各主体之间的权利义务，会计信息是会计权利义务关系的核心，是会计法律关系客体。

什么是会计信息？会计信息是按照一定规则编制的，以货币来计量的，对单位经济状况的一种反映。会计信息本质上是对客观存在的单位经济活动成果的一种解读，具有真实性、连续性、公平性和明显的时间性特点，因此要求会计信息按照统一的标准和方法来编制，能反映一个单位的客观真实的经济状况。

会计信息的质量要求是真实和完整。真实是表明会计信息是对单位资产状况和经营状况等经济现象的一种客观反映，虽然会计信息是按照一定的技术和规则编制而成的，但这些编制技术和规则的目的是为了解读客观存在的经济状态，而不是扭曲经济活动的真实性和客观性，如果会计信息失去了真实性，则会计信息不但没有利用价值，甚至是有害的。会计信息的真实性是会计工作的生命。

（四）会计法律事实

会计法律关系的法律事实主要有两大类，事实和行为。事实是指与人的意志无关的法律事实，在会计方面如自然灾害引起财产的损失导致会计信息的变动。行为是人们有意识、有目的的活动。如银行在订立借款协议时，要求借款人定期向银行提供借款人的会计信息（会计报告）。

根据会计活动的实践，会计法律关系主要因下列会计行为而产生：会计核算、会计监督、会计审计、会计信息的使用和会计违法行为的处罚。因此会计核算、会计监督、会计审计、会计信息的使用和会计违法行为的处罚等行为是引起会计法律关系产生、变更、终止的最主要的原因。

第三节　会计机构和会计人员

一、会计机构

（一）会计机构和会计人员的设置

各单位应当根据会计业务的需要，设置会计机构，或者在有关机构中设置会计人员并指定会计主管人员。设置会计机构，应当配备会计机构负责人，在有关机构中配备专职会计人员，应当在专职会计人员中指定会计主管人员。会计机构负责人、会计主管人员应当具备六项基本条件：一是坚持原则，廉洁奉公；二是具有会计专业技术资格；三是主管一个单位或者单位内一个重要方面的财务会计工作时间不少于 2 年；四是熟悉国家财经法律、法规、规章和方针、政策，掌握本行业业务管理的有关知识；五是有较强的组织能力；六是身体状况能够适应本职工作的要求。

不具备设置会计机构和配备会计人员条件的，应当根据《代理记账管理暂行办法》，委托经批准设立从事会计代理记账业务的中介机构代理记账。

国有的和国有资产占控股地位或者主导地位的大、中型企业必须设置总会计师。国务院颁布的《总会计师条例》规定，总会计师由具有会计师以上专业技术资格的人员担任。总会计师行使《总会计师条例》规定的职责、权限。根据《总会计师条例》的规定，总会计师是单位行政领导成员，协助单位主要行政领导人工作，直接对单位主要行政领导人负责。总会计师组织领导本单位的财务管理、成本管理、预算管理、会计核算和会计监督等方面的工作，参与本单位重要经济问题的分析和决策。总会计师具体组织本单位执行国家有关财经法律、法规、方针、政策和制度，保护国家财产。总会计师的职权受国家法律保护。

总会计师负责组织本单位的下列工作：一是编制和执行预算、财务收支计划、信贷计划，拟订资金筹措和使用方案，开辟财源，有效地使用资金；二是进行成本费用预测、计划、控制、核算、分析和考核，督促本单位有关部门降低消耗、节约费用、提高经济效益；三是建立、健全经济核算制度，利用财务会计资料进行经济活动分析；四是承办单位主要行政领导人交办的其他工作。总会计师负责对本单位财会机构的设置和会计人员的配备、会计专业职务的设置和聘任提出方案；组织会计人员的业务培训和考核；支持会计人员依法行使职权。

总会计师行使下列职权：对违反国家财经法律、法规、方针、政策、制度和有可能在经济上造成损失、浪费的行为，有权制止或者纠正。制止或者纠正无效时，提请单位主要行政领导人处理。总会计师有权组织本单位各职能部门、直属基层组织的经济核算、财务会计和成本管理方面的工作。总会计师主管审批财务收支工作。除一般的财务收支可以由总会计师授权的财会机构负责人或者其他指定人员审批外，重大的财务收支，须经总会计师审批或者由总会计师报单位主要行政领导人批准。预算、财务收支计划、成本和费用计划、信贷计划、财务专题报告、会计决算报表，须经总会计师签署。涉及财务收支的重大业务计划、经济合同、经济协议等，在单位内部须经总会计师会签。会计人员的任用、晋升、调动、奖惩，应当事先征求总会计师的意见。财会机构负责人或者会计主管人员的人选，应当由总会计师进行业务考核，依照有关规定审批。

(二)会计机构内部应当建立稽核制度

会计机构内部稽核制度是会计机构自身对于会计核算工作进行的广泛自我检查、自我审核的制度，其主要内容包括：稽核工作的组织形式和具体分工；稽核工作的职责、权限；审核会计凭证和复核会计账簿、会计报表的方法。建立会计机构内部稽核制度的目的在于防止会计核算工作上的差错和有关人员的舞弊，提高会计核算工作的质量。会计稽核是会计工作的重要内容，加强会计稽核工作是做好会计核算工作的重要保证。

根据《会计基础工作规范》的规定，各单位应当根据会计业务需要设置会计工作岗位。会计工作岗位一般可分为：会计机构负责人或者会计主管人员，出纳，财产物资核算，工资核算，成本费用核算，财务成果核算，资金核算，往来结算，总账报表，稽核，档案管理等。开展会计电算化和管理会计的单位，可以根据需要设置相应工作岗位，也可以与其他工作岗位相结合。会计工作岗位，可以一人一岗、一人多岗或者一岗多人。但出纳人员不得兼管稽核、会计档案保管和收入、支出、费用、债权债务账目的登记工作。

二、会计人员

(一)会计人员的任职资格

从事会计工作的人员，必须取得会计从业资格证书。担任单位会计机构负责人(会计主管人员)的，除取得会计从业资格证书外，还应当具备会计师以上专业技术职务资格或者从事会计工作3年以上经历。会计人员从业资格管理办法由国务院财政部门规定。会计人员应当遵守职业道德，提高业务素质。会计证是具备一定会计专业知识和技能的人员从事会计工作的资格证书。未取得会计证的人员，各单位不得任用其担任会计岗位的工作。会计证的颁发和管理按属地原则由所在地的同级财政部门负责。中央和国务院各部、委、局、总公司、各人民团体及其在京直属单位的会计人员会计证的颁发和管理由国务院机关事务管理局负责。

取得会计证必须符合四项基本条件：坚持四项基本原则；遵守国家财经和会计法律、法规、规章制度；具备一定的会计专业知识及技能；热爱会计工作、秉公办事。会计证实行考试制度，会计证考试原则上每年进行一次。

持证人员被单位任用(或聘用)从事会计工作时，应由所在单位提出申请，在30日内到发证机关换领正式会计证，同时办理注册登记手续。有效期满仍未从事会计工作的，其所持预备会计证自行失效。会计证实行验证制度。各级财政、税务等部门具有共同负责检查和监督会计人员持证上岗情况的权利。

会计证实行注册登记和年检考核制度。取得会计证的人员，被单位聘(任)用从事会计工作时，应由所在单位提出申请，并在30日内到发证机关进行注册登记，注册后的持证人员作为正式会计人员管理。在岗会计人员应按规定向发证机关办理会计证年检。年检工作每两年进行一次。由各基层单位将持证会计人员的情况按会计证所列内容逐项填写，并经本单位人事部门核签后送发证机关进行年检。发证机关审核无误后，在会计证相应年份备注栏加盖验讫印章和日期，退回持证人。对未经发证机关注册登记、有违法乱纪行为、未按规定参加继续教育培训和脱离会计岗位的，以及弄虚作假骗取会计证的，发证机关不予办理年检。

持证会计人员调离原单位的，应在离岗前30日内，由所在单位报发证机关备案。对于离岗后继续从事会计工作的，由调出方发证机关向调入方发证机关提供证明并转出业务档案。调入单位应向同级发证机关提出申请，按规定办理注册登记后，其所持会计证可继续使用。会计人员因离退、解聘、留职停薪、辞职等原因离开原工作单位的，所持会计证在有效期内不予收回，继续从事会计工作时，重新按规定向发证机关办理注册登记手续。凡脱离会计工作岗位连续时间超过3年的，所持会计证自行失效，必须重新参加考试或按规定申领。持证会计人员严重违反财经纪律给国家、集体造成严重经济损失，或受到两次记大过行政处分的，或弄虚作假骗取会计证的，发证机关应收回其会计证。因有提供虚假财务会计报告、做假账、隐匿或者故意销毁会计凭证、会计账簿、财务会计报告，贪污、挪用公款，职务侵占等与会计职务有关的违法行为被依法追究刑事责任的人员，不得取得或者重新取得会计从业资格证书。除前述人员外，因违法违纪行为被吊销会计从业资格证书的人员，自被吊销会计从业资格证书之日起5年内，不得重新取得会计从业资格证书。

(二)会计人员调动或离职时应当办理交接手续

会计人员调动工作或者离职，必须与接管人员办清交接手续。一般会计人员办理交接手续，由会计机构负责人（会计主管人员）监交；会计机构负责人（会计主管人员）办理交接手续，由单位负责人监交，必要时主管单位可以派人会同监交。会计人员工作调动或者因故离职，必须将本人所经管的会计工作全部移交给接替人员。没有办清交接手续的，不得调动或者离职。接替人员应当认真接管移交工作，并继续办理移交的未了事项。会计人员办理移交手续前，必须及时做好以下工作：1.已经受理的经济业务尚未填制会计凭证的，应当填制完毕。2.尚未登记的账目，应当登记完毕，并在最后一笔余额后加盖经办人员印章。3.整理应该移交的各项资料，对未了事项写出书面材料。4.编制移交清册，列明应当移交的会计凭证、会计账簿、会计报表、印章、现金、有价证券、支票簿、发票、文件、其他会计资料和物品等内容；实行会计电算化的单位，从事该项工作的移交人员还应当在移交清册中列明会计软件及密码、会计软件数据磁盘（磁带等）及有关资料、实物等内容。

移交人员在办理移交时，要按移交清册逐项移交，接替人员要逐项核对点收：1.现金、有价证券要根据会计账簿有关记录进行点交。库存现金、有价证券必须与会计账簿记录保持一致。不一致时，移交人员必须限期查清。2.会计凭证、会计账簿、会计报表和其他会计资料必须完整无缺。如有短缺，必须查清原因，并在移交清册中注明，由移交人员负责。3.银行存款账户余额要与银行对账单核对，如不一致，应当编制银行存款余额调节表调节相符，各种财产物资和债权债务的明细账户余额要与总账有关账户余额核对相符；必要时，要抽查个别账户的余额，与实物核对相符，或者与往来单位、个人核对清楚。4.移交人员经管的票据、印章和其他实物等，必须交接清楚；移交人员从事会计电算化工作的，要对有关电子数据在实际操作状态下进行交接。会计人员临时离职或者因病不能工作且需要接替或者代理的，会计机构负责人、会计主管人员或者单位领导人必须指定有关人员接替或者代理，并办理交接手续。临时离职或者因病不能工作的会计人员恢复工作的，应当与接替或者代理人员办理交接手续。移交人员因病或者其他特殊原因不能亲自办理移交的，经单位领导人批准，可由移交人员委托他人代办移交，但委托人应当承担相应的责任。单位撤销时，必须留有必要的会计人员，会同有关人员办理清理工作，编制决算。未移交前，不得离职。接收单位和移交日期由主管部门确定。单位合并、分立的，其会计工作交接手续比照上述有关规定办理。移交人员对所移交的会计凭证、会计账簿、会计报表和其他有关资料的合法性、真实性承担法律责任。

会计机构负责人、会计主管人员移交时，还必须将全部财务会计工作、重大财务收支和会计人员的情况等，向接替人员详细介绍。对需要移交的遗留问题，应当写出书面材料。交接完毕后，交接双方和监交人员要在移交清册上签名或者盖章。并应在移交清册上注明：单位名称，交接日期，交接双方和监交人员的职务、姓名，移交清册页数以及需要说明的问题和意见等。移交清册一般应当填制一式三份，交接双方各执一份，存档一份。接替人员应当继续使用移交的会计账簿，不得自行另立新账，以保持会计记录的连续性。

（三）会计人员应遵守职业道德

会计人员在会计工作中应当遵守职业道德，树立良好的职业品质、严谨的工作作风，严守工作纪律，努力提高工作效率和工作质量；热爱本职工作，努力钻研业务，使自己的知识和技能适应所从事工作的要求；熟悉财经法律、法规、规章和国家统一会计制度，并结合会计工作进行广泛宣传；按照会计法律、法规和国家统一会计制度规定的程序和要求进行会计工作，保证所提供的会计信息合法、真实、准确、及时、完整；会计人员办理会计事务应当实事求是、客观公正；会计人员应当熟悉本单位的生产经营和业务管理情况，运用掌握的会计信息和会计方法，为改善单位内部管理、提高经济效益服务；会计人员应当保守本单位的商业秘密。除法律规定和单位领导人同意外，不能私自向外界提供或者泄露单位的会计信息。财政部门、业务主管部门和各单位应当定期检查会计人员遵守职业道德的情况，并作为会计人员晋升、晋级、聘任专业职务、表彰奖励的重要考核依据。

（四）会计人员的教育和培训

会计人员应当按照国家有关规定参加会计业务的培训。各单位应当合理安排会计人员的培训，保证会计人员每年有一定时间用于学习和参加培训。会计人员教育培训的主要任务是提高会计人员政治素质、业务能力、职业道德水平，使其知识和技能不断得到更新、补充、拓展和提高。会计人员教育培训的对象为在职会计人员，具体包括在国家机关、社会团体、企事业单位和其他组织从事会计工作并已取得会计证的会计人员。

按规定应参加而未参加继续教育的会计人员，除特殊情况外，财政部门会计管理机构及会计人员所在单位应督促其接受继续教育。年度内未接受继续教育或未按有关规定完成继续教育时间的会计人员，如无正当理由的，予以警告；连续 2 年未接受继续教育或连续 2 年未按有关规定完成继续教育时间的会计人员，不予办理会计证年检，不得参加上一档次会计专业技术资格考试或高级会计师资格评审，不得参加先进会计工作者评选，财政部门不予颁发会计人员荣誉证书；会计人员所在单位负有责任的，其单位不得申请会计基础工作规范化资格；连续 3 年未接受继续教育或连续 3 年未按有关规定完成继续教育时间的会计人员，由省级财政部门作出或建议作出取消其会计证、会计专业技术资格（职称）、会计人员所在单位会计基础工作规范化证书的决定；被取消会计证、会计专业技术资格（职称）、会计基础工作规范化证书的会计人员和单位，2 年内（含 2 年）不得重新参加会计证考试、会计专业技术资格（职称）考试或评审、申请会计基础工作规范化资格。如在 2 年后想重新获得会计证、会计专业技术资格（职称）、会计基础工作规范化证书，须经省级财政部门批准后才能重新参加会计证、会计专业技术资格（职称）考试（评审）或申请会计基础工作规范化资格。

第四节　会计核算

一、会计核算的一般要求

（一）依法建账

建账，是如实记录和反映经济活动情况的重要前提。依法建账主要包括以下几点内容：1. 国家机关、社会团体、公司、企业、事业单位和其他组织，都应当按照《会计法》的规定设置会计账簿，进行会计核算。2. 设置会计账簿的种类和具体要求，应当符合《会计法》和国家统一的会计制度的规定。3. 各单位发生的各项经济业务事项应当统一进行会计核算，不得违反规定私设会计账簿进行登记、核算。

（二）根据实际发生的经济业务进行会计核算

会计核算应当以实际发生的经济业务为依据，体现了会计核算的真实性和客观性要求。其具体要求是，根据实际发生的经济业务，取得可靠的凭证，并据此登记账簿，编制财务会计报告，形成符合质量标准的会计资料（也称会计信息，下同）。如果以不真实或虚假的经济业务事项或者资料为依据进行会计核算，会导致所生成的会计资料与实际发生的经济业务事项不相符合，造成会计资料失实、失真，从而影响会计资料的有效使用，扰乱社会经济秩序，这是一种严重违法的行为。

（三）保证会计资料的真实和完整

会计资料，主要是指会计凭证、会计账簿、财务会计报告等会计核算专业资料，它是会计核算的重要成果，是投资者作出投资决策，经营者进行经营管理，国家进行宏观调控的重要依据。因此，《会计法》规定，会计资料的内容和要求必须符合国家统一的会计制度的规定，保证会计资料的真实性和完整性，不得伪造、变造会计凭证和会计账簿及其他会计资料，不得提供虚假的财务会计报告。

会计资料的真实性，主要是指会计资料所反映的内容和结果，应当同单位实际发生的经济业务的内容及其结果相一致。会计资料的完整性，主要是指构成会计资料的各项要素都必须齐全，以使会计资料如实、全面地记录和反映经济业务发生情况，便于会计资料使用者全面、准确地了解经济活动情况。会计资料的真实性和完整性，是会计资料最基本的质量要求，是会计工作的生命，各单位必须保证所提供的会计资料真实和完整。

与会计资料的真实性、完整性相对的是会计资料的不真实、不完整。造成会计资料的不真实、不完整，其原因是多方面的，但伪造、变造会计资料是重要手段之一。伪造会计资料，包括伪造会计凭证和会计账簿，是以虚假的经济业务为前提来编制会计凭证和会计账簿，旨在以假充真；变造会计资料，包括变造会计凭证和会计账簿，是用涂改、挖补等手段来改变会计凭证和会计账簿的真实内容，以歪曲事实真相。伪造、变造会计资料，其结果是造成会计资料失实、失真，误导会计资料的使用者，损害投资者、债权人、国家和社会公众利益。因此，《会计法》对伪造、变造会计资料和提供虚假财务会计报告等弄虚作假行为，作出了禁止性规定。

（四）正确采用会计处理方法

会计处理方法是指在会计核算中所采用的具体方法，通常包括：收入确认方法，企业所得税的会计处理方法，存货计价方法，资产减值准备的核算方法，固定资产折旧方法，编制合并会计报表的方法，外币折算的会计处理方法等。采用不同的会计处理方法，或者在不同会计期间采用不同的会计处理方法，都会影响会计资料的一致性和可比性，进而影响会计资料的使用，因此，《会计法》和国家统一的会计制度规定，各单位采用的会计处理方法，前后各期应当一致，不得随意变更；确有必要变更的，应当按照国家统一的会计制度的规定变更，并将变更的原因、情况及影响在财务会计报告中予以说明，以便于会计资料使用者了解会计处理方法变更对其会计资料影响的情况。

(五)正确使用会计记录文字

会计记录文字是在进行会计核算时,为记载经济业务发生情况和辅助说明会计数字所体现的经济内涵而使用的文字。会计记录文字,是进行会计核算和提供会计资料不可缺少的重要媒介,是会计资料的重要组成部分,因此,会计记录文字的使用必须规范。根据《会计法》的规定,会计记录的文字应当使用中文;民族自治地方会计记录可以同时使用当地通用的一种民族文字;在中国境内的外商投资企业、外国企业和其他外国组织的会计记录可以同时使用一种外国文字。

(六)使用电子计算机进行会计核算必须符合法律规定

使用电子计算机进行会计核算,即会计电算化,对会计资料的生成方式和质量保证措施等都带来了相应变化,要求法律上必须对会计电算化进行规范,以保证会计核算质量。因此,《会计法》规定,使用电子计算机进行会计核算的,其会计账簿的登记、更正,应当符合国家统一的会计制度的规定。这方面的具体规定,主要有财政部发布的《会计电算化管理办法》、《会计电算化工作规范》、《会计核算软件基本功能规范》等。

二、会计核算的内容

会计核算的内容,是指应当进行会计核算的经济业务事项。根据《会计法》的规定,对下列经济业务事项,应当办理会计手续,进行会计核算:

1.款项和有价证券的收付;2.财物的收发、增减和使用;3.债权债务的发生和结算;4.资本、基金的增减;5.收入、支出、费用、成本的计算;6.财务成果的计算和处理;7.需要办理会计手续、进行会计核算的其他事项。

三、会计年度

会计年度是指以年度为单位进行会计核算的时间区间。划分会计期间是会计上的重要假设之一。根据《会计法》的规定,我国是以公历年度为会计年度,即以每年公历的1月1日起至12月31日止,为一个会计年度。每一个会计年度还可以按照公历日期具体划分为半年度、季度、月度。我国的会计年度之所以采用公历制,主要是与我国的计划、财政年度保持一致,以便于国民经济的计划管理和财政管理。

四、记账本位币

记账本位币,是指日常登记账簿和编制财务会计报告用以计量的货币,也就是单位进行会计核算业务时所使用的货币。根据《会计法》的规定,会计核算以人民币为记账本位币。人民币是我国法定货币，在我国境内具有广泛的流通性。以人民币作为记账本位币，具有广泛的适应性，便于会计信息口径的一致。随着我国对外开放的进一步扩大，外商投资企业在我国得到迅速发展，同时我国向外国的投资和对外贸易也日渐增多，这就涉及两种或两种以上货币的业务往来，而且在一些单位的日常经营活动中，人民币以外的其他货币收支逐步占主导地位。为了便于这些单位对外开展业务，简化会计核算手续，方便我国境内财务会计报告使用者的阅读和使用，《会计法》规定，业务收支以人民币以外的货币为主的单位，可以选定其中一种货币作为记账本位币，但编制会计报表应折算为人民币反映。

五、会计核算的程序

1. 办理法定会计事项，必须填制或者取得原始凭证，并及时送交会计机构。会计机构必须对原始凭证进行审核，并根据经过审核的原始凭证编制记账凭证。

2. 各单位按照国家统一的会计制度的规定设置会计科目和会计账簿。会计机构根据经过审核的原始凭证和记账凭证，按照国家统一的会计制度关于记账规则的规定记账。

3. 各单位应当建立财产清查制度，保证账簿记录与实物、款项相符。

4. 各单位按照国家统一的会计制度的规定，根据账簿记录编制会计报表，报送财政部门和有关部门。会计报表由单位行政领导人和会计机构负责人、会计主管人员签名或者盖章。设置总会计师的单位并由总会计师签名或者盖章。

六、会计资料的保管

会计资料是指会计凭证、会计账簿、会计报表等会计核算专业资料。会计凭证是用来记录经济业务实际执行和完成情况，明确经济责任的书面证明文件，是进行会计记账的根据。会计账簿是以会计凭证为依据，全面系统地记录和反映经济业务的簿籍，是编制会计报表的依据。会计报表是反映一定会计期间的经济活动和财务收支情况及其结果的书面报告，是考核财务计划完成情况、进行经济预测和决策的重要依据。其他会计资料包括其他财会单据、表册、分析数据等，也是反映经济活动情况的。

会计凭证、会计账簿、会计报表和其他会计资料，应当按照国家有关规定建立档案，妥善保管。会计档案的保管期限和销毁办法，由国务院财政部门会同有关部门制定。

第五节 会计监督

一、会计监督的种类

会计监督包括内部监督和外部监督。内部监督是指由各单位的会计机构和会计人员对本单位实行的会计监督。外部监督包括国家监督和社会监督。国家监督是指审计机关、财政、税务机关等国家机关对各单位的会计监督。社会监督是指注册会计师和社会公众实施的监督。

二、单位内部的会计监督

1.单位内部会计监督制度。各单位应当依据《会计法》等有关法律、法规的规定，建立以下主要内部会计监督制度：(1)内部会计管理体系；(2)会计人员岗位责任制度；(3)账务处理程序制度；(4)内部牵制制度；(5)稽核制度；(6)原始记录管理制度；(7)定额管理制度；(8)计量验收制度；(9)财产清查制度；(10)财务收支审批制度；(11)实行成本核算的单位应当建立成本核算制度。

2.内部监督的内容、方法和程序。会计机构、会计人员对不真实、不合法的原始凭证，不予受理；对记载不准确、不完整的原始凭证，予以退回，要求更正、补充。会计机构、会计人员发现账簿记录与实物、款项不符的时候，应当按照有关规定进行处理；无权自行处理的，应当立即向本单位行政领导人报告，请求查明原因，作出处理。

会计机构、会计人员对违法的收支，不予办理。会计机构、会计人员对违法的收支，应当制止和纠正；制止和纠正无效的，应当向单位领导人提出书面意见，要求处理。单位领导人应当及时做出书面决定，并对决定承担责任。会计机构、会计人员对违法的收支，不予制止和纠正，又不向单位领导人提出书面意见的，也应当承担责任。对严重损害国家和社会公众利益的收支，会计机构、会计人员应当向主管单位或者财政、审计、税务机关报告，接到报告的机关应当负责处理。

三、外部会计监督

1.国家监督。各单位必须依照法律和国家有关规定接受财政、审计、税务机关的监督，如实提供会计凭证、会计账簿、会计报表和其他会计资料以及有关情况，不得拒绝、隐匿、谎报。

2.社会监督。根据《会计法》的规定，法律、行政法规规定须经注册会计师进行审计的单位，应当向受委托的会计师事务所如实提供会计凭证、会计账簿、财务会计报告和其他会计资料以及有关情况。任何单位或者个人不得以任何方式要求或者示意注册会计师及其所在的会计师事务所出具不实或者不当的审计报告。此外，为了发挥社会各方面的力量，鼓励任何单位和个人检举违法会计行为，《会计法》规定，任何单位和个人对违反《会计法》和国家统一的会计制度规定的行为，有权检举。这也是会计工作社会监督的范畴。

第六节　违反会计法的法律责任

近年来一些单位会计秩序混乱，会计信息失真，会计违法行为普遍，问题十分严重，造假账、编造虚假财务、会计报告成为单位或个人违法犯罪的主要手段，严重地干扰了正常的社会经济秩序，极大地损害了国家和社会公众的利益。因此规范会计行为，维护正常的会计秩序，健全会计法律责任，打击会计违法犯罪，维护国家和社会公共利益，不仅成为会计法的立法宗旨和中心任务，同时也是其他经济管理法如《税法》、《证券法》、《金融法》，甚至是《刑法》等相关法律的共同任务。

一、会计法关于会计法律责任的制度创新

《会计法》建立了严格完善的会计责任制度，不仅明确规定会计违法行为的种类，而且明确规定了责任的主体、责任的范围和各类责任的形式。其创新之处主要体现为：

（一）《会计法》确立了单位负责人为本单位会计行为的责任主体

首先单位负责人对本单位会计工作和会计资料的真实性、完整性负责；其次单位负责人必须在对外提供的财务会计报告上签名盖章，承担相应法律责任；再次单位负责人必须保证会计机构、会计人员依法履行职责；此外对本单位所发生的会计违法行为，单位负责人与本单位会计人员承担连带责任，即本单位会计工作中发生的违法行为，除追究直接责任人员的法律责任外，还要追究单位负责人的责任。

（二）《会计法》进一步明确了会计法律责任，加大了对违法会计行为的惩治力度

1. 详细列举了应当承担行政责任和刑事责任的具体违法行为，以增强操作性。

2. 除保留“依法追究刑事责任”的处罚形式外，对承担行政责任的具体形式作出了规定，包括：责令限期纠正、通报、对直接负责的主管人员和其他直接责任人员处以罚款、对国家工作人员由其所在单位或者有关单位依法给予行政处分、

对会计人员吊销其会计从业资格证书等。同时《中华人民共和国刑法》规定了会计犯罪的刑事责任问题，从而为规范会计行为，保证会计资料的真实、完整和可靠，提高会计信息质量，提供了重要的法律保障。

为了全面有效规范会计行为，不仅《会计法》，而且相关法律包括《审计法》、《金融法》、《证券法》、《税法》等法律，对尚未构成犯罪的会计违法行为作了相应的处罚规定。这种情况下就可能会产生行为人的一个违法行为同时违反两个或两个以上的法律，既违反《会计法》，又违反《税法》或者《证券法》等其他法律。会计管理部门可依法作出处罚，税务部门或证券监督管理部门也要依法作出处罚，从而产生会计违法行为责任的竞合，那么到底应当依照哪一个法律作为依据来处罚该违法行为？不同的法律，执法的部门也不同，应当由哪一个执法部门来对此加以处理？或者同时由相关执法部门分别按相应的法律加以处理？“一事不再罚”和“特别法优于普通法”是处理一个违法行为同时违反两个或两个以上法律时，应当遵循的基本法律原则。《会计法》是规范会计行为的基本法，会计违法行为一般情况下由会计管理部门以《会计法》的规定为依据来加以处理。在特殊情况下，如在证券的发行，税款的缴纳，融资投资，会计师事务所审计过程中，以会计违法为手段，达到虚增利润，以骗取证券发行资格，或虚增成本，达到少缴或不缴税款的目的，或骗取银行贷款以及其他侵害国家、社会或他人利益的行为。对此会计违法行为就应当分别由证券管理部门、税务管理部门、金融管理部门、审计管理部门按《证券法》、《税法》、《金融法》、《审计法》规定处理。所谓“一事不再罚”即是同一个会计违法行为不得给予两次以上同类处罚，会计管理部门已按《会计法》作出罚款处罚，其他执法部门再重复罚款，相反会计管理部门会计人员的会计违法行为视其情节可以作出罚款的处罚，还可以吊销会计从业资格证书。

二、会计违法行为的种类

在会计工作中的违法行为突出表现为：

（一）违反法定的会计核算程序和方法。

1.不依法设置会计账簿的行为。

2.私设会计账簿的行为。

3.未按照规定填制、取得原始凭证的行为或者填制、取得的原始凭证不符合规定。

4.以未经审核的会计凭证为依据登记会计账簿或者登记会计账簿不符合规定的。

5.随意变更会计处理方法的行为。

6.向不同的会计资料使用者提供编制依据不一致的财务会计报告。

7. 未按规定使用会计记录文字或者记账本位币的行为。

8. 未按规定保管会计资料，致使会计资料毁损、灭失的行为。

9. 未按规定建立并实施单位内部会计监督制度，拒绝依法实施的监督或者隐匿、谎报有关情况的行为。

（二）伪造、变造会计凭证、会计账簿或者编制虚假的财务会计报告。

（三）隐匿或者故意销毁依法应当保存的会计凭证、会计账簿、财务会计报告行为。

（四）授意、指使、强令会计机构、会计人员及其他人员伪造、变造会计凭证、会计账簿，编制虚假财务会计报告或者隐匿、故意销毁依法应当保存的会计凭证、会计账簿、财务会计报告。

（五）单位负责人对会计人员实行打击报复。

（六）会计管理部门及其工作人员滥用职权、玩忽职守、徇私舞弊或者泄露国家秘密、商业秘密行为的法律责任。

1. 玩忽职守。财政部门和有关行政部门的工作人员不履行、不正确履行或者放弃履行职责的行为；

2. 滥用职权。财政部门和有关行政部门的工作人员，违反法律规定的职责权限和程序，滥用职权或者超越职权的行为；

3. 徇私舞弊。财政部门和有关行政部门的工作人员，为了个人私利或者亲友私情，而从事玩忽职守、滥用职权的行为；

4. 泄露国家秘密。财政部门和有关行政部门的工作人员，将其掌握或者知悉的国家秘密，因故意或者过失让不应当知悉的人知悉的行为。国家秘密是依照法定程序确定，关系到国家安全和利益，在一定时间内只限于一定范围的人员知悉的事项。泄露国家秘密，不管采取什么方式，是口头泄露，还是书面泄露，是实物交付，还是摄影、影印、复写、复印等方法泄露，都是违反法定职责的行为；

5. 泄露商业秘密。财政部门和有关行政部门的工作人员披露、使用或者允许他人使用其在执行公务过程中获取的权利人商业秘密的行为。商业秘密，是不为公众所知悉，具有实用性，能为权利人带来经济利益，并经权利人采取保密措施保护的技术信息和经营信息。

（七）对将检举人姓名和检举材料转给被检举单位和被检举人个人行为。

三、会计法律责任形式

根据会计违法行为性质的不同，在我国会计法律责任体系主要由两部分组成，即行政责任和刑事责任，根据处罚对象的不同，行政责任又分为行政处罚和行政处分两个方面。

(一)刑事责任

会计刑事责任是构成会计犯罪的人应当承担的刑事法律后果。

1.提供虚假财务会计报告罪。公司、企业伪造、变造会计凭证、会计账簿,编制虚假财务会计报告,严重损害股东和他人利益,构成犯罪的,对直接负责的主管人员和其他责任人员,处以3年以下有期徒刑或者拘役,并处或单处2万元以上20万元以下罚金。

2.隐匿、故意销毁会计凭证、会计账簿、财务会计报告罪。隐匿、故意销毁应当保存的会计凭证、会计账簿、财务会计报告,情节严重的,处5年以下有期徒刑或拘役,并处或单处2万元以上20万元以下罚金。单位犯本罪的,对单位判处罚金,并对其直接负责的主管人员和其他直接责任人员,处5年以下有期徒刑或拘役,并处或单处2万元以上20万元以下罚金。

3.授意、指使、强令会计机构、会计人员及其他人员伪造、变造会计凭证、会计账簿,编制虚假财务会计报告或者隐匿、故意销毁依法应当保存的会计凭证、会计账簿、财务会计报告罪。

此外,刑法偷税罪、提供虚假财务会计报告罪、中介机构及其工作人员提供虚假证明文件罪、虚报注册资本罪、贪污罪、挪用公款罪、职务侵占财产罪以及单位负责人对会计人员实行打击报复罪和财政部门及有关行政部门的工作人员在实施监督管理中滥用职权、玩忽职守、徇私舞弊、泄露国家秘密、商业秘密等犯罪。

(二)行政责任

企事业单位、单位负责人、会计人员对一般会计违法行为所受到的会计行政处罚。会计行政处罚是具有处罚权的会计行政机关,对违反会计法律法规尚未构成犯罪的会计违法行为人给予的行政制裁。其责任的形式分别有对会计单位罚款、对直接负责的主管人员或会计人员处以罚款,还可以给予撤职直至开除或吊销会计从业资格。

单位负责人承担会计行政责任:1.罚款。违反法定的会计核算程序和方法,处以2000元以上2万元以下的罚款;伪造、变造会计凭证、会计账簿或者编制虚假的财务会计报告和隐匿或者故意销毁依法应当保存的会计凭证、会计账簿、财务会计报告,处以3000以上5万元以下的罚款;授意、指使、强令会计机构、会计人员及其他人员伪造、变造会计凭证、会计账簿,编制虚假财务会计报告或者隐匿、故意销毁依法应当保存的会计凭证、会计账簿、财务会计报告,处以5000元以上5万元以下的罚款。2.单位负责人为国家工作人员的,不应依法给予行政处分。

会计人员承担的会计行政责任:1.罚款,其标准与单位负责人相同。2.吊销会计从业资格证书。《会计法》第 40 条规定:会计人员“因提供虚假财务报告,做假账,隐匿、故意销毁会计凭证、会计账簿、财务会计报告,贪污、挪用公款,职务侵占等与会计职务有关的违法行为被吊销会计从业资格证书的人员,不得取得或重新取得会计从业资格证书”。除前款规定的人员外,因违法、违纪行为被吊销会计从业资格证书的人员,自被吊销会计从业资格证书之日起在 5 年内,不得重新取得会计从业资格证书。

财政部门及有关行政部门的工作人员在实施监督管理中滥用职权、玩忽职守、徇私舞弊或者泄露国家秘密、商业秘密,尚不构成犯罪的,依法给予行政处分。行政处分是有关国家机关根据法律、行政法规的规定,按照行政隶属关系,对犯有轻微违法行为或者违反内部纪律的人员给予行政制裁。行政处分的形式主要有警告、记过、记大过、降级、降职、撤职、留用察看和开除等,是对国家机关工作人员所适用的一种内部行政制裁。

第五编　社会保障法律制度

第二十二章 社会保险法

第一节 社会保险法概述

一、社会保险的概念和特征

社会保险，是针对全体社会成员，国家通过立法就公民的医疗、工伤、失业、养老、生育等实行的强制性保险制度，保障公民因疾病、工伤、失业和年老收入减少或丧失时得到必要的物质补偿以保证其基本生活所需一种社会保障制度。社会保险是一种社会政策性保险。

保险制度作为一种有偿配置社会资源的制度，向社会提供两种保险服务，一是公共性保险服务，即社会保险；二是私人性保险服务，即商业保险。各国对上述两种保险都给予分别立法，即制定社会保险法和保险法。

社会保险具有以下法律特征：

（一）社会保险具有强制性

社会保险是国家以立法形式强制推行的一种社会性保障项目。按社会保险立法的规定，用人单位和职工都必须参加社会保险。社会保险费的缴纳和社会保险费的管理、社会保险待遇等都必须严格按照法律规定办理。

（二）社会保险具有福利性

社会保险的目的在于保障社会成员的基本生活，是社会的公益事业，不是以盈利为目的。社会保障基金由国家、单位和个人三方共同负担，专款专用。

（三）社会保险具有互济性

社会保险是政府为其社会成员提供一系列基本生活保障。由于年老、失业、疾病、伤残等人员在社会上分布不均，各地区和各单位承受的压力情况也是不同的。社会保险实行互济原则，集中资金在大范围内分散风险，保障劳动者在失去生活来源时能得到物质帮助，维持基本的生活需要。

（四）社会保险具有社会性

社会保险不同于商业保险，其适用范围十分广泛，不同地区、不同行业、不同经济形式中的所有人员都可参加，并保证尽可能多的社会成员能享受到社会保险待遇，起到稳定社会的目的。正因为该种保险的社会性才称之为社会保险。

二、社会保险的内容

我国《劳动法》第70条规定："国家发展社会保险事业，建立社会保险制度，设立社会保险基金，使劳动者在年老、患病、工伤、失业、生育等情况下获得帮助和补偿。"该法第73条第1款又规定，劳动者在下列情况下，依法享受社会保险待遇：(一)退休；(二)患病、负伤；(三)因工伤残或患职业病；(四)失业；(五)生育。劳动者死亡后，其遗属依法享受遗属津贴。根据上述规定，我国现行的社会保险的内容由以下若干方面构成：

1.工伤保险。是指对因工负伤或因职业病致残而丧失劳动能力者，给予工资补偿、医疗保健护理、伤残补偿及生活照顾，对因工或职业病死亡者生前供养的直系亲属给予丧葬费、抚恤费等。

2.失业保险。是指向因故失业的劳动者提供基本生活费、医疗费，并为他们提供再就业培训、职业介绍等服务。

3.医疗保险。是指对因患病、伤残等原因暂时丧失劳动能力的公民，提供所需医疗费用以保证其基本生活保障的制度。

4.伤残、死亡遗属保险。是指对非因工负伤及因疾病而丧失劳动能力的职工，给予相应的生活费用和医疗待遇，对非因工死亡职工的遗属给予丧葬费、救济款等。

5.养老保险。是指对因年老丧失劳动能力而退职、退休的职工在其养老期间，提供养老金和生活照顾，以保障其基本生活的制度。

6.生育保险。是指对育龄妇女在因怀孕、生育而暂时丧失劳动能力期间提供医疗保健和生活所需的制度。

有关社会保险的内容，各国的保险法上规定不尽一致。我国法律的有关规定，体现了中国特色，基本适合我国现阶段社会保险的需要。

第二节　我国社会保险法概述

一、我国社会保险与立法概述

与世界各国社会保险相比，我国的社会保险起步相对较晚。1978年以前，人们一般认为社会保障是对一部分人的待遇，而不是所有社会成员的权利。直到90年代初，中国的法律分类中还没有"社会保障法"这一范畴，有关的法律和法规一般都归在“劳动行政”的标题之下。1951 年中央政务院颁布的《中华人民共和国劳动保险条例》(1953 年修订)是中国社会保障制度的第一个基础性专门法规。进入 20 世纪 80 年代后,改革开放改变了人们对社会保障的认识,建立社会保障制度成为中国法制建设和法律改革的重要内容。在这 20 多年中,我国制定和颁布了大量有关社会保险方面的法律法规,这些法律法规涵盖了养老保险、失业保险、医疗保险、工伤保险和生育保险等各个方面。1986 年颁布的《国营企业职工待业保险暂行规定》,初步建立起了失业保险制度;1989 年颁发了《关于公费医疗保险的通知》,对公费医疗制度进行改革;1997 年 7 月国务院发布《关于建立统一的企业职工基本养老保险制度的决定》,提出要在全国范围内实行统一的养老保险制度;1998 年 12 月 26 日国务院发布并实施了《失业保险条例》,1999 年 1 月 14 日国务院又发布实施了《社会保险费征缴暂行条例》,1999 年 3 月 19 日劳动和社会保障部制定实施了《社会保险登记管理暂行办法》、《社会保险费申报缴纳管理暂行办法》、《社会保险费征缴监督检查办法》等法规。2000 年 12 月,国务院发布了《关于完善城镇社会保障体系的试点方案》,方案提出完善社会保障体系的总目标是:建立独立于企业事业单位之外、资金来源多元化、保障制度规范化、管理服务社会化的社会保障体系。2005 年 10 月 19 日召开的国务院常务会议讨论并通过了《国务院关于完善企业职工基本养老保险制度的决定》。与以上相关联的,还有 1994 年 7 月 5 日第八届全国人民代表大会常务委员会通过的《中华人民共和国劳动法》就社会保险的范围以法律的形式作了原则规定。至此,我国基本建立了一套相对完备的社会保险法律体系。

二、社会保险费

随着社会保险立法的不断完善,参加社会保险的居民人数也不断增加。据劳动和社会保障部与国家统计局统计,到 2008 年末,全国参加城镇基本养老保险人数为 21891 万人,参加基本养老保险的农民工人数为 2416 万人,企业参加基本养老保险人数为 19951 万人。全国参加城镇基本医疗保险人数为 31822 万人,参加医疗保险的农民工人数为 4266 万人。全国参加失业保险人数为 12400 万人。全国参加工伤保险人数为 13787 万人,全年享受工伤保险待遇人数为 118 万人。全国参加生育保险人数为 9254 万人。这一统计情况表明,目前社会保险已为大多数城镇企业职工所接受,并已逐步向农村延伸,成为我国社会保险制度的一个坚实基础。

社会保险费是按照社会保险法的规定,用人单位和个人向社会保险机构缴纳的直接用于社会保险事业的费用不同于商业保险,社会保险费是由国家组织并强制征缴的,缴纳社会保险费是用人单位和个人的义务,其中主要的缴费义务人是单位，个人只承担少数险种，如养老、医疗、失业等险种的部分缴费义务，其费率由社会保险法规定。并且社会保险费必须专款储存、专款专用，直接用于社会保险事业，不得挪作他用。

按负担主体不同社会保险费可以分为用人单位社会保险费和个人社会保险费。

用人单位社会保险费是企业、机关、事业单位、社会团体等用人单位按照单位缴费工资基数(一般为所属职工工资总额)的一定比例定期向社会保险机构缴纳的费用。用人单位社会保险费是社会保险基金的主要来源，在有的社会保险项目中(如工伤社会保险)是保险基金的唯一来源。

个人社会保险费是指个人按照缴费工资基数(一般为自己工资总额)的一定比例定期向社会保险机构缴纳的费用。个人一般只负担养老、医疗和失业三个险种的部分保险费用。个人所缴的社会保险费用虽然不占主要地位，但对于形成合理的社会保险费用分担机制，减轻政府和企业的社会保险负担有着不可忽视的作用。目前世界上社会保险发展的一个明显趋势是加强个人的社会保险责任，增强自我保障的意识和能力。

按照社会保险的项目不同社会保险费可以分为养老保险费、失业保险费、工伤保险费、医疗保险费和生育保险费。各单项保险费都有其专门的用途，各有不同的征收比例。在各单项保险费中，养老保险费的比重最大，其次是医疗保险费、失业保险费、工伤保险费和生育保险费。

将用人单位和个人缴纳的社会保险费相加构成社会保险费的总额。社会保险费的总额一方面可以反映社会保险的给付需要；另一方面也反映用人单位和个人的负担水平与承受能力。

第三节　养老保险法

一、养老保险的概念、特征和作用

养老保险，是指劳动者在达到国家规定的退休年龄，退出社会劳动领域后，由社会提供物质帮助，保障其基本生活需要的一种社会保险制度。养老保险是社会保险的主要组成部分。

我国养老社会保险始建于20世纪50年代初期。1951年颁布的《中华人民共和国劳动保险条例》中规定了养老保险制度，这是我国最早有关养老社会保险的规定。该条例在1958年和1978年作了再次修改。但在1978年以前，我国的养老社会保险始终处于停滞阶段。我国养老社会保险的真正实施是在1978年以后。随着《中华人民共和国劳动保险条例》的修改，我国养老社会保险进入了一个新的阶段。1978年5月24日第五届全国人民代表大会常务委员会第二次会议原则批准了《国务院关于工人退休、退职的暂行办法》和《国务院关于安置老弱病残干部的暂行办法》。自20世纪80年代中期开始，我国的养老社会保险进入改革阶段，国务院及其职能部门颁发或转发了许多涉及养老保险改革的文件，这些文件主要有劳动部1990年10月18日发布的《关于加强养老保险基金的征缴和管理工作的通知》，国家体改委、民政部、劳动部1991年4月11日发布的《关于城镇和农村社会养老保险分工的通知》，1991年6月26日《国务院关于企业职工养老保险制度改革的决定》，1992年12月14日农业部发布的《乡镇企业职工养老保险办法》，1993年7月2日劳动部发布的《企业职工养老保险基金管理规定》，1995年3月1日《国务院关于深化企业职工养老保险制度改革的通知》，1997年7月16日《国务院关于建立统一的企业职工基本养老保险制度的决定》等。2005年12月，《国务院关于完善企业职工基本养老保险制度的决定》指出，下一阶段在企业职工基本养老保险领域的主要任务是：确保基本养老金按时足额发放，保障离退休人员基本生活；逐步做实个人账户，完善社会统筹与个人账户相结合的基本制度；统一城镇个体工商户和灵活就业人员参保缴费政策，扩大覆盖范围；改革基本养老金计发办法，建立参保缴费的激励约束机制；根据经济发展水平和各方面承受能力，合理确定基本养老金水平；建立多层次养老保险体系，划清中央与地方、政府与企业及个人的责任；加强基本养老保险基金征缴和监管，完善多渠道筹资机制；进一步做好退休人员社会化管理工作，提高服务水平。随着我国养老保险方面有关法律法规的出台，我国的养老保险制度已基本建立。

养老保险有以下法律特征：

1.普遍性。与工伤、失业、生育等对于个体而言具有一定偶然性的风险不同，因年老而丧失劳动能力，从而丧失劳动收入，是每个劳动者生命发展的必然。因此养老保险作为法定保险，要尽可能多地把大多数的劳动者纳入保险范围，这是各国养老保险制度的一项共同原则，即养老保险在其适用范围上具有更大的普遍性。

2.强制性。国家为确保社会安定和经济的持续发展，通过立法形式推行养老保险，运用国家强制力收取养老保险费，建立养老保险基金。

3.保障性。养老保险的目的是为退出社会劳动后的劳动者提供稳定可靠的经济来源，以维持其退休后的基本生活。按法律规定，养老保险的待遇水平必须能够保障老年人的基本生活水准，尤其是对低收入老年人口提供基本的生活保障。

4.互济性。养老保险属于收入再分配范畴，与商业保险一样遵守大数法则，通过广泛筹集资金和社会互助来达到分散风险的目的，体现了养老保险追求公平，对国民收入进行再分配的原则。

养老保险的作用主要体现在以下几个方面：

1.养老保险保证了工业化社会劳动力再生产的顺利进行。

2.养老保险对于社会安定具有重要意义。随着我国人口老龄化的发展，老年人口的比重和绝对数量越来越大，养老保险制度保障了他们的基本生活，从而维护了整个社会的安定。

3.养老保险制度是促进经济发展的重要条件。按照公平与效率相结合原则建立起来的养老保险制度，不仅解除了劳动者的后顾之忧，而且能够调动劳动者的生产积极性。养老保险制度还有利于劳动力的合理流动和劳动力市场的形成，促进劳动力资源的合理配置。

二、养老保险的基本类型

就目前而言，世界各国所实行的养老保险制度主要有三种类型，即传统型、国家统筹型和强制储蓄型。传统型养老保险制度是国家通过立法程序强制雇主和劳动者分别按一定费率投保，并建立养老保险基金，实行多层次养老金制度。退休金一般由普遍养老金、雇员退休金和企业补充养老金组成，其中雇员退休金起主导作用。国家则在财政、税收和利息政策上给予扶持。目前世界上大多数国家实行的是这种制度。国家统筹型养老保险制度是由雇主负担全部养老保险费，雇员个人不缴费，是一项典型的福利型养老保险制度。这种制度由于国家和企业的负担较重，现在仅有少数国家实行，且这些国家要求改革的呼声也很高。强制储蓄型养老保险制度也称公积金模式，它是一种固定缴费模式，由雇主和雇员按具体的缴费率共同缴费，缴费及利息记入个人账户，待遇由个人账户积累额决定。这种制度虽然可以减轻国家和企业的负担，但由于相对缺乏互济性，对低收入者的老年保障不力，因此实行这种养老保险制度的国家也不多。

我国现在养老保险制度采用的是社会统筹与个人账户相结合的制度，这是根据我国国情首创的一种新型基本养老保险类型。这种制度在基本养老保险基金的筹集上采用传统型的基本养老保险费用筹集模式，即由国家、单位、个人共同负担；基本养老保险基金实行社会互济；在基本养老金的计发上采用结构式计发办法，强调个人账户养老金的激励因素和劳动者贡献差别。因此，该制度既吸收了传统型养老保险制度的优点，又借鉴了个人账户模式的长处；既体现了传统意义上社会保险的互济、分散风险、保障性强等特点，又强调了职工的自我保障意识和激励机制。

我国在实行社会统筹与个人账户相结合的制度同时，将养老保险分为三类，即基本养老保险、企业补充养老保险和职工个人储蓄性养老保险。

基本养老保险是按国家统一政策规定强制实施的为保障广大离退休人员基本生活需要的一种养老保险制度。

补充养老保险是在基本养老保险的基础上，由用人单位根据本单位的实际情况，为本单位职工建立的一种追加式的或称辅助性的养老保险制度。

个人储蓄养老保险是由劳动者个人自愿参加的，国家在政策上给予鼓励和支持的一种养老保险制度。

三、基本养老保险的主要内容

(一)养老保险的对象

根据《社会保险费征缴暂行条例》第 3 条的规定，实行基本养老保险的对象为我国境内的国有企业、城镇集体企业、私营企业、股份制企业及其职工、外商投资企业及其中方职工、城镇个体劳动者本人及其雇工、私营企业主、自由职业者、企业化管理的事业单位及其职工。2005 年开始实施的《国务院关于完善企业职工基本养老保险制度的决定》扩大了基本养老保险覆盖范围，城镇各类企业职工、个体工商户和灵活就业人员都要参加企业职工基本养老保险。随着 2008 年《劳动合同法》的施行，各地参加基本养老保险的对象扩大到了所有具有劳动合同关系的劳动者。

(二)养老保险费的计费办法和缴纳程序

养老保险费由企业和职工共同负担。企业以全部职工工资总和为计算依据，职工个人以本人缴费工资为依据。缴费费率为企业按职工工资总额的 20%，职工按实际工资收入的 4%缴纳养老保险费。根据《国务院关于建立统一的企业基本养老保险制度的决定》第 3 条规定，从 1998 年起每两年提高一个百分点，最终达到本人缴费工资的 8%，有条件的地区和工资增长较快的年份，个人缴费比例提高的速度应适当加快。

城镇个体工商户和灵活就业人员参加基本养老保险的缴费基数为当地上年度在岗职工平均工资，缴费比例为 20%，其中 8%记入个人账户，退休后按企业职工基本养老金计发办法计发基本养老金。

养老保险费的缴纳办法为职工个人缴纳的基本养老保险费，由企业在发工资时代为扣缴，企业和职工缴纳的基本养老保险费由社会保险经办机构委托开户银行在其账户中直接划转，或由企业直接到社会保险机构缴纳。

(三)职工养老保险个人账户的管理

社会保险机构为每一个参加养老保险的职工建立一个终身不变的养老保险

个人账户，在2006年1月1日前个人账户的比例按职工本人缴费工资的11%计入，其余部分从企业缴费中划入。随着个人缴费比例的提高，企业缴费将最终降至3%。但2006年1月1日起，按照《国务院关于完善企业职工基本养老保险制度的决定》的规定，个人账户的规模统一由本人缴费工资的11%调整为8%，全部由个人缴费形成，单位缴费不再划入个人账户。个人账户的储存额，每年参考银行同期存款利率计息，其只能用于个人养老，不得提前支取。职工跨统筹范围流动时，个人账户储蓄额全部随同转移。职工或离退休人员死亡时，个人账户中的个人缴费部分可以继承。

(四)个人养老金的发放

按照原有规定，个人缴费年限累计满15年，达到退休年龄的，退休后按月发给基本养老金。基本养老金由基础养老金和个人账户养老金两部分组成。其中基础养老金为职工退休时全省上年度职工月平均工资的20%，个人账户养老金月标准为个人账户储存额除以120。达到退休时缴费年限累计不满15年的，退休后不享受基础养老金待遇，其个人账户储存额一次性支付给本人，同时终止养老保险关系。

为了进一步完善鼓励职工参保缴费的激励约束机制，《国务院关于完善企业职工基本养老保险制度的决定》对基本养老金计发办法作了相应调整。《国务院关于建立统一的企业职工基本养老保险制度的决定》(国发[1997]26号)实施后参加工作、缴费年限(含视同缴费年限，下同)累计满15年的人员，退休后按月发给基本养老金。基本养老金由基础养老金和个人账户养老金组成。退休时的基础养老金月标准以当地上年度在岗职工月平均工资和本人指数化月平均缴费工资的平均值为基数，缴费每满1年发给1%。个人账户养老金月标准为个人账户储存额除以计发月数，计发月数根据职工退休时城镇人口平均预期寿命、本人退休年龄、利息等因素确定。

国发[1997]26号文件实施前参加工作，2006年1月1日后退休且缴费年限累计满15年的人员，在发给基础养老金和个人账户养老金的基础上，再发给过渡性养老金。各省、自治区、直辖市人民政府要按照待遇水平合理衔接、新老政策平稳过渡的原则，在认真测算的基础上，制订具体的过渡办法，并报劳动保障部、财政部备案。2006年1月1日后到达退休年龄但缴费年限累计不满15年的人员，不发给基础养老金；个人账户储存额一次性支付给本人，终止基本养老保险关系。

2006年1月1日前已经离退休的人员，仍按国家原来的规定发给基本养老金，同时执行基本养老金调整办法。

四、农村社会养老保险

1991年《国务院关于企业职工养老保险制度改革的决定》明确了我国也应实行农村社会养老保险。1992年民政部发布了《县级农村社会养老保险基本方案》,1995年国务院办公厅转发了民政部《关于进一步做好农村社会养老保险工作的意见》,更加明确了在我国广大农村实行社会养老保险制度的精神,农村社会养老保险也由此展开。

(一)农村养老保险的对象

农村养老保险的对象为非城镇户口和不由国家供应商品粮的农村人口。保险对象一般以村为单位确认(包括村办企业职工、私营企业职工、个体户、外出人员等),其中乡镇办企业职工、民办教师、乡镇招聘干部、职工等,也可以乡镇为单位确认。外来劳务人员,原则上在户口所在地参加养老保险。

(二)农村养老保险费的缴纳

农村社会养老保险费的缴纳坚持以个人交纳为主,集体补助为辅,国家给予扶持的原则。个人交纳占一定比例;集体补助主要从乡镇企业的利润和集体积累中支付;国家给予政策支持,主要是通过对乡镇企业支付集体补助部分予以税前列支体现。

由于大多数农民收入不固定,因此,农村社会养老保险的缴费方式也十分灵活,大体分为以下三种:一是定期交费。即在收入比较稳定或比较富裕的地区和人群采取这种方式。如乡镇企业可按月、按季交纳保费,富裕地区的农民可按半年或按年交纳保费,其交纳额可以按收入的比例,也可以按一定的数额交纳。二是不定期交费。多数地区因收入不稳定而采取这种方式,丰年多交,欠年少交,灾年缓交。家庭收入好时交,不好时不交。三是一次性交费。多数是岁数偏大的农民,根据自己年老后的保障水平将保费一次性交足。

农村社会保险交纳保险费的年龄一般为20周岁至60周岁。保费的缴费档次也较多,月交费标准设有2元到20元不等的十个档次。养老保险费可以补交和预交。个人的交费和集体的补助分别记账在个人名下。

(三)养老保险金的发放

农村养老保险金的发放从60周岁以后开始,并根据交费的标准、年限确定具体支付标准。投保人领取养老金的保证期为10年。领取养老金不足10年身亡的,保证期内的养老金余额可以继承。无继承人或指定受益人的,按农村社会养老保险管理机构的有关规定支付丧葬费用。领取养老金超过10年的长寿者,支付养老金直至身亡为止。

第四节　失业保险法

一、失业保险的概念和特征

失业保险是指国家通过立法强制实行的、由社会集中建立基金，对因失业而暂时中断生活来源的劳动者提供物质帮助的一种社会保险制度。

与其他社会保险相比，失业保险具有以下特征：

1. 失业保险的实施范围主要以劳动年龄之内的社会劳动者为保险对象，不是以全体社会劳动者和未进入及超过劳动年龄的人为保险对象。

2. 在享受条件上，失业保险是对有劳动能力但无劳动机会的人提供物质帮助，而不是对丧失劳动能力的人提供保障。

3. 在保障功能上，失业保险不仅要为失业者提供物质救济，还要为其提供再就业机会，最终目的是促使他们就业。而其他社会保险主要是提供物质帮助。

二、我国失业保险的立法概况

我国从20世纪50年代承认失业的事实，并采取了国际上通行的做法来解决失业人员的生活问题。1950年6月，中央人民政府下达了《关于救济失业工人的指示》，同年7月1日，原劳动部也制定了《救济失业工人暂行办法》，国家还设立了失业工人救济委员会，建立失业救济基金，用于国营企业、私营企业、码头运输业失业人员以及文教部门的失业人员的救济。国家当时还规定了失业工人登记办法，对失业人口进行登记管理，并为所有失业人口发放失业救济金。通过一系列措施，到1957年，解放前旧中国遗留下来的失业问题基本得到了解决。

从1958年开始，由于认识上的偏差，认为失业是资本主义制度的产物，不承认社会主义也有失业，因而认为没有必要和理由再搞失业保险，刚刚建立起来的失业保险制度不再发生作用，失业保险项目也从劳动保险中排除出去。直到1978年，特别是党的十四大把建立社会主义市场经济体制确定为我国经济体制改革目标后，失业问题被重新得到认识。此后，国家相继颁布了一些内容简单的失业保险规定。如1986年国务院发布的《国营企业职工待业保险暂行规定》，1993年在总结经验的基础上，又发布了《国营企业职工待业保险规定》，该规定将待业保险的对象从1986年的4种人扩大到了7种人。但适用范围仍仅限于国有企业。随着我国社会保障制度改革总思路的确定，许多地方开始试行社会保险制度改革，不少地方制定并实施了地方性的失业保险法规。据有关资料统计，到1994年底，全国已有26个省、市、自治区根据国务院颁发的失业保险有关规定，制定了本地区的实施办法，其中 25 个省、市、自治区将本地区失业人员的保障范围扩大到了城镇所有企业的全部职工。通过几年改革，我国探索出了失业保险制度与再就业工程等制度紧密衔接的失业保险方式。中国的失业保险正逐步向前发展。1998 年 12 月 26 日，国务院第 11 次常务会议通过了《失业保险条例》，第一次全面统一规范城镇所有用人单位职工的失业保险问题，并对我国所有企业及其职工均强制性纳入失业保险范围，标志着我国的失业保险制度已基本建立。

三、失业保险的适用范围及失业保险金

根据我国《失业保险条例》的规定，失业保险适用于我国境内城镇所有用人单位、城镇企事业单位职工。凡国有企业、城镇集体企业、外商投资企业、城镇私营企业以及其他城镇企业及其职工，均应强制参加失业保险。社会团体及其从业人员、民办非企业单位及其职工、有雇工的城镇个体工商户及其雇工是否适用《失业保险条例》参加失业保险，由各省、自治区、直辖市人民政府根据当地实际情况决定。

我国目前采用的是强制性失业保险制度，即国家采用立法手段强制所有企业和在职劳动者参加失业保险并承担缴费责任，以建立失业保险基金，保证劳动者失业时的基本生活。

我国的失业保险基金由以下五个方面的资金来源组成：

1. 城镇企业、事业单位缴纳的失业保险费。根据《条例》规定，城镇企事业单位应按照本单位工资总额的 2%缴纳失业保险费。

2. 城镇企业、事业单位职工缴纳的失业保险费。职工按照本人工资的 1%缴纳失业保险费。但城镇事业单位招用的农民合同制工人，本人不缴纳失业保险费。

3. 失业保险基金的利息。

4. 财政补贴。

5. 依法纳入失业保险基金的其他资金。

按照《失业保险条例》规定，城镇企业事业单位的缴费基数为本单位工资总额，个人缴费基数为本人工资额。单位工资总额按照国家有关工资政策予以认定其构成和计算方式。它是指单位在一定时期内直接支付给本单位全部职工的劳动报酬总额。包括计时工资、计件工资、奖金、津贴和补贴、加班加点工资以及特殊情况下支付的工资。本人工资是指由单位支付的劳动报酬，包括计时工资或计件工资、奖金、津贴和补贴、加班加点工资等，不包括其他来源的收入。

失业保险基金在直辖市和设区的市实行全市统筹；其他地区的统筹层次由省、自治区人民政府规定。省、自治区、直辖市人民政府根据本行政区域失业人

员数量和失业保险基金数额，报国务院批准，可以适当提高本行政区域内失业保险费的费率。省、自治区、直辖市可以建立失业保险调剂金。失业保险调剂金以统筹地区依法应当征收的失业保险费为基数，按照省、自治区、直辖市人民政府规定的比例筹集。统筹地区的失业保险基金不够使用时，由失业保险调剂金调剂，地方财政补贴。

失业保险基金的用途。失业保险基金实行专款专用，不得挪作他用，不得用于平衡财政收支。失业保险基金用于下列支出：1. 失业保险金；2. 领取失业保险金期间的医疗补助；3. 领取失业保险金期间死亡的失业人员的丧葬补助金和其供养的配偶、直系亲属的抚恤金；4. 领取失业保险金期间接受职业培训、职业介绍的补贴；5. 国务院规定或者批准的与失业保险有关的其他费用。

失业保险基金的预算、决算，由统筹地区社会保险经办机构编制，经同级劳动保障行政部门复核、同级财政部门审核，报同级人民政府审批。失业保险的财务制度和会计制度按照国家有关规定执行。

四、失业保险待遇

（一）享受失业保险的条件

享受失业保险的各项待遇必须具备一定的条件，根据我国《失业保险条例》第 14 条的规定，享受失业保险待遇的条件主要有：

1. 失业者必须处于劳动年龄阶段，即在法定最低劳动年龄和退休年龄之间。未达法定最低劳动年龄或者已经退休的劳动者不得享受失业保险待遇。

2. 失业者必须是非因本人意愿中断就业的，即并非是劳动者个人出于获得更体面或更优厚工资报酬的岗位考虑，或者其他个人考虑，自愿放弃现有的工作，而是由于诸如企业破产、经济性裁员、严重自然灾害等原因而使劳动者失去工作。而这些原因与劳动者本人无关，国家应给予其保险待遇。

3. 必须已按照规定参加了失业保险，劳动者所在单位和本人已按规定履行缴纳保险费义务满 1 年。

4. 失业后已办理失业登记，有求职要求。所谓有求职要求是指愿意寻找新的工作岗位，接受就业机构提供的职业介绍和再就业培训。如果失业者无正当理由拒绝职业介绍所介绍的适当工作，则他的失业不再视为非自愿性的失业，可取消其享受失业保险待遇的资格。至于如何判断“适当职业”，根据国际劳工组织《促进就业和失业保护公约》和《建议书》的规定，判断职业的性质是否适当，要在规定的条件下，在适当的程度上，特别考虑失业者的年龄、过去职业的工龄、已取得的经验、失业时期劳动力市场的状况，以及这项职业对劳动者个人和家庭状况的影响等条件。如果介绍的职业不能算是“适当职业”，失业者有权拒绝，应该继续享受失业保险待遇。

按照我国《失业保险条例》规定，失业者在领取失业保险金期间如果发生下列情况之一的，应停止领取失业保险金，并同时停止享受其他失业保险待遇。这些情况包括：

1. 重新就业；

2. 应征服兵役；

3. 移居境外；

4. 享受基本养老保险待遇；

5. 被判刑收监执行或者被劳动教养；

6. 无正当理由，拒不接受当地人民政府指定的部门或机构介绍的工作；

7. 有法律、行政法规规定的其他情形。

(二)失业保险待遇

根据我国《失业保险条例》的有关规定，城镇企业、事业单位应当及时为失业人员出具终止或者解除劳动关系的证明，告知其按照规定享受失业保险待遇的权利，并将失业人员的名单自终止或者解除劳动关系之日起 7 日内报社会保险经办机构备案。

城镇企业、事业单位职工失业后，应当持单位为其出具的终止或者解除劳动关系的证明，及时到指定的社会保险经办机构办理失业登记。失业保险金自办理失业登记之日起计算。失业保险金由社会保险经办机构按月发放。社会保险经办机构为失业人员开具领取失业保险金的单证，失业人员凭单证到指定银行领取失业保险金。

失业保险金具体发放数额为：失业人员失业前所在单位和本人按照规定累计缴费时间，满 1 年不满 5 年的，领取失业保险金的期限最长为 12 个月；累计缴费时间满 5 年不满 10 年的，领取失业保险金的期限最长为 18 个月；累计缴费时间 10 年以上的，领取失业保险金的期限最长为 24 个月。重新就业后再次失业的，缴费时间重新计算，领取失业保险金的期限可以与前次失业应领取而尚未领取的失业保险金的期限合并计算，但是最长不得超过 24 个月。

失业保险金的发放标准应当低于当地最低工资标准、高于城市居民最低生活保障标准。具体标准由省、自治区、直辖市人民政府确定。

其他失业待遇。失业人员在领取失业保险金期间患病就医的，可以按照规定向社会保险经办机构申请领取医疗补助金。医疗补助金的标准由省、自治区、直辖市人民政府规定。失业人员在领取失业保险金期间死亡的，参照当地对在职职工的规定，发给其家属一次性丧葬补助金和抚恤金。失业人员符合城市居民最低生活保障条件的，按照规定享受城市居民最低生活保障待遇。

单位招用的农民合同制工人,连续工作满 1 年,本单位已缴纳失业保险费,劳动合同期满未续签或提前解除劳动合同的,由社会保险经办机构根据其工作时间长短,支付一次性生活补助。补助的办法和标准由省、自治区、直辖市人民政府规定。

城镇企事业单位所在建制跨统筹地区转移,失业人员跨统筹地区流动的,失业保险关系随之转迁。

不符合享受失业保险待遇条件,骗取失业保险金和其他失业保险待遇的,由社会保险经办机构责令当事人退还;情节严重的,由劳动保障行政部门对其处以所骗取金额 1 倍以上 3 倍以下的罚款。

五、失业保险的管理和监督

根据我国《失业保险条例》第 3 条规定,国务院劳动和社会保障部主管全国的失业保险工作,县级以上地方各级人民政府劳动保障行政部门主管本行政区域内的失业保险工作,失业保险经办机构具体承办失业保险工作。

劳动保障行政部门的主要职责有:1. 贯彻实施失业保险的法律、法规;2. 指导社会保险经办机构的工作;3. 对失业保险费的征收和失业保险待遇的给付进行监督和检查。

社会保险经办机构的主要职责有:1. 负责失业人员的登记、调查、统计;2. 按照规定负责失业保险基金的管理;3. 按照规定核定失业保险待遇,开具失业人员在指定银行领取失业保险金和其他补助的单证;4. 拨付失业人员培训、职业介绍补贴费用;5. 为失业人员提供免费咨询服务;6. 国家规定由其履行的其他职责。

劳动保障行政部门和社会保险经办机构的工作人员应认真履行自己的职责,不得滥用职权、徇私舞弊、玩忽职守。任何单位、个人挪用失业保险基金的,追回挪用的失业保险基金,有违法所得的,没收违法所得,并纳入失业保险基金;构成犯罪的,依法追究刑事责任;尚不构成犯罪的,对直接负责的主管人员和其他直接责任人员依法给予行政处分。

第五节 医疗保险法

一、医疗保险概述

(一)医疗保险的概念

医疗保险是指被保险人发生疾病风险时,从社会和国家获得医疗服务的社会保障制度。医疗保险有广义与狭义之别。广义的医疗保险又称健康保险,内容包括补偿因疾病给病人带来的医疗费等直接经济损失和误工损失等的间接经济损失，还包含着对分娩、残疾、死亡给予经济补偿，支持预防疾病、健康维护等。狭义的医疗保险仅指对医疗费用的保险或补偿。

（二）我国医疗保险制度的改革

我国传统的医疗保险制度建立于20世纪50年代初，一直沿用至20世纪90年代初期。1951年政务院公布的《中华人民共和国劳动保险条例》首次确立了我国的职工劳保医疗制度。次年又发布了《国家工作人员公费医疗预防实施办法》，确立了行政、事业单位工作人员的公费医疗制度，使我国城镇基本建立了劳保医疗和公费医疗体制。其基本内容是：国家对国家机关干部实行公费医疗，对国营企业职工实行劳保医疗；凡享受公费医疗和劳保医疗的人员，只有住院治疗费用个人需承担5％，其他情况下看病所需支出基本上由国家财政和国营企业全部包下来。这种做法对保障职工身体健康，维护社会安定发挥了重要作用，但也同时导致医疗待遇的不公平或不平等，医疗资源的浪费严重，给国家和社会带来了沉重的负担。因此，这种医疗保险制度并不是现代意义上的医疗保险，而是国家统包统配的另一种形式，并不适合现代社会保障制度发展需要。我国从20世纪80年代开始尝试对医疗保障制度进行改革。到1989年3月，国务院正式批准吉林四平、辽宁丹东、湖北黄石、湖南株洲等四个城市开展医疗保险试点。1997年将医疗保险试点改革的城市扩大到50多个。1998年11月，国务院在北京召开全国城镇职工医疗保险制度改革工作会议，会议讨论通过了《国务院关于建立城镇职工基本医疗保险制度的决定》（以下简称《决定》），并于1998年12月14日发布实施。根据该《决定》，从1999年1月开始，启动我国城镇职工基本医疗保险制度，至同年底基本完成。这次医疗改革的基本原则是：

1.保障职工的基本医疗需求。基本医疗需求不能太高，不能超过城镇社会生产力水平和地方财政、企业的实际承受能力。

2.扩大基本医疗保险的覆盖面。将职工医疗保险的范围扩大到城镇所有各类企业以及各类职工和个体劳动者。

3.实行社会统筹和个人账户相结合原则，医疗保险金由用人单位和职工共同缴纳。

4.在基本医疗范围以外，效益好的企业可以通过建立补充医疗保险满足不同层次的医疗需求。

5.建立社会医疗救助制度，对没有能力参加基本医疗保险的职工进行社会医疗救助。

建立起新的城镇职工医疗保险制度，使它和职工养老、失业等保险一起，形成比较完善的社会保险体系，才能使职工的基本生活得到较好保障，促进经济发展和各项改革继续深入进行。为了配合该《决定》的实施，劳动和社会保障部会同有关部委共同制定了6个医改配套文件，并于1999年上半年全部出台。国务院《决定》出台后，各地相继制定了地方性的医疗保险办法，完善了城镇职工的医疗保险体制。为了解决农民的医疗保障问题，2003年开始，国家组织和倡导在农村地区建立起新的农村合作医疗制度，使农村居民医疗负担得到减轻，卫生服务利用率得到提高，因病致贫、因病返贫的状况得到缓解。

二、医疗保险的基本内容

我国现在改革实行的是城镇职工基本医疗保险制度，根据有关规定，其内容主要有：

(一)适用对象

根据《决定》第2条的规定，城镇所有用人单位，包括企业(国有企业、集体企业、外商投资企业、私营企业等)、机关、事业单位、社会团体、民办非企业单位及其职工，都要参加基本医疗保险。乡镇企业及其职工、城镇个体经济组织业主及其从业人员是否参加医疗保险，由各省、自治区、直辖市人民政府决定。可见，城镇基本医疗保险的覆盖面是十分广泛的。

(二)医疗保险的形式

我国目前的医疗保险可以分为三种形式：(1)综合医疗保险(含门诊、住院)，它适用于用人单位的在职职工和退休人员；(2)住院医疗保险，适用于用人单位的劳务工和领取失业救济金期间的失业人员；(3)特殊医疗保险，适用于离退休人员和二等乙级以上革命残废军人。

(三)保险费的缴纳

保险费的缴费比例因其所参加的医疗保险的形式及参保对象的不同而有所不同，具体如下：

1. 在职职工的综合医疗保险费，按其月工资总额的9%缴交，其中财政或用人单位缴交7%，职工个人缴交2%。职工缴费月工资不得低于上年度职工月平均工资的60%，不得高于300%，超过部分免交医疗保险费。

2. 离退休人员的医疗保险费，按其月离、退休金的12%由财政、用人单位或养老保险共济基金全额缴交。

3. 劳务工的住院医疗保险费，由用人单位按照上年度职工月平均工资的2%缴交，个人不负担。

4. 领取失业救济金期间的失业人员的医疗保险费，由失业保险机构按当地上年度职工月平均工资的2%缴交，个人也不负担。

（四）医疗保险费的列支

用人单位应按月缴交医疗保险费。职工个人缴交的医疗保险费由用人单位负责在税前工资中扣缴，用人单位缴交的医疗保险费，在成本、行政事业费中列支。

（五）医疗保险基金的账户储存

医疗保险基金分别建立基本医疗保险统筹基金和个人账户。职工个人缴纳的基本医疗保险费全部计入个人账户。用人单位缴纳的基本医疗保险费分为两部分，一部分用于建立统筹基金；一部分划入个人账户。划入个人账户的比例一般为财政或用人单位缴交综合医疗保险费在提取管理费和风险储备金后，40 周岁以上的参保人员，60％计入个人账户，40％计入统筹基金账户；40 周岁以下的参保人员，50％计入个人账户，50％计入统筹基金。住院医疗保险费在提取管理费和风险储备金后，全部进入统筹基金。离休人员、二等乙级以上革命残废军人、劳务工不设个人账户。

储存在账户内的医疗保险基金应计算银行利息。按《决定》规定，当年筹集的基本医疗保险基金部分，按活期存款利率计息；上年结转的基金本息，按 3 个月期整存整取银行存款利率计息；存入社会保障财政专户的沉淀资金，比照 3 年期零存整取储蓄存款利率计息，并不低于该档次利率水平。个人账户的本金和利息归个人所有，可以结转使用和继承。

（六）医疗保险待遇的享受

1. 参加综合医疗保险人员保险待遇的享受。参加综合医疗保险的在职职工，住院基本医疗费用由统筹基金支付 90％，个人现金支付 10％。门诊基本医疗费用由个人账户支付。参加综合医疗保险的退休人员，住院基本医疗费用由统筹基金支付 95％，个人现金支付 5％，门诊基本医疗费用由个人账户支付。个人账户用完以后，超额部分在上年度职工平均工资 10％以内的，全部由个人自理；超过上年度职工平均工资 10％以上的部分，根据基本医疗保险有关规定和就诊的医院级别确定报销比例，具体为：三级（市级）医院的，由统筹基金支付 65％，个人支付 35％；二级（区级）医院的，由统筹基金支付 70％，个人自付 30％；一级（街道、镇级）医院的，由统筹基金支付 75％，个人支付 25％。

2. 参加住院医疗保险人员保险待遇的享受。参加住院医疗保险的劳务工和失业人员，住院基本医疗费用由统筹基金支付 90％，个人现金支付 10％，门诊基本医疗费用自理，但失业人员个人账户有余额的，可用于支付门诊基本医疗费用。

3. 市一、二、三级保健对象及特殊医疗保险对象的医疗费用，在基本医疗保险范围内的费用由社会保险局按规定支付，超出基本医疗保险规定部分由其他缴费渠道支付。

4. 参加医疗保险人员，经社会保险局批准的特殊检查治疗费用，一般由统筹基金支付 80%，个人现金支付 20%。

5. 连续参加医疗保险时间不满一年的人员的医疗保险待遇。参保人员连续参保时间不满 6 个月的，在该期间内所发生的医疗费用在一万元以内，由社会保险局从医疗保险统筹基金中按一定比例支付；满 6 个月不满一年的，在该期间内发生的医疗费用在二万元以内的，由社会保险局从医疗保险统筹基金中按一定比例支付。

6. 市外转诊的医疗保险费用的给付。参保人因急诊、探亲期间、出差及经批准的市外转诊等所发生的基本医疗费用，凭当地公立医院的病历或病历复印件、收费收据等有关资料到社会保险局审核报销。报销门诊费用时，要从个人账户上扣除相应的金额。

7. 特殊情况下终止医疗保险时个人账户的处理。参保人员离开所在城市时，个人账户的余额转入其所在地的社会保险机构，可以继续享用；当地无相应机构的，一次性发还给本人。出国定居的，个人账户的余额一次性发还给本人。参保人员死亡的，个人账户的余额由其继承人依法继承，如无人继承的，转入医疗保险统筹基金。

（七）不得享受医疗保险待遇的情形

根据医疗保险的有关规定，有下列情形之一的，不得享受医疗保险待遇：

1. 未经社会保险机构批准到非指定医疗单位就诊的；

2. 因故意自伤或本人违法行为造成伤害的；

3. 施行美容或对先天性残疾进行矫正治疗的；

4. 按照有关规定应当自费的。

第六节　工伤保险法

一、工伤保险法概述

（一）工伤和工伤保险的概念

工伤，也称职业伤害，是指由于职业危险因素给处在劳动过程中的劳动者造成的伤害，包括急性伤害和慢性伤害。急性伤害即因工伤亡；慢性伤害即职业病，是指劳动者在生产劳动及其他职业性活动中，因接触职业有毒有害环境而引发的，并由国家主管部门明文规定的疾病。工伤一词最早比较规范的界定是在 1921 年的《国际劳工大会公约》中，该公约规定的工伤是“由于工作直接或间接引起的伤害事故”。随着时间的推移，各国又逐渐把职业病纳入工伤范畴。

自新中国成立以来因劳动安全卫生工作的波折，在不同时期工伤和职业病的发病状况也有所不同。特别是进入 20 世纪 80 年代以后，我国一方面加强了工伤事故及职业病的控制和预防工作；另一方面，由于经济的发展，工伤事故和职业病危害也呈上升趋势。产生这一后果的原因，有经济和工业发展的因素，也有企业自身的原因。特别是一些用人单位和这些单位的领导安全意识差，法制观念淡薄，不严格执行劳动保护法律、法规；有些用人单位和劳动者片面追求经济效益，忽视劳动安全和健康保护等。

工伤保险，也称职业伤害保险，是指劳动者在劳动过程中或者在规定的特殊情形下，因发生意外事故而负伤、致残、致死，使本人及其家属丧失工资收入，生活难以维持，从国家和社会获得一定物质补偿以保证其基本生活所需的社会保险制度。工伤保险待遇从项目上看，包括三个方面：

1. 对“伤”的保险。即劳动者在生产过程中因不测受到伤害，暂时、部分地丧失劳动能力而得到的保险补偿；

2. 对“残”的保险。即劳动者因受包括职业病在内的职业伤害，虽经治疗休养仍不能完全康复，以致身体或智力功能部分或全部丧失时得到的保险补偿；

3. 对“死亡”的保险。即劳动者在劳动过程中遭受伤害死亡时，给予其遗属相应的物质补偿。

（二）我国的工伤保险立法

工伤保险是世界上最早出现的社会保险项目，其立法在世界各国也是较为普遍和完善的。我国自 1951 年的《劳动保险条例》开始规定工伤保险待遇，1957 年 2 月 28 日，卫生部颁布了《职业病范围和职业病患者处理办法的规定》，将 14 种病症列为我国法定职业病。1963 年 1 月，卫生部复函同意杆菌病按职业病处理。1974 年 2 月，卫生部又同意将尘肺列入职业病范围，1979 年 2 月，又同意将电焊混合尘肺病参照矽肺病处理。1987 年 11 月 5 日，卫生部、劳动人事部、财政部和全国总工会联合发布了新的《职业病范围和职业病患者处理办法的规定》，该规定将我国法定职业病扩大到 9 类 99 种疾病。此外，国务院于 1958 年 2 月发布的《关于工人、职工退休处理暂行规定》中，对没有实行劳动保险条例的企业、机关因工伤残人员的退休费标准的规定，体现了工伤保险的精神。1978 年 6 月 2 日国务院发布了《关于安置老弱病残干部的暂行办法》和《关于工人退休、退职的暂行办法》，较大幅度地提高了因公致残工人和干部的退休标准。1996 年 8 月劳动部发布了《企业职工工伤保险试行办法》（下称《试行办法》）共 63 条，第一次采用专门立法形式，较完整地规范了工伤保险问题。2003 年 12 月 3 日国务院颁布的《工伤保险条例》对工伤保险法律体系做了进一步完善。

(三)工伤保险的基本原则

工伤保险的基本原则主要有：

1.强制保险原则。它是指工伤保险是政府组织的、必须实行的社会保险，而不是自愿参加的商业保险，不论雇主或雇员是否愿意参加，政府必须以法律、法规的严肃性明确加以约束，雇主和雇员必须执行。

2.无责任补偿原则。它指不论职业伤害责任是属于雇主还是属于其他人或者受伤害者本人，受伤者均应得到必要的补偿。当然，这种补偿责任不是由雇主直接承担，而是由国家社会保险机构来承担。

3.个人不缴纳保险费原则。在工伤保险中，工伤劳动保险费是由企业或雇主缴纳，劳动者个人不缴纳任何费用。这是工伤保险与养老保险、失业保险的显著区别。

4.补偿与预防、康复相结合的原则。工伤事故一旦发生，给予受伤害者以补偿是必须的，但工伤保险制度的目的不仅仅是补偿，还包括预防事故发生和帮助伤害者康复等制度。因此，工伤保险法要求企业通过改善劳动条件，以减少事故的发生；同时，也应加强对劳动者的安全培训，增强其安全意识，防止事故的发生。

二、工伤保险基金

(一)工伤保险基金的筹集原则和方式

工伤保险制度要顺利实施，必须有稳定的资金来源。建立工伤保险基金是实行工伤保险的核心。按《工伤保险条例》第7条规定，工伤保险基金由用人单位缴纳的工伤保险费、工伤保险基金的利息和依法纳入工伤保险基金的其他资金构成。综观世界各国的工伤保险制度，工伤保险基金的筹集原则主要有：用人单位缴费原则、按风险程度征收保险费原则、需求与可能均衡原则和以支定收，留有储备原则。我国在工伤保险费的筹集原则上采用的是用人单位缴费原则，即工伤保险费由企业缴纳，劳动者不承担缴费责任。采用这一原则是因为职业伤害是在劳动过程中发生的，工人为用人单位创造财富而付出了代价，企业有责任负担全部工伤保险费用。

在工伤保险费的筹集方式上，我国在20世纪50年代初期采用的是综合基金的模式，即由企业按一定比例向主管部门上缴“总基金”，用于各项保险之间的调剂，而工伤保险支付仍由企业直接负责。后来采用由政府规定统一的待遇项目和标准，由企业自行支付的方式，即由职工所在单位按国家规定的统一标准直接支付保险待遇。在当前的工伤保险改革中，我国的工伤保险费正向社会统筹模式转变。工伤保险费的缴费比例，按用人单位职工工资总额厘定，列入企业成本，并强制定期向社会保险机构缴纳，国家为支持职业伤害社会保险事业，规定职业伤害保险费一律在企业税前提取，并且筹集的职业伤害保险基金免征税款，银行还提供优惠存储利率。

(二)工伤保险费费率的确定及缴纳

我国的工伤保险费根据以支定收、收支平衡的原则，确定费率。国家根据不同行业的工伤风险程度确定行业的差别费率。所谓差别费率是指征收工伤保险费按各行业的伤亡事故风险和职业危害程度的类别而实行不同的收费率。我国现在大多数地方实行的是差别费率。行业差别费率及行业内费率档次由国务院劳动保障行政部门会同国务院财政部门、卫生行政部门、安全生产监督管理部门制定，报国务院批准后公布施行。

实行差别费率的地方，国务院劳动保障行政部门应当定期了解全国各统筹地区工伤保险基金收支情况，及时会同国务院财政部门、卫生行政部门、安全生产监督管理部门提出调整行业差别费率及行业内费率档次的方案，报国务院批准后公布施行。

统筹地区经办机构根据用人单位工伤保险费使用、工伤发生率等情况，适用所属行业内相应的费率档次确定单位缴费费率。

工伤保险费由用人单位按时缴纳，职工个人不缴纳工伤保险费。用人单位缴纳工伤保险费的数额为本单位职工工资总额乘以单位缴费费率之积。

工伤保险基金在直辖市和设区的市实行全市统筹，其他地区的统筹层次由省、自治区人民政府确定。跨地区、生产流动性较大的行业，可以采取相对集中的方式异地参加统筹地区的工伤保险。具体办法由国务院劳动保障行政部门会同有关行业的主管部门制定。

工伤保险基金存入社会保障基金财政专户，用于工伤保险待遇、劳动能力鉴定以及法律、法规规定的用于工伤保险的其他费用的支付。任何单位或者个人不得将工伤保险基金用于投资运营、兴建或者改建办公场所、发放奖金，或者挪作其他用途。

工伤保险基金应当留有一定比例的储备金，用于统筹地区重大事故的工伤保险待遇支付；储备金不足支付的，由统筹地区的人民政府垫付。储备金占基金总额的具体比例和储备金的使用办法，由省、自治区、直辖市人民政府规定。

三、工伤保险事故

(一)工伤保险事故的范围

工伤保险事故范围的确定，也即工伤的认定。职工负伤、残疾或者死亡是否为工伤，一般是看是否是因工造成的，还是非因工造成的。根据我国《工伤保险条例》第 14 条的规定，职工由于下列情形之一负伤、致残、死亡的，应当认定为工伤：

1. 工作时间和工作场所内，因工作原因受到事故伤害的；

2. 工作时间前后在工作场所内，从事与工作有关的预备性或者收尾性工作受到事故伤害的；

3. 在工作时间和工作场所内，因履行工作职责受到暴力等意外伤害的；

4. 患职业病的；

5. 因工外出期间，由于工作原因受到伤害或者发生事故下落不明的；

6. 在上下班途中，受到机动车事故伤害的；

7. 法律、行政法规规定应当认定为工伤的其他情形。

按照《工伤保险条例》第 15 条规定，职工有下列情形之一的，视同工伤：

1. 在工作时间和工作岗位，突发疾病死亡或者在 48 小时之内经抢救无效死亡的；

2. 在抢险救灾等维护国家利益、公共利益活动中受到伤害的；

3. 职工原在军队服役，因战、因公负伤致残，已取得革命伤残军人证，到用人单位后旧伤复发的。

职工有前款第一项、第二项情形的，按照本条例的有关规定享受工伤保险待遇；职工有前款第三项情形的，按照本条例的有关规定享受除一次性伤残补助金以外的工伤保险待遇。

《工伤保险条例》同时又规定，职工由于下列情形之一负伤、致残、死亡的，不应认定为工伤或者视同工伤，这些情形有：犯罪或违反治安管理；自杀或自残；酗酒。

(二)确认工伤保险事故的程序

企业职工在遭受负伤、致残或死亡等事故后，对于是否属于工伤，还必须经法定程序加以确认。只有经法定程序确认为工伤的，才能依法享受工伤保险待遇。有关工伤的确认程序，我国 1956 年 5 月 26 日国务院发布的《工人职员伤亡事故报告规程》中便已开始确立了伤亡事故报告处理制度。随着我国经济建设的发展和社会主义法制的进一步完善，我国的劳动安全卫生立法也得到进一步加强，相继发布了一系列有关职工工伤处理方面的法规。1991 年 2 月 22 日，国务院以第 75 号令发布了《关于企业职工事故报告和处理规定》，对事故的概念、报告、调查和处理作了程序上的规定，对伤亡鉴定问题作了原则性规定，这是我国处理伤亡事故的一个纲领性文件。1996 年的《企业职工工伤保险试行办法》对工伤保险事故的认定也作了原则性的规定。按照目前我国的有关规定，确认工伤的法定程序包括申请、审核和决定三个阶段。

1.申请。按照有关规定,职工发生事故伤害或者按照职业病防治法规定被诊断、鉴定为职业病,所在单位应当自事故伤害发生之日或者被诊断、鉴定为职业病之日起30日内,向统筹地区劳动保障行政部门提出工伤认定申请。遇有特殊情况,经报劳动保障行政部门同意,申请时限可以适当延长。

用人单位未按前款规定提出工伤认定申请的,工伤职工或者其直系亲属、工会组织在事故伤害发生之日或者被诊断、鉴定为职业病之日起1年内,可以直接向用人单位所在地统筹地区劳动保障行政部门提出工伤认定申请。

用人单位未在规定的时限内提交工伤认定申请,在此期间发生符合规定的工伤待遇等有关费用由该用人单位负担。

提出工伤认定申请应当提交下列材料:(1)工伤认定申请表。应当包括事故发生的时间、地点、原因以及职工伤害程度等基本情况;(2)与用人单位存在劳动关系(包括事实劳动关系)的证明材料;(3)医疗诊断证明或者职业病诊断证明书(或者职业病诊断鉴定书)。

工伤认定申请人提供材料不完整的,劳动保障行政部门应当一次性书面告知工伤认定申请人需要补正的全部材料。申请人按照书面告知要求补正材料后,劳动保障行政部门应当受理。

2.审核。劳动保障行政部门接到企业的工伤报告或职工工伤保险待遇申请后,根据审核需要可以对事故伤害进行调查核实,用人单位、职工、工会组织、医疗机构以及有关部门应当予以协助。对依法取得职业病诊断证明书或者职业病诊断鉴定书的,劳动保障行政部门不再进行调查核实。

3.决定。劳动保障行政部门对有关材料进行审核后应当自受理工伤认定申请之日起60日内作出工伤认定的决定,并书面通知申请工伤认定的职工或者其直系亲属和该职工所在单位。

(三)工伤评残

在对伤残职工给予工伤保险待遇之前,应对伤残职工的伤残等级进行评定。工伤评残是处理工伤的关键所在,所确定的伤残等级是享受工伤保险待遇和安置伤残职工的主要依据,它涉及职工个人和用人单位的实际利益,因此,我国有关伤残评定方面的规定对伤残鉴定的时间和伤残等级标准都作了明确的规定。

1.伤残鉴定的时间。《工伤保险条例》第21条规定,职工发生工伤,经治疗伤情相对稳定后存在残疾、影响劳动能力的,应当进行劳动能力鉴定。劳动能力鉴定是指劳动功能障碍程度和生活自理障碍程度的等级鉴定。在具体的时间确定上,设区的市级劳动能力鉴定委员会应当自收到劳动能力鉴定申请之日起60日内作出劳动能力鉴定结论,必要时,作出劳动能力鉴定结论的期限可以延长30日。劳动能力鉴定结论应当及时送达申请鉴定的单位和个人。

2.伤残等级的确定。1996年3月14日,国家技术监督局发布的《职工工伤与职业病致残程度鉴定》(GB/T6180—1996)是我国评定伤残等级的国家标准。该标准根据不同系统和器官致残类型,将伤残丧失劳动能力程度分为三类共十级,俗称三分法十级,其主要是依据器官损伤、功能障碍、医疗依赖、护理依赖及心理障碍等五个方面来加以确定。根据器官的损伤程度及生活自理能力等方面将伤残等级定为十级。其中伤残第1～4级的,为完全丧失劳动能力,表现为器官缺失或严重缺损畸形,有严重的功能障碍或并发症需特殊医疗依赖,需护理依赖。伤残5～6级为大部分丧失劳动能力,表现为器官大部分缺损或明显畸形,有中度至重度功能障碍或并发症,需一般医疗依赖,生活能自理。伤残第7～10级的为部分丧失劳动能力,表现为器官部分至大部分缺损畸形,形态异常,无功能障碍至轻度功能障碍或并发症,无医疗依赖或需一般的医疗依赖。

按照《工伤保险条例》的规定,劳动功能障碍分为十个伤残等级,最重的为一级,最轻的为十级。生活自理障碍分为三个等级:生活完全不能自理、生活大部分不能自理和生活部分不能自理。

我国县(市)以上劳动部门都成立有劳动鉴定委员会。省、自治区、直辖市劳动能力鉴定委员会和设区的市级劳动能力鉴定委员会分别由省、自治区、直辖市和设区的市级劳动保障行政部门、人事行政部门、卫生行政部门、工会组织、经办机构代表以及用人单位代表组成。劳动能力鉴定委员会建立医疗卫生专家库。列入专家库的医疗卫生专业技术人员应当具备下列条件:(1)具有医疗卫生高级专业技术职务任职资格;(2)掌握劳动能力鉴定的相关知识;(3)具有良好的职业品德。设区的市级劳动能力鉴定委员会收到劳动能力鉴定申请后,应当从其建立的医疗卫生专家库中随机抽取3名或者5名相关专家组成专家组,由专家组提出鉴定意见。设区的市级劳动能力鉴定委员会根据专家组的鉴定意见作出工伤职工劳动能力鉴定结论;必要时,可以委托具备资格的医疗机构协助进行有关的诊断。劳动鉴定人员在进行劳动鉴定时,应当全面了解被鉴定人情况,严格执行工伤保险政策和法律,遵守评残标准,客观公正地作出鉴定结论。劳动能力鉴定委员会组成人员或者参加鉴定的专家与当事人有利害关系的,应当回避。

申请鉴定的单位或者个人对设区的市级劳动能力鉴定委员会作出的鉴定结论不服的,可以在收到该鉴定结论之日起15日内向省、自治区、直辖市劳动能力鉴定委员会提出再次鉴定申请。省、自治区、直辖市劳动能力鉴定委员会作出的劳动能力鉴定结论为最终结论。

自劳动能力鉴定结论作出之日起1年后,工伤职工或者其直系亲属、所在单位或者经办机构认为伤残情况发生变化的,可以申请劳动能力复查鉴定。

四、工伤保险待遇

工伤保险待遇是指对工伤职工及其亲属给予一定的经济补偿和医疗救治费用等，主要包括医疗待遇、伤残待遇和死亡待遇。

(一)医疗待遇

职工因工负伤治疗，享受的医疗保险待遇主要有：

1. 医疗等项费用。职工治疗工伤应当在签订服务协议的医疗机构就医，情况紧急时可以先到就近的医疗机构急救。工伤职工治疗工伤或职业病所需的挂号费、住院费、医疗费、药费、就医路费全额报销。职工住院治疗工伤的，由所在单位按照本单位因公出差伙食补助标准的70%发给住院伙食补助费；经医疗机构出具证明，报经办机构同意，工伤职工到统筹地区以外就医的，所需交通、食宿费用由所在单位按照本单位职工因公出差标准报销。

工伤职工治疗非工伤引发的疾病，不享受工伤医疗待遇，按照基本医疗保险办法处理。

2. 工伤津贴。职工因工作遭受事故伤害或者患职业病需要暂停工作接受工伤医疗的，在停工留薪期内，原工资福利待遇不变，由所在单位按月支付。停工留薪期一般不超过12个月。伤情严重或者情况特殊，经设区的市级劳动能力鉴定委员会确认，可以适当延长，但延长不得超过12个月。工伤职工在停工留薪期满后仍需治疗的，继续享受工伤医疗待遇。生活不能自理的工伤职工在停工留薪期需要护理的，由所在单位负责。

(二)伤残待遇

《工伤保险条例》规定，职工工伤医疗期满或者评定伤残等级后应当停发工伤津贴，改为享受伤残待遇。享受的伤残待遇主要有：

1. 生活护理费。工伤职工已经评定伤残等级并经劳动能力鉴定委员会确认需要生活护理的，应当按月发给生活护理费。生活护理费按照生活完全不能自理、生活大部分不能自理或者生活部分不能自理3个不同等级支付，其标准分别为统筹地区上年度职工月平均工资的50%、40%或者30%。

2. 辅助器具费。工伤职工因日常生活或者就业需要，经劳动能力鉴定委员会确认，可以安装假肢、矫形器、假眼、假牙和配置轮椅等辅助器具，所需费用按照国家规定的标准从工伤保险基金支付。

3. 伤残抚恤金和补助金。被评定为1～4级伤残的职工保留劳动关系，退出工作岗位，享受以下待遇：(1)从工伤保险基金按伤残等级支付一次性伤残补助金，标准为：一级伤残为24个月的本人工资，二级伤残为22个月的本人工资，三级伤残为20个月的本人工资，四级伤残为18个月的本人工资；(2)从工伤保险基金按月支付伤残津贴，标准为：一级伤残为本人工资的 90%，二级伤残为本人工资的 85%，三级伤残为本人工资的 80%，四级伤残为本人工资的 75%。伤残津贴实际金额低于当地最低工资标准的，由工伤保险基金补足差额；(3)工伤职工达到退休年龄并办理退休手续后，停发伤残津贴，享受基本养老保险待遇。基本养老保险待遇低于伤残津贴的，由工伤保险基金补足差额。职工因工致残被鉴定为一级至四级伤残的，由用人单位和职工个人以伤残津贴为基数，缴纳基本医疗保险费。

被评定为5、6级的伤残职工，享受以下待遇：(1)从工伤保险基金按伤残等级支付一次性伤残补助金，标准为：五级伤残为 16 个月的本人工资，六级伤残为 14 个月的本人工资；(2)保留与用人单位的劳动关系，由用人单位安排适当工作。难以安排工作的，由用人单位按月发给伤残津贴，标准为：五级伤残为本人工资的 70%，六级伤残为本人工资的 60%，并由用人单位按照规定为其缴纳应缴纳的各项社会保险费。伤残津贴实际金额低于当地最低工资标准的，由用人单位补足差额。经工伤职工本人提出，该职工可以与用人单位解除或者终止劳动关系，由用人单位支付一次性工伤医疗补助金和伤残就业补助金。具体标准由省、自治区、直辖市人民政府规定。

职工因工致残被鉴定为七级至十级伤残的，享受以下待遇：(1)从工伤保险基金按伤残等级支付一次性伤残补助金，标准为：七级伤残为 12 个月的本人工资，八级伤残为 10 个月的本人工资，九级伤残为 8 个月的本人工资，十级伤残为 6 个月的本人工资；(2)劳动合同期满终止，或者职工本人提出解除劳动合同的，由用人单位支付一次性工伤医疗补助金和伤残就业补助金。具体标准由省、自治区、直辖市人民政府规定。

(三)死亡待遇

职工因工死亡的，其直系亲属按照下列规定从工伤保险基金领取丧葬补助金、供养亲属抚恤金和一次性工亡补助金：

1. 丧葬补助金为 6 个月的统筹地区上年度职工月平均工资；

2. 供养亲属抚恤金按照职工本人工资的一定比例发给由因工死亡职工生前提供主要生活来源、无劳动能力的亲属。标准为：配偶每月 40%，其他亲属每人每月 30%，孤寡老人或者孤儿每人每月在上述标准的基础上增加 10%。核定的各供养亲属的抚恤金之和不应高于因工死亡职工生前的工资。供养亲属的具体范围由国务院劳动保障行政部门规定；

3. 一次性工亡补助金标准为 48 个月至 60 个月的统筹地区上年度职工月平均工资。具体标准由统筹地区的人民政府根据当地经济、社会发展状况规定，报省、自治区、直辖市人民政府备案。

伤残职工在停工留薪期内因工伤导致死亡的，其直系亲属享受第 1 款规定的待遇。

一级至四级伤残职工在停工留薪期满后死亡的，其直系亲属可以享受第 1 款第 1 项、第 2 项规定的待遇。

（四）工伤职工有下列情形之一的，停止享受工伤保险待遇：

1. 丧失享受待遇条件的；

2. 拒不接受劳动能力鉴定的；

3. 拒绝治疗的；

4. 被判刑正在收监执行的。

第七节　生育保险法

一、生育保险法概述

（一）生育保险的概念和特征

生育保险是国家和社会对女职工由于生育子女暂时失去劳动能力、中断工作时给予物质帮助的一种社会保障制度。这一制度的主要内容是在女职工生育时，以及产前产后的一段时间，对她们提供医疗服务和产假工资及生育补助的待遇。生育保险作为社会保险的一种，与其他社会保险相比有其自身的特征，主要表现在：

1. 生育保险的实施对象是已婚的女劳动者，而不像其他社会保险那样以全部劳动者为实施对象。

2. 生育保险具有明显的阶段性，它只适用于女职工生育时及产前产后的一段特定的期间。

3. 生育保险的待遇高于社会保险待遇。因为对生育活动实行社会保险，不仅保障了女职工本人健康，还保障了婴儿的健康生存和成长，因此生育保险的待遇往往高于其他社会保险待遇。

4. 生育保险的内容包括产假、医疗服务和生育津贴等，覆盖了从生育前到生育后的一段时间，不同于其他社会保险的善后功能。

（二）我国生育保险的立法概况

实行生育保险，对于保护女职工的基本权利，保证妇女劳动者的身体健康和劳动能力的恢复，保护下一代的健康成长，为社会劳动力素质的提高提供物质基础具有十分重要的意义。为此，国际劳工组织早在 1919 年第一届大会时便讨论通过了《妇女产前产后就业公约》，1920 年第二届大会又通过了《农业女工劳动者生育前后保护建议书》,1952年第32届大会通过了《生育保护公约》和《生育保护建议书》。我国的生育保险制度确立相对较晚。1951年2月26日政务院发布的《中华人民共和国社会保险条例》首次对企业女职工的生育保险制度作了明确的规定。1953年1月26日劳动部制定的《劳动保险条例实施细则》对生育保险有关问题作了更加详细的规定。1955年4月26日政务院又颁布了《关于女工作人员生育假期规定的通知》,对机关、事业单位女职工生育保险作了规定,从而使女职工的生育保险待遇从企业扩大到机关、事业单位的所有女职工。1988年7月21日国务院发布了《女职工劳动保护规定》,这是新中国成立以来保护女职工劳动权益,减少和解决她们在劳动中因生理机能造成的特殊困难,保护其安全和健康的第一部比较完整的、综合性的女职工劳动保护法规,与在此以前的几个法规相比,内容更广泛,规定更详尽,统一了机关、企业、事业单位的生育保险制度。1992年4月,全国人大第五次会议通过的《中华人民共和国妇女权益保障法》第四章和1994年颁布的《劳动法》中也明确了对女职工的生育保障制度。为配合《劳动法》的实施,劳动部于1994年12月颁布了《企业职工生育保险试行办法》,该《办法》使生育保险制度改革在内容、标准、形式等方面得到了初步规范,是我国目前推行生育保险制度最基础的部门规章。

二、生育保险的内容

(一)生育保险待遇

生育保险待遇的享受同其他社会保险待遇的享受一样,应具备一定的条件。现在世界上大致有三类:一是投保制,即要求享受生育保险待遇者,必须在生育之前尽过投保义务,但生育保险的投保仅要求女职工在生育前不久投保。二是统筹制,即只对国有企业、国家机关和事业单位的女职工提供生育保险待遇,而不要求他们在生育之前举行投保。三是不规定任何投保条件作为享受生育保险待遇的前提,规定只要符合国家公民资格和财产调查手续的妇女,一般都能享受生育保险待遇。我国目前实行的是统筹制,采用的政策是个人不缴纳生育保险费,而是所在企业按工资总额的一定比例向社会保险机构投保,没有参加社会统筹的企业或单位,由本单位承担女职工的生育费用。

(二)生育保险的内容

我国现行生育保险制度由产假、医疗服务费用、假期工资等组成。

1.产假与假期待遇。根据《女职工劳动保护规定》第8条规定,女职工产假为90天,其中产前假15天;难产的,增加产假15天;多胎生育的,每多生一个婴儿,增加产假15天。女职工怀孕不满4个月时流产的,根据医务部门的意见,给予15～30天的产假;怀孕满4个月以上流产的,给予42天的产假。另外,凡符合晚育条件的，增加产假 30～100 天，并给予男方护理假 7～14 天(各地规定有所不同)。

2. 医疗服务费用。女职工怀孕，在本单位的医疗机构或者指定的医疗机构分娩时，其检查费、手术费、住院费、接生费、药费和生育引起的疾病的治疗费用，由所在单位负担。单位在承担上述费用后，再由社会保险经办机构从生育保险基金中支付。

3. 假期工资。女职工休产假期间，由所在单位照发工资；怀孕期、产期、哺乳期间，不得降低女职工的基本工资。女职工产假期满，因身体原因不能工作的，经医务部门证明后，其超过产假期间的待遇，按照职工患病有关规定处理。此外，各地方政府还根据计划生育的政策，对晚婚晚育以及独生子女的女职工，给予一定的奖励，如发放独生子女保健费，提供独生子女平安健康保险、独生子女户的养老保险等。

(三)生育保险费的来源及缴付

生育保险费是企业按照其工资总额的一定比例向社会保险经办机构缴纳，由社会保险经办机构建立生育保险基金。生育保险费的提取比例由当地人民政府根据计划生育人数和生育津贴、生育医疗费等项费用确定，并可根据费用支出的情况适时调整，但最高不得超过工资总额的 1%。企业必须按期缴纳生育保险费，逾期不缴纳的，按日加收 2‰的滞纳金，滞纳金转入生育保险基金。企业欠付或拒付生育津贴、生育医疗费的，由劳动行政部门责令企业限期支付；对职工造成损害的，企业应当承担赔偿责任。

(四)生育保险基金的管理

根据《企业职工生育保险试行办法》的规定，生育保险基金由劳动部门所属的社会保险经办机构负责收缴、支付和管理。生育保险基金应当存入社会保险经办机构在银行开设的生育保险基金专户，产生的利息转入生育保险基金专户。社会保险经办机构可以从生育保险基金中提取管理费作为其办公费用及其他有关费用的支出，但提取比例最高不得超过生育保险基金的 2%。生育保险基金及管理费依法不征收税费。

劳动行政部门或社会保险经办机构的工作人员不得滥用职权、玩忽职守、徇私舞弊、贪污、挪用生育保险基金。